젠
더

허
물
기

Undoing Gender
Judith Butler

우리 시대의 고전 22

# 젠더 허물기

UNDOING
GENDER

주디스 버틀러 지음
조현준 옮김

문학과지성사
2015

**주디스 버틀러**Judith Butler

미국의 철학자, 젠더 이론가, 후기구조주의 페미니즘 학자로, 퀴어 이론의 선구자로 평가받는다. 헝가리와 러시아계 유대인 이민자 후손으로 1956년 미국 오하이오 클리블랜드에서 태어났다. 1984년 예일 대학 철학과에서 프랑스 철학에서의 헤겔 해석에 관한 논문으로 박사학위를 받은 뒤 1987년 그 논문을 바탕으로 첫 책『욕망의 주체』를 출간했다. 현재 캘리포니아 버클리 대학에서 비교문학 학부와 비평 이론 프로그램의 맥신 엘리엇 교수로 재직 중이다.

버틀러는 1990년 출간한『젠더 트러블』로 철학과 페미니즘 학계에 큰 논란을 불러일으키면서 스스로 '트러블'이 되었다. 또한 난해한 수사학과 스타일 때문에 1999년 미국 학술지『철학과문학』에서 '최악의 저자'로 뽑히기도 했다. 버틀러의 글쓰기는 9·11 사건 후 변화하는데,『젠더 허물기』는『불확실한 삶』과 더불어 후기 연구 경향으로의 전환을 알려주는 책이다. 이론적 성찰보다는 현실적 참여의 층위에서 인간으로서의 삶의 가능성과, 타자에 말 걸고 응답하는 공동체의 윤리적 관계성 등을 모색한다. 2012년에는 '정치 이론, 도덕철학, 젠더 연구'에 기여한 공로로 아도르노상을 수상했다. 버틀러는 오늘날 가장 영향력 있는 정치 이론가이자 철학자의 한 사람으로 평가받으며, 다양한 분야에서 현실 참여적 목소리를 내고 있다. 2006년 레바논 전쟁 반대 운동, 2011년 '월가를 점령하라' 운동에 참여했고 현재 '평화를 위한 유대인의 목소리' 자문위원회와 미국 내 이스라엘-팔레스타인 평화를 위한 교회의 임원으로 활동하고 있다. 2015년 11월 파리 테러에 대해서도 정치적 견해를 피력한 바 있다.

지은 책으로『의미를 체현하는 육체』『안티고네의 주장』『우연성, 헤게모니, 보편성』(공저),『윤리적 폭력 비판』『누가 민족국가를 노래하는가』(공저),『전쟁의 틀』『갈림길』『권리 박탈』 등이 있다.

**옮긴이 조현준**

현재 경희대학교 후마니타스 칼리지 중핵교과 담당 교수로 재직 중이며 (사)여성문화이론연구소 정신분석학 세미나 팀에서 오랫동안 연구원으로 활동해왔다. 최근에는 젠더 관점의 정신분석학뿐 아니라 '타자의 윤리학'과 '감정의 공감 능력'에 관심이 많다.

지은 책으로『페미니즘의 개념들』(공저),『젠더는 패러디다』『주디스 버틀러의 젠더 정체성 이론』『페미니즘과 정신분석』(공저),『여성의 몸: 시각, 쟁점, 역사』(공저),『새 여성학 강의』(공저) 등이 있고, 옮긴 책으로『써커스의 밤』『젠더 트러블』『안티고네의 주장』 등이 있다.

우리 시대의 고전 22
# 젠더 허물기

제1판 제1쇄   2015년 12월 7일
제1판 제6쇄   2023년 3월 22일

지은이   주디스 버틀러
옮긴이   조현준
펴낸이   이광호
펴낸곳   ㈜**문학과지성사**
등록번호   제1993-000098호
주소   04034 서울 마포구 잔다리로7길 18(서교동 377-20)
전화   02)338-7224
팩스   02)323-4180(편집)   02)338-7221(영업)
전자우편   moonji@moonji.com
홈페이지   www.moonji.com

ISBN   978-89-320-2806-4

이 도서의 국립중앙도서관 출판예정도서목록(CIP)은 서지정보유통지원시스템 홈페이지(http://seoji.nl.go.kr)와 국가자료공동목록시스템(http://www.nl.go.kr/kolisnet)에서 이용하실 수 있습니다.(CIP제어번호: CIP2015030893)

다시 한 번, 웬디에게

# 감사의 말

이 글들을 편집해 엮는 데 여러 차례 도움을 준 에이미 잼고치안과 스튜어트 머리에게 감사를 전한다. 또한 지난 몇 년간의 대화를 통해 헤아릴 수 없을 만큼 많이, 또 정교하게 내 생각을 움직여준 데니즈 라일리와, 체현과 물질성에 대한 논문으로 그 주제를 다시 생각하도록 유도해준 게일 살라몬에게도 감사를 전한다.

「나 자신을 잃고Beside Oneself」는 2002년 봄 옥스퍼드 대학에서 열린 '성적 권리'에 관한 엠네스티 강좌 시리즈에 참여해 쓴 글로, 니콜라스 뱀포스가 편집한 옥스퍼드 대학 강좌 출판물로 나올 예정이다. 그 책에는 『젠더와 섹슈얼리티 연구Studies in Gender and Sexuality』(vol. 4, no. 1, 2003)에 처음 실렸던 「폭력, 애도, 정치성Violence, Mourning, Politics」도 수록되어 있다. 「누군가를 공정하게 평가한다는 것Doing Justice to Someone」은 형식은 좀 다르지만 『GLQ』(vol. 7, no. 4, 2001)에 게재했던 것이다. 그 글을 수정하면서 버넌 로사리오와 셰릴 체이스의 제안을 받아들였는데, 그들이 제시한 중요한 관점에 대해 이 자리를 빌려 두 분께 감사의 말을 전한다. 「젠더 규제들Gender Regulations」은 길 허트와 캐서린 스팀슨이 시카고 대학 출판부에서 출간 예정인 '젠더'에 관한 책으로 청탁받은 글이었다. 「젠더 진단 미결정Undiagnosing Gender」은 페이즐리 커러와 섀넌 민터가 편집한 『트랜스젠더의 권리: 문화, 정치, 그리고 법Transgender Rights: Culture, Politics, and Law』(2004)에도 실려 있다. 「친족은 언제나 이미 이성애적인가?Is Kinship Always Already Heterosexual」는 『차이들differences』(vol. 13, no. 1, spring 2002)에 처음 수록되었다. 「인정을 향한 갈망Longing for Recognition」은 『젠더와 섹슈얼리티 연구』(vol. 1, no. 3, 2000)에 처음 실렸고, 그 글의 일부는 스티븐 바버가 편집한 『세지윅에 대하여Regarding Sedgwick』(2001)의 「능력Capacity」에도 실렸다. 「근친애 금기의 난제Quandaries of the Incest Taboo」는 피터 브룩스와 알렉스 윌로흐가 편집한 『누구의 프로이트인가? 현대 문화 속 정신분석학의 위치Whose Freud? The Place of Psychoanalysis in Contemporary Culture』(2000)에 실렸다. 「몸의 고백Bodily Confessions」은 1999년 봄 샌프란시스코의 미국 심리학 분과(39분과) 모임 때 논문으로 냈던 것이며, 「성차의 끝?The End of Sexual Difference?」은 미샤 카프카와 엘리자베스 브론펜이 편집한 『페미니즘의 결과: 새로운 세기의 이론Feminist Consequences: Theory for a New Century』(2001)에 다른 형식으로 게재했던 글이다. 「사회 변화의 문제The Question of Social Transformation」는 리디아 푸이그베르트와 엘리자베스 벡 건샤임이 공저한 『여성과 사회 변화Mujeres y transformaciones sociales』(2002)에 스페인어로 좀더 길게 실려 있다. 「철학의 '타자'가 말할 수 있는가?Can the 'Other' of Philosophy Speak?」는 조앤 W. 스콧과 데브라 키이츠가 편집한 『사상 학파들: 해석사회학의 25년Schools of Thought: Twenty-

*Five Years of Interpretive Social Science*』(2002)과 『여성과 사회 변화*Women and Social Transformation*』(2003)에 수록되었다.

차례

**감사의 말**  6
**서문** 합주 행위  10


**1장** 나 자신을 잃고: 성적 자율성의 경계에서  34

**2장** 젠더 규제들  70

**3장** 누군가를 공정하게 평가한다는 것: 성전환과 트랜스섹슈얼의 알레고리  96

**4장** 젠더 진단 미결정  124

**5장** 친족은 언제나 이미 이성애적인가?  165

**6장** 인정을 향한 갈망  211

**7장** 근친애 금기의 난제  243

**8장** 몸의 고백  256

**9장** 성차의 끝?  276

**10장** 사회 변화의 문제  322

**11장** 철학의 '타자'가 말할 수 있는가?  364


**옮긴이 후기** 나를 허물고 우리로  390
**참고문헌**  399
**찾아보기**  414

# 합주 행위

이 책에 실린 글들은 성적인 삶과 젠더화된 삶에 관한 엄격히 규범적인 관념을 허문다는 게 어떤 의미일까에 초점을 둔, 젠더와 섹슈얼리티에 관한 최근 내 연구의 일부이다. 그러나 동시에 이 글들은 **허물어지는** becoming undone 경험의 좋은 면과 나쁜 면에 대한 것들이기도 하다. 때로는 젠더에 대한 규범적 관념이 살 만한 삶을 계속 이어갈 능력을 약화시키면서 누군가의 인간됨personhood을 무너뜨릴 수 있다. 그게 아니라 해도 규범적 규제가 허물어지는 경험이 누군가의 정체성에 대한 과거의 관념을 허물 수 있다. 단지 살 만한 삶의 가능성을 높이려고 비교적 새로운 정체성을 시작하는 어떤 사람의 과거의 관념을 말이다.

젠더는 일종의 행위, 어느 정도 우리가 알지 못한 채 우리 의지와 상관없이 부단히 행해지는 행위지만, 그렇다고 해서 그것이 자동적이거나 기계적인 것은 아니다. 반대로 젠더는 규제의 장 안에서 일어나는 즉흥적 행위이다. 게다가 우리는 자신의 젠더만 '행하는do' 것이 아니다.

우리는 언제나 다른 사람과 더불어, 혹은 다른 사람을 위해 '행하고 있다.' 그 다른 사람이 상상에 불과할지라도 말이다. 내가 '나만의' 젠더라고 부르는 것은 때로 어쩌면 내가 창작해낸 것이거나 정말 내가 소유한 것으로 보일 수도 있다. 그러나 누군가 자신만의 고유한 젠더를 구성하는 관점은 처음부터 그 사람 외부에 있고, 저자가 한 명이 아닌(그리고 저자성authorship 개념 자체를 근본적으로 문제 삼는) 사회성 속에, 그 사람 너머에 있다.

특정한 젠더가 되면 특정한 방식의 욕망을 가질 것이라는 의미는 아니지만 젠더 자체를 구성하는 어떤 욕망이 있기 때문에, 결과적으로 젠더를 중심으로 한 삶과 욕망을 중심으로 한 삶을 빠르고 쉽게 분리할 수 있는 방법은 없다. 젠더가 욕망하는 게 뭘까? 이렇게 말하는 게 이상하게 들릴 수도 있지만, 우리의 존재를 구성하는 사회적 규범이 우리의 개별 인간됨에서 비롯되지 않은 욕망을 수반한다는 것을 깨닫는다면 조금은 덜 이상하게 들릴 것이다. 이 문제가 복잡하게 느껴지는 것은 개별 인간됨의 생존력이 근본적으로 이런 사회적 규범에 의존하고 있다는 사실 때문이다.

헤겔 철학의 전통은 욕망을 인정과 연결하면서, 욕망은 언제나 인정을 향한 욕망이고 우리 모두가 사회적으로 존속 가능한 존재로 구성되는 것은 오로지 인정받는 경험을 통해서라고 주장한다. 이 관점은 매력적이며 진리를 담고 있다고 할 수 있지만 몇 가지 중요한 요점을 놓치고 있기도 하다. 우리가 인간으로 인정을 받는 관점은 사회적으로 표명된 것이고, 변화할 수도 있다. 또 어떤 때는 한 개인에게 '인간됨humanness'을 부여한 바로 그 관점이 다른 개인에게서는 똑같은 지위를 얻을 가능성을 박탈하기도 한다. 인간과 덜된 인간less-than-human 사이에 차이를 만들어내면서 말이다. 이런 규범들은 권리를 누릴 자격이 있거나 정치적 숙의라는 참여의 장에 포함된 인간 모델을 이해하는 방식에 지대한 영향을 미친다. 사람은 그의 인종, 그 인종에 대한 이해 가능성, 그 사람의 형태, 그 형태에 대한 인식 가능성, 그의 성별, 그 성별에 대한 지각적 검증, 그가 속한 민족, 그 민족에 대한 범주적 이해에 따라 다르게 생각된다. 어떤 사람은 덜된 인간으로 인정되고, 그런 형태의 제한적 인정은 살 수 있는 삶viable life을 끌어내지 못한다. 어떤 사람은 전혀 인간으로 인정받지 못해서 살 수 없는 삶unlivable life이라는 또 다른 체계로 몰리기도 한다. 만일 욕망이 바라는 게 인정을 받는 것이라면, 젠더도 욕망으로 인해 작동되는 한 인정을 받기를 원할 것이다. 그러나 우리에게 있는 인정 도식이 인정을 함으로써 그 사람을 '허물거나undo' 아니면 인정을 거두어서 그 사람을 '허무는' 도식이라면, 인정은 인간을 차별적으로 생산하는 권력의 장이 된다. 이는 욕망이 사회적 규범에 개입되어 있는 만큼 권력의 문제와 결부되고, 또 누가 인정받을 만한 인간이고 누가 그렇지 못한지의 자격을 정하는 문제와도 결부된다는 것을 의미한다.

내가 특정한 젠더여도 여전히 나는 인간의 일부로 여겨질 수 있을까? 내가 그 범위에 들어갈 수 있을 만큼 '인간' 개념이 확장될까? 특정한 방식의 욕망을 표현해도 내가 살아갈 수 있을까? 내가 삶을 영위할 자리가 있을까, 그리고 그 자리는 내가 사회적 존재가 되기 위해 의존하는 다른 사람에게 인정받을 수 있을까?

인식 가능성intelligibility은 지배적 사회 규범에 따라 인정을 받은 결과로 생기는 것이라고 본다면, 인식 가능성에 못 미친다는 것에도 장점은 있다. 정말 내 선택이 혐오할 만한 것이고 나에게는 특정한 일단의 규범 안에서 인정을 받겠다는 욕망이 없다면, 내가 생존한다는 의미는 인정을 부여하는 이런 규범의 손아귀에서 벗어나는 것에 달려 있게 된다. 나의 사회적 소속감은 내가 둔 이 거리 때문에 약화되겠지만, 인식 가능성의 의미를 획득하는 데는 분명 이런 거리 두기가 더 낫다. 다른 한쪽에는 나를 파괴하려고 드는 규범이 있기 때문이다. 사실 이런 규범에 대한 비판적 관계를 발전시킬 능력은 그 규범과의 거리, 규범의 필요성을 지연하고 연기시킬 능력을 전제로 한다. 누군가를 살게 해줄 규범을 갈망할 때도 말이다. 이 비판적 관계는 어떤 능력, 틀림없이 통합적인 능력에 달려 있는데, 그것은 하나의 대안, 즉 내가 행동할 수 있게 만드는 규범이나 이상을 유지하는 것에 관한 소수의 해석을 표명할 능력이다. 내가 **행위**doing 없이는 **존재**be할 수 없는 사람이라면 내 행위의 조건은 부분적으로 내 존재의 조건이기도 하다. 나의 행위가 내게 행해진 행위에 달려 있다면, 아니 그보다도 규범이 내게 작동한 방식에 달려 있다면 내가 '나'로서 지속될 가능성은 내게 행해진 것과 밀접히 관련될 수 있는 나의 존재my being에 달려 있다. 그렇다고 해서 내가 세계의 창조주가 되도록 세계를 재편할 수 있다는 뜻은 아니다. 신과 같은 권력에 대해 환상을 가져봐야 우리가 구성된 방식, 즉 처음부터 변함없이 우리 이전에, 우리 외부에 있던 것으로 우리가 구성된 방식을 부인할 수 있을 뿐이다. 나의 행위 주체성agency은 이런 나의 구성 조건을 부인하는 데 있는 게 아니다. 내가 어떤 행위 주체성을 갖고 있다고 해도, 그것은 나 스스로 선택한 적 없는 사회 세계에 의해 구성된다는 사실로 인해 열려 있다. 패러독스로 인해 찢겨졌다고 해서 나의 행위 주체성이 아예 불가능하다는 뜻은 아니다. 그런 패러독스만이 행위 주체성이 가능해지는 조건이라는 뜻일 뿐이다.

그 결과 지금의 '나'는 규범에 의해 구성되는 동시에 규범에 의존하기도 하고, 또 규범에 비판적이어서 규범에 변화를 주는 관계로 살려고 애쓰기도 한다는 것을 알게 된다. 그것은 쉬운 일이 아니다. 왜냐하면 이러한 '내가' 충분히 인정받을 만한 방식으로 규범을 내 몸에 합체하지 않는다면, 나는 존속될 수 없을 것이며 완전히 허물어질 거라는 위협을 받아서 '나'는 더는 알 수 없는 것이 되어버리기 때문이다. 인간을 새롭게 만드는 과정을 시작하려면 지금 여기 있는 인간과는 특정한 분리가 필요하다. 몇 가지 인정 가능성recognizability이 없이는 살 수가 없다고 느낄지도 모른다. 하지만 나를 인정하고 있는 그 관점이 내 삶을 살 수 없게 만든다고 느낄 수도 있다. 여기가 바로 비평이 등장하는 지점이다. 이때 비평은 다른 삶의 양식의 가능성을 열기 위해서 삶이 규제받는 관점이 무엇인지를 질문하는 것이라고 생각된다. 다시 말해 차이를 차이 자체로 찬양하려는 것이 아니라, 동화assimilation의 양식에 저항하는 삶을 보호하고 유지하기 위한 보다 폭넓은 조건을 확립하고자 하는 것이다.

이 책에 실린 글들은 젠더와 섹슈얼리티의 문제를 존속과 생존의 문제와 연결하려는 노력의 일환이다. 이는 최근 등장한 '신젠더정치학New Gender Politics'[1]의 영향을 받았는데, 신젠더정치학이란 트랜스젠더, 트랜스섹슈얼리티, 인터섹스intersex,[2] 그리고 이들이 페미니즘 및 퀴어 이론

---

1) (옮긴이) 젠더 불균형과 규범적 젠더 질서에 내재한 권력관계에 대한 비판을 유지하면서도 기존의 복합성과 다양성을 포용하려는 새로운 젠더 운동 경향.
2) (옮긴이) 간성 혹은 반음양인이라고도 불린다. 외적으로 여자와 남자의 두 성별을 함께 지니고 태어나는 성으로서 통상 생식기가 남성 성기보다는 작고 여성 성기보다는 커서 남성과 여성 중 어느 기준에도 들지 않는 상태 혹은 사람을 지칭한다.

과 맺는 복잡한 관계와 관련된 여러 운동의 조합물이다.[3] 하지만 나는 여러 인식틀이 서로 이어지고 또 대체된다고 보는 진보사관에 동의하는 것은 잘못이라고 생각한다. 페미니스트가 어떻게 퀴어로 또 트랜스로 전환했는지에 대해서는 말해줄 이야기가 없다. 그런 이야기가 없는 이유는 이런 이야기 중 어느 것도 과거의 것이 아니기 때문이다. 이런 일화들은 우리가 그것을 말하고 있는 순간에도 동시에 겹쳐지면서 계속 생겨나고 있다. 그중 일부는 이런 운동과 이론적 실천이 수용되는 복잡한 방식을 통해 생기기도 한다.

몸을 정상화한다는 명분으로, 성별이 모호하거나 양성구유인 신체를 가진 유아나 아동을 강제로 수술하는 관행에 대한 인터섹스 측의 반대를 생각해보자. 이런 반대 운동은 '인간'이 자기 몸의 기준에 관한 규제와 이상적 형태론을 요구한다는 설명 방식에 비판적이다. 또한 강제 수술에 대한 인터섹스 사회의 저항은 인터섹스 상황에 놓인 아동도 인간 형태론의 연속체의 일부이며, 그들은 지금도 잘 살고 있고 앞으로도 잘 살 것이라는 전제 아래서 다루어져야 한다고 촉구한다. 이상화된 인간 신체를 지배하는 규범은 누가 인간이고 누가 인간이 아닌지, 어떤 삶이 살기 좋고 어떤 삶은 살기 힘든지에 관한 차별적 의미를 생산하는 작용을 한다. 이런 차별은 또한 넓은 의미의 장애인을 만드는 데 일조한다(보이지 않는 장애인을 만드는 건 또 다른 규범이지만 말이다).

『정신질환 편람 4DSM IV』의 젠더 정체성 장애Gender Identity Disorder:

---

3) 워싱턴 D.C.에 있는 인권 캠페인Human Rights Campaign은 미국 내 레즈비언과 게이의 권리를 옹호하는 주요 로비 단체이다. 이 단체는 게이 결혼이 미국 내 레즈비언과 게이 정치학에서 최우선 과제라고 주장해왔다. www.hrc.org 참고. 북아메리카 인터섹스 협회에 관해서는 www.isna.org 참고.

GID 진단을 보면 젠더 규범이 동시 작용하고 있다는 사실을 알 수 있다. 대체로 아동의 초기 동성애 성향의 징후를 검사하는 역할을 했던 이 진단은 '젠더 위화감gender dysphoria'⁴⁾을 심리적 질환으로 전제하는데, 그 이유는 단지 어떤 사람이 자기가 타고난 젠더가 아닌 다른 젠더 특질을 표현하거나 다른 젠더로 살고 싶다는 욕망을 표현하기 때문이다. 이 진단은 젠더화된 삶이 만들어지고 그 삶을 살게 되는 복잡한 방식을 무시한 채 하나로 젠더화된 삶의 양식을 부과한다. 그럼에도 이 진단은 성전환 수술과 치료를 후원해줄 보험을 찾거나 법적인 신분 변화를 구하는 개개인에게는 너무나 절실한 문제이다. 트랜스섹슈얼리티라는 특성을 얻게 하는 이 진단 방식이 일종의 병리화 과정이라는 것을 암시하는데도, 그런 병리화 과정을 겪는 것이 누군가의 성전환 욕망을 충족시키는 데 중요한 수단이 되는 것이다. 따라서 정말 중요한 문제는 이 모순을 완화시키기 위해 세계가 어떻게 재편되어야 하는가이다.

최근 레즈비언과 게이 들의 결혼을 옹호하려는 노력은 기존 형식이나 수정된 형식의 결혼 규범을 따르지 않는 성적 배치를 불법적이고 비천한 것으로 간주하겠다고 위협하는 규범을 촉진시키기도 한다. 동시에 동성애공포증homophobia으로 인해 레즈비언과 게이의 결혼에 대한 반대는 문화 전반에 걸쳐 모든 퀴어의 삶에 영향을 미칠 만큼 확산되어 있다. 이 상황에서 중요한 과제는 어떻게 하면 결혼 규범을 퀴어의 성생활에서 절대적이거나 최고로 평가되는 사회관계로 받아들이지 않으면서 동성애공포증에 반대할 것인가가 된다. 유사한 맥락에서 결혼이 친

---

4) (옮긴이) 자기가 다른 성별로 잘못 태어났다고 느껴서 자신의 성별에 만족하지 못하는 심리 상태.

족 관계를 결정하게 되면 결혼 관계에 근거하지 않은 친족 유대를 세우려는 시도는 거의 불법적이거나 존속 불가능한 것이 되고, 그래서 친족 범주 자체가 '가족'으로 붕괴된다. 결혼 유대가 섹슈얼리티와 친족을 조직하는 독점적 방식으로 존재하는 한, 성적 소수자 사회 속에서 가능한 친족을 만드는 지속적 사회 유대는 인정받지도 못하고 존속하지도 못한다는 위협을 받을 것이다. 규범에 비판적인 관계에는 지금의 결혼에 수반되는 권리와 의무의 무효화가 포함되므로, 결혼하기로 작정한 사람에게 결혼은 어떤 상징적인 실천으로 남아 있지만, 친족의 권리와 의무는 얼마든지 다른 형태를 띨 수도 있다. 성적으로 또 정서적으로 결혼 유대 바깥에 있는 사람들에게, 또는 결혼으로 맺어진 친족 관계의 사람들에게는 어떤 성 규범의 재편이 필요할까? 그 친밀한 관계의 지속성과 중요성을 법적으로나 문화적으로 인정받고자 하건, 아니면 그것과 똑같이 중요하게도 이런 인정의 필요에서 벗어나려 하건 간에 말이다. 10년 전 혹은 20년 전 젠더 불평등은 암묵적으로 여성에게만 적용되었지만, 이젠 더 이상 여성이 젠더 불평등의 현대적 용례를 확인할 유일한 틀로 작용하지 않는다. 여성에 대한 불평등은 지속되고 있고, 미국뿐 아니라 전 세계적으로 천차만별인 빈곤과 문맹의 수준을 고려해본다면 특히 빈곤층 여성과 유색인종 여성의 불평등은 여전하므로 이와 같은 젠더 불평등의 차원을 인정하는 것은 여전히 매우 중요하다. 하지만 이제 젠더는 젠더 정체성을, 특히 트랜스젠더주의나 트랜스섹슈얼리티의 정치학 및 이론에 있어 가장 핵심적인 문제를 의미하기도 한다. 트랜스젠더란 자신을 다른 젠더와 동일시하거나 다른 젠더로 사는 사람을 지칭하지만, 이들은 호르몬 치료나 성전환 수술을 받았을 수도 있고 받지 않았을 수도 있다. 트랜스섹슈얼이나 트랜스젠더인 사람 중에는 남자와 동일시하는 사람(여자에서 남자로 전환한 경우)도 있고, 여자와 동일시하는 사람(남자에서 여자로 전환한 경우)도 있다. 또 수술을 받건 받지 않았건, 또 호르몬 치료를 받건 받지 않았건 상관없이 자신을 트랜스 남성이나 트랜스 여성 등 **트랜스**와 동일시하는 사람도 있다. 이런 사회적 실천 각각에는 분명한 사회적 부담과 약속이 따른다.

일상적인 말로 '트랜스젠더'는 이런 위치의 모든 범위에 적용될 수도 있다. 트랜스젠더나 트랜스섹스인 사람은 폭력과 병리화의 대상이 되고, 그런 상황은 유색인종 사회의 트랜스인 경우 더욱 악화된다. 트랜스로 '판독'되거나 트랜스로 판명된 사람들이 겪는 고통을 과소평가할 수는 없다. 그것은 브랜든 티나Brandon Teena, 매슈 셰퍼드Mathew Shephard, 그웬 아라우조Gwen Araujo의 삶을 앗아간 젠더 폭력 연쇄의 일부다.[5] 그리고 이런 살해 행위는 인터섹스 유아나 아동에게 행해지는 강제 '교정' 행위, 종종 그들의 몸을 평생 불구로 만들고 그 몸에 외상을 남기며, 또 성 기능과 성적 쾌락에 대해 신체적 제한을 가하는 강제적인 '교정' 행위와 연결해서 이해해야 한다.

인터섹스 운동은 원치 않는 수술에 반대하고, 트랜스섹스 운동은 때로 예정수술elective surgery[6]을 필요로 하기 때문에 어떤 경우 이 둘은 서로 충돌을 일으키는 것처럼 보이기도 한다. 하지만 어떤 대가를 치르더

---

5) 브랜든 티나는 트랜스젠더라는 이유로 강간 및 폭행을 당하고, 그로부터 일주일 후 네브래스카 주 폴스시티에서 1993년 12월 30일 살해당했다. 매슈 셰퍼드는 '여성스러운' 게이 남자라는 이유로 1998년 10월 12일 와이오밍 주 래러미에서 (구타당하고 기둥에 묶인 채) 살해당했다. 그웬 아라우조는 트랜스젠더 여성인데 2002년 10월 2일 캘리포니아 주 뉴어크에서 열린 한 파티에서 폭행당한 뒤 시에라 산기슭의 언덕에서 시신이 발견되었다.

6) (옮긴이) 의료적 관점에서는 꼭 하지 않아도 되지만 환자의 선택에 따라 할 수도 있는 수술로 대기수술 혹은 선택적 수술이라고도 한다.

라도 타고난 이형성natural dimorphism을 확립하고 유지해야 한다는 원칙에 대해서는 두 운동 모두 반대한다는 점을 파악하는 게 제일 중요하다. 인터섹스 운동가는 모든 신체에는 의료 전문가가 분별해서 밝혀낼 수 있는 어떤 타고난 성의 '진리'가 있다는 잘못된 가정을 수정하는 활동을 한다. 인터섹스 운동이 젠더는 배치나 선택을 통해서 확립되어야 하지만 그게 강제적이어서는 안 된다고 주장하는 만큼, 인터섹스 운동은 트랜스젠더 행동주의 및 트랜스섹스 행동주의와 같은 전제를 공유한다. 트랜스 행동주의는 원치 않는 강제적 젠더 배치 형식에 반대하며 그런 의미에서 더 큰 자율성을 요구하는데, 그것은 인터섹스 진영의 주장과도 유사하다. 그러나 자율성이 의미하는 바가 정확히 무엇인지에 대해서는 두 운동 모두에서 복잡하게 얽혀 있다. 왜냐하면 누군가 자신의 몸을 결정한다는 것은 늘 그 사람의 선택에 선행하는 규범 사이에서 움직인다는 뜻이거나 다른 소수자들이 공동으로 표명한 규범 사이에서 움직인다는 뜻이라는 게 밝혀졌기 때문이다. 실제로 개개인들은 어떤 신체, 어떤 젠더를 가지고 유지할지에 관한 자기결정권을 행사하기 위해 사회적 지원 제도에 의존한다. 그래서 자기결정은, 행위 주체의 활동을 지원해주고 또 가능케 해주는 사회 세계의 맥락에 놓일 때에만 가능한 개념이 된다. 역으로(또 그 결과) 인간적으로 가능한 선택이 확립되고 유지되는 제도를 바꾸는 것이 자기결정권 행사의 전제 조건이라는 사실도 드러난다. 이런 의미에서 개별 행위자는 사회 비판 및 사회 변화와 불가분의 관계에 있다. 자기 힘으로 젠더를 주장하는 행위를 가능하게 하고 또 지원해주는 사회 규범이 존재하는 한에서만 우리는 '자기만의' 젠더의 의미를 결정할 수 있다. 어떤 것이 자신의 것이라고 주장하기 위해 '외부'에 의존하는 것이다. 이렇게 자기의 입지를 가지려면 자기

the self가 사회성 속에서 제거되어야 한다.

퀴어 이론과 인터섹스와 트랜스섹스 행동주의 사이에 생겨나는 한 가지 긴장은 성적 배치의 문제와 바람직한 정체성 범주를 중심으로 발생한다. 퀴어 이론이 그 정의상 안정된 성적 배치를 포함해 모든 정체성의 주장에 반대하는 것이라고 한다면, 이 긴장은 정말 커 보인다. 그러나 성형되는 정체성이나 정말로 시대에 역행하는 그 정체성의 위상과 관련된 어떤 전제보다도 중요한 것은, 퀴어 이론이 원치 않는 정체성의 입법화에 대항하겠노라 선언한 점일 것이다. 결국 퀴어 이론과 퀴어 행동주의가 정치적 특성을 띠게 된 것은 성적 경향sexual orientation과 무관하게 누구든 반反-동성애공포증적 행동을 취할 수 있으며, 성적 정체성의 표지가 정치 참여의 선결 요건은 아니라는 주장 때문이다. 퀴어 이론은 정체성을 규정하려는 사람들에게, 또는 특정 종류의 정체성을 주장하는 자들에게 인식론적 우선권을 설정하려는 사람들에게 반대하는 것처럼, 반-동성애공포증 행동주의의 사회 저변을 확대하려 할 뿐 아니라 섹슈얼리티가 범주화를 통해 쉽게 요약되거나 통일되지는 않는다고 주장하려 한다. 따라서 이 말은 퀴어 이론이 모든 젠더 배치에 반대한다는 것도 아니고, 그런 젠더 배치를 인터섹스 아동에게 확정하려는 이들의 욕망을 의심한다는 것도 아니다. 예컨대 인터섹스 아동들이 결국 나중에 그 위험을 감수하면서 젠더 배치를 바꾸게 되더라도, 이들은 그 아동들이 사회적 기능을 잘 하도록 만들어야 하는 것이다. 여기서 합리적인 전제는 인터섹스 아동들이 스스로 그런 역할에 동의하지 않은 상태에서 어떤 운동의 영웅이 되는 부담을 떠안을 필요는 없다는 점이다. 그런 의미에서 범주화 자체의 자리가 있으며 그것이 해부학적 본질주의의 형식들로 환원되어서는 안 된다.

유사한 맥락에서, 남자 또는 여자가 되고 싶어 하는 트랜스섹슈얼의 욕망을 단순히 기존 정체성 범주에 순응하려는 욕망으로 일축해서는 안 된다. 케이트 본스타인이 지적하듯, 그것은 변화 자체에 대한 욕망, 변화 활동으로서의 정체성 추구, 변화 행위로서의 욕망을 나타내는 본보기일 수 있다.[7] 각각의 경우 안정된 정체성에 대한 욕망이 작용하고 있지만, 살 만한 삶이 가능하려면 정말 여러 종류의 안정성이 필요하다는 것을 깨닫는 게 중요해 보인다. 인식 범주가 존재하지 않는 삶은 살 만한 삶이 아니듯, 인식 범주에서 살아낼 수 없는 규제가 생기는 삶도 수용할 만한 대안은 못 된다.

내게는 이 모든 운동의 과제가 사람들을 숨 쉬고 욕망하고 사랑하고 살게 만드는 규범과 관습 들 가운데, 또 삶의 조건 자체를 제거하거나 제한하는 규범과 관습 들 가운데 뚜렷이 나타나는 것으로 보인다. 때로 규범은 동시에 두 방향으로 작용하기도 하고, 때로는 어떤 집단에는 한 방식으로 작용하면서 다른 집단에는 다른 방식으로 작용하기도 한다. 가장 중요한 것은 특정한 사람에게만 살 만한 삶을 모두에게 입법화하는 것을 중단하는 일이고, 마찬가지로 특정한 사람에게만 살기 힘든 삶을 모두에게 금지하는 것을 막는 일이다. 입장의 차이, 욕망의 차이는 윤리적 반사 작용ethical reflex이 되어 보편화의 가능성을 제한한다. 살 만한 삶의 가능성을 최대화하는 것은 무엇이고, 견딜 수 없는 삶, 즉 사실상 사회적 죽음이나 실제 죽음의 가능성을 최소화하는 것은 무엇인가라는 질문에 따라 삶을 살아야 하고 삶의 방향이 정해지는 만큼 젠더 규범에 대한 비판은 분명 삶의 맥락 위에 놓여 있다고 볼 수 있다.

---

7) Kate Bornstein, *Gender Outlaw*, New York: Routledge, 1994 참고.

내 생각에 이런 운동 중 어떤 것도 전혀 포스트페미니즘적이지 않다. 이들은 모두 페미니즘 안에서 중요한 개념적, 정치적 자원을 발견했고, 페미니즘은 계속해서 이런 운동에 도전하거나 중요한 동맹으로 작용하고 있다. 그리고 '젠더 불평등'을 여성에 대한 차별의 기호로 간주하는 게 더 이상 유효하지 않은 것처럼, 빈곤과 문맹으로, 고용 차별로, 전 지구적 틀에서 젠더화된 노동 분업으로, 성폭력이나 여타 폭력으로 여성이 고통받는 여러 다른 방식을 고려하지 않는 젠더 차별의 관점을 주장하는 것도 마찬가지로 인정받지는 못할 것이다. 여성의 구조적 지배를 다른 모든 젠더 분석이 나아가야 할 출발점이라고 생각하는 페미니즘의 틀은, 젠더가 특정 집합의 사회적이고 신체적인 위험을 안고 있는 정치적인 문제로 등장하는 여러 방식에 동의하지 않음으로써 페미니즘 자체의 존속 가능성도 위험에 빠뜨린다. 전 지구적 맥락에서 또 초국적 지형에서 젠더의 작용을 이해하는 것은 젠더의 관점에서 어떤 문제가 제기되는지를 보기 위해서도 중요하지만, 암묵적이거나 명시적인 문화 제국주의를 만드는 잘못된 형태의 보편주의에 맞서기 위해서도 중요하다. 페미니즘이 항상 여성에 대한 성적·비성적 폭력에 대항해왔다는 점은 다른 운동들과 연합할 기반으로 작용해야 한다. 몸에 대한 공포증적 phobic 폭력은 반-동성애공포증, 반-인종차별, 페미니즘, 트랜스 및 인터섹스 행동주의와 연결되는 부분이기 때문이다.

일부 페미니스트들은 트랜스 운동이 성차를 다른 것으로 대체하거나 전용하려는 노력이라고 공공연히 걱정했으나, 나는 트랜스 운동이 페미니즘의 한 가지 해석에 불과하다고 생각한다. 이 해석은 젠더를 역사적 범주로 받아들이는 입장 때문에 논쟁이 되기도 하고, 젠더가 작동하는 방식을 이해하는 틀이 다양할 뿐 아니라 시간과 공간에 따라 변하기도 한다고 본다. 여성성의 사회적 조건이 열등한 것으로 간주되거나 남성에게 용인된 특권을 결여하고 있으므로 트랜스섹슈얼들이 여성성의 사회적 조건을 벗어나려 한다고 보는 관점은, 여성성과 남성성을 이해하기 위한 한 가지 틀로 여성에서 남성으로 전환한(FTM) 트랜스섹슈얼리티를 확실히 설명할 수 있다고 가정한다. 그러나 그것은 트랜스젠더임을 공개하고 살아온 사람들에게 차별의 위험, 고용 상실, 공공연한 추행과 폭력의 위험이 높아졌음을 망각하는 경향이 있다. 남자가 되거나 트랜스 남성이 되려는 욕망, 혹은 트랜스젠더로 살아가려는 욕망은 여성성을 거부하려는 동기에서 비롯된다고 보는 관점에는 여성의 신체를 타고난 모든 사람은 (생래적이건, 상징적으로 가정되었건, 아니면 사회적으로 배치되었건 간에) 어떤 고유한 여성성을 가지고 있다는 전제가 깔려 있다. 소유하거나 단절할 수 있고, 이용하거나 폐기할 수 있는 여성성을 가지고 있다는 것이다. 사실 남성에서 여성으로 전환한(MTF) 트랜스섹슈얼리티에 대한 비판은 마치 여성성은 타고난 어떤 성에 속하는 게 합당하고, 젠더 정체성은 틀림없이 당연한 것으로 여겨지는 신체에서 비롯될 수 있고 비롯되어야 하는 것처럼 여성성을 '전용appropriation' 하는 데 초점을 두어왔다. 그러나 젠더를 역사적 범주로 이해한다는 것은, 몸을 문화적으로 구성하는 방식이라고 여겨지는 젠더가 계속 수정될 수 있게 열려 있으며, (인터섹스 운동이 분명히 밝혔듯) '신체anatomy' 와 '성sex'은 문화적 틀 없이는 존재하지 않는다는 점을 받아들이는 것이다. 마치 당연하거나 필연적인 속성이기라도 한 것처럼 여성성을 여성의 몸에 귀속시키는 일은 규범의 틀 안에서 일어나고, 그 틀 안에서 여성성을 여성의 것으로 배치하는 것은 젠더 생산의 기제이다. '남성적masculine' 혹은 '여성적feminine' 같은 용어는 가변적인 것으로 악명이 높다. 그리고 이 용어 각각에 대한 사회사가 존재하고, 그 용어의 의미도 누가 누구를 생각한 것인지 또 어떤 이유에서 생각한 것인지에 관한 문화적 규제와 지정학적 경계에 따라 근본적으로 달라진다. '남성적' '여성적'이라는 용어가 되풀이된다는 것도 충분히 흥미롭지만 그게 되풀이된다고 해서 같은 것을 지칭하는 것은 아니다. 그보다 이런 용어의 사회적 표명은 그 용어가 반복에 의존하는 방식을 지칭하며, 이런 반복은 젠더의 수행적 구조performative structure의 한 차원을 구성한다. 따라서 젠더를 지칭하는 용어는 결코 안정될 수 없으며, 언제나 수정되는 과정 중에 있다.

그러나 역사적이고 수행적인 것으로서의 젠더 개념은 성차에 대한 몇몇 해석과 갈등을 일으키곤 한다. 여기 수록된 몇 편의 글은 페미니즘 이론 내부에서 진행된 이런 분열을 다루려 한다. 성차야말로 일차적인 차이라는 관점은 몇몇 진영에서 비판받는다. 인종이나 민족적 차이가 일차적인 것이 아니듯 성차도 더 이상 일차적인 것이 아니며, 그것이 표명된 인종적이거나 민족적인 틀 바깥에서 성차를 이해할 수는 없다는 주장은 옳다. 또 어머니와 아버지 사이에서 태어나는 것이 모든 인간에게 가장 중요하다고 주장하는 사람들의 말에도 일리는 있다. 그러나 정자 기증자나 하룻밤 상대, 아니면 강간범까지도 정말 사회적 의미에서 '아버지'인가? 어떤 의미에서, 또는 특정 상황에서는 그들을 아버지라 하겠지만, 출생상 분명한 아버지가 없는 아동은 정신병에 걸리기 쉬울 것이라고 가정하는 사람들이 볼 때 이들은 아버지라는 범주를 위기에 빠뜨리는 것이 아닐까? 정자와 난자가 재생산에 필수적인 것이고(지금까지도 그렇다), 그런 의미에서 성차가 인간이 자기 출생과 관련해 마주할 수 있는 모든 설명 중에서 가장 본질적인 부분이라면, 이 성차가 다른 사회적 구성력, 예컨대 어떤 사람을 존재로 만드는 경제적이거나 인종적인 조건, 그 사람이 입양되었거나 고아원 출신이라는 것보다 개인을 형성하는 데 더 깊이 관여한다는 뜻인가? 타고난 성차라는 사실에서 비롯되는 것이 그렇게나 많은 것일까?

재생산 기술에 관한 페미니스트의 노력은 윤리적이고 정치적인 여러 관점을 발생시켰고, 그런 관점은 페미니즘 연구를 활성화시켰을 뿐 아니라 생명공학, 국제정치, 그리고 인간과 생명 자체의 위상과 관련해서 젠더를 사유하는 것에 분명히 영향을 미쳤다. 사실상 어머니의 몸을 가부장적 장치로 대체했다면서 기술을 비판하는 페미니스트들은 이런 기술이 여성의 자율성 증진에 기여한 부분에 대해서도 논의해야 한다. 반대로 재생산 기술을 스스로 만든 대안에 포함시킨 페미니스트들은 이 기술의 사용 사례, 즉 인간의 완전성과 성 선택과 인종 선택을 계산하는 여러 사례들을 받아들여야 한다. 이런 기술이 성차의 우선성을 지워버릴 위험이 있다는 이유로 기술 혁신에 반대하는 페미니스트들에게는 이성애적 재생산을 당연한 것으로 받아들일 위험이 있다. 이런 경우 성차에 대한 신념은 성전환을 가능케 하는 기술에 대한 권리 확보에 관심이 있는 인터섹스 운동 및 트랜스젠더 운동과도, 또 반-동성애공포증 투쟁과도 갈등 관계에 놓이게 된다.

이런 각각의 운동을 통해 우리는 기술이야말로 인간이 생산되고 재생산되는 권력의 장이라는 것을 알게 된다. 그것은 자식의 인간됨뿐 아니라, 자식을 낳아 기르는 사람들의 인간됨, 부모와 비부모의 인간됨까지 똑같이 생산되는 장이다. 젠더는 이처럼 분명한 인간됨을 생산하고 유지하기 위한 전제 조건에 비유된다. 이런 다양한 운동 전반에서 이루어져야 할 중요한 연합적 사유가 있고, 그 모든 것이 신젠더정치학을 구성하는 것이라면, 그것은 틀림없이 몸의 이형성, 기술의 이용과 오용, 그리고 논쟁거리가 될 인간과 생명 자체의 위상에 관한 전제들과 연관될 것이다. 남근 로고스 중심적인 목적을 가진 기술로부터 성차가 제거되지 않도록 보호되어야 한다면, 이런 성차를 어떻게 인터섹스 및 트랜스젠더 활동가가 매일 맞서 싸우는 규범적 이형성의 형태들과 구분할 것인가? 기술은 몇몇 사람에게는 다가가고 싶은 자원이지만, 또 다른 사람들에게는 해방되고 싶은 부담이기도 하다. 인터섹스 활동가가 보기에 기술이 강제되는 것인지 아니면 선택되는 것인지는 명백하다. 인간됨의 의미 자체가 특정한 몸의 변화를 보장해주는 기술에 접근할 권리를 가지는지의 여부에 달려 있다는 게 몇몇 트랜스들의 주장이라면, 또 어떤 페미니스트들은 인간이라는 존재가 그저 기술의 효과에 불과하게 될 위험까지 무릅쓰면서, 기술이 사람을 만드는 일까지 맡겠노라 위협하고 있다고 주장한다.

이와 유사하게 장애인 운동이나 인터섹스 행동주의에서 말하는 몸의 차이를 더 많이 인식하라는 요구는 변함없이 생명의 가치 쇄신을 촉구한다. 물론 우익 운동 진영이 재생산에 관한 여성의 자유를 제한하기 위해 '생명'을 들고 나온 만큼, 삶을 가치 있게 만들고 존속 가능한 삶의 조건을 만들기 위해 더 포괄적인 조건을 확립하라는 이 요구는 여성의 낙태권 행사의 자율성 제한이라는 달갑지 않은 보수적 요구와 공명할 수도 있다. 이 논쟁에서는 언제 인간의 삶이 시작되고, 무엇이 존속 가능한 형태의 '생명'을 구성하는지에 관한 질문이 있다는 것이 드러날 것이므로, 여기서 중요한 것은 '생명'이라는 용어를 우익의 안건으로 넘기지 않는 것이다. 즉 요점은 말 없는 태아를 대변해 이런 주장을 하려는 모든 사람에게 '생명권'을 확대하자는 것이 아니라, 여성의 삶의 '생존 가능성'이 어떻게 몸의 자율권 행사와 그 자율권을 가능케 하는 사회적 조건에 좌우되는지를 이해하자는 것이다. 게다가 젠더 정체성 장애 진단이 가져오는 병리화 효과를 극복하려는 사람들의 사례에서처럼, 우리는 사회적 (그리고 법적) 지원과 보호를 요구하며 행위 주체성 자체가 여러 젠더 가운데서 어떻게 다르게 배치되는지를 지배하는 규범의 변화를 가져오는 자율성의 형식에 대해 말하고 있다. 따라서 여성의 선택권이라는 것은 어떤 맥락에서는 잘못된 명칭이다.

인간 중심주의에 대한 비판은, 우리가 인간적 삶에 대해 말할 때 인간적이면서 동시에 살아가고 있는 어떤 존재를 지칭하고 있으며, 살아가는 존재의 범위는 인간의 범위를 넘어선다는 것을 밝혀왔다. 어떤 면에서 '인간적 삶human life'이라는 용어는 까다로운 합성어라 할 수 있다. '인간적'이 그저 '삶'만 수식하는 게 아니라, '삶'은 인간을 인간적이지 않으면서 살아 있는 것과 연결하고, 이 연결성의 한가운데에서 인간적인 것을 설정하기 때문이다. 인간이 인간이기 위해서는 인간적이지 않은 것, 인간 바깥에 있지만 삶 속의 상호 관련성 때문에 인간과 연속되는 것과 관계를 맺어야 한다. 자신이 아닌 것과 맺는 이런 관계가 살아 있는 인간 존재를 구성하므로, 인간은 그런 것들을 확립하려는 노력 속에서 인간의 경계를 넘게 된다. "나는 동물이다"라고 주장한다는 것은, 분명히 인간적인 언어로 그가 인간인지 아닌지가 불분명하다는 것을 공언하는 것이다. 삶의 가능성은 인간적인 것을 초월해 살아 있는 존재에 속하는 것이므로, 이런 역설은 살 만한 삶의 문제와 인간적 삶의 위상을 분리할 것을 요구한다. 게다가 우리는 너무 어리석게도 기술에 의존하지 않고도 삶이 충분히 가능할 것이라고 생각하는데, 그 말은 인간은 동물적 의미의 삶에 있어서만 기술에 의존해 산다는 뜻이다. 그런 의미에서 우리는 인간의 위상과 살 만한 삶의 위상에 대해 의문을 제기하면서 사이보그의 틀에서 생각하고 있는 중이다.

이런 관점으로 인간을 새롭게 사유한다고 해서 인본주의humanism로 회귀한다는 것은 아니다. 프란츠 파농이 "흑인은 사람이 아니다the black is not a man"[8]라고 주장했을 때, 그는 당대의 인간에 대한 표명이 너무나 인종적인 것이라서 어떤 흑인도 인간의 자격을 얻을 수 없음을 보여주는 인본주의적 비평을 한 것이었다.[9] 그가 이 말을 할 때 이 공식은 흑인이 여성화되었음을 의미하므로 남성성에 대한 비판이기도 하다. 즉, 이 공식의 함축적 의미는 남성적인 의미에서 '사람man'이 아닌 자는 인간human이 아니라는 것인데, 이는 남성성과 인종적 편견 두 가지가 모두 인간 개념을 지탱하고 있음을 암시한다. 그의 공식은 문학 비평가 실비아 와인터 같은 현대 학자들에 의해 확장되어 유색인종 여성에게도 적용될 뿐만 아니라, 인간 범주를 설명해온 인종차별적 틀에 대해서도 문제를 제기했다.[10] 이런 공식들은 '인간'의 범주를 구성하는 데 내재하고 있는 권력의 차이를 보여주며, 동시에 이 '인간'이라는 용어의 역사성을, 즉 그것이 시간의 흐름에 따라 만들어지고 굳어져왔다는 사실을 주장한다.

'인간'이라는 범주는 자기 안에 인종 간 권력 격차 작용을 자신의 역사성으로 간직하고 있다. 그러나 '인간' 범주의 역사는 끝나지 않았고,

---

8) (옮긴이) 이 문장은 '흑인은 사람이 아니다'라는 의미와 '흑인은 남자가 아니다'라는 두 가지 의미를 갖는다. 이미 중립적 인간을 지칭하는 단어 'man'이 남성을 전제하고 있기 때문이다.

9) Franz Fanon, *Black Skin, White Masks*, New York: Grove, 1967, p. 8.

10) Sylvia Wynter, "Disenchanting Discourse: 'Minority' Literary Criticism and Beyond," Abdul JanMohammed & David Lloyd(eds.), *The Nature and Context of Minority Discourse*, Oxford: Oxford University Press, 1997.

그래서 '인간'은 결코 파악될 수가 없다. 인간 범주가 시간 속에서 만들어지며 또 광범위한 소수자들을 배제해야만 작동된다는 말은, 그런 범주에서 배제된 자들이 그 범주에 대해, 그 범주에서 말하는 바로 그 지점에서 '인간' 범주에 대한 새로운 표명을 시작할 것임을 의미한다. 파농이 "흑인은 사람이 아니다"라고 썼을 때 그걸 쓴 사람은 누구인가? 우리가 '누구'냐고 물을 수 있다는 것은 인간이 자신의 범주적 정의를 초월해 있다는 뜻이며, 어떤 다른 미래로 그 범주를 열어내는 그 발화 안에서, 또 그 발화를 통해 그 사람이 존재한다는 뜻이다. '인간'이 구성되는 인정의 규범이 있고 그 규범이 권력 작용을 기호화한다면, '인간'의 미래에 대한 경쟁은 그 규범 안에서 그 규범을 통해 작동하는 권력에 대한 경쟁이 될 것이라는 말이다. 그 권력은 언어 속에 제한된 방식으로 등장하거나 다른 표현 양식 속에 등장할 것이다. 앞으로 전진하면서도 동시에 그것을 멈추려 하는 어떤 다른 표현 양식 말이다. 이런 이중 운동은 규범에 대한 저항을 표현하는 발화, 이미지, 행동 속에서 발견된다. 이런 것들은 '인간'의 관점으로는 읽어낼 수도 인정할 수도 없거나, 아니면 아예 불가능한 것으로 간주되면서도 '인간'의 관점에 대해 말한다. 동시에 기존의 권력 차이로 완전히 규제되지 않는 어떤 역사로 이 관점을 열어둔다.

이런 문제들이 미래의 어떤 안건들을 형성한다. 바라건대 이 안건이 앞으로 학자와 활동가로 하여금 함께 이 긴급하고도 복잡한 문제를 제기할 폭넓은 틀을 만들어주리라 생각한다. 이 문제들은 분명 친족 구조상의 변화들, 게이 결혼에 대한 논쟁, 입양의 조건, 그리고 재생산 기술에 대한 접근권과 관련되어 있다. 인간이 어디서 어떻게 존재가 되는지 재고해보는 부분에는 유아가 등장하는 사회적 지형과 심리적 지형에 대해 재고하는 일도 포함될 것이다. 마찬가지로 친족 층위의 변화 역시 인간이 태어나고 양육되는 사회적 조건을 다시 숙고해볼 것을 요구하면서, 사회 분석과 심리 분석이 만나는 장소를 열어낼 뿐 아니라 사회적·심리적 분석의 새 영역을 열어낼 것이다.

정신분석학은 때로 개인의 심리 생활의 핵심core을 형성하는 일차적 성차 개념을 옹호하는 데 활용되었다. 그러나 정신분석학에서는 정자와 난자가 이성애적 부모의 성행위를 암시하고 또한 원초적 장면primal scene[11]이라든가 오이디푸스 시나리오Oedipus scenario[12] 같은 다른 수많은 심리적 현실을 암시한다고 가정할 때에만 성차가 분명히 부각되는 것 같았다. 하지만 난자와 정자가 다른 곳에서 온다면, 그것이 '부모'라 불리는 사람의 것이 아니라면, 또 성행위를 나누는 부모가 이성애 관계도 아니고 재생산도 할 수 없다고 한다면 새로운 심리적 지형이 필요할 것이다. 물론 많은 프랑스 정신분석학자들이 논했듯 재생산은 통상 이성애적인 부모의 성행위에 따른 것이고, 그 사실이 인간 주체의 심리 조건을 제공한다고 생각할 수도 있다. 이런 관점은 비非-이성애적 결합 양식, 재생산 기술, 그리고 이성애적 핵가족 결혼 밖에서 부모가 되는 것은 아동에게 상처를 주고, 문화에 위협이 되며, 인간을 파괴하는 것이라고 비난하기에 이른다. 그러나 부계 계보의 보존, 국가 문화의 전파, 이성애적 결혼을 목적으로 정신분석학 용어를 이렇게 동원하는 것은 단지 한 가지 사례에 불과하며, 특별히 생산적이지도 필연적이지도 못하다.

---

11)  (옮긴이) 유아가 처음으로 목격했다고 생각하는 부모의 성행위 장면.
12)  (옮긴이) 아들은 어머니를, 딸은 아버지를 근원적으로 욕망한다는 정신분석학적 욕망의 기본 전제.

정신분석학은 섹슈얼리티가 자신을 규제하는 사회 규범에 순응하지 못하는 방식을 알기 위한 이론일 뿐 아니라, 문화적 적응에 대한 비판으로도 작용할 수 있다는 점을 기억하는 것이 중요할 것이다. 게다가 내면의 영사막에 비친 일련의 투영물이 아니라 인간의 관계성 자체의 일부분으로 파악되는 환상의 작용을 이해하는 데는 정신분석학보다 더 나은 이론도 없다. 누군가 자기 몸을, 혹은 다른 사람의 몸을 젠더화된 것으로 경험하는 데 환상이 얼마나 필수적인지를 이해할 수 있게 된 것은 이런 통찰에 근거한다. 결국 정신분석학은 인간이 타인과의 관계 및 자기 자신과의 관계에서 돌이킬 수 없을 만큼 겸손하다고 관념화하는 작용을 할 수 있다. 거기에는 언제나 우리 자신의 차원이 있고, 우리가 알지 못하는 타인과의 관계가 있으며, 이런 미지성not-knowing은 존재의 조건으로, 사실상 생존 가능성의 조건으로 우리에게 남겨진다. 우리는 어느 정도 우리가 알지 못하는 것, 알 수 없는 것에 의해 내몰리는데, 이런 충동drive: Trieb은 딱히 완전히 생물학적이지도 그렇다고 문화적이지만도 않은, 언제나 그 둘의 밀도 높은 집중이 일어나는 장이다.[13] 나라는 존재가 언제나 내가 만든 적 없는 규범으로 구성된다면, 나는 이런 구성이 일어나는 방식을 알아야 한다. 정동affect과 욕망을 연출하고 구성하는 것은 규범이 나만의 가장 고유한 속성이라고 느껴지는 쪽으로 움직이게 만드는 확실한 한 가지 방법이다. 내가 나 자신일 거라고 예측하는 바로 그 지점에서 내가 나 자신에게 타인이라는 사실은, 나의 자기이해를 넘어서는 시간적이고 공간적인 작동 영역을 유지하면서도 나의 탄생과 죽음 너머에 규범의 사회성이 있다는 사실에서 나온다. 규

---

13) Sigmund Freud, "Instincts and their Vicissitudes," *Standard Edition*, vol. 14.

범에는 최종적이거나 결정적인 제어력이 없으며, 만약 있다 해도 적어도 그 제어가 항상 가능한 것은 아니다. 욕망이 완전히 결정된 게 아니라는 사실은, 어떤 규범으로도 섹슈얼리티를 완전히 파악할 수 없다는 정신분석학적 이해와 일맥상통한다. 그보다 욕망의 특징은 자리바꿈이고, 욕망은 규범을 넘어설 수 있으며, 규범에 대응하는 새로운 형태를 취할 수도 있고, 심지어는 완전히 뒤집어 규범을 매력적이게 만들 수도 있다. 이런 의미에서 섹슈얼리티는 규제적 권력의 이러저러한 작용의 '결과'라고 온전하게 수렴될 수 없다. 그것은 섹슈얼리티가 본성상 자유롭고 길들여지지 않는 것이라고 말하는 것과는 다르다. 그와 반대로 섹슈얼리티는 다름 아닌 규제의 장 안에 있는 즉흥적 가능성으로 등장한다. 그러나 무언가가 어떤 그릇 '안에' 있는 것처럼 섹슈얼리티도 그런 규제들 '안에' 있는 것으로 생각되지는 않는다. 즉 섹슈얼리티는 규제 때문에 소멸되기도 하지만 규제 때문에 가동되고 자극되기도 하며, 때로는 몇 번이고 되풀이해서 생산되기 위해 규제를 필요로 한다.

그렇다면 섹슈얼리티는 일정 정도 우리를 우리의 외부에 있는 것으로 설정한다는 결론이 나올 것이다. 우리는 완전한 의미와 목적을 분명하게 설정할 수 없는 어딘가 다른 곳에서 동기를 얻어 움직인다.[14] 그것은 단지 섹슈얼리티가 규범의 작동을 통해서 또 규범이 허물어지는 주변적 양식을 통해서 문화적 의미를 전달하는 한 방법이기 때문이다. 당신이 어떤 젠더'인지'가 당신이 어떤 섹슈얼리티를 '가질지'를 결정하는 것은 아니라는 의미에서, 섹슈얼리티는 젠더에서 비롯된 것이 아니다.

---

14) Maurice Merleau-Ponty, "The body in its Sexual Being," *The Phenomenology of Perception*, Colin Smith(trans.), New York: Routledge, 1967, pp. 154~73.

우리는 우리의 젠더에 대해 말하고 우리의 섹슈얼리티를 드러내면서 일상적인 방식으로 이런 문제들에 대해 말하려 하지만, 전혀 의도치 않게도 존재론적 교착과 인식론적 난국에 사로잡히게 된다. 결국 나는 어떤 젠더인 것인가? 그리고 어떤 섹슈얼리티를 '갖고' 있는가?

아니면, 그 안에 젠더를 보유해야 하는 '나'는 어떤 젠더가 됨으로써 허물어져버렸고, 그 젠더는 내가 완전히 주인일 수 없는 사회성 속에서 구성되어, 언제나 다른 데 있고 뭔가 나의 너머에 있는 것을 향해 움직인다는 점이 입증된 것일까? 그런 거라면 젠더는 나의 젠더이거나 그 젠더를 보유해야 하는 '나'를 허물 것이다. 그리고 이런 허물기가 바로 그런 '나'의 의미와 이해 가능성의 일부가 될 것이다. 내가 어떤 섹슈얼리티를 '가지고' 있다고 주장한다면, 그때 이 섹슈얼리티는 내 것이라고 불릴 것이고 내가 소유한 어떤 속성으로 여겨질 것이다. 그러나 섹슈얼리티가 내 권리를 박탈하는 수단이라면 어떻게 할 것인가? 다름 아닌 내 것일 때조차도 어딘가 다른 곳에서 부여받아 작동하게 된 것이라면 어떻게 한단 말인가? 그렇다면 그 섹슈얼리티를 '가지고' 있을 '나'는 내가 가지고 있다고 주장하는 섹슈얼리티 때문에 허물어지며, 또 그런 '주장' 자체가 더 이상 전적으로 내 이름만으로 행해질 수는 없다는 결론으로 이어지지 않는가? 내가 나라는 주장을 할 때 다른 사람들에 의해 나라는 것이 주장된다 할지라도, 젠더라는 것이 내 것이 되기도 전에 다른 사람에 대해, 그리고 다른 사람에게서 나온 것이라 할지라도, 섹슈얼리티 또한 어떤 특정한 '나'의 박탈을 포함하는 것이라 할지라도 그게 나의 정치적 주장에 종지부를 찍는 결과를 가져오지는 않는다. 단지 누군가 이런 주장을 할 때, 그 사람은 그 사람보다 훨씬 많은 것에 대해 주장하고 있다는 뜻일 뿐이다.

# 1장
# 나 자신을 잃고: 성적 자율성의 경계에서

무엇이 살기 좋은 세계를 만드는가라는 질문은 쓸모없는 것이 아니다. 철학자들만 하는 질문도 아니다. 이 질문은 오히려 사람들이 다양한 삶의 행보 속에서 흔히 언급하는 관용어 중 하나라고 할 수 있다. 이 질문이 사람들 모두를 철학자로 만든다면, 그런 결론은 기꺼이 받아들일 만하다. 내가 볼 때 이 질문은 윤리학의 문제가 되었다. 무엇이 나 자신의 삶을 견딜 만하게 하는가라는 개인적 질문을 할 때도, 권력의 입장에서 또 분배의 정의라는 관점에서 무엇이 다른 사람의 삶을 견딜 만하게 만들고 또 그렇게 만들어야 하는가와 같은 질문을 할 때도 마찬가지다. 우리는 그 대답 어딘가에서 삶이 어떤 것이고, 또 어떤 것이어야 하는지에 관한 특정한 관점에 개입할 뿐 아니라, 어떤 것이 인간적인 것, 명백히 인간적인 삶을 구성하고 어떤 것은 구성하지 않는지에 관한 특정한 관점에도 개입한다는 걸 알게 된다. 명백히 인간적인 삶이 가치 있다고—혹은 가장 가치 있다고—가정한다면, 아니면 명백히 인간적인 것만이 가치의 문제를 생각할 수 있는 유일한 방법이라고 가정한다면 여기에는 언제나 인간 중심주의의 위험이 있다. 그런 경향에 맞서려면 삶의 문제와 인간의 문제를 둘 다 질문해야 하며, 두 문제 중 하나가 다른 하나로 포섭되지 않도록 해야 할 것이다.

나는 인간이라는 문제, 누가 인간으로 간주되는가의 문제, 또 누구의 삶이 삶으로 간주되는가와 관련된 문제, 그리고 우리 다수가 수년간 골몰해온 문제인 무엇이 누군가의 죽음을 애도할 수 있는 삶grievable life으로 만드는가의 문제로 이 장을 시작하고 또 끝맺을 것이다. 국제 게이와 레즈비언 공동체 내부에 어떤 차이가 있건 간에, 누군가를 잃었다는 것이 어떤 것인지에 관해서는 우리 모두 일정한 관념을 지니고 있다고 생각한다. 또 우리가 누군가를 잃었다면, 그것은 우리가 누군가를 소유했고 갈망했고 사랑했으며, 우리 욕망의 조건을 알고자 애썼다는 말이 되는 것 같다. 우리 모두는 최근 몇 십 년간 에이즈로 누군가를 잃었지만, 그 외에도 우리를 괴롭히는 다른 상실, 다른 질병이 있다. 게다가 우리 중 일부는 개별적으로 폭력의 대상이 되지 않았더라도, 하나의 공동체로서의 우리는 모두 폭력의 대상이 된다. 이 말은 우리 몸의 사회적 취약성 때문에 우리가 어느 정도는 정치적으로 구성된다는 의미이다. 또한 우리는 욕망의 영역과 신체적 취약성이라는 영역으로 구성되는데, 이 영역들은 공적으로 확고하기도 하고 취약하기도 하다.

언제 애도가 성공적으로 이루어지는지, 어떻게 해야 다른 사람을 충분히 애도한 것인지는 확실하지 않다. 그래도 그 의미가 누군가 그 사람을 잊었다거나, 뭔가 다른 것이 나타나 그 사람 자리를 대신하는 게 아닌 건 확실하다. 애도는 그런 식으로 작동하지 않는다고 생각한다. 그보다는 누군가 겪고 있는 상실이 당신을 변화시킬 것이고, 어쩌면 당신을 영원히 변화시킬 거라는 사실을 받아들일 때 애도가 되는 거라고 생각한다. 그리고 그런 애도는 그 결과를 미리 다 알 수 없는 어떤 변화를 겪기로 동의한 것과 관련된다. 따라서 상실이 있고, 상실이 가져온 변화는 있어도, 이 변화를 도표화하거나 계획할 수는 없다. 예를 들어 상실에 대해서만큼은 프로테스탄트 윤리에 도움을 청할 수 없다고 생각한다. 말하자면 "아, 난 이렇게 상실을 겪겠지. 그 결과는 저런 게 될 거야. 그럼 나는 그 일에 완전히 빠질 것이고, 내 앞에 있는 슬픔을 노력으로 극복해낼 거야"라고 할 수는 없다는 것이다. 누군가 시류에 떠밀려, 그날을 시작할 때는 목표와 기획과 계획이 있었는데 그게 다 좌절되었다는 것을 알게 되었다고 생각해보자. 그는 자신이 완전히 무너졌다는 것을 알게 된다. 기력이 다 빠져버렸으나 왜 그런지는 알 수 없다. 무언가 그가 의도한 계획이나 기획보다 크고, 그가 알고 있는 것보다도 크다. 효력을 발휘하고 있는 그 뭔가는 자아 내부에서 온 것인가 외부에서 온 것인가, 그도 아니면 그 둘의 차이가 불분명한 어떤 영역에서 온 것인가? 한편 그 순간 그 뭔가가 주장하는 것은 무엇인가? 우리는 우리 자신의 주인이 아니라는 말인가? 우리는 무엇에 묶여 있는가? 그리고 무엇에 사로잡혀 있는가?

우리는 일시적인 무언가를 겪는 것처럼 보일 수도 있겠으나, 이런 경험을 통해 우리가 누구인지에 관한 중요한 뭔가가 드러날 수도 있다. 다른 사람들과 우리가 맺는 유대를 설명하는 무엇이, 이런 유대가 자아감을 형성하고 우리의 정체성을 구성한다는 것을 입증하는 무엇이, 그리고 그런 유대를 상실해버리면 근본적 의미에서 평정심을 잃게 되는 중요한 뭔가가 드러날 수 있는 것이다. 우리는 우리가 누구인지, 무엇을 해야 하는지 모른다. 많은 사람들이 슬픔은 개별적인 것이고 우리를 각자 외로운 상황으로 되돌린다고 생각하지만, 나는 슬픔이 자아를 구성하는 사회성, 즉 복잡한 질서를 가진 정치 공동체를 사유할 기반을 드러낸다고 생각한다.

그것은 단순히 내가 이러저러한 관계를 '갖고 있다'고 말할 만한 것도 아니고, 그 관계들을 열거하면서 이 우정이 의미하는 바는 무엇이고, 저 연인이 내게 의미했거나 지금 의미하는 바는 무엇인지를 설명해가며 편안히 앉아 거리를 두고 조망할 만한 것도 아니다. 그와 정반대로 슬픔은 우리가 타인과의 관계라는 속박 속에 존재하는 방식을 보여준다. 하지만 우리가 이런 타인을 늘 열거하거나 설명할 수 있는 것도 아니고, 타인은 우리 자신을 자율적이고 통제된 것으로 보는 개념 자체에 저항하면서 때로 우리가 하려는 우리 자신에 대한 자의식적 설명을 방해하기도 한다. 나는 내가 느끼는 바에 관해서 이야기하려 할 수도 있지만, 그것은 이야기를 하려 하는 바로 '나' 자신이 그 이야기의 한가운데에서 중단되는 이야기여야 할 수도 있다. 바로 이런 '나'는, 내가 나라고 부르는 사람과의 관계 때문에 의문시되는 것이다. 대타자the Other에 대한 이런 관계가 반드시 내 이야기를 망치거나 나를 아무 말도 못하는 상황으로 몰고 가는 것은 아니지만, 변함없이 내 말을 허물어내는undoing 기호들로 내가 하는 말을 어수선하게 만드는 것만은 사실이다.

똑바로 바라보자. 우리는 서로에 의해서 허물어진다. 서로에 의해 허물어지지 않는다고 해도 무언가를 그리워하고 있다. 그것이 명백하게 슬픔의 사례로 보인다면 이유는 단지 그것이 욕망의 사례였기 때문이다. 누구든 항상 온전한intact 상태로 있을 수는 없다. 누군가 온전하기를 바라거나 실제로 그럴 수는 있지만, 아무리 최선의 노력을 다해도 사람은 다른 사람을 대면하면서 그 감촉이나 향기나 느낌, 아니면 그 감촉에 대한 예상이나 그 느낌에 대한 기억 때문에 허물어진다. 지금 말하고 있듯(또 말해야 하듯), **나의** 젠더나 **나의** 섹슈얼리티에 대해 말할 때 우리는 젠더나 섹슈얼리티로 인해 복잡해진 뭔가를 가리키는 것이다. 나의 젠더나 섹슈얼리티 중 어느 것도 딱히 내 소유물이 아니며, 둘 다 **소유권이 박탈된 양식**으로, 즉 둘 다 다른 사람을 위한 존재 양식, 혹은 실제로 다른 사람 덕분에 가능한 존재 양식으로 이해해야 한다. 내가 지금 자율적 자아보다 자아에 대한 관계적 관점을 증진시키려 한다거나, 관계성이라는 관점에서 자율성을 새롭게 기술하려 한다고 말하는 것으로는 충분치 않다. '관계성relationality'이라는 말은 우리가 기술하려는 관계 안의 균열을 봉합하는데, 그런 균열이야말로 정체성 자체를 구성하는 요인이다. 이 말은 우리가 소유권 박탈을 개념화하는 문제에 신중하게 다가가야 할 것이라는 뜻이다. 그렇게 다가가는 한 가지 방식이 엑스터시ecstasy[1] 개념을 통하는 것이다.

우리는 엑스터시가 60년대와 70년대에 중요하게 등장해 80년대 중반까지 지속되었다는 식으로 성적 자유를 향한 폭넓은 운동의 역사를 서술하려는 경향이 있다. 그러나 어쩌면 엑스터시는 역사적으로 그보다 더 끈질긴 개념, 어쩌면 지금도 내내 우리 곁에 있는 개념일지도 모른다. 엑스터시 상태가 된다는 것은 말 그대로 제정신을 잃는다는 의미지만, 동시에 몇 가지 다른 의미도 있다. 즉 이것은 열정 때문에 자제력을 잃는 상태로 전환된다는 의미이기도 하지만, 분노나 슬픔 때문에 **제**

---

1) (옮긴이) 엑스터시는 무아지경이나 황홀한 상태를 의미하기도 하고, 그런 황홀경을 가져오는 환각제를 뜻하기도 하지만, 이를 ec-stasy(ex-stasis)로 분절할 경우 정태적 주체로부터의 탈주, 존재로부터 이탈된 탈아, 나 자신을 잃은 상태의 나, 내 정체성 자체가 나의 외부의 규범에 의존하는 행위 주체를 의미한다.

**정신이 아니라는** 의미이기도 하다. 내가 아직 '우리'에게 말할 수 있고 우리라는 관점에 나를 포함시킬 수 있다면, 난 지금 **우리 자신이 아닌** 특정 방식으로 살아가는 우리들에게 말하고 있다고 생각한다. 그게 성적인 열정 때문이건, 감정적 슬픔 때문이건, 아니면 정치적 분노 때문이건 말이다. 어떤 면에서 곤란한 문제는 제 자신을 잃고 사는 사람들이 어떤 종류의 공동체를 구성하는지를 이해하는 일이다.

우리가 겪게 되는 흥미로운 정치적 곤경은 우리가 '권리'라는 말을 들을 때 대부분 그것이 개인에게 속하는 것이라고 생각하고, 반대로 차별로부터의 보호를 주장할 때는 한 집단이나 계급으로서 주장을 한다는 데서 온다. 우리는 그런 언어와 그런 맥락에서 우리 자신을 제한된 존재, 뚜렷이 구분되고 인정 가능하며 설명 가능한 존재, 법 앞의 주체, 동일성으로 규정된 공동체로 제시해야 한다. 우리가 법적 보호와 자격을 확보하기 위해서는 그런 언어를 사용할 수 있는 게 낫다. 그러나 우리가 누구인가에 관한 정의가 법적으로 우리가 어떤 사람인지에 합당한 설명이라고 생각한다면 그것은 실수일지도 모른다. 이 언어는 인간 존재론에 관한 자유주의적 해석에 숨어 있는 법적인 틀 속에서 적합성은 확립했지만, 열정이나 슬픔이나 분노를 온전히 나타내는 데는 실패했다. 열정이나 슬픔이나 분노는 우리를 모두 우리 자신과 갈라놓고 타인과 연결하며, 우리를 다른 곳으로 내몰고, 우리를 무너뜨리며, 때로는 치명적이고 돌이킬 수 없을 만큼 우리 것이 아닌 다른 삶에 우리를 연루시킨다.

이런 유대에서 어떻게 정치 공동체가 조직되는지를 이해하기란 쉽지 않다. 우리는 타인을 위해 또는 타인을 향해 말을 하지만, 그래도 타인과 나의 차이를 무너뜨릴 방법은 없다. 우리가 '우리'라고 말할 때 이것을 매우 문제적인 것으로 간주할 뿐이다. 우리는 그 문제를 해결하지 않는다. 아마 그건 해결할 수 없는 것이거나 어쩌면 해결할 수 없어야 한다. 예컨대 우리는 국가가 국가법과 우리 몸을 따로 떼어 생각해줄 것을 요청하며, 또한 몸의 자기방어 원칙과 몸의 완전함이 정치 자원으로 수용될 것을 촉구한다. 그러나 젠더와 섹슈얼리티가 타인들에게 노출되고, 사회적 과정에 연루되고, 문화적 규범으로 각인되고, 그 사회적 의미 속에 이해되는 것은 바로 몸을 통해서이다. 어떤 몸이 우리가 자율권을 주장해야 하는 단연코 '그 사람만의' 것일지라도, 어떤 의미에서는 몸이 된다는 것은 타인에게 주어진다는 것이다. 성적 자유에 대한 레즈비언, 게이, 바이섹슈얼의 주장에서도 몸이 된다는 것은 타인에게 주어지는 것이다. 이것은 트랜스섹슈얼과 트랜스젠더가 자기결정권을 주장하는 것이나 인터섹스가 자신에게 강제 시행되는 의학적·외과적·정신과적 개입으로부터의 해방을 주장하는 데 있어서, 또는 신체적이건 언어적이건 인종차별 공격에서 벗어날 것을 주장하는 것이나, 페미니즘이 재생산의 자유를 주장하는 데 있어서도 마찬가지이다. 자율성에 기대지 않고, 특히 몸의 자율성이라는 의미에 기대지 않고서 이런 주장들을 한다는 것은 불가능하지는 않더라도 어려운 일이다. 그러나 몸의 자율성은 살아 있는 패러독스이다. 그렇다고 몸의 자율성을 이제 그만 주장해야 한다고 말하려는 것이 아니다. 우리는 이런 주장을 해야 하고, 이런 주장을 할 것이다. 마지못해 주장하거나 전략적으로 주장해야 한다고 말하는 것도 아니다. 이런 주장은 성적 소수자나 젠더 소수자의, 또 가장 광의의 범위에서 정의되는 여성들의, 특히 모든 다른 범주에 걸쳐 있는 인종적이고 민족적인 소수자들의 보호와 자유를 최대화하려는, 모든 운동에 있는 규범과 관련된 열망에 해당하는 부분이다. 그러나 주장하고 또 보호해야 할 다른 규범의 열망도 있는가? 이런 모든 투쟁 속에서 몸의 자리가 다른 정치성의 개념을 열어낼 방법이 있는가?

몸은 가멸성mortality, 취약성, 그리고 매개성을 함축한다. 피부와 살은 우리를 타인들의 응시에 노출시키는 한편, 접촉과 폭력에도 노출시킨다. 몸은 또한 이 모든 것의 매개이자 도구가 될 수도 있고, '행하기'와 '당하기'가 모호해지는 장소가 될 수도 있다. 우리는 우리 몸에 대한 권리를 위해 투쟁하지만, 우리가 투쟁하는 몸 자체가 딱히 우리만의 것은 아니다. 몸은 다양한 공적 차원을 가지고 있다. 그리고 몸은 공적 영역 안에서 사회적 현상으로 구성되기 때문에 내 몸은 내 것이기도 하지만 내 것이 아니기도 하다. 내 몸이 처음부터 타인의 세계에 주어져 타인의 흔적을 안고 사회생활의 시련 속에 형성된다면, 내가 내 것이라 주장하는 몸은 나중에 오고, 좀 모호한 상태일 것이다. 정말로 내 몸이 —내 의지와 달리 그리고 처음부터— 내가 접근권을 준 적이 없는 타인들과 나를 연결해준다는 사실(지하철이나 전철은 이런 사회성 차원의 탁월한 사례들이다)을 부정하려 한다면, 그리고 이런 부정을 바탕으로, 혹은 타인과의 일차적이고 의도하지 않은 신체적 근접성에 대한 부정을 바탕으로 '자율성'의 개념을 구축한다면, 나는 다름 아닌 자율성이라는 명목으로 내 몸의 구현에 관한 사회적이고 정치적인 조건을 부정하는 것인가? 내가 자율성을 **얻기 위해** 투쟁하고 있다면, 나는 뭔가다른 것을 얻기 위한 투쟁을 할 필요가 없는가? 즉 공동체 안에 변함없이 존재하는 나 자신이라는 개념, 타인에 의해 인상이 정해지고 타인에게도 인상을 주며 항상 명확히 서술될 수는 없는 방식으로, 완전히 예측할 수는 없는 형식으로 이루어진 나 자신의 개념을 위해 투쟁할 필요는 없는 것인가?

우리가 다방면에서 자율성을 얻기 위해 투쟁하면서도, 당연히 신체적으로 서로에게 의지하고 신체 면에서 서로에게 나약한 존재들의 세상에서 살기 때문에 우리에게 부과되는 요구에 대해 숙고할 방법이 있을까? 그것은 우리가 폭력에 개입되어 있는 시기와 장소에 대해 매우 신중히 생각해봐야 할 방식으로서 공동체를 상상해볼 또 다른 방법은 아닌가? 왜냐하면 폭력은 언제나 일차적 유대를 악용하고, 그 일차적 방식 속에서 신체로 있는 우리는 서로에 대해 우리 외부에 있기 때문이다.

슬픔의 문제로 되돌아온다면, 누군가 어찌해볼 수 없는 상황을 겪고 미친 듯 슬퍼서 제정신이 아니라는 것을 알게 되는 순간으로 되돌아온다면, 우리는 슬픔이 그 안에 체현된 삶의 근본적 사회성을 이해할 가능성을 안고 있다고 말할 수 있을 것이다. 또한 처음부터 우리가 존재한 방식, 그리고 우리가 몸의 존재인 까닭에 이미 우리 외부에 놓여 우리만의 것이 아닌 삶에 연루되는 방식을 이해할 가능성을 안고 있다고 말할 수 있을 것이다. 이런 상황, 즉 성적 소수자에게는 너무나 드라마틱한 상황, 성정치학이나 젠더정치학 분야에 몸담은 사람에게는 매우 특수한 정치적 관점을 설정해주는 바로 그 상황이 현대의 전 지구적 상황을 이해할 시각을 제공할 수 있을까?

애도, 공포, 불안, 그리고 분노. 2001년 9월 11일 이후 미국에서 우리는 폭력으로 둘러싸인 모든 곳에 있었다. 폭력이 저질러지고 폭력을 겪고 폭력을 두려워하며 더 많은 폭력을 계획하는 모든 곳에 있었다. 확실히 폭력은 최악의 질서의 전조이자 다른 인간에 대한 인간의 나약함이 가장 공포스럽게 노출되는 방식, 즉 어떤 삶 자체가 다른 사람의 의지에서 나온 행동 때문에 파괴될 수 있는 방식이 분명하다. 우리가 폭력을 저지르는 한, 우리는 다른 사람에 대해 행동하는 것이며 다른 사람을 위험에 빠뜨리고 다른 사람에게 위해를 가하고 있는 것이다. 어떤 면에서 우린 모두 이런 특정한 나약함, 몸으로 사는 삶의 일부인 타인에 대한 나약함을 안고 살아간다. 그런데 이런 나약함은 특정한 사회적·정치적 상황에서 대단히 심해진다. 미국에서 지배적인 방식은 이런 취약성을 최소화하거나 아예 배제하기 위해 통치권과 보안을 강화하는 것이었지만 이는 다른 기능을 할 수도 있고 다른 목적에 쓰일 수도 있다. 우리의 삶이 타인에게 의존한다는 사실은 비非군사적인 정치적 해법을 주장할 근거가 될 수 있다. 이런 비군사적 정치 해법은 신체적 취약성에 대해 지속적으로 숙고하여 어떤 정치학이 구상될지를 생각하기 시작할 때 치워버릴 수 없는 것, 함께 참여해야 할 것, 심지어 따라야 할 기준 같은 것이다.

슬픔에서 얻는 뭔가 중요한 것이 있을까? 슬픔에 머무는 것에서, 겉보기에는 참을 수 있어 보이는 슬픔에 놓인 채로 폭력을 통한 슬픔의 해소를 추구하지 않는 것에서 얻어지는 중요한 무언가가 있을까? 슬픔을 국제관계에 대해 생각하는 틀의 일환으로 유지함으로써 정치적 영역에서 의미 있는 무언가를 얻을 수 있을까? 우리가 상실감에 싸여 있다면 그 상태는 공포감처럼 우리를 수동적이고 무력한 상태에 두는가? 아니면 인간적 나약함을 느끼게 하여 서로의 육체적 삶에 대한 우리 모두의 총체적 책임감으로 되돌아가게 하는가? 그런 취약성을 배제하고 추방하려는 시도, 다른 모든 인간적 배려를 희생하더라도 안전해지려는 시도는 분명 방향을 잡고 나아갈 길을 찾게 해주는 가장 중요한 자원 하나를 뿌리째 뽑는 것이기도 하다.

슬퍼한다는 것, 슬픔을 정치적 자원으로 만든다는 것은 단순히 수동성이나 무력감에 몸을 맡긴다는 뜻이 아니다. 그보다는 군사적 공격과 점거, 갑작스런 선전 포고, 그리고 경찰의 잔혹 행위와 같은 취약성의 경험으로 인해 다른 사람이 겪는 취약성을 생각해보게 해주는 것이다. 우리의 생존 자체가 우리가 모르는 사람들에 의해 결정될 수 있고 그런 사람들에 대해 우리에게는 최종 통제권이 없다는 것은 삶이 위험에 처했다는 뜻이고, 정치는 어떤 형태의 사회적이고 정치적인 조직이 전 세계적으로 위험에 놓인 삶을 가장 잘 지속시키려 하는지에 대해 숙고해야 한다는 뜻이다.

여기에는 인간에 관한 더 일반적인 개념이 작동하고 있다. 이 인간 개념에서 보면 우리는 처음부터 타인에게 주어져 있고 개체화 자체에도 앞서 있으며, 우리의 몸의 체현 때문에 타인에게 양도된다. 그 때문에 우리는 폭력에 취약할 뿐 아니라 다른 접촉의 범위, 그 한쪽 끝에는 존재의 소멸이 있고 다른 쪽 끝에는 생존을 위한 물리적 지원이 있는 접촉의 범위에도 취약하다.

이런 상황은 우리의 노력으로 '교정'할 수 없다. 이런 취약성의 근원은 '나'의 형성에 앞서 있기 때문에 그 근원을 발견할 수도 없다. 처음부터 알지 못하는 사람에게 의존해 벌거숭이 상태로 놓이게 되는 이런 존재의 조건은 그에 대해 똑 부러지게 논쟁을 벌일 수도 없는 어떤 것이다. 우리는 알 수 없는 세계, 의존적인 세계에 접어들었고, 어느 정도는 그런 상태로 남아 있다. 자율성의 관점을 가져와 이런 상황에 대해 반박하려 할 수도 있지만, 그렇게 한다면 위험하지는 않아도 바보스러울 것이다. 물론 몇몇 사람에게는 이런 원초적 장면primary scene이 유아기 삶을 후원하고 성장시키는 특별하고 사랑스럽고 수용적이며 따뜻한 관계 조직이 된다고 할 수도 있다. 그러나 다른 사람들에게 이 장면은 유기나 폭력 혹은 기아의 장면이다. 이들은 무의미, 야만성, 부양 불능에 양도된 신체다. 하지만 이 장면의 가치가 어떠하든, 유아가 필연적 의존 성을 형성한다는 사실은 여전히 남아 있고 이 필연적 의존성을 우리는 완전히 극복할 수 없다. 몸은 여전히 어디론가 양도된 것으로 이해되어 야 한다. 삶의 억압을 이해하는 것은 부분적으로 바로 이런 근원적 취 약성primary vulnerability의 상황, 우리가 타인과의 접촉에 양도되는 상황 을 피할 방법이 없다는 것을 이해하는 것이다. 거기에 어떤 타인도 없고 우리 삶을 지원해줄 그 무엇도 없다고 해도, 아니 그런 것들이 없을 때 에야 비로소 그것을 이해하게 되는 것이다. 억압에 대항하려면 각각의 삶이 차별적인 지원을 받고 유지된다는 것을 이해할 필요가 있고, 인간 의 신체적 취약성이 전 세계로 분포되는 방식이 서로 근본적으로 다르 다는 것을 이해할 필요가 있다. 어떤 삶은 엄청난 보호를 받을 것이고, 그 삶의 고결성에 대한 주장을 저버리는 것만으로 전쟁이라는 무력을 작동시킬 충분한 이유가 될 것이다. 또 다른 삶은 정신없이 빠르게 전개 되는 그런 지원을 받을 수 없을 것이고 심지어 '슬퍼할 만'하다는 자격 조차 갖지 못할 것이다.

지금 여기서 작동하고 있는 인간 개념의 문화적 외형은 어떤 것일까? 그리고 인간을 나타내는 문화적 틀로 받아들여진 그 외형은 상실을 상 실로 선언할 수 있는 범위를 어떻게 제한하는가? 이것은 레즈비언, 게 이, 바이섹슈얼 연구들이 성적 소수자에 대한 폭력과 관련해 제기한 질 문이면서, 트랜스젠더인 사람들이 추행이나 때로는 살인의 표적이 되었 을 때 제기한 질문이고, 인간 유형론에 관한 규범적 관념이라는 명목으 로 너무나 자주 몸에 대한 원치 않는 폭력으로 성장기가 얼룩졌던 인터 섹스들이 제기한 질문이기도 하다. 의심할 바 없이 이는 또한 젠더와 섹슈얼리티에 초점을 둔 운동들이 보이는 깊은 유사성의 근거이기도 하다. 신체적 장애를 가진 사람들을 비난하거나 제거하려는 규범적 인간 형태론과 인간의 능력에 대항하려 애쓰면서 말이다. 문화적으로 가능한 인간 개념을 지탱하는 인종적 차이를 고려해볼 때, 이는 또한 인종차별 반대 투쟁과 유사한 부분이기도 할 것이다. 이런 인종차별 반대 투쟁은 이 시간에도 전 지구적 영역에서 극적이고도 공포스럽게 일어나고 있다는 것을 우리는 알고 있다.

그러니 폭력과 '비현실'적인 것의 관계, 즉 폭력의 희생자가 된 이들에게 따라다니는 폭력과 비현실적인 것의 관계는 무엇이며, 애도할 수 없는 삶이라는 개념은 어디서 오는가? 담론의 층위에서 보면, 어떤 삶은 전혀 삶으로 간주되지 않고 인간적인 것도 될 수 없다. 그런 삶은 인간을 나타내는 지배적 틀에 맞지 않음으로써, 처음에는 담론 층위에서 그런 삶을 인간 밖의 것으로 탈-인간화하는 일이 일어난다. 그다음에 이것은 신체적 폭력으로 이어지는데, 이 폭력은 어떤 의미에서 이미 문화 속에 탈인간화가 작동하고 있다는 메시지를 전달한다.

그러므로 이런 비인간화된 삶에 대한 틀도, 이야기도, 이름도 없는 어떤 담론이 존재한다거나, 폭력이 이런 담론을 구현하거나 활용할 수 있다는 말이 아니다. 이미 딱히 삶을 산다고 할 수 없는 사람들에 대한 폭력, 즉 삶과 죽음 사이의 유예 상태에서 살고 있는 사람들에 대한 폭력은 표지 없는 표지를 남긴다. 만일 어떤 담론이 있다면 그것은 침묵과 우울의 글일 것이다. 그 글 안에는 어떤 삶도, 상실도 없었고, 어떤 공통된 신체 조건도, 우리의 공통성을 이해할 기반으로 작용하는 취약성도 없었고, 그런 공통성의 해체도 없었다. 이런 것들은 그 어느 것도 차례로 하나씩 발생하지 않는다. 지난 몇 년간 아프리카에서는 얼마나 많은 생명이 에이즈로 사라졌는가? 이런 상실에 대한 미디어 재현물은 어디에 있으며, 이런 상실이 아프리카 공동체에 어떤 의미였는지에 대한 담론 연구는 어디에 있는가?

나는 이 장을 시작하면서 어쩌면 여기 수록한 상호 관련성이 있는 운동들과 탐구 양식들은 자율성을 그 규범적 열망의 한 차원으로, 우리가 스스로 자문해볼 때 구현해볼 만한 어떤 가치로 생각할 필요가 있을 거라고 주장했는데, 우리는 어느 방향으로 나아가야 하며, 어떤 종류의 가치를 실현해야 하는 것일까? 또 나는 젠더와 섹슈얼리티 연구에서, 그리고 다른 젠더를 가진 사람이나 온갖 종류의 성적 소수자들이 억압이 덜한 사회를 얻기 위해 하는 투쟁에서 몸이 비유되는 방식은 다름 아닌 나 자신을 잃어보는 것의 가치, 타인에게 양도된 허점투성이 경계가 되어보는 것의 가치를 강조하는 것이라고 주장하기도 했다. 그러면서 우리가 우리 자신에서 벗어나는 욕망의 항로에 놓인다는 것을 발견하고, 어쩌면 그것은 우리가 중심이 아닌 타인들의 영역에 어쩔 수 없이 재위치하게 된다는 의미일 거라고 주장했다. 몸의 생활, 성생활, 또 (언제나 어느 정도는 **타인에 대해**) 젠더화된 존재가 되는 데 달린 특정한 사회성은 타인을 끌어들이는 윤리적 예인망ethical enmeshment의 영역을 형성하며, 일인칭 시점인 에고의 관점에 방향 상실을 가져온다. 몸으로서의 우리는 언제나 우리 이상의 것, 우리가 아닌 어떤 것이다. 이것을 어떤 명칭으로 표현하는 것이 늘 쉽진 않지만, 불가능한 것도 아니다. 예를 들어 '연합association'은 사치품이 아니라 자유의 조건이자 특권의 하나라고 생각된다. 정말로 우리가 중요하다고 주장하는 연합에는 여러 형식이 있다. 그런 형식을 띠는 것이 인권 캠페인이 저지른 실수처럼 결혼 규범을 이 운동의 새로운 이상으로 찬양하기 위해서는 아닐 것이다.

물론 결혼이냐 동성 파트너의 동거냐 중 하나를 택할 수는 있어야 하겠지만, 둘 중 하나를 성적 합법성의 모델로 세우는 것은 바로 그 몸의 사회성을 용인될 만한 방식으로 규정하는 것이다. 최근 몇 년간 양부모의 입양을 반대하는 대단히 악의적인 사법적 판결의 관점에서 보면, 친족 개념을 이성애의 틀 너머로 확대하는 것은 너무나 중요한 사안이다. 그렇다고 친족을 가족으로 축소한다든가, 모든 지속적인 공동체와 모든 우정을 친족 관계의 연장으로 간주하는 것은 실수일 것이다.

이 책의 5장 「친족은 언제나 이미 이성애적인가?」에서 나는 사람을 다른 사람과 연결하는 친족 유대는 어쩌면 공동체 유대의 강화에 불과하며, 아마도 예전의 연인, 비-연인, 친구, 그리고 공동체 구성원으로 이루어져 있을 것이라고 주장했다. 친족 관계는 공동체와 가족의 경계를 넘어, 때로는 우정의 의미도 재정의한다. 이런 친밀한 연합 양식이 지속적인 관계망을 생성할 때 이 관계망은 생물학적이고 성적인 관계가 주로 친족을 조직한다는 전제를 바꿔버리는, 전통적 친족 관계의 '붕괴'를 초래한다. 게다가 족외혼을 필수 불가결한 것으로 만들면서 친족 유대를 지배하는 근친애 금기incest taboo는, 똑같은 방식으로 친구들 사이에서 작동할 필요가 없으며, 그 문제라면 공동체 네트워크 안에서도 마찬가지다. 이런 틀 안에서 섹슈얼리티는 더 이상 친족 규칙으로만 규제될 수 없으며, 동시에 지속적 유대는 결혼의 틀 바깥에 놓일 수도 있게 된다. 섹슈얼리티는 항상 구속력 있는 관계나 결혼 관계만을 의미하지 않는 수많은 사회적 표현으로 열리게 된다. 그러나 우리의 모든 관계가 다 지속적이거나 의미 있는 건 아니라는 점이 우리를 슬픔에서 면제시켜준다는 뜻은 아니다. 반대로 일부일처제 영역 바깥의 섹슈얼리티는, 우리가 어디에서 지속적 유대를 발견하는가라는 문제를 강화하면서 다른 의미의 공동체에 눈뜨게 해줄 것이며, 분명하게 사적인 영역을 넘어서는 상실들에 공명하게 하는 조건이 될 것이다.

그럼에도 불구하고 결혼의 틀 밖에서 사는 사람이나 일부일처제도 유사 결혼도 아닌 섹슈얼리티의 사회적 조직 방식을 주장하는 사람은 점점 더 비현실적인 사람으로 간주되고, 그들의 사랑은 '진정한' 사랑과 '진정한' 상실에 못 미치는 것으로 간주된다. 이런 인간적 친밀성이나 사교성의 영역이 비현실화되는 것은 그 관계의 현실이나 사실을 부정하기 때문이다.

누가 또 무엇이 현실적이고 진정한 것인가의 문제는 분명 지식의 문제다. 그러나 이것은 또한 미셀 푸코가 주장했듯이 권력의 문제이기도 하다. '진정성'과 '현실성'을 갖거나 유지한다는 것은 그 사회 세계에서 엄청나게 강력한 특권이며, 권력이 존재론으로 작동한다는 것을 감추는 방식이다. 푸코에 따르면 "강요 기제와 지식 요소 사이의"[2] 관계를 구분하는 것은 급진적 비평의 첫번째 과제 중 하나다. 여기서 우리는 알 수 있는 것의 경계선, 어떤 힘을 행사하고는 있지만 필연성에 근거하지 않는 경계선, 기존의 존재론과 분리되어 특정한 보장을 위험에 빠뜨려야만 마주하고 심문할 수 있는 경계선을 대면한다. "한편으로 그것은 〔……〕 일단의 규칙과 특징적 규제, 예컨대 그 시대의 과학 담론 유형에 특징적인 규제에 순응하지 않는다면, 다른 한편으로 과학적으로 입증된 것, 단지 합리적인 것, 그저 일반적으로 받아들여진 것에 특징적으

---

2) Michel Foucault, "What is Critique?," Sylvère Lotringer & Lysa Hochroth(eds.), *The Politics of Truth*, New York: Semiotext(e), 1997, p. 50. 이 글은 「덕목으로서의 비평 *Critique as Virtue*」이라고 이름 붙인 필자의 글과 함께 David Ingram(ed.), *The Political*, Oxford: Blackwell, 2002에 재수록되었다.

로 나타나는 단순 장려책이나 강압적 효과가 없다면 그 어떤 것도 지식의 요소로 존재할 수 없다."[3] 지식과 권력은 분명하게 분리된 것이 아니라, 세상을 생각하는 일단의 미세하고 분명한 기준을 확립하려는 공동의 작업을 한다. "따라서 그것은 지식이 어떤 것이고 권력이 어떤 것인지, 하나가 다른 하나를 어떻게 억압하고, 다른 하나는 또 상대를 어떻게 학대하는지를 기술하는 문제가 아니다. 그보다는 어떤 체계의 수용 가능성을 구성하는 것이 무엇인지를 파악할 수 있도록 권력-지식의 결합체가 서술되어야 한다."[4]

이 말의 의미는 우리가 대상 영역object field이 구성되는 조건과, 그 조건이 접한 **경계선**을 **둘 다** 본다는 뜻이다. 경계선은 대상 영역의 구성 조건이 재생산될 가능성이 불안정한 곳에서 나타나며, 그 조건들이 우연적이고 변화 가능한 것이 되는 장소이다. 푸코의 용어로 말하면 "도식적으로 말해 우리에게는 영원한 운동성, 즉 본질적 취약성이나 복합적 상호작용이 있다. 같은 과정을 그대로 모방한 것과 그것을 변형시킨 것 간의 좀 복잡한 상호작용 말이다."[5] 변형이라는 명목으로 개입한다는 것은 지식으로 확정된 것, 알 수 있는 현실로 확정된 것에 균열을 낸다는 의미이다. 말하자면 달리 했다면 불가능하거나 해독할 수 없었을 주장을 위해 어떤 사람의 비현실성을 활용한다는 의미이다. 나는 비현실적인 것이 현실성을 주장하고 현실성의 영역에 들어갈 때, 전반적 규범으로 단순히 동화되는 것 이상의 뭔가가 발생할 수 있고 실제로 발생한다고 생각한다. 규범들 자체가 덜그럭거리게 되면서 자신의 불안정성을

---

3) 같은 책, p. 52.
4) 같은 책, pp. 52~53.
5) 같은 책, p. 58.

드러내고 새로운 의미화로 열리게 되는 것이다.

최근 몇 년간 신젠더정치학은 페미니즘의 틀, 레즈비언/게이의 틀을 확립하고자 트랜스젠더와 트랜스섹스인 사람들 편에서 많은 문제를 제기했고, 인터섹스 운동은 성적 권리 옹호자들의 우려와 요구를 더욱 복잡하게 만들었다. 몇몇 좌파들은 이런 우려란 온당하지도 본질상 정치적이지도 않다고 생각했지만, 젠더와 섹스를 전제로 한 관점에서 정치 영역을 재고해보라는 압박을 받았다. 부치butch와 펨femme,[6] 그리고 트랜스젠더의 삶이 반드시 정치적 삶의 쇄신이나 더 정당하고 공정한 사회를 나타내는 핵심적 지칭물은 아니라는 주장으로는, 공적 세계에서 다른 젠더를 가진 사람이 겪는 폭력을 인식할 수 없다. 게다가 몸의 체현이 정치적 영역에서 누가 생존 가능한 주체로 간주될지를 지배하는 논쟁적인 일련의 규범을 의미한다는 것도 인식하지 못한다. 사실 어떤 이상ideal에, 즉 경험 자체를 형성하는 틀에 기대지 않고는 인간의 몸이 경험될 수 없다고 간주한다면, 다른 사람의 몸을 경험하는 것만큼이나 자신의 몸을 경험하는 데 있어서도 그것이 사실이라면, 또 그런 이상과 틀이 사회적으로 표명된다는 것을 받아들인다면, 규범이나 그 규범의 집합에 대한 관계 없이는 몸의 체현을 생각할 수도 없다는 게 어떻게 가능한지도 알 수 있다. 따라서 몸이 경험되는 규범을 재조직하려는 노력은 몸이 어떤 것이어야 하는지에 관해 강제적으로 부과된 이상과 경합을 벌이는 만큼, 장애인 정치뿐 아니라 인터섹스와 트랜스젠더 운동에 있어서도 핵심이 된다. 몸의 체현이 규범과 맺는 관계에는 잠재적 변형

---

6) (옮긴이) 레즈비언 중에서 능동적 역할을 하는 사람을 부치라고 하고, 수동적 역할을 하는 사람을 펨이라고 한다.

가능성이 있다. 항상 현상태의 몸으로만 규제되지는 않는 표명의 출발점으로 몸을 받아들이는 것을 환상으로 이해한다면, 이 규범을 넘어설 가능성을 상정하거나 그 규범의 다른 미래를 상정하는 일은 환상의 몫이다. 규범적 인간 형태론을 결정하는 이런 규범을 바꾸는 게 결과적으로 다른 종류의 인간에게 다른 '현실reality'을 제공한다는 것을 인정한다면, 우리는 그 가장 근본적인 층위에서, 즉 누가 인간으로 간주되고 어떤 규범이 '진짜' 인간의 외양을 지배하는지에 있어 트랜스젠더의 삶이 정치 생활에 잠재적이고 실질적인 영향을 미친다고 확신할 수밖에 없다.

게다가 환상은 가능성이 표출되는 부분이다. 환상은 그저 현실적인 것, 가능성의 영역에 나타난 것, 아직 실현되지 않은 것, 실현될 수 없는 것의 영역을 넘어서게 한다. 생존 투쟁은 사실상 환상과 관련된 문화 생활과 분리될 수 없으며 — 검열, 비하 등의 여러 수단을 통해 — 환상을 배제하는 것이야말로 사람들의 사회적 죽음을 허용하려는 전략이다. 환상은 현실의 반대가 아니다. 환상은 현실이 배제한 것이고, 그 결과 자신을 현실의 구성적 외부로 만들면서 현실의 경계선을 정한다. 환상이 갖는 비평적 전망은, 환상이 존재하는 그때 그 자리에서 현실이라 불리거나 불리지 않을 것은 무엇인지를 결정하는 미확정의 경계선에 도전한다는 점이다. 환상은 우리 자신과 다른 사람들을 다르게 생각해볼 수 있게 만든다. 그리고 현실을 초월해서 가능성을 설정한다. 환상은 어딘가 다른 곳을 가리키고 있으며, 그게 구현될 때 그 어딘가 다른 곳이 무엇인지 분명해질 것이다.

드랙drag, 부치, 펨, 트랜스젠더, 트랜스섹슈얼 들은 어떻게 정치적 장으로 들어가는가? 그들은 우리에게 무엇이 실제이고 또 실제'여야' 하는지를 질문할 뿐만 아니라, 당대의 실제 개념을 지배하는 규범이 어떻게 심문받을 수 있고, 새로운 실제의 양식이 어떻게 제도화될 수 있는지도 보여준다. 새로운 실제의 양식을 제도화하는 이런 실천은 부분적으로 몸의 체현의 장을 통해서 일어나는데, 여기서 몸은 정적이고 완성된 사실이 아니라 어떤 노화의 과정, 진행 중인 양식으로 이해된다. 이런 생성 양식이 다르게 이루어지면 규범을 넘어서고, 규범을 재구성하며, 우리가 구속당하고 있다고 생각한 현실이 어째서 석판 위에 새겨진 글자가 아닌지를 알게 해준다. 어떤 사람들은 내게 젠더의 가능성이 확대되는 게 어떤 효용이 있냐고 물었다. 그에 대해 나는 가능성이란 사치품이 아니며 일용할 양식만큼이나 중대한 문제라고 답하곤 한다. 가능성에 대한 생각이 생존 문제 자체가 가장 절박한 사람들에게 무엇을 해줄 수 있는지를 과소평가해서는 안 된다고 나는 생각한다. 삶은 가능한가라는 질문에 대한 대답이 '그렇다'라면 그 질문은 분명 중요한 것이다. 그러나 그것이 당연한 대답으로 간주되어서는 안 된다. 그 대답은 때로 '그렇지 않다'일 수도 있고, 준비된 대답이 아예 없는 질문이거나, 지금 겪고 있는 고통을 대변하는 질문일 수도 있다. 이 질문에 긍정적으로 대답할 수 있고 또 그렇게 대답하는 사람 중 많은 이들에게, 그 대답은 얻어지기는 했어도 어렵사리 얻어진 것이고, 긍정이 가능해진 그런 방식으로 구성되거나 재구성되는 현실에 의해 근본적으로 조건이 정해진 어떤 성과물이다.

레즈비언과 게이의 국제 인권운동의 중심 과제 중 하나는 내적 진리나 성적인 실천으로서가 아니라, 동성애가 인식되는 사회 세계의 규정적 특징의 하나로서 분명하고 공식적인 용어로 동성애의 현실성을 주장하는 것이다. 다시 말해 레즈비언과 게이의 삶의 현실을 어떤 현실로 주장하고, 그들의 삶이 그 특수성이나 일반성에 있어서 보호받을 가치가 있다고 주장하는 것이 한 가지 과제라면, 다른 한편으로 게이라는 것을 공식적으로 주장하는 것 자체가 무엇이 현실로 간주되고 무엇이 인간적인 삶으로 간주되는지의 문제에 의문을 제기한다고 주장하는 것이 또 다른 과제다. 사실 국제적인 레즈비언과 게이 정치학의 과제는 다름 아닌 현실을 새롭게 재건하고, 인간다운 것을 재구성하며, 살 만한 삶과 그렇지 못한 삶은 어떤 것인가라는 질문의 중개자 역할을 하는 것이다. 이런 작업이 반대하는 부당함은 어떤 것일까? 난 이렇게 말하고 싶다. 비현실unreal로 불리고 그런 명칭을 갖게 되는 것, 말하자면 차별적 처우의 형식으로 제도화된다는 것은 타자가 되는 것으로서, 인간은 이런 타자인 사람이나 사물에 반해 형성된다. 그것은 비인간적인 것, 인간 너머의 것, 인간에 미치지 못하는 것이며, 인간의 표면적 현실 속에 인간을 보장해주는 경계이다. 모방본이라 불리는 것, 비현실로 불린다는 것은 누군가 억압을 받을 수 있는 한 방식이긴 하지만 그보다는 좀 더 근본적인 것이라고 생각해보자. 억압받는다는 것은 당신이 이미 특정 부류의 주체로 존재한다는 의미이고, 주인 주체에 대해 가시적 타자, 억압된 타자로서, 어떤 가능하거나 잠재적인 주체로서 거기 있다는 뜻이다. 하지만 비현실적이라는 것은 완전히 다른 문제이다. 억압을 받기 위해서는 우선 인식부터 가능해야 한다. 당신이 근본적으로 인식조차 불가능하다는 것을 알게 된다는 것은(정말로 문화와 언어의 법칙이 당신을 어떤 불가능성으로 본다는 것은) 당신이 아직 인간이 될 자격을 얻지 못했다는 것을 알게 된다는 뜻이고, 당신이 그저 항상 인간**인 양** 말은 하고 있으나 실상은 인간이 아니라는 의미에서 당신의 언어가 텅 비었다는 것을, 또 인정이 발생하는 규범이 당신 편이 아니라서 앞으로도 인정은 없다는 것을 알게 된다는 뜻이다.

사람이 어떻게 자신의 젠더를 행동에 옮기는가라는 질문은 단순히 문화적인 문제라 생각할 수도 있고, 과도한 측면에서의 부르주아적 자유의 행사를 주장하는 사람들에게는 취밋거리일 수도 있다. 그러나 젠더가 수행적이라는 것은 쾌락적이고 전복적인 광경을 연출할 권리만을 주장하는 것이 아니라, 현실이 재생산되며 경합을 벌이는 극적이고도 중요한 방식을 우화적으로 표현하는 것이기도 하다. 이것은 젠더 표현물gender presentation이 어떻게 위법적이고 병리적인 것이 되는지, 젠더를 넘나드는 주체가 어떻게 감금되고 투옥될 위험에 처하는지, 왜 트랜스젠더 주체에 가해지는 폭력은 폭력으로 인정되지 않는지, 왜 이런 폭력은 그 주체를 폭력에서 보호해야 할 바로 그 국가에 의해 때로 자행되는지에 영향을 미친다.

만일 새로운 형태의 젠더가 가능하다면 어떻게 될까? 이것은 우리가 사는 방식과 인간 공동체의 구체적 요구에 어떤 영향을 미칠까? 가치 있고 가치 없는 젠더 가능성의 형태forms of gender possibility를 어떻게 구분해야 할까? 이것이 단순히 아직 존재하지 않는 젠더의 새로운 미래를 만드는 문제는 아닐 것이다. 내가 염두에 두는 젠더는 오랫동안 존재해왔지만 현실을 지배할 만한 용어로 인정받은 적이 없다. 그래서 이것은 법, 정신의학, 사회 이론, 문학 이론에서 우리가 오랫동안 겪고 살아온 젠더 복합성을 나타낼 새로운 합당한 어휘를 계발하는 문제이다. 현실을 지배하는 규범은 이런 젠더 형태가 실제로 있다고 인정한 적이 없기 때문에 우리는 편의상 그것을 '새롭다'고 부를 것이다.

정치적 이론화에 있어서 가능성에 대한 생각이 차지하는 자리는 어디일까? 우리에게 가능성의 여러 종류를 구분할 규범이 없다는 게 문제일까, 아니면 '가능성' 자체를 하나의 규범으로 이해하지 못할 경우 그게 문제처럼 보이는 것뿐일까? 가능성은 하나의 염원으로, 바라건대 뭔가 공정히 배분되는 것, 사회적으로 보장되는 것, 특히 현상학적으로 생각해보면 당연하게 받아들일 수 없는 어떤 것이다. 요점은 우리에게 뭔가 경쟁 중인 젠더 표현물을 판결하기 위한 척도, 기준, 규범을 제공해야 할 의무라도 있는 것처럼 새로운 젠더 규범을 규정하는 것이 아니다. 여기서 작동하는 규범의 염원은 살아 숨 쉬고 움직일 능력과 관련되며, 그것은 의심할 나위 없이 자유의 철학philosophy of freedom이라 불리는 것 어딘가에 속할 것이다. 가능한 삶에 대한 생각은 그 삶이 가능할 것을 이미 알고 있는 사람에게는 취밋거리에 불과하다. 그러나 아직 가능해지기를 고대하고 있는 사람에게 가능성은 꼭 필요한 것이다.

모든 인간은 자신의 고유한 존재를 지속하고자 한다고 주장한 스피노자Spinoza는 이런 자기 보존 원칙, 즉 코나투스conatus를 사실상 그의 윤리학 및 정치학의 기초로 삼았다. 헤겔G. W. F. Hegel이 욕망은 언제나 인정을 향한 욕망이라고 주장했을 때 그는 어떤 면에서 스피노자의 관점을 끌어와, 사실 누군가 자신의 존재로 지속될 수 있는 것은 우리가 인정을 주고받는 데 관여한다는 조건에서만 가능하다고 말한 것이다. 우리가 인정받을 수 없다면, 즉 우리가 인정받을 수 있는 인정의 규범이 없다면, 어떤 사람이 고유한 존재로 지속되기란 불가능하며 그래서 우리는 가능한 존재possible being가 아니다. 즉 가능성에서 배제당한 것이다. 우리는 인정 규범이 우리가 태어난 문화 세계에 이미 들어 있을 거라 여기지만, 이런 규범은 변한다. 이런 규범이 변화하면서 무엇이 인간으로 인정받을 만한 것으로 간주되고 간주되지 않는지도 변한다. 헤겔의 논의를 푸코식으로 틀면, 인정 규범은 인간 개념을 생산하고 탈생산deproduce하는 작용을 한다. 특히 국제 규범이 레즈비언과 게이 인권이라는 맥락에서 작동하는 방식을 생각해보면 특정 종류의 폭력은 허용할 수 없고, 특정한 삶은 취약해서 보호할 만하며, 또 특정한 죽음은 애도할 만한 데다 공적으로 인정받을 가치가 있다고 주장할 때 이것은 특정한 방식으로 사실이 된다.

어떤 사람 고유의 존재에 지속되는 욕망이 인정 규범에 달려 있다고 말하는 것은 그 사람의 자율성의 기반, 오랜 시간 그 사람을 '나'로 지속시킨 근거가 '나'를 넘어서는 사회 규범에, 즉 복잡하고 역사적으로 변화하는 규범의 세계 속에서 '나'를 나의 바깥에 탈아적으로ec-statically[7] 두는 사회 규범에 근본적으로 달려 있다고 말하는 것이다. 사실 우리의 삶, 우리의 지속성 자체가 이런 규범에 달려 있거나, 아니면 최소한 규범 안에서 규범과 타협할 가능성, 규범이 작동하는 영역에서 행위 주체성을 가져올 가능성에 달려 있다. 우리가 지속될 능력은 우리의 외부에 있는 것, 더 폭넓은 사회성에 의존한다. 그리고 이러한 의존성이 우리의 지속성과 생존 가능성의 기초가 된다. 우리가 지금 그렇게 주장하고 있고 그렇게 주장해야 하듯, 우리의 '권리'를 주장할 때 우리는 우리의 자율성이 놓일 자리를 새롭게 만들고 있는 게 아니다. 비록 자율성이라는 말로 의미하는 것이 개별화의 상태, 즉 타인의 세계에 대한 의존관계와 별개로 있고 그에 앞서 있는 자기 지속적인 것으로 생각된다 해도 말이다. 우리는 규범과도, 우리가 세상에 나온 뒤 따라나온 대타자들과도 타협하지 않는다. 우리는 우리가 있을 기반을 마련해주면서 이미 사회 세계가 존재하고 있다는 조건하에서 이 세상에 나온다. 이 말은 나의 지속성을 지탱하는 인정 규범 없이는 내가 지속될 수 없

---

7) (옮긴이) 이 책 38쪽의 주 1 참고.

다는 함의를 지닌다. 다시 말해 나와 관련된 가능성의 의미는 내가 나 자신에 대한 생각을 시작할 수 있기 전의 어딘가에서 처음 생각해야 한다. 내 반영성reflexivity은 사회적으로 매개되었을 뿐 아니라 사회적으로 구성된 것이기도 하다. 나는 나에 선행하고 나를 초과하는 규범의 사회성에 기대지 않고는 지금의 내가 될 수 없다. 그런 의미에서 나는 처음부터 나의 외부에 있고, 생존하기 위해 그리고 가능성의 영역 안으로 들어가기 위해 나 자신의 외부에 있어야 한다.

이제 성적 권리를 주장한다는 것은 이런 배경에 어긋나는 특정한 의미를 취한다. 예를 들어 우리는 권리 투쟁을 할 때, 나라는 인간에 부여된 권리를 위해 투쟁하고 있기도 하지만 또한 **인간으로 인지되기 위해** 투쟁하고 있기도 하다. 전자와 후자 사이에는 차이가 있다. 나의 인간됨에 부여된 권리, 부여되어야 할 권리를 위해 투쟁 중이라면 내 인간됨은 이미 형성된 것이라 생각된다. 그러나 인간으로 인지되기 위해서, 또 인간됨의 의미 자체를 사회적으로 변화시키기 위해서 투쟁하는 것이라면 이런 권리 주장은 인간이 표명되는 사회적이고 정치적인 과정에 개입하는 방식이 된다. 국제적인 인권은 언제나 인간을 재규정과 재협상의 대상으로 만들고 있다. 그것은 권리를 주장하면서 인간을 동원하기도 하지만, 작동 중인 인간 개념의 문화적 경계선을 맞닥뜨릴 때는 인간을 수정하고 재표명하기도 한다. 지금 그러하고 또 그래야만 하듯이 말이다.

레즈비언과 게이의 인권은 어떤 면에서 섹슈얼리티를 문제 삼고 있다. 섹슈얼리티는 단순히 어떤 사람이 가진 자질이나 기질 혹은 유형화된 성향의 집합이 아니다. 그것은 환상의 양식에 포함되면서, 때로는 환상의 양식으로만 타인에게 내맡겨지는 양식이다. 만일 우리가 성적인 존재로서 우리의 외부에 있고, 처음부터 누군가에게 넘겨졌고, 일부는 의존과 애착의 일차적 관계를 통해 만들어진다면, 우리 자신이 아니면서 우리 외부에 있는 우리의 존재는 섹슈얼리티 자체의 기능으로 작용하는 것처럼 보일 것이다. 여기서 섹슈얼리티는 우리 존재의 이런저런 차원도, 존재의 열쇠나 반석도 아니며, 메를로–퐁티가 합당하게 주장했듯 존재와 동연coextensive하는 것이 될 것이다.[8]

나는 여기서 인간됨의 의미 자체가 인정에 대한 욕망과 연결되어 있고, 욕망은 우리를 우리 외부에, 다시 말해 우리가 완전히 다 선택한 것은 아니지만 그래도 우리가 가진 선택권의 의미에 지평과 자원을 주는 사회 규범의 영역에 있게 한다고 주장하고자 했다. **이 말은 우리 존재의 탈아적 특성이 인간으로서 존속될 가능성에 필수적이라는 뜻이다.** 그런 의미에서 우리는 성적 권리가 어떻게 두 개의 관련된 탈아ec-stasy 영역을, 우리 외부에 존재하는 두 개의 관련된 방식을 묶어냈는지 알 수 있다. 성적으로 우리는 타인의 세계에 의존하며, 욕구와 폭력과 배반과 강압과 환상에 취약하다. 우리는 욕망을 투사하며, 우리에게 욕망이 투사되게 한다. 성적 소수자 영역에 놓인다는 것은 그 무엇보다도 우리가 공적이고 사적인 공간에서의 보호에 의존하고, 우리를 폭력으로부터 보호해줄 법적 인가에 의존하며, 우리에게 가해진 원치 않는 공격과 때로 선동된 폭력 행위에 맞설 여러 제도적 보호책에 의존한다는 의미다. 그런 의미에서 우리의 삶 자체, 욕망의 지속성 자체가 인간으로서의 생존 가능성을 생산하고 유지하는 인정 규범의 존재에 의존한다. 따라서 우리가 성적 권리에 대해서 말할 때 우리는 그저 개인의 욕망에

---

8) Maurice Merleau-Ponty, *The Phenomenology of Perception.*

관한 권리를 말하는 것이 아니라 우리의 개인성이 의존하는 규범을 말하고 있는 것이다. 그 말은 권리에 관한 담론이 우리의 의존성을 선언한다는 뜻, 즉 타인의 손에 달린 우리의 존재 양식, 그것 없이는 우리가 존재할 수 없는 타인과의, 또 타인에 대한 존재 양식을 선언한다는 뜻이다.

나는 수년간 샌프란시스코에 위치한 단체, 국제 게이 레즈비언 인권위원회International Gay and Lesbian Human Rights Commission의 이사로 일했다. 이 단체는 HIV나 에이즈에 걸린 사람뿐 아니라 트랜스젠더, 인터섹스인 개개인을 포함해, 성적 소수자들의 평등과 정의를 확립하고자 투쟁하는 집단과 개인의 폭넓은 국제 연합 조직이다.[9] 몇 번이고 놀라운 점은, 전 세계 방방곡곡에서 지역 경찰이나 정부가 성적 소수자에 대한 즉각적 폭력 행위를 제재하지 못하고 있을 때, 우리 단체가 그런 폭력에 대응할 방법을 얼마나 자주 문의받았는가이다. 나는 공개적 게이이거나 게이라고 추정되는 사람, 자신의 젠더가 규범에 따르지 않거나 섹슈얼리티가 공적인 금기에 저항하는 사람, 특정한 형태론적 이상에 순응하지 않는 몸을 가진 사람 등의 공개적 출현이 어떤 종류의 불안을 야기하는지 생각해야 했다. 누군가를 게이라는 이유로 죽인 사람이나 인터섹스라는 이유로 죽이겠다고 위협한 사람의 동기는 무엇일까? 무엇이 트랜스젠더인 어떤 사람의 공개적 출현 때문에 살인까지 하게 만드는 것일까?

사람이 따르며 살게 '되어 있는' 젠더 규범에 순응하지 않는다는 이유로 누군가를 죽이고픈 욕망이 들거나 누군가를 죽인다는 것은 그 삶 자

---

9) 이 단체의 사명과 성과에 관한 더 많은 정보를 보려면 www.iglhrc.org 참고.

체에 일단의 보호 규범이 필요하다는 뜻이며, 그 규범의 외부에 놓여 그런 외부에서 살아가는 것은 사형 선고를 받은 거라는 뜻이다. 폭력을 행사하겠다고 협박하는 사람은 그처럼 범주화할 수 없는 존재가 이 세상에 사는 게 허용되면 이 세상의 의미와 자아의 의미가 근본적으로 훼손될 거라는 조급하고 확고한 신념 때문에 그러는 것이다. 폭력을 통해 그런 몸을 부정하는 것은 기존 질서를 복원하고, 인식 가능한 젠더에 기초한 사회 세계를 재건하고, 또 이 세계를 당연하거나 필연적이지 않은 무엇으로 다시 생각해보려는 노력을 거부하는 부질없고 난폭한 시도이다. 이것은 여러 국가에서 트랜스섹슈얼에 대한, 또 '여성적'으로 보이는 게이 남성, '남성적'으로 보이는 게이 여성에 대한 죽음의 위협이나 살해 자체와 그리 동떨어져 있지 않다. 이런 범죄는 항상 그 즉시 범죄행위로 인정되지는 않는다. 이런 범죄는 정부와 국제기구로부터 비난을 받을 때도 있지만, 때로는 바로 그 기관들에 의해 반인륜적인 것으로 해석되지 않거나 또는 실제로 반인륜적 범죄에서 제외되기도 한다.

우리가 이런 폭력에 반대한다면 어떤 명목으로 반대하는 것일까? 이런 폭력에 대한 대안은 무엇이고, 사회 세계의 어떤 변화를 주창하는 것인가? 이런 폭력은 그게 자연적이건 문화적이건, 자연적이면서 문화적이건 간에 이분법적 젠더 질서를 당연하고 필연적인 것으로 유지하려는 깊은 욕망에서 나온다. 그리고 그 질서에 인간은 반대할 수 없는데도 그 질서는 여전히 인간적인 채로 있다. 어떤 사람이 규범에 비판적 관점을 가져서가 아니라 규범을 비평적으로 통합해서 이분법적 젠더 규범에 반대한다면, 그래서 그런 스타일의 반대가 명료해진다면 폭력은 바로 그 명료성을 허물고 그 가능성에 의문을 제기하고, 정반대를 보여주는 모습을 마주하면서도 그것을 비현실적이고 불가능한 것으로 간주하라는 요구로 나타나는 것 같다. 그러니 이것은 단순한 관점의 차이가 아니다. 이렇게 체현된 반대에 폭력으로 맞서는 것은 사실상 이런 몸, 세상이 인정하는 형태에 저항하는 몸은 지금도 그리고 앞으로도 생각할 수 없다고 말하는 것이다. 무엇이 현실로 간주될지의 경계선을 주장하려면 젠더화된 사물의 질서에 있어 우연적인 것, 취약한 것, 근본적 변화에 열려 있는 것을 막아야 한다.

이런 분석의 관점에서 윤리적 문제가 등장한다. 차이가 가져오는 도전을 배제하지 않으면서 어떻게 인식 가능성의 척도를 문제 삼는 차이를 대면할 것인가? 그런 도전의 불안 속에서 사는 법을 배운다는 것, 인식론적이고 존재론적인 확실성의 지점이 움직이는 걸 느낀다는 것, 그러나 인간이라는 명목하에 인간이 전통적으로 간주되던 것과 다른 뭔가가 되도록 기꺼이 허락한다는 것은 어떤 의미일까? 이것은 정확히 어떤 형태의 인간성이 발생하고 있으며 또 미래에는 어떤 인간성이 발생할지를 미리 알지 못하면서 더 넓은 세계, 마침내 폭력이 줄어든 세계라는 명목으로 인간을 파괴하고 재표명하는 일을 겪어내고 또 수용하는 법을 배워야 한다는 뜻이다. 또한 이것은 우리가 비폭력이라는 이름으로 인간의 변화를 수용해야 한다는 뜻이다. 애드리아나 카바레로가 아렌트Hannah Arendt를 해설하면서 지적하듯, 우리가 타자에게 던지는 "너는 누구냐?"라는 질문은 단순하지만 대답이 불가능한 것이다.[10] 폭력적 대응은 묻지도 않고, 알려고도 하지 않는 것이다. 폭력적 대응은 자기가 아는 것은 지원해주고, 미지의 것으로 자신이 아는 것을 위협

---

10) Adriana Cavarero, *Relating Narratives: Storytelling and Selfhood*, Paul A. Kottman(trans.), London: Routledge, 2000, pp. 20~29, 87~92 참고.

하는 것, 즉 그 세계의 전제, 그 전제의 우연성과 유연성을 재고하게 만드는 것은 추방하고자 한다. 비폭력적 대응은 타자와 마주하면서 타자에 대해 미지성을 안고 사는 것이다. 왜냐하면 마치 인간을 규정하는 것은 무엇이고, 또 미래의 인간의 삶이 어떨지를 아는 데 필요한 모든 자원을 우리가 이미 갖고 있기라도 한 것처럼, 우리를 공통으로 묶어주는 게 뭔지를 미리 아는 것보다는 이 질문이 열어놓은 관계를 지속시키는 것이 결국에는 더 가치 있기 때문이다.

인간에게 어떤 변화가 생길지 예측하거나 통제할 수 없다는 게 인간에게 일어날 수 있는 모든 변화를 다 소중히 여겨야 한다는 의미는 아니다. 특정한 가치를 구현하기 위해, 다시 말해 민주적, 비폭력적, 국제적, 반反인종차별적 가치를 위해 투쟁할 수 없다는 뜻도 아니다. 핵심은 단지 이런 가치를 얻기 위해 투쟁한다는 것 자체가, 그 투쟁하는 자의 위치가 인간이라는 스펙트럼을 만드는 데 충분치 못하다고 공언하는 것과 같다는 점이다. 또 핵심은 우리는 어떤 공동 작업물 안에 들어가야 하는데 그 안에서 우리 자신의 주체로서의 위상은 민주주의라는 이유 때문에 방향을 잃고 미지의 것에 노출된다는 점이다.

(푸코가 비판했듯이) 요점은 실제 사회적 사례를 규제하고 규정하기 위해 사회 규범을 실제 사회적 사례에 적용하는 것도 아니고, (사회 규범이 사회적인 것the social이라는 명목하에 작용하고 있는 바로 그 순간에도) 초사회적인extrasocial 사회 규범의 토대가 될 정당화 기제들을 찾자는 것도 아니다. 이 두 가지 활동이 다 일어나는 때, 또 일어나야 하는 때가 있다. 즉 우리는 불법 행위를 하는 범죄자들에 대한 판결을 공정하게 해서 그들이 규범적 정상화 절차를 밟게 하며, 또 우리의 행동 기반을 전체 맥락에서 생각해서 우리가 동의할 수 있는 숙려와 반성의 양식을

발견하려고 애쓴다. 그러나 이 중 어느 것도 규범으로만 되는 것은 아니다. 인간으로 인식 가능한 영역의 경계는 규범에 의거해 결정되고, 이런 경계는 모든 윤리학과 사회 변화에 잇따르는 것이다. 우리는 인간의 삶을 현재 우리가 알고 있는 것으로 보존하고 증진하기 위해 **우선** 인간의 근본 조건을 알아야 한다고 주장하려 할 것이다. 그러나 인간의 범주 자체가 그 용어로 설명하고 보호해야 할 사람들을 배제해왔다면 어찌할 것인가? 인간에 속해야 할 사람이 서구 합리주의 형식에서 나온 합리화와 정당화의 타당성을 주장하는 양식 안에서 작동하지 않는다면 어찌할 것인가? 우리는 인간을 안 적이 있던가? 그리고 그런 앎에 다가가려면 무엇이 필요할까? 우리는 인간을 너무 빨리 아는 것을, 아니면 최종적이거나 확정적으로 아는 것을 경계해야 할까? 우리가 인간 영역을 당연하게 받아들이면, 인간이 생산되고 재생산되고 탈생산되는 일련의 방법에 대해 비판적이고 윤리적으로 생각할 수가 없다. 이 마지막 질문이 윤리학 영역에 딱 맞는 건 아니지만, 이런 질문 없이 작동되는 책임 있는 윤리학이나 사회 변화의 이론은 생각할 수도 없다.

인간 개념을 미래의 표명으로 계속 열어둘 필요성은 국제 인권 담론과 정치 기획에 있어서 핵심적이다. 인간 개념 자체가 미리 전제되어 있을 때 우리는 몇 번이고 반복해서 그것을 알게 된다. 인간은 분명 서구적 관점에서, 주로 미국적 관점에서 미리 규정되어 있다. 그래서 지역적이고 국지적이다. 하나의 기반으로서의 인간으로 우리가 시작될 때, 인권을 가진 그 인간은 이미 알 수 있는 것, 이미 규정된 것이다. 하지만 인간은 전 세계적 차원에서 일단의 권리와 의무의 기반이 되어야 한다. 우리가 어떻게 지역적인 것에서 (모든 인간은 기존의 민족국가에 속한다는 전제를 반복 순환시키지 않는 방식으로 전 지구적인 것이라 여겨지는)

국제적인 것으로 전환할지는 국제정치학에서 중요한 문제이다. 하지만 인간은 페미니즘뿐 아니라 국제 레즈비언, 게이, 바이섹슈얼, 트랜스, 그리고 인터섹스 투쟁에서 특정한 형식을 취한다. 반反제국주의적이거나 최소한 비非제국주의적인 국제 인권 개념은 인간이 의미하는 바를 문제 삼아야 하고, 그것이 문화 현장을 가로질러 정의되는 다양한 방식과 수단에서 교훈을 얻어야 한다. 인간이란 무엇인가에 대한, 아니 정말로 인간적 삶의 기본 조건과 요건이 무엇인가에 대한 지역적 관념들이 재해석되어야 한다는 뜻이다. 인간이 다르게 규정되는 역사적이고 문화적인 환경들이 있기 때문이다. 그 기본 요건과 그에 따른 기본 자격은 다양한 매체, 말과 행동으로 이루어진 다양한 실천을 통해서 알게 된다.

환원주의적 상대주의라면, 이런 용어가 언제나 단지 지역적이고 일시적으로만 이해할 수 있는 데다 일반화 자체가 해당 의미의 구체성에 폭력을 행사하기 때문에 우리는 인간이나 국제 인권에 대해 말할 수 없다고 주장할 것이다. 나의 견해는 이와 같지 않으며, 난 여기서 멈추고 싶지 않다. 사실 나는 우리가 인간에 대해, 또 국제적인 것에 대해 말하도록 강요받는다고 생각하며, 특히 인권이 어떻게 작동되고 또 작동되지 않는지, 예컨대 여성의 입장에서 볼 때 여성은 무엇이고 또 여성이 아닌 것은 무엇인지 알아내라는 강요를 받는다고 생각한다. 그러나 이런 식으로 말하려면, 또 여성의 이름으로 사회 변화를 요청하려면 우리가 비판적 민주주의 기획의 일부여야 한다. 게다가 이때 여성이라는 범주는 서로 다르게 사용되고 또 배타적 목적으로 사용되어서, 모든 여성이 여기에 다 포함되지 않는다. 또한 여성은 인간으로 완전히 통합되지도 않았다. 여성과 인간이라는 두 범주 다 여전히 진행 중이고 작업 중이며 미완성된 상태라서 우리는 인간이 무엇인지 아직 알지 못하고 앞으로도 분명히 알 수 없을 것이다. 이 말은 우리가 정치적으로 이중의 길을 가야 한다는 뜻이다. 우선 우리는 정치 생활에서 섹슈얼리티와 젠더의 구성적 기능을 주장하기 위한 방편으로 삶의 조건에 어떤 자격을 주장하기 위해 이 언어를 써야 하며, 또 한편 우리의 범주 자체가 비평적 엄밀성을 겪게 만들어야 한다. 우리는 이런 범주의 포괄성과 해석 가능성의 경계선을 찾아야 하고, 이 범주에 포함된 전제들을 찾아야 하며, 인간이 되고 젠더가 되어야 하는 것이 무엇인지를 포괄하면서도 그 경계를 열기 위해 이 범주가 확대되고 파괴되고 수정될 방법을 찾아야 한다. 수년 전 베이징 유엔 회의에서 '여성의 인권'에 대한 논의가 있었을 때(혹은 국제 게이 레즈비언 인권위원회에 대해 들었을 때) 그것은 많은 사람들에게 패러독스로 다가왔다. 여성의 인권? 레즈비언과 게이의 인권? 그러나 이런 조합이 사실상 무슨 일을 하는지 생각해보자. 이 조합은 인간을 우연적인 것으로, 즉 과거에도 지금도 가변적이면서 규제받는 사람들을 규정하는 어떤 범주로 작동시킨다. 그 범주는 레즈비언과 게이를 포함하거나 포함하지 않을 수 있고, 여성을 포함하거나 포함하지 않을 수도 있으며, 그 작동 과정에서 여러 인종적이고 민족적인 차이도 갖는다. 이런 집단은 그 집단만의 고유한 인권을 갖고 있어서, 우리가 여성의 인간됨에 대해 생각할 때 인간이 의미할 수 있는 것은 아마 그 인간을 남성으로 가정해서 작동할 때와는 다를 것이라 생각한다. 또한 이런 용어는 서로에 대한 관계 속에 가변적으로 구성된다고 말해진다. 분명 인종에 관해서도 비슷한 주장이 가능하다. 어떤 사람들이 인간의 자격을 얻었고 어떤 사람들은 얻지 못했는가? 이런 범주의 역사는 어떤 것인가? 우리는 지금 그 역사의 어느 시점에 와 있는가?

마지막으로 주장하고 싶은 것은 우리가 문화 번역cultural translation의 과정을 따른다면, 존재론의 기본 범주, 즉 인간이 되는 것, 어떤 젠더가 되는 것, 성적으로 인식 가능해지는 것의 기본 범주를 재표명하고 재의미화할 수 있다는 점이다. 여기서 요점은 마치 단순하게 기존의 용어 사전에 이질성을 흡수하는 문제인 양, 외래적이고 생소한 젠더 개념이나 인간성 개념을 우리 자신의 것으로 동화시키는 데 있는 게 아니다. 문화 번역은 우리의 가장 근본적인 범주를 생산하는 과정이기도 한데, 이는 다시 말해 가능한 에피스테메episteme의 경계선, 즉 알 수 없는 것과 아직 모르는 것의 경계를 마주할 때 이 범주들이 어떻게 왜 부서져서 새로운 의미를 획득하는지를 살피는 과정이다. 인간이라는 개념은 오랫동안 문화 번역 속에서 또 문화 번역 과정을 통해서 만들어질 뿐임을 인정하는 것이 매우 중요하며, 여기서 문화 번역은 경계가 분명하고 뚜렷하며 통일된 두 언어 사이의 번역이 아니다. 그보다 **번역은 상대방을 이해하기 위해 양쪽 언어 각각을 변화시킬 것이다.** 또한 친숙한 것, 지역적인 것, 이미 알려진 것의 경계에서 이런 이해는 양측 모두에게 윤리적이고 사회적인 변화를 가져올 기회가 될 것이다. 또한 이것은 상실, 어쩌면 방향 상실을 가져오겠지만 그런 상실 속에서 인간은 새로운 존재가 될 가능성이 있다.

무엇이 삶을 살 만한 것으로 만드는지를 물을 때, 우리는 삶이 삶이 되기 위해서 충족시켜야 할 특정한 규범적 조건들이 무엇인지를 묻고 있는 것이다. 그러니 삶에는 최소한 두 가지 의미가 있다. 하나는 최소한의 생물학적인 생존 양식이고, 다른 하나는 처음부터 개입되어 있던 것으로 인간적 삶과 관련해 살 만한 삶의 최소 조건을 형성하는 것이다.[11] 이는 살 만한 삶을 위해 단순한 생존을 무시할 수 있다는 의미가 아니다. 우리가 젠더 폭력에 대해 질문하듯 인간 자신이 살기 좋은 조건을 유지하고 재생산하기 위해 무엇을 필요로 하는지를 질문해야 한다는 의미이다. 그렇다면 가능한 모든 방법으로 살 만한 삶의 가능성을 개념화하고 그 제도적인 지원책도 마련하는 우리의 정치학은 어떤 것인가? 이 말이 무슨 뜻인지에 관해서는 언제나 이견이 있을 것이고, 이 때문에 단 하나의 정치적 방향이 필요하다고 주장하는 사람들은 잘못을 저지르는 게 될 것이다. 하지만 그것은 산다는 것이 정치적으로 산다는 것이고, 권력과의 관계 속에, 다른 사람들과의 관계 속에, 어떤 총체적 미래에 책임을 지는 행위 속에 사는 것이라서 그런 것뿐이다. 그러나 미래에 대해 책임을 진다는 것은 그 방향을 미리 완전히 알지 못한다는 것이다. 미래는, 특히 타인과 함께 있고 타인을 향해 있는 미래는 특정한 개방성과 미지성을 요하기 때문이다. 이는 어떤 주체도 그 결과를 확실히 예견할 수 없는 과정의 일부가 된다는 의미이다. 그것은 그 방향성에 대한 고민과 논쟁이 왕성히 작용할 것이고 또 작용해야 할 것이라는 뜻이기도 하다. 정치가 민주화되려면 논쟁이 반드시 힘차게 가동되어야 한다. 민주주의는 하나의 목소리로 말하지 않는다. 민주주의의 선율은 불협화음이고 또 반드시 그래야 한다. 그것은 예측 가능한 과정이 아니며, 어떤 격정passion을 겪어내듯 겪어야 한다. 옳은 방식이 미리 결정되어 있을 때, 우리가 그 옳은 것을 모두에게 강제할 때는 그 삶 자체가 배척당한 것일 수도 있다. 우리에게는 공동체에 들어갈 방법도 없고 그 '옳은' 것이 문화 번역의 한가운데 있다는 것을 알아낼 방법도 없는 상태라면 말이다. 옳고 선한 것은 우리가 요구하는 가장 근본적인 범주들

---

11) Giorgio Agamben, *Homo Sacer: Sovereign Power and Bare Life*, Daniel Heller-Roazen(trans.), Stanford: Stanford University Press, 1998, pp. 1~12 참고.

을 뒤엎는 긴장 상태로 계속 열려 있는 데 있을 것이다. 또한 우리가 알고 있는 것과 필요로 하는 것의 핵심에 미지성이 있다는 것을 아는 데 있을 것이고, 무엇이 다가올지에 대한 확실성 없이 우리가 살고 있는 삶의 기호들을 인정하는 데 있을 것이다.

## 2장

# 젠더 규제들

얼핏 보면 '규제regulation'라는 용어는 표준적인 사람으로 만들어지는 과정의 제도화를 암시하는 듯하다. 사실 규제를 복수형으로 지칭한다는 것 자체가 이미 표준적인 사람이 되는 법적 제도를 구성하는 구체적인 법과 규칙과 정책이 있다는 것을 인정한다는 말이다. 그러나 내 생각에 경험적 법의 사례라는 관점에서 젠더를 규제하는 모든 방식을 이해하려 하는 것은 실수 같은데, 젠더 규제를 지배하는 규범은 그것이 구현된 사례를 넘어서기 때문이다. 다른 한편, 경험적 사례는 그와 별개로 발생한 권력 작용의 예시에 불과한 것처럼 추상적으로 젠더 규제에 대해 말하는 것도 마찬가지로 문제가 될 수 있다.

사실, 페미니즘과 레즈비언/게이 연구에서 가장 중요한 작업 중 많은 것이 실제 규제들, 즉 법적·군사적·정신의학적 규제 등 많은 다른 규제에 초점을 맞추어왔다. 이런 학문적 배경에서 제기된 질문은 젠더가 어떻게 규제되며, 그런 규제는 어떻게 강제되고, 또 그 규제는 그것이 강제된 주체들에게 어떻게 결합되어 삶이 되는지를 묻는 경향이 있다. 그러나 젠더가 규제된다는 것은 단순히 젠더가 규제의 외적인 힘에 복종한다는 것이 아니다.[1] 젠더가 젠더 규제에 선행하여 존재한다면, 우리는 젠더를 우리의 주제로 삼아 젠더를 지배하는 여러 종류의 규제와 그 복종이 발생하는 방식들을 하나씩 열거할 수 있을 것이다. 그러나 이 문제는 좀더 예민한 문제다. 결국 젠더 규제에 앞서 존재하는 젠더가 있는가? 아니면 젠더화된 주체는 규제에 복종하면서 생겨나고, 그 특정한 복종 형식 안에서 또 그 복종 형식을 통해서 생산되는 것인가? 복종은 규제가 젠더를 생산하는 과정 아닌가?

푸코 계열의 연구에서 비롯된 복종과 규제에 대해 적어도 두 가지 주의사항만큼은 기억하는 게 중요하다. 1) 규제 권력은 이미 존재하는 주체에게 작용할 뿐 아니라 그 주체의 형상과 형식을 만든다. 게다가 권력의 모든 사법적 형식은 권력의 생산 효과를 가진다. 2) 규제에 복종하는 주체가 된다는 것은 그 규제로 인해 주체화가 된다는 뜻이며, 다시 말해 바로 규제화를 통해 주체로서 존재가 된다는 뜻이다. 젠더 주체를 형성하는 규제 담론은 바로 그런 주체를 필요로 하고 또 생산하는 것이므로 2번 항목은 1번 항목에서 비롯된다.

특정 종류의 규제는 더 일반적인 규제 권력의 사례라고 이해할 수 있으며, 즉 젠더 규제로 구체화된 사례라고 이해할 수 있다. 여기서 나는 몇 가지 측면에서 푸코에 반박하고자 한다. 규제 권력은 어떤 폭넓은 역사적 특징이 있으며, 다른 사회문화적 규범뿐 아니라 젠더에 대해서도

---

1) Carol Smart(ed.), *Regulating Womanhood: Historical Essays on Marriage, Motherhood and Sexuality*, London: Routledge, 1992 참고.

작동한다는 통찰에 푸코의 혜안이 있는 것이라면, 젠더는 단지 권력이 작용하는 더 큰 규제 작용의 한 사례에 불과한 것으로 보이기 때문이다. 나는 이처럼 젠더를 규제 권력에, 즉 젠더를 지배하는 규제 장치가 그 자체로 젠더 특정적이게 되는 규제 권력에 포함시키는 것에 반대하려 한다. 그렇다고 젠더 규제가 그런 규제 권력 자체에 전형적인 것이라고 주장하는 것은 아니며, 그보다는 젠더가 그 자체의 분명한 규제 체제와 규율 체제를 필요로 하고 또 확립한다고 주장하려는 것이다.

젠더가 하나의 규범이라는 주장에는 좀더 정밀한 설명이 필요하다. 규범은 규칙과 다르고, 법칙과도 다르다.[2] 규범은 **규범화**normalization의 암묵적 기준으로 사회적 실천 속에서 작동한다. 분석적으로는 규범을 규범이 들어간 실천과 구분할 수 있을지 모르지만, 이 또한 규범의 작용을 탈맥락화하려는 모든 노력에 반하는 것으로 입증될 수도 있다. 규범은 겉으로 드러날 수도, 드러나지 않을 수도 있으며, 규범이 사회적 실천 속에서 규범화 원칙으로 작용할 때는 보통 암묵적인 것, 읽어내기 어려운 것이 되고, 규범이 생산한 결과와는 가장 분명하게 또 극적으로 분리된다.

젠더가 규범이 된다는 것은 젠더가 항상 미약하게만 특정 사회적 행위자social actor에 의해 구현된다는 의미이다. 규범은 행위의 사회적 인

---

2) François Ewald, "Norms, Discipline, and the Law," Robert Post(ed.), *Law and the Order of Culture*, Berkeley: University of California Press, 1991; "A Concept of Social Law," Gunter Teubner(ed.), *Dilemmas of Law in the Welfare State*, Berlin: Walter de Gruyter, 1986; "A Power Without an Exterior," Timothy Armstrong(ed.), *Michel Foucault, Philosopher*, New York: Routledge, 1992; Charles Taylor, "To Follow a Rule...," Craig Calhoun 외(eds.), *Bourdieu: Critical Perspectives*, Chicago: University of Chicago Press, 1993 참고.

식 가능성을 지배하지만, 규범과 규범이 지배하는 행위가 꼭 같은 것은 아니다. 규범은 자신이 지배하는 행위에 무관심해 보이는데, 그 말뜻은 단지 규범이 규범의 지배를 받는 행위와는 다른 별개의 위상과 결과를 가져오는 것처럼 보인다는 것이다. 규범은 사회적인 것을 읽어낼 잣대를 부여하고 무엇이 사회적인 것의 영역에 나타날지 그 기준을 정하면서, 인식 가능성을 지배하고 또 특정 종류의 실천과 행위를 있는 그대로 인식하게 한다. 규범의 바깥에 있는 것이 무엇일까라는 질문은 사유에 패러독스를 야기한다. 규범이 사회적 영역을 인식 가능하게 만들고 그 영역을 규범화하는 것이라면, 규범 바깥에 존재하는 것도 어떤 의미에서는 여전히 규범과의 관계 속에서 규정되고 있기 때문이다. 누군가 꼭 남성적이지도 여성적이지도 않다는 말은 여전히 그 사람이 '꼭 남성적인 것'과 '꼭 여성적인 것'과 맺는 관계라는 관점에서만 이해될 것이다.

분명 여성성이나 남성성의 규범적 관점이 있다 해도, 젠더가 하나의 규범이라고 주장한다는 게 여성성과 남성성의 규범적 관점이 있다는 말과 꼭 같지는 않다. 젠더는 정확히 어떤 사람'인' 것도 아니고, 그 사람이 '가진' 것도 아니다. 젠더는 남성적인 것과 여성적인 것의 생산과 규범화가 그 젠더 특유의 호르몬, 염색체, 심리적인 것과 수행적인 것 사이의 형태들을 따라 생겨나는 장치apparatus다. 젠더가 언제나 전적으로 '남성적인 것'과 '여성적인 것'의 토대를 의미한다는 가정은 요점을 놓치고 있는데, 요점은 그런 일관된 이분법의 생산은 우연적인 것으로 어떤 대가를 치러야만 나타나며, 그 이분법에 꼭 들어맞지 않는 젠더 조합도 그것의 가장 규범적인 사례만큼이나 젠더의 일부라는 것이다. 젠더의 정의를 젠더의 규범적 표현물normative expression과 융합해버리면 자기도 모르게 젠더의 정의를 규제하는 규범의 권력을 강화하게 된다.

젠더는 남성성과 여성성 개념을 생산하고 당연한 것처럼 여겨지는 기제지만, 그런 관점을 해체하고 의문시하는 장치가 될 수도 있다. 또한 사실상 규범을 설정하려는 장치 자체가 바로 그 설정을 뒤흔드는 작용을 할 수 있으며, 말하자면 그런 설정 자체가 정의상 불완전할 수도 있다. '젠더'라는 용어를 남성성이나 여성성과 따로 떼어놓는 것은 어떻게 남성적인 것과 여성적인 것의 이분법이 젠더의 의미론적인 장을 전부 차지해버리는지를 설명하는 이론적 관점을 보호하기 위한 것이다. 어떤 사람이 '젠더 트러블gender trouble'이나 '젠더 블렌딩gender blending,' '트랜스젠더transgender'나 '크로스젠더cross-gender'를 언급한다면, 그 사람은 이미 당연시된 이분법 너머에서 젠더가 유동하는 방식을 제시하고 있는 것이다. 따라서 젠더를 남성적/여성적, 남성/여성, 남자/여자와 결합하는 것은 그 젠더 개념이 막게끔 되어 있는 자연화 작업을 하는 것이다.

그러므로 남녀의 이분법만이 젠더 영역을 이해하는 독점적 방식이라 주장하는 규제적 젠더 담론은 지배적 사례를 자연스러운 것으로 만들고 그 사례의 붕괴를 생각해볼 가능성은 배제하는 **규제적** 권력 작용을 수행한다.

젠더 연구 중 한 가지 경향은 이분법적인 젠더 체계에 대한 대안이 젠더의 다수성이라고 주장해왔다. 이런 접근 방식은 반드시 문제를 제기한다. 즉 얼마나 많은 젠더가 존재할 수 있으며 그것들은 어떤 이름으로 불릴 것인가.[3] 그러나 이분법 체계의 붕괴가 똑같이 문제가 되는 젠더의 수량화로 나갈 필요는 없다. 뤼스 이리가레Luce Irigaray는 라캉Jacques

---

3) 예컨대 랜돌프 트럼바흐Randolph Trumbach와 앤 파우스토-스털링Anne Fausto-Sterling의 연구를 참고하라.

Lacan의 논의를 이어 남성적인 성이 '하나의one' 성인지를 묻는데, 하나의 성이란 '하나면서 유일하다one and only'는 뜻일 뿐 아니라 성에 대한 수량적 접근으로서의 하나를 뜻하기도 한다. 이리가레의 관점으로 '섹스'는 생물학적 범주도 사회적 범주도 아니며(그래서 '젠더'와 구분되는 것이며), 말하자면 사회적인 것과 생물학적인 것의 경계에 있는 언어적인 것이다. 따라서 '하나이지 않은 성'은 정확히 숫자로는 파악될 수 없다고 생각되는 여성성이다.[4] 또 다른 접근 방식은 '트랜스젠더'가 딱히 제3의 젠더가 아니라 젠더들 간의 통로가 되는 양식, 하나이거나 둘이라는 규범적 주장으로 환원될 수 없는 틈 사이의 전환적transitional 젠더 형태라고 주장한다.[5]

## 상징적 위치와 사회적 규범

규범은 언제나 사회적 규범이라고 주장하는 이론가도 있지만, 클로드 레비-스트로스Claude Lévi-Strauss의 구조주의로부터 영향을 받은 라캉계 이론가들은 상징 규범이 사회 규범과 꼭 같은 것은 아니며 특정한 젠더 '규제'는 처음부터 심리에 자리 잡고 있던 어떤 상징적 요구를 통해 발생한다고 주장한다.

'상징계'는 1953년 자크 라캉의 전문 용어가 되었고, 이 용어를 수학적(형식적)이고 인류학적인 용례로 조합하는 그만의 방법이 되었다. 라

---

4) Luce Irigaray, *This Sex Which is Not One*, Catherine Porter & Carolyn Burke(trans.), Ithaca, N.Y.: Cornell University Press, 1985 참고.
5) Kate Bornstein, *Gender Outlaw* 참고.

캉 용어 사전에서 상징계는 규제의 문제와 분명히 관련된다. "상징계는 오이디푸스 콤플렉스에서 욕망을 **규제하는** 법의 영역이다."[6] 오이디푸스 콤플렉스는 근친애에 대한 일차적이고 상징적인 금지, 친족 관계의 관점에서만 이해되는 금지에서 비롯되는데, 이런 친족 관계에서는 족외혼의 명령에 따라 가족 내에 다양한 '위치'가 성립된다. 다시 말해 어머니는 아들이나 딸과 성관계를 맺지 않는 사람이고, 아버지는 아들이나 딸과 성관계를 맺지 않는 사람이며, 어머니는 아버지하고만 성관계를 맺는 사람이다. 이런 금지 관계는 각 가족 구성원들이 차지하고 있는 '위치' 속에 기호화되어 있다. 따라서 이런 관계 속에 있다는 것은 최소한 그 '위치'가 무엇인지에 대한 상징적이거나 규범적인 개념에 따라 성적으로 교차된 관계 속에 있다는 말이다.

이런 관점은 분명 엄청난 결과를 가져왔다. 다방면에 걸친 정신분석학적 사유 속에서 구조주의의 유산은 학제 전체에서 정신분석학에 대한 페미니즘적 접근뿐 아니라 페미니즘 영화와 문학 이론에도 엄청난 영향력을 행사했다. 그것은 또한 페미니즘을 비판하는 퀴어 비평이 나올 수 있게 길을 닦아주었는데, 퀴어 비평은 섹슈얼리티 연구와 젠더 연구에 있어 분명 결정적이고 중대한 영향을 미쳐왔고 지금도 계속해서 미치고 있다. 지금부터 나는 라캉의 정신분석학에서 '상징계'로 변형된 문화 개념이 어떻게 현대 문화 연구 분야에서 통용되는 문화 개념과 완전히 다른지를 보여주려 한다. 이 두 기획은 종종 절망적일 만큼 적대적인 것으로 생각되니 말이다. 또한 나는 '욕망을 규제하는' 규칙을 변함

---

6) Dylan Evans, *An Introductory Dictionary of Lacanian Psychoanalysis*, London: Routledge, 1996, p. 202 참고. 강조는 필자.

없고 영원한 법의 영역 안에 확립하려는 모든 주장은 젠더의 사회적 변형이 가능한 조건을 이해하려는 이론에는 별 효용성이 없다고 주장할 계획이다. 상징계에 관한 또 다른 우려는 근친애 금기 자체가 그 금기를 위반할 동기가 될 수도 있다는 것이고, 그 말은 규제를 통해 생산된 섹슈얼리티 때문에 친족의 상징적 위치가 여러 면에서 좌절을 겪는다는 것을 시사한다.[7] 마지막으로 나는 상징적 법과 사회적 법을 구분하기란 결국 불가능하다는 것을 보여주려 한다. 또 상징계 자체가 사회적 실천의 집적물이며 친족의 근본적 변화는 정신분석학의 구조주의적 전제를 새롭게 수정할 것을 요구한다는 점도 보여주려 한다. 이를테면 우리를 심리에 대한 퀴어적이고 후기구조주의적인 사유로 이끌면서 말이다.

근친애 금기로 되돌아가기 위해서는 다음의 문제가 제기된다. 근친애 금지의 위상은 무엇이고 또 그 위치는 어디인가? 『친족의 기본 구조*The Elementary Structures of Kinship*』에서 레비-스트로스는 생물학에서 근친애 금기가 꼭 필요한 지점은 없으며, 그것은 순전히 **문화적** 현상이라고 밝힌다. 레비-스트로스가 '문화적'이라고 말한 의미는 '문화적으로 변용' 되거나 '우연적'이라는 것이 아니라, 문화의 '보편' 법칙에 따른다는 것이다. 따라서 레비-스트로스에게 문화적 법칙은 (게일 루빈Gayle Rubin이 뒤이어 주장했듯) 변화 가능한 규칙이 아니라 변화가 불가능하고 보편적인 것이다. 문화의 보편적이고 영원한 법칙의 영역 — 줄리엣 미첼이 "보편적이고 원초적인 법칙"[8]이라 부른 것 — 은 라캉의 상징계 개념의

---

7) Vikki Bell, *Interrogating Incest: Feminism, Foucault, and the Law*, London: Routledge, 1993 참고.

8) Juliet Mitchell, *Psychoanalysis and Feminism: A Radical Reassessment of Freudian Psychoanalysis*, New York: Vintage, 1975, p. 370.

기반이자, 상징계를 생물학적 영역 및 사회적 영역과 구분하려는 뒤이은 노력의 기반이 된다. 라캉에게 문화 속에서 보편적인 것은 그 문화의 상징적이거나 언어적인 규칙으로 이해되며, 그런 규칙이 친족 관계를 지탱하는 것으로 여겨진다. '나' '너' '우리' '그들'이라는 대명사의 지칭 가능성 자체가 언어 안에서 또 언어로서 작동되는 이와 같은 친족의 양상에 의존하고 있는 것으로 보인다. 이것은 문화적인 것에서 언어적인 것으로의 미끄러짐이며, 이는 레비-스트로스가 『친족의 기본 구조』의 끝부분에서 보여준 것과 같다. 라캉에게 상징계는 언어가 취하는 사회적 형식으로 환원될 수 없는 언어 구조라는 개념의 관점에서 정의된다. 구조주의적 관점에 따르면 그것은 사회성이, 즉 모든 언어 사용에 있어서의 소통성이 가능해지는 보편적 조건을 형성한다. 이런 움직임 때문에 결국 친족에 대한 상징적 설명과 사회적 설명이 구분되는 상황이 조성된다.

따라서 규범은 라캉적 의미의 '상징적 위치'와 딱히 같지 않은데, 그 '상징적 위치'는 라캉의 세미나들에 나오는 몇몇 후주의 상세 설명과는 무관하게 거의 초시간적인 특성을 구가하는 것으로 보인다. 라캉계 학자들은 거의 언제나 상징적 위치는 사회적 위치와 같은 것이 아니라고 주장한다. 예컨대 아버지의 상징적 위치를 결국 패러다임상의 상징적 위치로 받아들이는 것은 실수이며, 오랜 시간 동안 아버지가 취했던 사회적으로 구성되고 변화 가능한 위치로 여기는 것도 실수일 것이라고 주장한다. 라캉의 관점이 주장하는 것은 사회적으로 알 수 있는 인과론으로는 환원될 수 없는, 사회생활에 대한 어떤 이상적이고 무의식적인 요구가 있다는 것이다. 아버지의 상징적 위치는 부성의 사회적 재조직화 요구로 양도되지 않는다. 대신 상징계는 오이디푸스적인 장면과 어

느 정도 거리를 두고 친족 관계를 수정해서 재현해보려는 모든 유토피아적인 노력에 제한을 가하게 된다.[9]

친족 연구가 구조주의 언어학 연구와 결합할 때 나타나는 문제의 하나는 친족 위치가 근본적인 언어 구조의 위상으로 격상된다는 점이다. 이런 친족 위치는 언어로 진입을 가능케 하는 위치이며, 그에 따라 언어와 관련해 어떤 본질적인 위상을 가진다. 다시 말해 그 위치가 없이는 어떤 의미도 발생할 수 없다거나, 다른 언어를 쓰면 그 어떤 문화적 인식 가능성도 확보될 수 없다는 것이다. 특정한 친족 개념을 초시간적인 것으로 만든 뒤, 그것을 인식 가능성의 기본 구조라는 위치로 격상시킨 결과는 무엇이었을까?

레비-스트로스는 여러 친족 체계를 고려할 것을 주장하지만, 그렇게 하는 이유는 문화 교차적 위상을 갖는 이런 친족 원칙의 범위를 제한하기 위해서다. '규범'은 사회적으로 생산되고 변형되는 틀이기 때문에, 구조주의가 언어나 친족 안의 '위치'라고 제시한 것이 '규범'과 꼭 같지는 않다. 그렇다고 규범이 상징적 위치와 꼭 같은 것도 아니다. 게다가 어떤 상징적 위치가 더욱더 적절한 규범으로 간주되면 상징적 위치는 딱히 상징적 위치라기보다는 어떤 우연적 규범이 된다. 젠더화된 삶에 분명한 영향을 줄 가능성이 있는 이론적 물화theoretical reification 때문에 그 우연성이 감추어져왔던 우연적 규범 말이다. 어떤 사람은 구조주의자의 자부심에 따라 "하지만 그게 법이다!"라는 주장으로 응대할 수도 있

---

9) 친족과 관련하여 사회적인 것과 상징적인 것의 관계에 대해서는 Michel Tort, "Artifices du père," *Dialogue-recherches cliniques et sociologiques sur le couple et la famille*, no. 104, 1989; "Le Différend"(on file with author); *Le nom du père incertain*, Paris, 1983 참고.

다. 그러나 그 발화의 위상은 무엇일까? "그게 법이다!"라는 말은, 바로 그 말의 힘이 법 자체가 행사한다고 여겨지는 법 때문에 수행적으로 생겨난 발화가 된다. 따라서 "그게 법이다!"는 그 법에 충성한다는 신호이고, 그 법이 불굴의 법이 되고 싶다는 욕망의 신호이며, 상징적 아버지와 정신분석학의 법 자체에 대한 모든 비판을 무력화하고 싶어 하는 정신분석학 이론 내부의 신학적 충동이다. 따라서 법에 주어진 이런 위상은 당연히 바로 팔루스phallus에 주어진 위상이 되고, 여기서 팔루스는 라캉 체계 안의 특권화된 '기표signifier'일 뿐만 아니라 그 기표가 도입된 이론 체계를 특징짓는 요소가 된다. 다시 말해 상징적 법의 절대성을 지탱하는 권위적 힘은 그 자체가 상징적 법의 행사인 것이며, 말하자면 그것은 논쟁도 논박도 불가능한 아버지의 자리라는 더 깊은 심급이기도 하다. 라캉 논자들이 상기시켜주듯 언제나 또 오로지 상징계에 관한 논쟁이 있는데도, 이런 논쟁은 상징계 자체를 뒤흔드는 결정적 힘을 행사하거나 그 용어의 근본적 변화를 이끌어낼 수 없다.

이 이론의 권위는 상징계가 그 권위에 대한 모든 논쟁을 다 이기고 살아남는다는 사실에서 그 자체의 방어가 동어반복적이라는 것을 드러낸다. 이것은 결국 모든 논쟁을 초월하는 데다 논쟁 자체에 한계를 긋는 상징적 위치로서의 남성성과 여성성을 주장하는 이론일 뿐만 아니라, 그 자체를 설명하는 주장의 권위를 뒷받침하도록 서술되는 바로 그 권위에 의존하는 이론이기도 하다.

상징계를 사회적 영역과 구분하면 유일법Law과 법칙들laws을 구분하는 것도 용이해진다. 최종적 권위를 기대할 수 없는 데다 불안을 야기하는 젠더 가능성의 장을 열어내는 비평적 실천의 장에서, 상징계는 이 같은 불안을 잠재우기 위해 등장한다. 위치를 바꿀 수 없는데 상상적 수단을 써서 자꾸 위치를 바꾸고자 하는 어떤 유일법이 있다면, 그렇게 바꾸려는 우리의 노력은 견제를 당할 것이며, 젠더에 대한 권위적 해석에 대항하려는 우리의 투쟁은 좌절될 것이고, 그래서 우리가 난공불락의 권위에 복종하게 되리라는 것을 이미 우리는 알고 있다. 상징계 자체가 인간의 실천으로 인해 변할 수 있다는 생각은 단순한 주의설 voluntarism[10]이라고 믿는 사람도 있다. 그러나 정말 그런가? 욕망이 근본적으로 결정되어 있다고 주장하지 않더라도 욕망은 근본적으로 조건부라는 데 확실히 동의할 수 있고, 이런 구조들이 영원하고 끈질기며 반복적인 재연replay이나 위치 변화에 무감하다고 주장하지 않더라도 욕망을 가능하게 만드는 구조들이 있다고 인정할 수 있다. 상징적 권위에 대항한다고 해서 반드시 '에고ego'나 고전주의적 자유의 개념으로 돌아갈 필요는 없다. 그보다 상징적 권위에 대항한다는 것은 필연적 시간성 속의 규범이 그 내부로부터의 변화와 전복에 열려 있다고 주장하는 것이다.

상징계는 성sex에 대한 가정을 규제하는 영역으로 이해되는데, 여기서 성은 남성적 위치와 여성적 위치라는 다른 위치의 집합으로 생각된다. 따라서 사회학 담론에서 비롯된 젠더 개념은 라캉과 포스트 라캉의 관점에서 등장한 성차에 관한 담론과 일치하지 않는다. 분명 라캉은 이용어를 사용하기 약 6년 전인 1947년에 초판된 레비-스트로스의 『친족의 기본 구조』에서 영향을 받았다.[11] 레비-스트로스의 모델에서 남

---

10) (옮긴이) 의지가 정신작용의 근간이라고 생각하는 철학의 한 갈래.

11) 장 라플랑슈와 장-베르트랑 퐁탈리스는 『정신분석 사전』에서 '상징계'에 대해 이렇게 말한다. "상호주관적 현실을 조직하는 상징질서 개념은 클로드 레비-스트로스에 의해 가장 뚜렷하게 사회학으로 도입되었는데, 레비-스트로스의 관점은 소쉬르Ferdinand de Saussure에게 배운 구조주의 언어학 모델에 기초해 있다. 『일반언어학 강의*Cours de linguistique*

녀의 위치는 특정한 형태의 성적 교환sexual exchange을 가능하게 만든다. 그런 의미에서 젠더는 특정 양식의 재생산을 위한 성적 유대를 보장하고 다른 형태는 금지하는 작용을 한다. 그런 관점에서 보면 우리의 젠더는 주체가 사회적으로 규제되고 생산되는 성적 관계들을 금하기도 하고 명하기도 하는 어떤 지표인 것이다.

레비-스트로스에 따르면, 성적 교환을 지배하는 규칙들과 그에 따른

---

*générale*』(1916)의 논제는 언어학적 기의가 기표 내적으로 발생하지 않는다는 것이다. 기의는 변별적 대립물이라는 특징을 가진 기표 체계의 일부이기 때문에 의미를 생산한다"(Jean Laplanche & J.-B. Pontalis, *The Vocabulary of Psycho-analysis*, Donald Nicholson-Smith(trans.), New York: Norton, 1973, pp. 439~41).

라플랑슈와 퐁탈리스는 레비-스트로스를 인용한다. "모든 문화는 상징 체계의 총체로 간주될 수 있다. 그 체계는 우선 언어의 발생, 결혼 규칙, 경제적 관계, 예술, 과학, 종교를 규제한다." 이들에 따르면 라캉은 상징계를 활용해 무의식이 언어처럼 조직된다고 설정하고, 무의식의 언어적 풍요성을 입증하고자 한다. 그러나 상징계의 두번째 활용은 "레비-스트로스가 설명한 의미에서는, 그 자체가 상징적 자연인 기존의 질서로 인간 주체가 들어간다는 것을 보여주기 위해서" 우리의 연구에 더 직접적으로 관련된다.

이런 관점에서 보면, 맬컴 보위 같은 라캉계 해설자와는 다른 의미, 즉 이미 확립된 질서로서의 상징계의 의미는 기표와 기의 간의 관계가 자의적이라는 라캉의 주장과 대립된다. 라캉은 어떤 때는 '상징계'를 기의로 작용하는 개별 요소들을 서술하는 데 사용하는 것처럼 보이지만, 또 어떤 때는 이런 요소들이 작용하는 더 일반적인 등록소general register를 말하기 위해 이 용어를 쓰는 것으로 보인다. 게다가 라플랑슈와 퐁탈리스는 라캉이 '상징계'를 "이런 질서의 기초가 되는 법(la loi)을 지칭하는 데" 사용한다고 주장한다. '상징적 아버지'나 '아버지의 이름'의 배제는 상상적이거나 실제적인 아버지로 환원될 수 없는 토대의 심급이며, 그것이 이 법을 강제한다. 물론 누구도 상징적 아버지의 위치에서 살 수는 없으며, 그것은 역설적으로 법에 그 권력을 주는 '부재'이다.

맬컴 보위는 상징계가 상징적 법의 지배를 받는다고 주장하고 있다(Malcolm Bowie, *Lacan*, Cambridge, MA: Harvard University Press, 1991, p. 108). 하지만 그는 또한 이렇게도 주장한다. "상징계는 종종 경외하듯 말해진다. 〔……〕 그것은 고정성보다는 유동성의 영역이고, 유사성보다는 이질성의 영역이다. 〔……〕 상징계는 뿌리 깊이 사회적이고 상호주관적이다. 〔……〕"(pp. 92~93). 그러나 상징계로 지시되는 '사회적' 영역이 '아버지의 이름'에 지배되는지, 아니면 이것(아버지는 아닌, 아버지의 장소)을 잃으면 정신병으로 이어지는 아버지의 상징적 장소에 지배되는지의 문제는 남아 있다. 그로 인해 어떤 사회 이전presocial의 규제가 모든 사회질서의 인식 가능성에 시행될까?

섹슈얼리티 규제에 기초해서 가능한 주체 위치를 생산하는 규칙들은, 그 규칙에 따라 살면서 그런 위치를 차지하는 개개인들과 구분된다. 위와 같은 법칙의 규제를 받는 인간의 행동은 법의 본질을 변화시킬 역량이 없고, 법의 목적은 자신이 규제하는 내용과 무관하게 존재하는 어떤 법 개념의 결과로 보인다. 젠더가 상징적 법의 규제를 받는다는 생각에서 사회적 규범의 규제를 받는다는 개념으로 전환하는 것이 어떻게 자신이 규제하는 대상에 무관심한 법에 이의를 제기할까? 그리고 이런 변화는 어떻게 법 자체에 더욱 근본적인 논쟁의 가능성을 열 수 있을까?

젠더가 어떤 규범이라면, 그것은 개인들이 다가가고자 하는 어떤 모델 같은 것이 아니다. 반대로 젠더는 주체가 인식될 수 있는 장을 생산하는 사회 권력의 형식이고 젠더 이분법이 제도화되는 장치이다. 젠더에 지배되는 실천들과 무관해 보이는 규범으로서 젠더의 이상성ideality은, 바로 그런 실천들이 다시 제도화한 결과물이다. 이 말은 실천과 그 아래서 실천이 작동 중인 이상화의 관계는 우연적일 뿐만 아니라, 바로 그 이상화 자체도 어쩌면 잠정적인 것으로 탈이상화나 권위 박탈을 겪으면서 문제와 위기로 이어질 수 있음을 시사한다.

젠더와 그것이 자연스레 구현된 사례 간의 거리는 규범과 규범이 합체된 복합물 사이의 거리와 정확히 일치한다. 나는 위에서 규범은 분석상 규범의 복합물과 별개라고 주장했으나 이는 그저 지적인 발견intellectual heuristic일 뿐이라고, 즉 규범의 지속을 무시간적이고 불변하는 이상으로 보장하는 방법일 뿐이라고 강조해두고 싶다. 사실 규범은 사회적 실천 속에 행해지고, 일상적인 신체 생활의 사회적 관례 속에 또 그 관례를 통해 재이상화되고 다시 제도화되는 만큼만 규범으로 존속한다. 규범이 독립된 인식론적 위상을 갖지는 않지만, 그렇다고 쉽사리 그 구체적 사례로 축소될 수도 없다. 규범은 그 구현물을 통해, 규범에 근접하고자 하는 행위를 통해, 그 행위 속에서 또 그 행위로 인해 재생산되는 이상화를 통해 제 스스로가 (재)생산된다.

푸코는 『성의 역사』 제1권에서 19세기에 법의 작용과 꼭 같지는 않은, 사회적 규제 수단으로서 규범이 등장했다고 주장함으로써 규범 담론을 널리 통용시켰다. 푸코의 영향을 받은 사회학자 프랑수아 에발드François Ewald는 여러 글에서 이런 주장을 확장시켰다.[12] 에발드는 규범적인 행동은 법의 사법적 체계라는 비용을 지불해야 존재하는 것이며, 규범화가 입법의 증가를 필요로 하기는 해도 반드시 입법과 대립할 필요는 없으며 여러 중요한 면에서 입법과는 별개의 것이라고 주장한다("Norms," p. 138). 푸코는 규범이 종종 법의 형태로 나타나며, 규범적인 것은 헌법, 법전, 그리고 가장 흔하게는 늘 있는 떠들썩한 입법 활동으로 표면화된다는 데 주목한다(Michel Foucault, "Right of Death and Power Over Life"). 나아가 푸코는 규범이 판단의 기술에 속하며, 분명 권력과 관련은 있지만 무력이나 폭력을 사용한다기보다는 에발드가 말하듯 "권력이 자신의 전략을 되돌아보고 그 대상을 분명하게 정하게 하는 어떤 내적 논리"의 특징을 띤다고 주장한다. "이런 논리는 삶이나 생활을 권력의 대상으로 생각하도록 만드는 힘인 동시에, 생정치bio-political의 국면을 창조해서 눈앞의 '삶'도 앗아갈 수 있는 권력이기도 하다"("Norms," p. 138).

에발드에게 이것은 최소한 두 가지 문제를 야기한다. 예컨대 근대성이 규범의 논리에 개입하는 것인지, 또 규범과 법의 관계는 어떨 것인지

---

12) 앞의 주 2 참고.

의 문제 말이다.[13] 규범norm은 때로 '규칙rule'과 동의어로 쓰이지만, 규칙에 어떤 논리적 일관성을 주는 것 또한 분명하다. 에발드는 19세기 초반에 규칙과 규범의 관계에 근본적인 변화가 시작되었다고 주장한다("Norms," p. 140). 그리고 규범은 개념상으로 **규칙의 특수한 변형태일** 뿐만 아니라 **규칙을 생산하는 한 방식**으로서, 그리고 **안정화의 원칙**으로서 등장한다고 주장한다.

프랑스어로 '노말리테normalité'(정상성, 정상 상태)는 1834년에, '노마티프normatif'(규범)는 1868년에 등장했고, 독일어로는 19세기 말에 규범과학normative science이 있었다(조사해보니 규범과학은 현대미국정치학협회 회의에서 '규범적 정치 이론'이라 불리는 분과의 이름에서 유래한 것이었다). '규범화normalization'라는 용어는 1920년에 등장했다. 에발드뿐 아니라 푸코에게도 그것은 관료적이고 훈육적인 권력이 정상적인 것을 만드는 작용에 부합되는 말이었다.

에발드에 따르면 규범은 규제 항목들을 하나의 메커니즘으로 변화시켜서, 그로 인해 푸코식 용어로 말하자면 사법적 권력이 생산성을 띠게 되는 움직임을 표시한다. 규범은 부정적이던 사법적 규제 항목을 긍정적인 규범화의 통제로 변화시킨다. 따라서 규범은 다음과 같은 변화 작용을 수행한다. 규범은 사법적 규제 항목으로 생각되던 권력을 (a) 어떤

---

13) 조르주 캉길렘Georges Canguilhem이 『정상적인 것과 병적인 것Le Normal et le pathologique』에서 정상성의 역사에 관해 다룬, 역사적으로 중요한 논의에 주목하는 것이 유용할 것이다. 에발드는 어원학이 수학적이고 건축학적인 표본을 가진 규범과 관련된다고 지적한다. 말 그대로 규범norm은 T자에 해당하는 라틴어다. 노말리스normalis는 수직면을 의미한다. 비트루비우스Vitruvius는 정확한 각도를 재는 데 사용되는 도구를 지칭하면서 이 용어를 썼고, 키케로Marcus Tullius Cicero는 자연의 건축학적 규칙성을 서술하면서 이 용어를 썼다. 그는 자연이 법의 규범이라고 주장했다.

조직화된 규제 항목의 집합으로, 또한 (b) 어떤 규제적 메커니즘으로 생각하게 만드는 변화를 표시하기도 하고 실제로 그런 변화를 초래하기도 한다.

### 규범과 추상화의 문제

이제 이 문제는 담론이 어떻게 주체를 생산한다고 말해질 수 있는가라는(문화 연구 어디에나 있다고 가정되는 것이지만 합당한 연구가 거의 되지 않고 있는) 문제뿐 아니라, 더 정확히는 담론 속의 무엇이 이런 주체의 생산을 초래하는가의 문제로 되돌아가게 한다. 훈육이 개인을 '생산한다'고 푸코가 주장할 때 그가 뜻한 바는 규제적 담론이 개인을 **관리하고 활용한다**는 뜻일 뿐 아니라 규제가 **개인을 적극적으로 구성한다**는 뜻이다.

규범은 공통의 기준을 생산하는 척도이자 수단이고, 규범적 사례가 된다는 것은 규범에 철저히 들어맞는다는 의미라기보다는 공통성의 추상화에 복종하게 된다는 의미다. 푸코와 에발드는 19~20세기의 이런 과정 분석에 집중하는 경향이 있지만, 『사회적 몸 만들기*Making a Social Body*』에서 메리 푸비Mary Poovey는 사회 영역에 나타난 추상화의 역사를 18세기 후반까지 거슬러 올라가 찾는다. 그녀의 주장에 따르면, 영국에서는 "18세기 말에 영국 인구 전체 혹은 그중 상당 부분을 어떤 집합체로 표현하고, 또 정치나 경제 영역과는 구분되는 사회 영역으로 기술하려는 최초의 근대적 노력이 나타났다"(p. 8). 푸비가 보기에 이런 사회 영역을 특징짓는 것은 양적인 측량의 도입이다. "물론 이런 비교와 측량

86

은 몇몇 현상을 규범적인 것으로 생산하는데, 그 이유는 이런 현상들이 겉보기에 수적으로 많거나, 평균을 대표하거나, 아니면 모든 다른 현상이 향하는 어떤 이상을 형성하기 때문이다"(p. 9).

에발드는 이런 모든 규제 속에 규범이 당면한 내적 한계뿐 아니라 모든 사회 현상을 규제할 규범의 능력을 이해하기 위해 더 협의에서의 규범을 정의하려 한다("Power," pp. 170~71). 그는 이렇게 쓴다.

> 규범이란 정확히 무엇일까? 그것은 개체화를 하는 동시에, 끊임없는 개체화를 가능하게 하고, 비교 가능성을 창출하는 바로 그 기준이다. 규범은 공간들의 위치를 무한히 찾아낼 수 있게 하는데, 그 공간들은 점점 더 뚜렷해지고 세분화된다. 동시에 규범은 이 공간들의 본질을 창출하기 위한 방식으로는 누구라 하더라도 그 안에 포함시킬 수 없다고 확신한다. 왜냐하면 이런 개체화의 공간은 **어떤 관계의 표현에 불과하며**, 타인과의 맥락 속에 무한히 나타나야 할 관계의 표현이기 때문이다. 규범이란 무엇인가? 그것은 비교의 원칙, 비교 가능성의 원칙이자 어떤 공통된 기준이며, 이런 기준은 그 집단이 자기 말고는 누구와도 관계를 맺지 않을 때 외적인 지칭이나 수직성 없이 자기 자신에 대한 한 집단의 순수한 지칭 속에 설정된다. ("Norms," p. 173, 강조는 필자)

에발드에 따르면, 푸코는 규범화에 대한 사유에 다음과 같은 부분을 덧붙였다. "규범적 개체화는 외부적인 것이 아니다. 비정상적인 것은 정상적인 것과 다른 본질을 갖지 않는다. 규범이나 규범적 공간은 외부를 알지 못한다. 규범은 자기를 넘어서려 할 만한 모든 것을 통합하므로 어떤 차이를 보여준다 한들, 그 무엇도 그 누구도 외부적인 것이라 주장할 수 없으며, 사실상 그것을 타자로 만들 타자성을 가진다고 주장할 수도 없다"("Norms," p. 173).

이런 관점은 규범에 대한 그 어떤 대립물조차 이미 규범 안에 포함되어 있으며, 대립물은 규범 자체의 작동에 꼭 필요하다고 주장한다. 사실상 우리의 분석이 이 지점에 이르면, 상징적 위치라는 라캉의 개념에서 '사회적 규범'이라는 보다 푸코적인 개념으로 이동한다고 해서 규범 자체가 효과적으로 위치 변화하거나 재의미화를 할 기회가 확대되지는 않는다.

그러나 피에르 마슈레Pierre Macheray의 연구에서 우리는 규범을 독립적이고 자립적인 실체나 추상적 개념이 아니라, 행위의 형식들로 이해해야 한다는 것을 알게 된다. 마슈레는 「규범의 자연사를 향하여 Towards a Natural History of Norms」에서 규범이 행하는 인과론이 타동적인 것이 아니라 내재적인 것이라 밝혔으며, 이런 주장을 하기 위해 스피노자와 푸코에 의지하려 했다.

규범의 내재성이라는 관점에서 생각한다는 것은 규범 행위를 규제적 방식으로 생각하기를 정말 꺼린다는 의미이다. 그러면서 규범을 규범 행위의 수행에 앞서 이미 존재하는 주체에게 행사되는 금지의 관점에서 형성된 '억압'의 한 형식으로 보고 있으며, 그에 따라 이런 주체는 스스로 자신을 해방시킬 수 있거나 이런 종류의 통제로부터 해방될 수 있다고 암시하고 있기도 하다. 따라서 성의 역사처럼 광기의 역사도 이런 '해방'이 규범 행위를 억제하기는커녕 그와 반대로 규범을 강화시킨다는 것을 보여준다. 그러나 규범에서 벗어나기 위해서는 이런 반反억압적인 담론의 환영幻影만 거부하면 충분할지는 의문스러울 수 있다. 다시 말해 다른 층위에서 이런 환영을 재생산할 위험은 없는 것인가. 그 층위에서 환영은 더 이상 단순하지 않고, 더 후천적인 본질과 관련되기는 해도 그것이 목표로 하는 듯한 맥락과의 관계에서는 여전히 벗어나 있지 않은가(p. 185).

마슈레는 규범은 규범 행위 안에서 규범 행위를 통해서만 존속된다고 주장하면서 사실상 행위의 위치를 사회적 개입의 장소로 가져갔다. "이런 관점에서는 규범 자체를 규범 행위의 결과에 앞서는 것으로 생각하기가 불가능한데, 규범은 어떤 식으로든 규범 행위의 결과에 뒤이어 오며 그것과는 별개의 것이기 때문이다. 그래서 **규범은 바로 그 규범의 결과로 작용하는 것으로 간주되어야 한다.** 이는 단순히 조건 설정을 통해 현실을 제한하려는 것이 아니라, 규범에 가능한 최대치의 현실성을 부여하기 위해서이다"(p. 186, 강조는 필자).

앞서 나는 규범이란 그 구체적 사례로 결코 환원될 수 없다고 말했지만 규범 중 어떤 것도 그 구체적 사례와 완전히 유리될 수는 없다는 점도 덧붙여두고 싶다. 규범은 그것이 적용된 장 외부에 있지 않다. 마슈레에 따르면 규범은 그 적용의 장 생산에 책임이 있을 뿐만 아니라 **그 적용의 장을 생산하면서 스스로를 생산하기도 한다**(p. 187). 규범은 적극적으로 현실을 참조하며, 사실상 현실을 참조하는 반복된 규범의 힘 덕분에 규범이 규범으로 구성되는 것이다.


### 젠더 규범들

위에서 전개한 개념이나 규범들에 따르면, 젠더 규범이 생산한 현실의 장이 이상화된 차원에 있는 젠더의 표면적 외관을 만드는 근거가 된다고 말할 수 있겠다. 그러나 이런 이상적 관념의 역사적 형성, 시간적인 지속을 어떻게 이해할 것이며, 또한 이런 이상적 관념의 자리를 젠더에 관해 즉각 나타나지 않는 사회적 의미들의 복합적 수렴점으로 어떻게 이해할 것인가? 젠더 규범이 **재생산**되는 것이라면, 그것은 몸의 실천을 통해 환기되고 인용되며, 몸의 실천은 그 인용 과정에서 규범을 변화시킬 능력도 가진다. 누구도 규범을 인용한 역사에 대해 완전한 서사로 설명을 해줄 수는 없다. 즉 서사성은 규범 인용의 역사를 완전히 다 감추는 것은 아니지만, 그렇다고 어떤 단일한 기원을 드러내지도 않는다.

그러므로 규제의 중요한 한 가지 의미는 인간이 젠더의 규제를 받는다는 것이며, 이런 종류의 규제는 누구에게나 문화적 인식 가능성의 조건으로 작용한다는 것이다. 젠더 규범에서 벗어난다는 것은 (예컨대 의료적, 정신의학적, 법적) 규제 권력이 자신의 지속적인 규제 열망을 지원해줄 합당한 이유로 재빨리 활용될 수 있는 비정상 사례를 생산해낸다는 것이다. 하지만 여전히 문제는 남는다. 규범과 어떻게 분리하는 것이 그 규범의 지속적 권위를 옹호할 변명이나 근거가 아닌 무언가를 구성할 것인가? 규범으로부터의 어떤 분리가 규제 과정 자체를 파열시킬 것인가?

인터섹스 아동들을 외과적으로 '교정'하는 문제가 핵심적 사례다. 여기서 쟁점은 비정상적인 주요 성기 특성을 갖고 태어난 아동들이 또래와 잘 어울리고, 자신을 편하게 느끼고, 정상성을 얻기 위해서는 '교정되어야' 한다는 점이다. 성 교정 수술은 때로 부모의 지원을 받아 정상화라는 명목하에 행해지는데, 말 그대로 규범의 칼날 아래 놓인 사람들에게는 이 수술의 물리적이고 심리적인 비용이 엄청나다는 것이 입증되었다.[14] 이런 젠더의 규제적 집행을 통해 생산된 몸은 고통받는 몸이며, 폭력과 고난의 표지를 담고 있는 몸이다. 여기서 젠더 유형학의 이상적 관념이 정말 말 그대로 육체에 칼로 새겨진다.

따라서 젠더는 어떤 규제적 규범이지만, 다른 종류의 규제들이 작용하는 가운데 생산된 것이기도 하다. 예컨대 캐서린 매키넌Catharine MacKinnon의 논법에 따르자면, 성희롱 관련법이 전제하는 경향은 성희롱이 직장 내 여성의 체계적인 성적 복종으로 이루어지며, 일반적으로 남성들은 가해자, 여성들은 피해자의 위치에 선다는 점이다. 매키넌은 이를 더 근원적인 여성의 성적 복종의 결과로 간주한다. 이러한 규제는 직장 내에서 성적으로 모욕적인 행위를 규제하려는 것이지만, 또한 그 규제 안에서 젠더에 관한 특정한 암묵적 규범을 수행하기도 한다. 어떤 의미에서 젠더의 암묵적 규제는 섹슈얼리티의 명시적 규제를 통해 발생한다.

매키넌은 남자가 여자를 지배한다고 간주하는 이성애의 위계적 구조가 바로 젠더를 생산한다고 생각한다. "성적 불평등은 한 사람의 특질로 멈추어 젠더의 형태를 취한다. 그리고 사람들 사이의 관계로 움직이다가 섹슈얼리티의 형태를 취한다. 젠더는 남녀 간의 불평등한 섹슈얼리티가 굳어진 형태로서 나타난다"(Feminism Unmodified, pp. 6~7).

불평등한 섹슈얼리티가 굳어진 형태가 젠더라면, 불평등한 섹슈얼리티는 젠더에 선행하고 젠더는 섹슈얼리티의 결과물이 된다. 그러나 젠더라는 선험적 개념 없이 불평등한 섹슈얼리티를 개념화하는 것은 가

---

14) Cheryl Chase, "Hermaphrodites with Attitude: Mapping the Emergence of Intersex Political Activism," GLQ: A Journal of Gay and Lesbian Studies 4, no. 2, Spring, 1998, pp. 189~211 참고.

능한 것인가? 처음부터 남자는 무엇이고 여자는 무엇이라는 생각이 없다면 여자가 남자에게 성적으로 복종한다고 주장하는 게 말이 되는가? 그러나 매키넌은 이런 섹슈얼리티의 형태 바깥에서 구성되는 젠더는 없다고 주장하며, 암묵적으로는 이와 같은 예속적이고 착취적인 섹슈얼리티 형태 바깥에서 구성되는 젠더도 없다고 주장한다.

매키넌은 성적 예속이라는 체계적 특징에 관한 이런 분석에 기반을 둔 성희롱 규제를 제안하면서, 다른 종류의 규제를 세운다. 즉 젠더를 가진다는 것은 이미 종속적 이성애 관계로 진입했다는 뜻이고, 이런 관계의 외부에서 젠더화되는 사람은 나타나지 않으며, 종속적이지 않은 이성애적 관계도, 이성애가 아닌 관계도 없어 보이고, 동성 간 성희롱도 없어 보인다는 것이다.

따라서 젠더를 섹슈얼리티로 변형한 이런 형태는 현재의 퀴어 이론 안에서 서로 다르지만 겹치기도 하는 두 가지 문제로 이어진다. 첫번째 경향은 섹슈얼리티를 젠더와 분리시키는 것으로서, 이는 하나의 젠더를 가진다는 게 그 사람이 특정한 방식으로 성행위에 참여한다는 전제가 되지 못하며, 해당 성행위, 예컨대 항문성교에 참여한다는 것이 그 사람이 어떤 정해진 젠더라는 전제가 되지 못하게 하려는 것이다.[15] 두번째 경향은 퀴어 이론 내부의 경향과도 관련된 것으로 젠더는 가부장적 이성애주의로 환원될 수 없다고 주장하고, 퀴어 섹슈얼리티로 맥락화되면 젠더는 다른 형태를 취한다고 주장한다. 사실 젠더 이분법은 이

---

15) 이는 게일 루빈이 자신의 글 「성을 생각하며: '성'의 정치경제를 향하여Thinking Sex: Towards a Political Economy of 'Sex'」의 서문에서 내세운 입장이다. 이 주제는 이브 코소프스키 세지윅Eve Kosofsky Sedgwick이 『벽장의 인식론Epistemology of the Closet』에서 발전시켰다.

성애의 틀 바깥에서는 당연하게 받아들여질 수가 없고, 젠더는 그 자체가 내적으로 불안정하며, 트랜스젠더의 삶이 바로 섹슈얼리티와 젠더 사이에서 인과론적 결정을 내리는 모든 구분선이 무너진 증거라는 주장이다. 따라서 젠더와 섹슈얼리티의 불일치는 두 개의 다른 관점에서 주장된다. 그중 하나는 이 둘을 묶는 주장의 인과론적 환원론을 격파하기 위해 젠더로 규제되지 않는 섹슈얼리티의 가능성을 보여주고자 하고, 다른 하나는 지배적 이성애주의의 형식으로 미리 결정되어 있지 않은 젠더의 가능성들을 보여주고자 한다.[16]

젠더는 이성애 안에 감춰진 성적 예속의 결과일 뿐이라고 보는 섹슈얼리티의 관점에 성희롱 관련법이 기반을 두고 있다면, 젠더와 섹슈얼리티에 대한 특정 관점이 그 논리를 통해 강화된다는 문제가 있다. 매키넌의 이론에 따르면, 젠더는 성적 예속의 장면에서 생산되고 성희롱은 이성애적 예속을 시행하는 명시적 순간이 된다. 사실상 이 말은 성희롱이 젠더 생산의 알레고리가 된다는 뜻이다. 내가 보기에 성희롱 관련법은 그 자체가 젠더를 재생산하는 도구가 된다.

법학자 캐서린 프랑케는 이런 관점을 의문 없이 받아들일 뿐 아니라 자기도 모르게 강화하는 것이 젠더 규제라고 주장하면서 이렇게 썼다.

매키넌이 자신의 책에서 서술하는 세상의 잘못은, 남자가 여자를 지배한다는 평가만으로 다 설명되지 않는다. 그것이 대부분의 경우 서술상으로는 사실일지라도 말이다. 문제는 그보다 훨씬 체계적이다. 성차별주의

---

16) 필자는 본인의 글이 이 방향으로 진행되고 있으며, 비디 마틴Biddy Martin, 조앤 W. 스콧, 캐서린 프랑케Katherine Franke, 그리고 트랜스젠더 이론의 등장과 긴밀하게 공조하고 있다고 생각한다.

를 남성이 여성에게 행사하는 것으로만 제한하게 되면 성차별주의를 그
토록 강력하게 만든 저변의 이데올로기는 보지 못하게 된다. 〔……〕 남
성에 대한 여성의 예속은 (여성적 여성과 남성적 남성이라는) 젠더화된 몸
을 생산하는 더 큰 사회적 실천의 일부일 뿐이다. ("What's Wrong With
Sexual Harassment?," pp. 761~62)


　젠더 위반에 따르는 사회적 처벌로는 인터섹스의 외과적 교정, 미국
을 포함한 몇몇 국가에서 '젠더 위화감'을 겪는 사람을 의학적·정신의학
적으로 병리화하고 범죄화하는 것, 길거리나 직장에서 젠더 트러블을
겪는 사람들을 괴롭히는 것, 고용 불평등과 폭력 등이 있다. 따라서 이
성애적 예속을 섹슈얼리티와 젠더만의 독점적 장으로 가정하는 논리에
기초해서 남성의 여성 성희롱을 금지하는 것은 이성애 안에 젠더 규범
을 생산하고 유지하려는 규제 수단이 된다.[17]
　이 글을 시작하면서 나는 '규제'라는 문제를 이해할 몇 가지 방식을
제안했다. 규제란 **규칙적이게 만드는** 것이지만, 푸코에 따르면 근대 후
기 권력의 형태로 **훈육하고 감시하는** 양식이기도 하다. 규제가 단순히
압박을 가하고 부정하는 것이 아니므로, 단순히 사법적 형태의 권력이
라고 할 수만은 없다. 규제가 규범을 통해 작동하는 한, 규제는 규범의
이상적 관념이 재구성되고 그 역사성과 시간성은 중지되는 중요한 순간
이 된다. 권력 작용으로서의 규제가 법의 형식을 띨 수는 있지만, 규제

---

17) 재키 알렉산더의 중요한 다음 논문을 참고하라. Jacqui Alexander, "Redrafting Morality:
　　The Postcolonial State and the Sexual Offences Bill of Trinidad and Tobaco," Russo
　　Mohanty & Torres Mohanty(eds.), *Third World Women and the Politics of Feminism*,
　　Bloomington: Indiana University Press, 1991.

의 법적 차원이 그 유효성의 영역을 다 설명하지는 못한다. 규제는 개개인이 사회적으로 상호 교환될 수 있게 만드는 범주에 달려 있어서 그에 따라 **규범화** 과정에도 깊이 관련된다. 누가 사회보장연금의 수혜자가 될 것인지를 정하는 법규는 연금 수령자의 규범을 생산하는 데 적극적으로 개입한다. 군대에서 게이 선언 발화를 규제하는 법은 남자와 여자는 무엇이고, 발화란 무엇이며, 섹슈얼리티는 어떤 곳에 있고 없을지에 관한 규범을 생산하고 유지하는 데 적극적으로 개입한다. 한부모의 입양뿐 아니라 레즈비언과 게이의 입양에 관한 국가의 규정은 그런 입양을 제한할 뿐만 아니라 부모란 어떤 것이어야 하는지에 관한 이상, 예컨대 부모는 파트너로 이루어지며, 합법적인 파트너로 간주되는 것이어야 한다는 이상적 관념을 나타내고 강화한다. 따라서 단순히 특정한 행위(성희롱, 연금 사기, 성적인 발화)를 제한하려 하는 규제는 대부분의 경우 표시도 남기지 않으면서 다른 행위를 수행한다. 그것은 인간됨의 경계를 생산하는 것인데, 다시 말해 그들이 사는 삶의 조건이 되면서도 그 삶을 초월해 삶을 무너뜨리는 추상적 규범에 따라 인간을 만드는 일이다.

# 3장

# 누군가를 공정하게 평가한다는 것

## : 성전환과 트랜스섹슈얼의 알레고리

나는 권력의 문제, 즉 규제 권력의 문제, 어쨌거나 우리가 어떤 사람이고 어떤 사람이 될 수 있는지를 결정하는 권력의 문제로 시작하려 한다.[1] 나는 사법적이거나 관습화된 의미의 권력만을 말하는 것이 아니라 특정한 규제 체계의 작용, 즉 법에 영향을 주면서 법을 넘어서는 규제 체계에 관해 말하고 있다. 인간이 등장하고, 인간으로 인식되며, 특정 주체가 인간의 사랑의 주체가 되게 하는 인식 가능성의 조건이 무엇이냐고 묻는다면, 규범과 관습으로 이루어지며 미리 전제되어 있어서 그것이 없으면 인간이 무엇인지 전혀 알 수 없는 인식 가능성의 조건에 대해서 묻는 것이다. 따라서 나는 가변적인 인식 가능성의 질서와 인간의 창조 및 인지 가능성 사이의 관계라는 주제를 다루어볼 것을 제안한다. 거

---

1) 이 글은 『GLQ』에서 약간 다른 판본으로 나왔다. 나는 버넌 로사리오와 셰릴 체이스의 제안을 받아들였는데, 두 사람이 중요한 관점을 제시해준 것에 대해 감사를 전하고 싶다.

기에는 단순히 우리의 인식 가능성을 지배하는 법만 있는 것이 아니라, 그 인식 가능성을 강제로 규정하는 지식의 방식, 진리의 양식도 있다.

푸코는 이를 진리의 정치학이라 불렀으며, 이 정치학은 무엇을 진리로 간주하고 간주하지 않을지를 미리 제한하는 권력관계에 속한다. 이런 권력관계는 특정한 규칙의 방식으로, 또는 규칙화가 가능한 방식으로 세계를 배열하며, 우리는 이런 권력관계를 주어진 지식의 장으로 받아들인다. 우리는 다음의 질문들을 통해 이 문제의 요점을 이해할 수 있다. 무엇이 인간으로 간주되는가? 무엇이 일관된 젠더로 간주되는가? 무엇이 시민의 자격을 주는가? 누구의 세계가 현실로 정당화되는가? 개인적으로는 이렇게 묻는다. 주체의 의미와 경계가 이미 정해진 이런 세계에서 나는 무엇이 될 수 있을까? 내가 무엇이 될 수 있을지를 질문하기 시작할 때 나는 어떤 규범의 제한을 받을까? 그리고 내가 만일 주어진 진리 체계 안에 있을 여지가 없게 된다면 무슨 일이 벌어질까? 바로 이것이 푸코가 "진리의 정치학이 〔……〕 작동하는 가운데 주체의 불복종"이라고 설명한 것이다("What is Critique?," p. 39).

이 문제를 밀고 갈 다른 방법은 다음과 같다. "존재의 시간적 질서에서 볼 때 나는 무엇이 될 수 있을까?" 이 질문은 존재의 영역 안에서 존재하지 않는다는 것, 또는 비존재의 위치를 차지한다는 것이 어떤 것인지의 문제는 꺼내지 않는다. 존재라고 완전히 인정된 것도, 부정된 것도 아닌 상태로 남아, 살아 숨 쉬고 사랑하려 한다는 것의 문제 말이다. 이 관계, 즉 인식 가능성과 인간의 관계는 시급한 문제로, 인간이 인식 가능성의 경계 자체를 마주하는 바로 그 지점에 이론적 시급함이 있다. 나는 이런 질문이 정의justice와 중요한 관련이 있다고 주장하려 한다. 정의란 전적으로 그저 인간이 어떤 대우를 받고 사회가 어떻게 구성되는가의 문제만은 아니다. 정의는 또한 인간이란 무엇이고, '인간됨'이 배치되려면 어떤 사회 규범이 칭송되고 표현되어야 하는지에 관한 중요한 결정과도 관련된다. 또 우리가 타인의 몸 안에서 타인의 몸을 통해 표현된 특정한 규범을 인정하는지의 여부에 따라 살아 있는 타인들을 인간으로 인정하는가 하지 않는가에 관한 중요한 결정과도 관련된다. 우리가 어떤 사람을 젠더화된 존재로 판단하는 바로 그 기준, 일관된 젠더를 인간성의 전제 조건으로 내세우는 기준은 정당하거나 부당하게 인간의 인정 가능성을 지배하는 것이기도 하지만, 또한 감정과 욕망과 몸의 층위에서 우리가 우리 자신을 인정하거나 인정하지 않는 방식에도 영향을 준다. 어떤 사람이 젠더에 대한 인정 불가능성으로 느낄 만한 것, 그래서 누군가의 인간됨에 대한 인정 불가능성으로 느낄 만한 것과 타협하고자 거울 앞에 서는 순간, 창문 앞에 서는 순간, 또 심리학자나 정신과 의사, 의료 전문가와 법률 전문가를 찾아가는 순간에 말이다.

　나는 탄생 당시 별 어려움 없이 남자로 결정되었다가 몇 달 뒤 다시 여자로 결정되고, 십대 때는 스스로 남자가 되기로 결정한 어떤 사람의 법적이고 정신과적인 사례에 대해 숙고해보고자 한다. '조앤/존의 사례'로 불리기도 한 이 사례는 데이비드 라이머David Reimer의 이야기로, BBC 방송과 여러 대중 잡지, 심리학 저널, 의학 저널에서 대중적인 주목을 받았다. 나는 내분비학자 밀턴 다이아몬드Milton Diamond 박사의 논문, 『롤링 스톤Rolling Stone』의 기자 존 콜라핀토John Colapinto가 쓴 인기 저서 『자연이 그를 만든 대로As Nature Made Him』, 존 머니John Money의 몇몇 출판물, 앤 파우스토-스털링과 수잔 케슬러Suzanne Kessler가 최근의 주요 저서에서 내놓은 비평적 해설 등을 바탕으로 분석하려 한다.[2] 현재 데이비드 라이머는 언론에 자신의 이야기를 공개했고, 밀턴 다이아몬드 박사와 그의 동료들이 지어준 예명을 쓰지 않고 살기로 했다. 아래에서 논의하겠지만 데이비드는 유년기의 어떤 시점에서 '브렌다'가 되었고 자신의 이름도 아닌 조앤이나 존으로 불리기도 했으나 여기서 나는 그가 스스로를 가리키는 이름을 사용할 것이다.

데이비드는 XY 염색체를 가지고 태어났는데 생후 8개월 때 포경수술을 받다가 그만 사고로 음경이 불에 타 절단되고 말았다. 이 수술은 상대적으로 위험하지 않은 수술이었지만 담당 의사가 예전에 사용한 적이 없던 새 기계를 사용한 것이 문제였다. 동료 의사들 말로는 그 기계가 수술에 꼭 필요한 것도 아니었다고 한다. 의사는 기계 작동에 미숙했고 기계 출력을 높이다가 결국 음경의 대부분을 사실상 태워 없애는 사고를 일으켰다. 당연히 데이비드의 부모는 크게 놀랐고 충격을 받았으며, 그들 말 그대로 적자면 앞으로 어찌해야 할지 그저 막막하기만 했다. 이 사건이 있고 나서 1년쯤 지난 어느 날 저녁, 데이비드의 부모는 텔레비전을 보다가 우연히 존 머니 박사를 알게 되었는데, 그는 트랜스섹스와 인터섹스 수술에 대해 이야기하고 있었다. 만일 아이가 태

---

2) John Colapinto, "The True Story of John/Joan," *Rolling Stone*, December 11, 1999; *As Nature Made Him: The Boy Who Was Raised as a Girl*, New York: Harper-Collins, 2000; Suzanne Kessler, *Lessons from the Intersexed*, New Brunswick, N.J.: Rutgers University Press, 2000; John Money & Richard Green, *Transsexualism and Sex Reassignment*, Baltimore: Johns Hopkins University Press, 1969; Natalie Angier, "Sexual Identity Not Pliable After All, Report Says," *New York Times*, May 3, 2000; Milton Diamond & Keith Sigmundsen, "Sex Reassignment at Birth: A Long-Term Review and Clinical Implications," *Archives of Pediatrics and Adolescent Medicine* 151, March 1997 참고. 또한 성 재배치의 윤리에 관한 중요한 관점으로는 북아메리카 인터섹스 협회(http://www.isna.org/)에서 제작한 비디오 「성의 재규제Redefining Sex」를 참고하라. 이 논쟁에 대한 뛰어난 개관으로는 Anne Fausto-Sterling, *Sexing the Body: Gender Politics and the Construction of Sexuality*, New York: Basic, 2000, pp. 45~77 참고.

어날 때 주어진 것과 다른 젠더가 되는 수술을 받고 사회화를 시작한다면, 그 아이는 새로운 젠더에 완벽하게 적응해서 정상적으로 성장할 수 있고 행복한 삶을 누릴 수 있다는 주장이었다. 데이비드의 부모는 머니에게 편지를 썼고, 머니로부터 볼티모어에 오라는 초청을 받았다. 결국 그들은 데이비드를 데리고 존스홉킨스 대학에 방문했고, 데이비드를 만나본 존 머니 박사는 그를 여자로 키울 것을 강력히 권했다. 부모가 그에 동의하자 의사들은 데이비드의 고환을 제거하고 질을 만들기 위한 예비 수술도 했다. 하지만 질 수술은 브렌다라는 새 이름을 받은 데이비드가 그 수술을 완료해도 될 만큼 나이가 들 때까지 기다리기로 했다. 이후 브렌다는 여자로 자랐으며, 가끔 관찰을 받았고, 여자로 사는 것에 대한 적응력을 키우기 위해 존 머니의 젠더 정체성 연구소에 정기적으로 맡겨졌다. 그런데 8세에서 9세 사이에 브렌다는 장난감 기관총을 사고 싶은 욕망이 커져가는 것을 알게 되었고, 9세에서 11세 사이에는 자신이 여자가 아니라는 것을 깨닫기 시작했다. 이런 깨달음과 동시에 분명 특정 종류의 장난감, 즉 더 많은 총과 트럭을 사고 싶다는 욕망이 생긴 것 같다. 브렌다는 음경이 없는데도 서서 소변보기를 좋아했다. 그러다 한번은 학교에서 서서 소변을 보다가 다른 여자애들한테 들켰고, 그 여자애들은 계속 그런 행동을 하면 '죽여버리겠다'고 브렌다를 협박했다.

이 시점에서 이따금씩 브렌다의 적응 상태를 점검하던 정신과 팀이 에스트로겐 주사를 맞자고 제안했으나, 그녀는 거부했다. 머니는 진짜 여성의 질을 갖는 것에 관해 이야기했으나 그녀는 또 거부했다. 사실 브렌다는 그 이야기를 하던 방에서 계속 비명을 질러댔다. 머니는 대놓고 성적으로 표현된 질 사진을 그녀에게 보여주었다. 심지어 그는 브렌다가

질을 갖게 되면 언젠가 출산도 할 수 있을 거라고 약속하면서 출산 중인 여성의 사진들을 보여주기까지 했다. 명령에 따라 브렌다는 그녀의 남자 형제와 함께 성행위를 흉내 내는 연기를 해야 했는데, 이 장면은 최근 영화 「하지만 나는 치어리더예요」[3]의 모델이 될 뻔했다. 두 사람은 이런 요구에 매우 놀라고 당황해서 그 당시 부모님께는 말하지도 못했다고 나중에야 고백했다. 브렌다는 남성적 활동을 선호했고 젖가슴이 커지는 것을 좋아하지 않았다고 한다. 브렌다가 가진 모든 특질은 각기 다른 집단의 의사들이 개입한 결과였는데, 이번에는 브렌다가 살던 지역의 정신과 병원 차례였다. 그 지역 정신과 의사와 의료 전문가 들은 브렌다를 관찰하면서, 성의 재배치에 실수가 있었다고 생각했다. 그리고 마침내 이 사례는 성 연구학자 밀턴 다이아몬드의 재조사를 받게 되었는데, 그는 호르몬에 기초한 젠더 정체성을 신봉하는 데다 수년간 머니와 논쟁을 해온 인물이었다. 이 새로운 정신과 의사와 일반의 들은 방향 전환이라는 대안을 제시했고 브렌다는 그 제안을 받아들였다. 그녀는 14세의 나이에 데이비드라는 이름으로 남성으로서의 삶을 살기 시작했다. 이 시점에서 데이비드는 남성 호르몬 주사를 요청해서 투약받았고, 젖가슴도 제거했다. 15세와 16세 사이에는 다이아몬드 박사가 음경이라 부르는 것도 하나 만들어 달았다. 데이비드는 그것을 통해 성적 쾌감을 느끼기는 하지만 사정은 하지 않으며, 그 음경 끝 쪽으로 소변을 본 것으로 알려져 있다. 그것은 기대했던 기능의 일부에만 근접할 뿐 데이비드를 그저 애매한 정도로만 기준에 들어가게 하는 음경이었다.

데이비드가 브렌다였던 시기에 머니는 성의 재배치 사례의 성공을 극

---

3) *But I'm a Cheerleader!* (1999, Universal Studios, Director: Jamie Babbit).

찬하는 논문들을 계속 발표했다. 브렌다에게는 일란성 쌍둥이 형제가 있었기 때문에 머니는 두 형제의 발달 상태를 점검할 수 있었고, 두 형제의 동일한 유전자 특성을 전제할 수 있었기 때문에 이 사례는 엄청나게 중요했다. 머니는 쌍둥이 둘 다 정상적이고 행복하게 각자의 다른 젠더로 발달 중이라고 주장했다. 그러나 미발표된 머니의 인터뷰 녹취 대다수와 그 후속 연구를 보면 그의 정직성이 의심스러웠다. 브렌다는 행복하지 않았고, 소위 여성적 행동이라 불리는 많은 것에 적응하기를 거부했으며, 머니의 공격적이고 끊임없는 심문에 경악하고 분노했다. 그러나 존스홉킨스 대학에서 출간된 기록은 브렌다가 여성성에 적응하는 과정이 '성공적'이었다고 주장했으며, 바로 뒤이어 특정 이데올로기를 가진 결론이 이어졌다. 이따금씩 브렌다를 검진하던 존 머니의 젠더 정체성 클리닉은 브렌다가 여성으로 발달하는 데 성공한 것은 "미완성 형태의 성기를 가지고 태어났거나, 태어나기 전에 남성 호르몬에 과다 혹은 과소 노출된 아동에게 젠더 정체성의 문이 열려 있는 만큼 정상적인 아동도 탄생 당시에는 젠더 정체성의 문이 열려 있으며, 최소한 생후 1년 이상 열려 있다는 확실한 증거를 제시한다"(Money & Green, p. 299)라는 결론을 내렸다. 이 사례는 대중매체에서 여성적인 것과 남성적인 것은 변할 수 있다는 증거로 활용되면서, 그러한 문화적 용어는 고정된 의미나 내적인 운명을 가지지 않으며, 예전에 생각되던 것보다 더 유연하다는 본보기가 되었다. 케이트 밀렛Kate Millett 역시 생물학은 운명이 아니라는 주장을 하는 데 이 사례를 인용했다. 수잔 케슬러는 머니와 공저로 사회 구성론의 논제를 옹호하는 논문도 썼다. 나중에 케슬러는 머니와의 공조를 부인하고, 윤리적·의료적 차원에서의 성의 배치에 관한 가장 중요한 책 중 하나인 『인터섹스에게서 얻은 교훈Lessons from the

*Intersexed*』을 집필하는데, 이 책에는 머니에 대한 신랄한 비판이 들어 있다.

머니가 브렌다에게 사용한 접근 방식은 남성에서 여성으로의 성전환자들을 모집해서 여자가 되면 어떤 장점이 있는지 브렌다에게 이야기해주는 것이었다. 브렌다는 수없이 많은 인터뷰를 해야 했고, 여자라고 느끼는지, 어떤 욕망을 가지는지, 미래의 모습은 어떻게 그리고 있는지, 그 모습에 남자와 결혼하는 것도 포함되는지에 대해 몇 번이고 반복된 질문을 받았다. 브렌다는 그녀의 사례에 관심이 있거나 이 적용의 성공 사례를 검토하고자 하는 의사들로부터 옷을 다 벗고 성기를 보여달라는 요구까지 받았다.

언론에서 이 사례를 논의할 때나 정신과 의사와 임상의 들이 이 사례를 언급할 때는, 존 머니의 연구소가 담당했던 역할을 비판하려던 것이었다. 특히 이 연구소가 브렌다를 얼마나 성급하게 자신의 이론적 신념들, 즉 유아기의 젠더 중립성이나 젠더의 유연성, 또는 젠더 정체성 생산에 있어 사회화의 일차적 역할이 갖는 유연성에 관한 신념들의 모범으로 삼으려고 이용했는지를 비판하려던 것이었다. 사실 엄밀히 말해 이것이 머니가 신봉한 전부는 아니지만, 그 문제를 여기서 파헤치지는 않겠다. 이 사례를 비판하게 된 사람들은 이 사례가 뭔가 아주 다른 것을 우리에게 보여주고 있다고 생각한다. 그들의 주장에 따르면, 데이비드가 남자가 되는 것에 깊이 공감하고 여자로 계속 사는 것을 견딜 수 없다고 깨달았다는 점을 고려해본다면, 데이비드가 경험한 어떤 뿌리 깊은 젠더 의식이 있다는 점도 고려해야 한다. 그 젠더 의식은 그의 원래 성기 구조와 관련되어 있고, 내적 진리나 필연성으로 존재하는 것으로 보이며, 이것은 아무리 사회화가 되어도 뒤집을 수 없는 것이다. 이것이 바로 존 콜라핀토와 밀턴 다이아몬드의 관점이다. 그러니 이제 브렌다/데이비드의 사례는 젠더 발달론에 수정과 전환을 가져오는 데 이용되면서 이번에는 머니의 논제에 반대되는 증거를 제시하고, 본질적 젠더 핵심essential gender core[4]이라는 개념, 즉 해부학과도 연결되고 결정주의적 의미의 생물학과도 확고히 연결된 개념을 옹호한다. 실제로 콜라핀토는 브렌다에 대한 머니의 잔혹성을 사회 구성론이 이론으로서 갖는 '잔혹성'과 분명하게 연관시킨다. 동시에 머니가 1970년대 초반 젠더 차이를 가져오는 생물학적이거나 해부학적인 근거를 규명하기를 거부함으로써 "수십 년간 성차의 생물학적 근거에 반대하는 주장을 해온, 당시 유행하던 여성운동의 주목을 받았다"라고 말한다. 콜라핀토는 과거 출판된 머니의 논문들이 "이미 현대 페미니즘의 주요 토대의 하나로 활용되었다"(p. 69)라고 주장한다. 그는 이 사례가 "여성 해방론자의 주요 쟁점, 즉 남성적 행동과 여성적 행동에 관한 전통적 모델이 변할 수 있다는 핵심 쟁점을 강력히 지지해준다"(p. 69)라고 주장할 때, 그는 『타임』지가 머니의 관점과 유사한 잘못된 적용 사례에 관여하고 있는 것으로 인용한다. 실제로 콜라핀토는 정상성은 결코 후천적으로 획득되는 것이 아니라고 주장하고, 그에 따라 시종일관 정상성 자체가 확고부동한 가치라고 전제하면서, '정상적'이고 '전형적'인 남자나 여자로 살도록 외과수술로 개개인의 성을 재배치한 사례가 실패했다고 말한다.

내털리 앤지어Natalie Angier는 『뉴욕 타임스』(1997년 3월 14일자)에 머니의 이론에 대한 반박문을 기고하면서 데이비드의 이야기에 '알레고리

---

4) (옮긴이) 젠더는 본질적인 것, 즉 생물학적 특성을 중핵으로 하는 해부학적 결정물이라는 생각의 중추가 되는 핵심적 젠더 특성.

의 힘'이 있다고 주장했다. 그러나 그것은 어떤 힘이었을까? 그리고 그 알레고리에는 끝이 있는가? 그 기고문에서 앤지어는 다이아몬드가 데이비드의 사례를 이용해 인터섹스 수술을 주장했으며, 암묵적으로는 인터섹스 수술이 비교적 성공했다고 주장한다. 예컨대 다이아몬드는 인터섹스 유아들, 즉 남녀의 성기 특질을 둘 다 가지고 태어난 아이들은 보통 Y 염색체를 갖고 있으며, Y 염색체가 있다는 것은 그 아이를 남자로 키워야 한다고 결론 내릴 합당한 근거라고 주장한다. 지금 실정으로는 상당수의 인터섹스 유아가 여성의 성을 배치해주려는 수술의 대상이 되는데, 셰릴 체이스가 지적하듯 그저 음경을 만드는 것보다는 임시적 질구를 만드는 게 더 쉽다고 생각되기 때문이다. 다이아몬드는 이런 아동들에게 남자의 성이 배치되어야 한다고 주장하는데, 그 이유는 Y 염색체의 존재가 사회적 남성성을 전제로 하기에 충분한 근거가 되기 때문이다.

북아메리카 인터섹스 협회의 창설자이자 디렉터인 체이스는 다이아몬드의 권고 사항에 대해 의혹의 목소리를 냈다. 앤 파우스토-스털링이 지지한 체이스의 견해는, 아동이 안정된 사회적 정체성을 확립하기 위해 성의 배치를 받아야 한다 하더라도 그것이 그 젠더의 사회적 이미지에 맞게 몸을 교정하려는 강제적 수술에 사회가 관여해야 한다는 뜻은 아니라는 것이다. 체이스는 그런 '교정'의 노력은 그 아동에게 폭력일 뿐만 아니라, 젠더는 해부학의 층위에서 독특하고 규범적인 방식으로 타고나야 한다는 생각을 옹호한다. 젠더는 어떤 다른 종류의 정체성이며 그것이 해부학과 맺는 관계는 복합적이다. 체이스에 따르면, 아동은 성장하면서 젠더를 바꾸기로 결정할 수 있고, 실제로 호르몬 요법이나 외과적 수술을 택할 수도 있지만, 이런 결정은 자신의 선택이 무엇인지를 안다는 것에 근거하기 때문에 정당화될 수 있다. 그런데 실제로 많은 외과적 수술이 해당 아동의 부모가 그 수술이 어떤 것인지 정확히 알지 못한 채 이루어졌고, 또한 그 아동이 내용을 사실대로 듣지도 못한 채 그리고 그 아동이 동의를 할 만큼 충분히 자라도록 기다리지도 않은 채 이루어졌다는 점이 연구 결과에서 밝혀졌다. 어쩌면 가장 놀라운 사실은 이들의 몸이 훼손된 상태에 처해 있다는 점이다. 수술로 인한 훼손, 역설적이게도 이는 '정상으로 보인다'는 명목하에 합리화되는 훼손인데, '정상으로 보인다'는 게 이런 수술을 정당화하기 위해 의사들이 사용하는 이론적 근거가 된다. 의사들은 부모에게 아이가 정상적으로 보이지 않을 것이며, 탈의실에서 수치심을 느낄 것이라고 말하곤 한다. 탈의실은 앞으로 나타날 젠더의 발달 양상에 대해 사춘기가 되기도 전에 미리 고민하는 장소가 되어버린다. 그리고 이런 수술이 성적 기능과 성적 쾌락을 영영 제거할지도 모르지만, 그럼에도 아이가 정상적으로 보이는 게 더 낫다고 의사들은 종종 말하곤 한다. 그래서 머니 같은 전문가들이 완전한 음경이 없다는 게 그 아이를 여자로 기르는 데 합당한 사회적 사례가 된다고 주장하는 것처럼, 다이아몬드 같은 또 다른 전문가들은 Y 염색체의 존재야말로 가장 확실한 증거로서, Y 염색체는 지속적인 남성성의 느낌과 연동하는 것이라서 남성성과 별개로 형성될 수는 없다고 주장한다.

따라서 한쪽에서는 해부학적 구조가 어떻게 보이는지, 그것이 다른 사람들과 나 자신에게 어떻게 나타나는지가 여자 또는 남자로서의 사회적 정체성의 기반이 된다. 타인들이 나를 바라보고 있다는 것을 나도 알고 있으니 말이다. 다른 한쪽에서는 'Y 염색체'의 유전적인 존재가 어떻게 암묵적으로 성별화된 사람으로서의 감정과 자기이해의 구조를 만드는지가 그 기반이 된다. 머니는 마치 여성성이 언제나 외과적 구성 수술, 제거와 절단과 별반 다르지 않은 것처럼, 여성의 몸도 외과적으로 구성될 수 있다고 손쉽게 주장한다. 다이아몬드는 보이지 않는 필연적인 남성성이 지속된다고 주장하는데, 그게 젠더 정체성 자체의 핵심적 특질로 작용하기 위해 꼭 '드러나 보일' 필요는 없다고 한다. 앤지어가 체이스에게 인터섹스 수술에 대한 다이아몬드의 권고 사항에 동의하는지 묻자, 체이스는 이렇게 대답했다. "그들은 누군가를 그냥 내버려둔다는 걸 생각조차 못합니다." 정말로 결국은 '정상적으로 보이는' 몸을 만들기 위해 이런 수술을 하는 것일까? 이런 수술의 결과는 절단을 하거나 흉터를 남기는 것일 뿐이라는 강력한 증거는 거의 제시되지 않는다. 그게 아니라면 이런 몸들이란 '생각조차 할 수 없는' 것이라서 그 몸에 생명의 표식을 주는 의료 장치의 대상이 되는 것인가?

여기에서 또 다른 패러독스가 나타난다. 그 패러독스에 대해서는 다음 기회에 글로 써보고 싶은데, 말하자면 인터섹스와 트랜스섹스에 대한 논쟁을 할 때면 꼭 나타나는 예리한 기계 장치, 즉 메스의 기술이 갖는 위치에 관한 것이다. 만일 데이비드/브렌다의 사례가 어떤 알레고리라면, 아니 알레고리의 힘을 가지고 있다면, 그것은 인터섹슈얼리티(데이비드는 인터섹스가 아니다)와 트랜스섹슈얼리티(데이비드는 트랜스섹스도 아니다)에 관한 논쟁이 만나는 장소가 되어야 할 것으로 보인다. 이런 몸은, 이 몸 자체와는 무관해도, 말하자면 인식 가능한 인간의 경계를 문제 삼는 이야기를 시작하기 위해 몸을 붙잡고 늘어지는 어떤 이야기의 기준점이 된다. 이 이야기를 통해 인식 불가능한 것이 계속 인식되지만 뭔가가, 지속적 인식 불가능성을 표시하는 저항의 순간이 이야기 바깥에 남아 있다.

다이아몬드의 권고에도 불구하고 인터섹스 운동은 브렌다/데이비드의 사례로 인해 활기를 띠게 되었고, 이 사례는 이제 인터섹스 아동에게 행해지는 원치 않는 수술의 잔혹성, 강제성, 지속적 해악에 대해 대중적 관심을 모으는 계기가 되었다. 요점은 사회적으로 더 일관되거나 규범적인 젠더 해석 쪽으로 이들을 변화시키지 않고도 복합적 성기 특성을 지닌 개개인들이 수용되고 사랑받을 세계를 생각해보자는 것이다. 그런 의미에서 인터섹스 운동은 왜 사회가 젠더 이형성gender dimorphism[5]이라는 이상을 유지하려 하는지를 문제 삼고자 했다. 꽤 높은 비율의 아동이 염색체상으로 다양하고, 젠더 이형성의 허구성과 임의성이 인간 발달의 전제 조건이라고 말하는 남녀 사이의 연속체도 존재하는 마당에 말이다. 다시 말해, 이런 이분법이 모든 것을 포괄하지는 못하며 그럴 필요도 없다는 것을 보여주면서 이런 이분법적 관계의 틈새에서 숨 쉬며 살아가는 사람들이 있다. 내부적으로도 다양한 트랜스섹슈얼 운동은 외과적 수단을 이용해 성전환을 할 권리를 요구해왔지만 ─ 체이스가 강조하고 있듯이 ─그 운동 안에서도 이상화된 젠더 이형성에 대한 진지하고도 점차 확산되어가는 비판이 있다는 것도 분명한 사실이다. 그것을 우리는 리키 윌친스Riki Wilchins의 작업에서 알 수 있는데, 그의 젠더 이론은 트랜스섹슈얼리티를 변화의 실천으로 볼 여지를 만든다. 아마 가장 극적으로는 케이트 본스타인에게서 나타날 텐데, 그녀는 여성에서 남성으로 혹은 남성에서 여성으로 바뀌는 게 꼭 젠더의 이원적 틀에 머물 필요는 없으며, 변화에 참여하는 것 자체를 젠더의 의미로 받아들일 필요가 있다고 주장한다. 어떤 면에서, 현재

---

5) (옮긴이) 젠더는 남성성과 여성성, 두 개의 형태를 갖는다는 생각.

시몬 드 보부아르Simone de Beauvoir의 유산을 잇고 있는 사람은 다름 아닌 케이트 본스타인이다. 우리가 여자로 태어나는 것이 아니라 여자로 만들어지는 것이라면, 만들어진다는 게 젠더 자체의 표현 수단이다. 그러나 왜 데이비드가 트랜스섹슈얼리티에 관해 생각할 기회가 된 것인지 한번 물어보는 것은 어떨까?

데이비드는 남자가 되기를 선호한다고 주장하게 되었지만, 데이비드 자신이 Y 염색체를 일차적 원인이 되는 힘으로 믿는지는 확실하지 않다. 다이아몬드는 데이비드의 사례에서 자신의 이론을 뒷받침할 근거를 찾았지만, 데이비드가 다이아몬드에 동의하는지도 확실치 않다. 데이비드는 분명 호르몬의 세계를 알고 있었고 호르몬을 요청해 투여받았다. 데이비드는 트랜스섹스의 상황에서 음경이 제작된다는 것을 알고 있었고, 음경을 원했고, 그래서 그것을 만들어 달았으므로, 꼭 정확한 본보기는 아니라 해도 특정한 트랜스섹스 전환의 알레고리가 된다. 자기가 생각하기에 데이비드는 남자로 태어나 의료 장비에 거세되고, 정신의학계가 여성으로 만들고, 그다음에야 본래의 자신으로 돌아올 수 있었다. 그러나 그 자신으로 돌아오기 위해 그는 호르몬 투여와 수술을 받아야 했고, 또 그것을 원해서 얻어냈다. 그는 자연 발생적 감각을 얻기 위해 트랜스섹슈얼리티를 알레고리화한다. 그리고 이 경우의 전환은 내분비학자들의 환영을 받는데, 그들은 데이비드의 외양이 이제 내적 진리와 조화를 이루게 되었다고 이해했기 때문이다. 머니의 연구소는 **정상화라는 명목하에** 트랜스섹슈얼들을 동원해 브렌다를 여성적으로 자라게 한 반면, 내분비학자들은 **자연이라는 명목하에** 데이비드에게 유전적 운명을 되찾아주는 트랜스섹슈얼리티의 성전환 절차를 처방한다.

머니의 연구소가 브렌다의 여성으로의 완전한 전환을 알레고리로 표현하고자 성전환자들을 활용한 반면, 내분비학자들은 데이비드를 좀 더 분명한 남자로 만들 음경을 달아주기 위해 성전환 수술을 이용하자고 제안한다. 의미심장하게도, 머니에게 인식 가능한 젠더를 지배하는 규범은 강제로 부과되어 행동으로 전유하게 된 것일 수 있어서 그의 논문 주제의 일부인 젠더 구성의 유연성을 주장하려면 강제적인 적용이 필요한 것으로 보인다. 내분비학자들이 옹호하는 '자연'에도 수술과 호르몬 투여라는 특정한 보조 수단이 필요한데, 이 지점에서 해부학과 생물학에 대한 인위적 개입이 바로 자연의 권한을 가지게 된다. 그러니 각 사례에서 일차적 전제는 그것이 시행되는 수단에 의해 이런저런 식으로 반박된다. **말하자면 유연성은 강제적으로 부과된다. 또한 자연스러움은 인위적으로 유도된다.** 머니의 프로젝트와 무관하게 사회적 구성을 논의하는 방식들도 있지만, 이 글의 목적은 그게 아니다. 다이아몬드와 시그먼드슨Keith Sigmundsen이 도달한 것과 똑같은 간섭주의적 결론으로 향하지 않으면서 유전적 결정인자들에 호소하는 방법도 물론 있다. 그러나 그 또한 정확히 내가 말하려는 바는 아니다. 분명히 말해두는데, 자연스럽고 규범적인 젠더를 부여하려는 사람들이 도달한 처방이 반드시 그들이 출발한 전제를 따를 필요는 없으며, 그들이 출발한 전제가 당연히 꼭 필요한 것도 아니다. (예컨대 우리는 젠더 구성론을 젠더 규범성의 가설과 분리시킬 수 있으며, 사회 구성론에 대해 머니가 말한 것과는 전혀 다르게 설명할 수도 있다. 유전적 요소가 '자연'의 유일한 양상이라고 가정하지 않고도, 인간의 성별화된 특성을 이해하기 위해 유전적 요소를 참고할 수 있다. 왜 'Y 염색체'는 다른 모든 요소를 제치고 특권적 권력을 행사하면서 결정적이고 우선적인 남성성의 결정인자로 간주되는 것일까?)

그러나 이 이야기를 상세히 설명하고 젠더 이론의 목적을 위해 이 이야기가 어떻게 전용되었는지 전달하는 내 요점은, 우리가 나눈 이 이야기는 사실 양쪽 논의 중 어느 쪽에도 명백한 증거를 대지 못하며 이 이야기를 다르게 읽을 방법도 있을 거라는 주장을 하려는 것이다. 사회구성론을 입증하거나 부정하는 것도, 젠더 본질주의를 입증하거나 부정하는 것도 아닌 이야기로 읽을 방법 말이다. 사실 내가 여기서 알고싶은 것은 브렌다/데이비드가 자기평가와 자기이해의 담론을 전개하게된 규제의 틀이다. 그 틀이 자신의 인간됨을 심문받거나 확증받는 인식 가능성의 기준을 구성하기 때문이다. 젠더의 진리를 드러내는 증거로 고려될 만한 것이 무엇인지 숙고할 때 반드시 기억해야 할 점은 브렌다/데이비드가 아동기와 청소년기 내내 심리학 팀의 강도 높은 관찰을 받았다는 점, 의사 팀이 그녀의 행동을 관찰했을 뿐 아니라 성기 발달을 측정할 수 있도록 그녀와 남자 형제에게 의사들 앞에서 옷을 벗을 것을 요구하기까지 했다는 점이다. 또 사진들을 보여줘서, 소위 말하는 확실한 성기의 정상성을 알게 해주고 그것을 원하게 하려고 자기 형제와 가짜 성행위까지 연출할 것을 요구한 의사도 있었다는 점이다. 데이비드가 진정한 젠더에 대해 느낀 점을 말할 때 데이비드의 응답 부분 중 거의 설명되지 않은 것은, 바로 브렌다/데이비드라는 사람과 그 사람의 몸에 적용된 지식 장치였다.

자기 보고 행위와 자기 관찰 행위는 특정 관객과의 관계 속에서, 상상 속의 수용자로서의 특정 관객과 더불어, 그 관객에 대한 언어적이고 시각적인 자아의 그림이 산출되는 특정 관객 앞에서 일어난다. 이런 행위들이 바로 수년간 브렌다의 젠더의 진리를 가혹할 만큼 낱낱이 조사해온 사람들에게 때로 전달되던 화행speech acts이다. 다이아몬드와 시그먼드슨, 심지어 콜라핀토까지도 머니의 여러 공격적 개입에 반대해 데이비드를 옹호하는 입장이면서, 이들 역시 여전히 데이비드가 전하는 담화를 통해 그의 성의 진리를 확인하려 애쓰면서 그가 어떻게 느끼고 누구라고 생각하는지를 데이비드에게 묻고 있다. 브렌다는 이런 검사를 받을 수밖에 없었기 때문에, 가장 중요하게는 지속적이고 반복적으로 규범에, 수많은 시선을 통해 전달된 정상화의 이상에, 그리고 몸에 적용된 규범에 응할 수밖에 없었다. 따라서 다음과 같은 질문이 끊임없이 제기된다. 이 사람은 충분히 여성적인가? 이 사람은 여성성에 도달할 수 있을까? 여기서 여성성은 제대로 구현되어 있는가? 그런 구현은 잘 작동되고 있는가? 그것을 알기 위해 어떤 증거를 열거할 수 있을까? 분명 여기에는 지식이 있다. 우리는 아는 것을 말할 수 있어야 하고, 전문지를 통해 소통할 수 있어야 하며, 우리의 결정과 행동을 정당화할 수 있어야 한다. 다시 말해 이런 행동들은 일관된 인간성을 확립하는 젠더 규범이 성공적으로 획득되었는지 묻는다. 이런 맥락에서 위의 질문과 검사는 규범을 강제하려는 폭력적인 시도이자 그런 강제력의 제도화로 이해된다.

최근 몇 년간 이 사례를 재검토한 소아과 및 정신과 의사들은 데이비드의 자기평가를 인용해 자신들의 논점을 뒷받침한다. 그 자기평가란 데이비드가 스스로 생각하는 남자의 의미에 대해 서술한 것으로, 데이비드가 실제로 남자이고, 남자였으며, 브렌다였을 때조차 언제나 남자였다는 논의를 뒷받침해준다.

데이비드는 인터뷰 진행자에게 자기 자신에 대해 이렇게 말한다.

예전부터 쭉 이어지던 건 별로 없었어요. 난 내가 당연히 그래야 하는 모습과 얼마나 다르게 느끼는지, 또 실제로 얼마나 다른지도 알기 시작했죠. 그래도 그게 무슨 의미인지는 몰랐습니다. 나는 내가 괴물이나 뭐 그런 거라고 생각했거든요. [……] 난 나 자신을 바라봤고, 이따위 옷은 좋아하지 않는다고 말했죠. 항상 나한테 주어졌던 그따위 장난감도 좋아하지 않았어요. 나는 남자애들과 어울리거나 나무나 뭐 그런 것을 올라타는 걸 좋아하고, 여자애들이 전혀 좋아하지 않는 걸 좋아해요. 거울을 들여다보고 내 어깨가 너무 넓다는 걸 알았는데, 말하자면 나한테는 여자다운 게 전혀 없었다는 겁니다. 난 말라깽이였는데 그게 다였어요. 하지만 그래서 알게 되었죠. (내가 남자라는 걸 알았지만) 인정하고 싶지 않았어요. 문제를 일으키고 싶지 않았거든요. (Diamond & Sigmundsen, pp. 299~300)

이제까지 데이비드가 자신에 대해 어떻게 서술하는지 보았다. 그러니 여기서 내가 하려는 일이 공정하게 평가하는 일이라면, 내가 다루는 주제뿐 아니라 내가 그려내는 사람, 너무 많이 말해진 사람, 그의 자기 설명과 결심이 너무 많은 젠더 이론화의 기반이 된 사람을 공정하게 평가하는 일이라면, 나는 이런 말들을 제시하는 데 신중해야 한다. 이런 말은 내가 이해하고자 하는 사람의 오로지 일부만, 그 사람이 말한 언어적 사례의 일부만 전달할 수 있기 때문이다. 나는 이 사람을 진정으로 이해할 수 없고, 이 사람을 알지 못하며, 이 사람에게 다가갈 길이 없으므로, 선별된 수의 말만 읽는 독자로 남는다. 또 그 말은 완전히 내가 택한 게 아니라 독자를 위해 선별된 것이며, 녹음된 인터뷰를 『아동 청소년 의료 기록Archives of Pediatric Adolescent Medicine』(vol. 151, 1997년 3월) 같은 잡지에다 이 사람에 대한 논문을 내기로 결심한 사람들이 선택한 것이다. 그러니 내게는 이 사람에 관한 파편들, 즉 어떤 사람이라고 불리는 언어적 파편들만 주어졌다고 할 수 있다. 이런 상황에서 누군가를 공정하게 평가한다는 건 어떤 의미일까? 공정하게 평가할 수는 있을까?

한편으로 우리는 자기를 설명하고 그것은 존중받아야 한다. 이것은 그 개인이 자기를 이해하게 만드는 말들이다. 다른 한편 우리에게는 이미 사용 중인 언어로 행해지고, 이미 규범에 젖어 있어서 우리 자신에 대해 말하려 할 때 우리 생각을 미리 좌우하는 언어로 이루어진 자기에 대한 설명도 있다. 게다가 인터뷰라는 맥락, 즉 처음부터 브렌다의 성장을 따라다닌 오랫동안의 강제적 관찰 과정의 일부인 인터뷰라는 맥락에서 전달된 말들이 있다. 데이비드를 공정하게 평가하려면 분명 그가 한 말로써 그를 이해하고 그가 택한 이름으로 그를 불러야 하지만, 그의 말과 그의 이름을 우리가 어떻게 안단 말인가? 그것은 그가 만들어낸 말인가? 아니면 그가 자기 것으로 받아들인 말인가? 이런 말들은 그가 이 언어 규범 속에 자기 설명을 시작할 특정한 인가를 얻은 것에 불과한 '나'로 등장하기도 전에 순환하던 말들인가? 그러니 딱히 전에 말해졌던 그 방식이 아닌 방식으로 누군가 말을 한다 하더라도, 그 사람이 말을 할 때는 이미 말해지고 있는 언어로 말하는 것이다. 그렇다면 데이비드가 이렇게 말할 때 여기서 말하고 있는 것은 무엇이며 또 누구인가? "예전부터 쭉 이어지던 건 별로 없었어요. 난 내가 당연히 그래야 하는 모습과 얼마나 다르게 느끼는지, 또 실제로 얼마나 다른지도 알기 시작했죠."

이런 주장은 최소한 규범이 있다는 것, 즉 그가 어때야 하는지에 관한 규범이 있고, 자신은 그 규범에 못 미쳤다는 것을 데이비드가 알고 있다는 점을 말해준다. 여기서 암시되는 것은 그 규범이란 여성성이고, 데이비드 자신은 그 규범에 따라 사는 데 실패했다는 점이다. 그러니 규범은 존재하고, 그 규범은 외부에서 강제되며, 다른 사람들의 일단의 기대치를 통해 소통된다. 그다음에야 감정의 세계와 존재의 세계가 있는 것인데, 이런 영역들은 그에게는 명확하다. 데이비드가 느끼는 것은 결코 규범이 생산한 것이 아니다. 규범은 다른 것이고 다른 데 있으며, 그가 지금 어떤 모습이고, 무엇이 되었고, 어떤 느낌을 갖는지와는 관련되지 않는다.

그러나 데이비드가 어떻게 호명되어왔는지 우리가 알고 있는 바를 고려해본다면, 데이비드를 공정하게 평가하려는 노력의 일환으로서 나는 그가 브렌다일 때 자신에게서 무엇을 봤으며, 자신에 대해 어떤 감정을 느꼈는지 물어볼 것이다. 남자와 여자를 오락가락하는 지칭을 써서 미안하지만, 이런 문제들이야 바뀔 수 있는 것이 되고 있다. 브렌다가 거울 속에서 뭔가 이름 없고, 괴물 같고, 규범의 경계 사이에 있는 뭔가를 볼 때, 그 순간 그녀는 인간으로서 문제를 겪는 것은 아닐까? 그녀는 괴물 같은 유령이고, 규범이란 이 유령의 반대편에서 이 유령을 통해 세워지는 것은 아닐까? 사람들은 그녀에게 늘 너는 누구이고 어떻게 느끼며 그게 규범적 사실과 같은지 아닌지를 계속 물어보면서 벌거벗은 몸을 보여달라고 요구하고 있는데, 브렌다의 문제는 무엇일까? 그게 그(녀)가 보여지는 방식과는 다른, 그(녀) 스스로 보는 시각일까? 그는 규범이 그의 외부에 있다고 확신하는 듯 보이지만, 만일 규범이 그가 바라보는 수단이 되고, 그 자신의 시선의 틀이 되고, 스스로를 보는 그만의 방식이 되었다면 어찌할 것인가? 만일 규범적 행동이라는 게 자신이 위치한 이상적 관념에서만 발견되는 게 아니라, 자신이 가져온 일탈이나 괴물성의 의미에서도 발견된다면 어쩔 것인가? 데이비드가 "난 나 자신을 바라봤고, 이따위 옷은 좋아하지 않는다고 말했죠"라고 주장할 때 규범이 정확히 어디서 작동하는지 생각해보자. 데이비드는 누구에게 말하고 있는가? 그리고 어떤 세상, 어떤 상황에서 이따위 옷을 좋아하지 않는다는 게 잘못된 젠더가 된다는 증거일까? 누구에게 이것이 사실인가? 어떤 상황에서 사실인가?

브렌다는 "나한테 주어졌던 그따위 장난감도 좋아하지 않았어요"라고 말하는데, 이 대목에서 브렌다는 이렇게 싫어하는 것이 어떤 증거로 작용할 수 있다는 것을 알고 있는 사람 같다. 그리고 브렌다가 이런 '반감'을 전문용어로 말해 젠더 디스토피아gender dystopia의 증거로 생각하는 이유는, 브렌다가 자기 경험에 대해 했던 모든 말을 진정한 젠더에 맞거나 그에 반한다는 증거로 이용하려는 여러 사람들의 말을 몇 번이나 계속 들었기 때문이라고 추측하는 게 타당해 보인다. 어쩌다 브렌다가 특정한 장난감, 인형, 놀이를 좋아하지 않게 된 것인지는 브렌다가 어떻게 놀고 뭘 갖고 노는지의 문제와 관련해 중요할 수 있다. 그러나 정확히 말해 어떤 세상에서, 이런 반감이 타고난 젠더에 맞거나 맞지 않는다는 분명하거나 명백한 증거로 간주되는가? 자기 아들이 뜨개실을 갖고 놀거나 딸이 트럭을 갖고 놀면 일반적으로 부모는 젠더 정체성 클리닉으로 달려가는 것인가? 혹은 이미 거기에는 엄청난 불안감이 작동하고 있는 것일까? 이런저런 장난감 취향이나 치마 입는 성향에, 어깨 너비나 몸의 날씬함 등에 매달려 있는 젠더의 진리에 관한 불안감이 작용하는 것일까? 그래서 결국 분명한 젠더 정체성이란 이와 같은 산발적 욕망, 이와 같은 몸과 골격과 성향과 복장의 가변적이고 불변적인 특성에서 생기거나 생길 수 없다고 결론짓는 것은 아닌가?

그러니 나의 이 분석이 함축하는 의미는 무엇일까? 그것은 여기 나오는 젠더가 진짜인지 가짜인지를 말해주는가? 아니다. 데이비드가 외과

수술을 받아 브렌다로 전환되어야 했다거나, 브렌다가 외과수술을 받아 데이비드로 전환되어야 했다고 은연중에 말하는가? 아니, 그렇지 않다. 난 여기서 그 문제를 어찌 판단해야 할지 모르겠고 그걸 판단하는 게 내 몫이라고 생각하지도 않는다. 공정을 행한다는 것이 내게 그런 결정을 요구하는가? 아니면 공정은 내가 결정을 유보하기를, 너무 많은 사람들이 황급히 앞다투어 결정했던 상황 앞에서 결정을 좀 기다릴 것을 요구하는가? 우리가 결정하기에 앞서, 그게 정말 우리가 결정할 일인지를 확신하기에 앞서, 몇 가지 문제에 대해 숙고해보는 것이 유용하고 중요하고 정당하지 않을까?

이제 그런 생각을 염두에 둔 채 한번 숙고해보자. 성전환 수술이 있어야 한다는 목소리를 내는 것은 대부분 젠더 본질주의자의 입장이며, 어떤 사람이 젠더의 의미는 변할 수 있다고 생각한다면 정신과 의사나 일반의 들에게 성전환 수술을 해달라고 설득하기란 더 어려울 것이다. 샌프란시스코에서 FTM 수술 후보자들은 실제로 진료를 받으러 가기 전에, 의사에게 젠더 본질주의에 관해 어떻게 이야기할지를 연습하는데, 거기에는 이제 수술 후보자들을 도와주는 코치와, 수술에 비용 부담이 발생하지 않도록 도와줄 트랜스섹슈얼리티 관련 각본 연구자까지 등장한다. 사실 브렌다/데이비드는 성전환 수술을 두 번 했다고 할 수 있다. 첫번째는 음경이 제거된 상황에서 어떤 젠더가 되어야 할지에 관한 가설적 논쟁에 기초한 것이고, 두번째는 해당 인물의 행동이나 언어 성향에 근간할 때 어떤 젠더가 되어야 할지에 기초한 것이다. 두 경우 모두 특정한 추론이 이루어지는데, 하나는 몸이야말로 틀림없이 젠더가 작동되는 확실한 방식이라고 주장하고, 다른 하나는 몸은 젠더가 작용하는 확실한 방식을 느끼는 게 틀림없다고 말한다. 데이비드는 분명 첫번째 의사 집단의 견해를 불신하고 혐오하게 되었고, 자신의 저항에 힘을 실기 위해 남근에 대한 일반적 비판론을 펼친 것이라 할 수 있다.

　　의사는 말했어요. "(질을 시술받아 여자로 살지 않으면) 삶이 힘들어질 거야. 부당한 괴롭힘을 당할 거고, 너무 외로워질 거고, 옆에 아무도 없게 될 거야." 난 스스로에게 되뇌었어요. 아시다시피 그 당시 나이는 많지 않았지만, 그들 생각에 그게 내가 가야 할 유일한 길이라 여긴다면 이 사람들은 꽤 얄팍한 치들일 거라는 예감이 들었죠. 사람들이 결혼해서 아이를 낳고 윤택한 삶을 사는 단 하나의 이유가 다리 사이에 달고 다니는 것 때문이라고 생각하니 말이에요. 그게 나에 대해 생각하는 전부라면, 나의 가치가 내 다리 사이에 있는 것 때문에 정당화되는 것이라면, 나는 완전한 실패자가 되겠죠. (Diamond & Sigmundsen, p. 301)

여기서 데이비드는 그의 현재 모습, 즉 지금의 '나'와, 그의 다리 사이에 있거나 없는 것 때문에 그의 인간됨에 부여된 자격을 구분한다. 그는 다리 사이의 무엇이 아닌 뭔가 다른 것 때문에 사랑받게 될 것이며, 그게 아니라고 하더라도 최소한 그의 음경이 그가 사랑받는 이유는 아닐 것이라고 공언하고 있었다. 데이비드는 의사들의 '얄팍함'에 대해서도, 또 그런 '얄팍함'과 대조되는 것으로 뭔가 '깊은 것'을 은근히 제시하고 있었다. 그래서 데이비드는 남자로서의 새로운 위상을 요구하고 얻어냈으며 새로운 남근도 요구해서 받아냈지만, 또한 그는 지금 그가 갖고 있는 것이 아닌 존재이다. 성전환도 했지만 그는 후천적으로 얻은 신체 부위로 환원되기를 거부한다. 그는 "그게 나에 대해 생각하는 전부라면"이라는 말로 자기 이야기를 시작하면서 규범 작용에 대한 이해는 물론 비판적 반응도 하고 있다. 내가 그 부위를 원한다 해도, 그 부위가 나의 일부라 해도 내게는 그 부위를 초월하는 뭔가가 있다. 그는 다리 사이에 가지고 있는 것으로 그의 '가치가 정당화되기'를 원치 않으며, 그 말은 사람의 가치가 어떻게 정당화되는지에 대해 데이비드는 뭔가 다른 식으로 생각하고 있다는 뜻이다. 그러니 그는 자신의 욕망을 실현하며 살고 있고, 그런 욕망을 실현하며 살기 위해 원하는 몸을 얻어가는 중이지만 그의 욕망은 복합적이고 그의 가치도 복합적이라고 할 수 있겠다. 의심할 여지 없이 바로 이것이 머니가 제기한 많은 질문, 말하자면 음경을 갖고 싶은지, 여자와 결혼하고 싶은지와 같은 질문에 데이비드가 응답한 이유다. 데이비드는 종종 이런 질문에 답하기를 거부했고, 머니가 있는 방에 같이 있기를 거부했으며, 한동안 볼티모어에 찾아가는 일도 거부했다.

데이비드는 딱히 하나의 젠더 규범을 다른 젠더 규범과 맞바꾼 것이 아니다. 그가 (정상화의 입장, 의료적인 입장에서) 젠더화된 규범에 따라 사는 데 실패했다고 말하는 것이 잘못이듯, (비판적 입장에서) 젠더화된 규범을 단순히 내면화했다고 말하는 것도 잘못일 것이다. 왜냐하면 그는 자신의 가치를 정당화하는 것은 그의 해부학적 구조와 규범의 양립 가능성으로 환원되지 않는 '나'를 소환하는 것이 될 거라고 이미 설정해두었기 때문이다. 그는 자신에게 다른 사람들이 생각하는 것 이상의 뭔가가 있다고 생각하며, 자신의 가치를 전적으로 다리 사이에 있는 것에 의존해서 정당화하지도 않는다. 또 자신이 완전한 패배자라고도 생각하지 않는다. 뭔가가 규범을 넘어서 있는데 그것을 인식하기란 불가능하다는 것을 그는 아는 것이다. 어떤 의미에서 보면 비판적 발화의 조건으로 작동하는 것, 그의 가치를 정당화하는 것으로서 그의 가치의 근원으로 작용한 것은 그가 자신을 인지 가능한 인간과 떼어서 생각하게 만든 거다. 의사들이 신봉하는 것이 옳다면 자신은 완전히 패배자일 것이라고 그는 말한다. 그러면서 자신은 완전한 패배자가 아니며, 자기 안에서 뭔가가 승리하고 있음을 암시한다.

그러나 그는 뭔가 더 중요한 이야기를 하고 있다. 그는 구분 자체의 절대주의를 경계하는데, 그의 남근이 그의 가치 전체를 구성하는 건 아니기 때문이다. 그가 누구이고 무엇을 가졌는지를 같은 기준으로 잴 수 없고, 그가 가진 남근과 그 남근에 대한 기대(이런 식이면 남근을 가진 모든 이와 그가 다를 바가 없다)도 같은 기준으로 잴 수 없다. 그 말은 그가 규범에 따르는 사람이 되지 않았다는 의미이고, 그럼에도 여전히 말하고 주장하고 스스로를 지칭하는 어떤 사람이라는 뜻이다. 그러니 그가 자신의 가치를 끌어오고 자신의 가치에 대해 말하는 것은 그의 인간됨을 선언해줄 규범과 그가 자신에 대해 말로 주장하는 것 사이의 이런 간극, 이런 통약 불가능성incommensurability에서 온다. 그가 자신의 가치에 대해 말하는 바로 그 순간에도 우리는 그 사람을 구성하는 내용물을 다 알 수 없으며, 이 말의 의미는 그의 인간됨이 등장하는 것은 그가 완전히 인정될 수도, 제거될 수도, 범주화될 수도 없는 바로 그 방식들이라는 점이다. 그리고 이것은 중요하다. 말을 하고 인지되기 위해 그가 인식 가능성 속으로 들어가는 것인지를 우리가 물을 것이기 때문이다. 그러나 그는 자신의 발화를 통해 인식 가능성을 부여하는 규범에 대해 비판적 관점을 제기했다. 그는 인식 가능성의 규범 자체를 초월하는 어떤 이해가 있다는 것을 보여준다고 말할 수 있다. 그는 자신을 둘러싼 질문을 거부하고 상대의 용어를 뒤집어서 그곳을 빠져나갈 방법을 습득함으로써 이런 '외부'를 이뤄냈다고 추측할 수 있다. 그가 만일 자신의 정체성을 알아내고 포착하려는 사람들에게 자신이 인식될 수 없게 만든다면, 그건 그에 관한 뭔가가 기존에 수용된 인식 가능성의 틀 바깥에서 인식 가능하다는 뜻이다. 사람에게는 어떤 핵core이 있고, 그래서 어떤 인본주의적인 전제가 있다고, 즉 여기 나타난 전제, 사람을 구속하는 성별화되고 성차화된 인식 가능성에 관한 특정 담론에 딸린 전제가 있다고 말하고 싶을 수도 있다. 그러나 그 말은 그가 한 담론에 비난당해서 다른 담론으로만, 즉 인본주의 담론으로만 말해질 것이라는 뜻에 불과할지도 모른다. 어쩌면 말하는 주체, 즉 말해질 수 있는 것을 초월해 말하는 주체에게 어떤 핵이 있다고 말할 수도 있다. 데이비드의 발화의 특징이 바로 이런 설명 불가능성ineffability이며, 그것은 발화를 통해 드러나지는 않지만 그의 말 속에 그 전조가 되는 파편을 남기는 타자의 설명 불가능성이자 담론 자체를 초월한 자아의 설명 불가능성이다.

그러나 내가 더 바란 것은, 데이비드가 갑자기 이렇게 꽤 희망적으로 '나'를 소환할 때 그는 자신이 사랑받을 가능성에 대한 어떤 확신을 말한다는 점을 신중히 고려하자는 것이다. 데이비드는 누구든 그를 사랑하려는 유일한 이유가 오로지 그의 다리 사이에 달린 것 때문이라고 생각한다면 '그들'은 진정한 패배자일 것이라고 말한다. '그들'은 데이비드가 사랑받지 못할 거라고 말하거나, 데이비드에게 만들어주는 것을 그가 받아들이지 않으면 사랑받지 못할 거라고 말하고 있다. 또한 그들은 사랑을 얻기 위해 필요한 것을 자신들이 가지고 있으며, 그들이 가진 것이 없다면 데이비드는 사랑 없이 살 것이라고 말하고 있는 것이다. 그러나 그는 그들이 이런 담론 속에 전하는 것이 사랑이라는 주장을 받아들이지 않는다. 그는 그들의 사랑의 공물을 거절하고, 그것을 뇌물이거나 복종으로의 유혹이라고 생각한다. 데이비드는 자신은 어떤 다른 이유로 사랑받을 것이며 사랑받고 있는데, 그들은 그 이유를 이해하지 못하며 그 이유는 기존에 있던 것이 아니다. 분명 그것은 성과학sexology의 규범으로 확립된 이유의 체계를 넘어선 이유인 것이다. 우리는 그가 다른 이유를 주장한다는 것만 알 뿐, 그런 의미에서 그게 어떤 종류의 이유이며 어떤 이유일 수 있는지는 알지 못한다. 데이비드는 진리의 정치학을 뒤흔들고, 규범의 지배를 넘어선 사랑의 가능성을 세우기 위해 존재의 질서 안에서 자신의 불복종을 이용해서 그들이 아는 것에 한계를 긋는다. 그는 일부러 규범과의 관계 속에 위치하지만, 그 규범의 요건에 순응하지는 않는다. 그는 어떤 특정한 '불복종'의 위험을 무릅쓴다. 그는 주체인가? 그것을 우리는 어떻게 알 것인가? 그런 의미에서 데이비드의 담론은 비평 기능 자체를 작동시키고 있다. 푸코의 정의에 따르면 진리의 정치학 안에서 주체의 불복종을 의미하는 비평을 작동시키는 것이다. 그렇다고 데이비드가 인식 불가능해진다는 의미는 아니며, 그에 따라 그는 정치적으로 아무런 가치도 없어진다는 의미도 아니다. 그보다 그는 인식 가능성의 경계에서 등장해서, 규범이 인간을 제한하는 여러 방식에 대한 어떤 관점을 제시한다. 그건 바로 꼭 집어 말할 수는 없지만 그에게 다른 이유가 있다는 것을, 다시 말해 그 자신이 그런 다른 이유가 된다는 것을, 그의 운명을 결정할 인식 가능성의 담론에 한계가 있다는 것을 우리가 알기 때문이다. 데이비드가 딱히 새로운 세계를 차지한 것은 아니다. 그는 아직도 그가 말하는 '나'를 발생시킨 구문 안에서조차 여전히 규범과 규범의 실패 사이 어딘가에 위치하기 때문이다. 그리고 마침내 그는 어떤 한 사람이 아니다. 그는 우리가 어떻게 그 이름을 지어야 할지도 모르고, 모든 명명 행위에 경계를 정하는 익명성 속의 인간이다. 그런 의미에서 그는 우리가 안다고 생각하는 것의 경계에서 스스로를 말하는, 인간의 익명적이고도 비평적인 조건이다.


## 후기

이 책은 2004년 6월에 출판할 예정이었는데, 안타깝게도 데이비드 라이머가 38세의 나이로 자살했다는 소식을 듣게 되었다. 『뉴욕 타임스』(2004년 5월 12일자)의 부고는 데이비드의 쌍둥이 동생이 2년 전 죽었고 그는 부인과 별거 중이었다고 전한다. 마침내 그의 삶을 지탱할 수 없게 만든 것이 무엇이고, 어떤 이유로 그가 그의 삶을 이제 끝내야겠다고 느꼈는지는 알 수 없다. 그러나 그의 앞에는, 또 그의 곁에는 질문 하나가 놓여 있었다. 그것은 그의 젠더로 사는 삶이 과연 살 수 있는 것인가라는 질문이었음이 분명해 보인다. 문제가 그의 젠더였는지, 아니면 그에게 계속된 고통을 안겨다준 '치료'였는지는 분명치 않다. 가치 있고, 인정받을 만하고, 또 지속 가능한 인간의 삶이 무엇일지를 지배하는 규범은 분명 지속적이거나 안정된 방식으로 그의 삶을 지탱해주지 못했다. 그에게 삶은 언제나 도박이거나 위험이었으며, 용감하지만 부서지기 쉬운 성과물이었다.

4장

# 젠더 진단 미결정



『정신질환 진단 및 통계 편람*Diagnostic and Statistical Manual of Mental Disorders*』(『DSM 4』)에 수록된 젠더 정체성 장애(GID) 진단의 위상에 대해 최근 몇 년간 논쟁이 있었다. 이 논쟁은 『DSM』에 젠더 정체성 장애 진단을 계속 수록할 명분이 있는지, 아니면 더 이상 충분한 명분이 없는지에 대한 것이었다. 한편으로 이런 진단을 계속 유지하고 싶어 하는 GLBQTI[1] 단체의 사람들은 이것이 어떤 조건을 충족시켜주는 자격을 부여하며, 성전환에 필요한 다양한 의료적·기술적 수단에 접근할 방편을 제공한다고 주장한다. 게다가 성전환이 '의료적으로 필요하다'고 처음에 확정할 수 있다면, 몇몇 보험회사가 매우 비싼 이 성전환 수술 비용 일부를 충당해줄 것이다. 이런 이유 때문에 성전환 수술이나 호르몬

---

1) (옮긴이) 'Gay, Lesbian, Bisexual, Queer, Transgender, Intersex'의 약자로 비이성애적, 비규범적 성적 소수자들을 통칭하는 말이다.

요법을 '예정수술'로 생각하지 않는 것이 중요하다. 어떤 사람들은 그것이 선택의 문제라고, 심지어는 보험금을 받으려는 목적을 가진 극적이고 깊은 내막이 있는 선택의 문제라고 말하고 싶을 수도 있겠으나, 그것은 의료적 조건에 따른 선택이어야 한다. 물론 의료적 조건에 따른 선택이라는 게 사실상 무엇인지 꽤 오랫동안 생각해볼 수도 있겠으나, 이 논의에서는 어떤 진단을 조건으로 하는 선택과 그런 게 없는 선택을 구분하는 게 중요하다. 후자의 경우, 성전환의 선택에는 다음 중 일부 또는 전부가 포함될 수 있다. 다른 젠더로 살겠다는 선택, 호르몬 시술을 받겠다는 선택, 어떤 이름을 찾아서 밝히겠다는 선택, 누군가의 젠더에 대한 새로운 법적 위상을 확보하겠다는 선택, 그리고 외과수술을 받겠다는 선택 말이다. 이런 선택이, 그에 반드시 수반되어야 하는 심리학자나 의료 전문가 들에 의해 결정되는 것이라면, 그래서 이런 전환을 겪지 않으면 불행, 부적응, 또는 다른 형태의 고통을 겪을 거라고 결정된다면, 이런 전환의 선택은 그 당사자의 궁극적 복지를 염두에 둔 의료 전문가들이 수용하고 용인한 선택이라 생각될 것이다. 이 '진단'은 여러 방식으로 작동할 수 있으나, 특히나 그것이 성전환 공포증이 있는 사람의 손에 맡겨진다면 그 진단이 작동하고 작동할 수 있는 방식은 병리화의 도구가 되어버린다.

GID로 진단받는다는 것은 어떤 식으로든 아프거나 병들었거나 잘못됐거나 고장 났거나 비정상이라고 판명되는 것이고, 그 진단의 결과로 어쨌거나 특정한 낙인이 찍힌다는 의미이다. 따라서 몇몇 행동주의 정신과 의사나 성전환자 들은 이런 진단이 모두 없어져야 한다고 주장했다. 트랜스섹슈얼리티는 질병이 아니며 질병으로 생각되어서도 안 된다고, 또 성전환자들은 자기결정의 실천, 즉 자율적으로 행동하는 사람들로 이해되어야 한다는 것이다. 그 결과, 한편으로 이 진단은 성전환을 하는 데 경제적으로 합당한 도움을 제공하기 때문에 계속 가치 있는 것으로 평가된다. 그러나 다른 한편으로 이 진단은 어떤 사람이 스스로 젠더를 결정할 여러 인간적 가능성의 하나로 이해해야 할 것을 계속 정신병으로 병리화하기 때문에 완강한 반대에 부딪친다.

앞에서 개요한 논의를 통해 우리는 이 논쟁에 어떤 긴장이 있다는 것을, 즉 자격 요건과 재정 지원을 얻는 게 목적인 사람들과 트랜스섹슈얼리티의 실천을 자율성 개념에 기반을 둔 것으로 만드는 게 목적인 사람들 사이에 긴장이 있다는 것을 알 수 있다. 우리는 일순간 주저하며 이 두 가지 관점이 정말 서로 반대되는지 물을 수도 있다. 결국에는 보험 혜택,[2] 의료적 처치, 법적 지위를 얻기 위한 특정한 자격을 제공하는 이런 진단 방식이 실제로 트랜스 자율성transautonomy이라 불리는 것을 얻기 위한 작용을 한다는 것이 주장될 만하고 실제로 주장되어왔다. 결국은 내가 성전환을 원하면 그 목표를 달성하는 데 도움을 줄 진단이 필요할 것이고, 내 목표를 달성하는 게 바로 나의 자율성 행사이다. 실제로 우리는 공동체의 지지나 지원 없이는 그 누구도 자율성을 달성할 수 없다고 주장할 수 있다. 특히 우리가 성전환처럼 용감하고 어려운 결정을 하는 중이라면 말이다. 하지만 이제 우리는 이 진단이 확실히 젠더와 관련된 자기결정권을 행사하기 위해 개인에게 필요한 '지원'을 해주는 것인지 물어야 한다. 결국 이 진단은 트랜스 자율성을 훼손하는 많은 전제들을 만든다. 그것은 이 진단을 받은 사람이 자신이 알지 못하

---

2) Richard Friedman, "Gender Identity," *Psychiatric News*, January 1, 1998 참고. 그러나 프리드먼은 GID 진단이 병리성을 지시한다고 주장한다. 그래서 그의 관점에 따르면 도구적 이유만으로 이 진단이 유지되어서는 안 된다.

는 힘의 영향을 받는다고 전제하는 심리 평가의 형태에 동의하며, 이 진단을 받은 사람들에게는 망상이나 위화감이 있다고 전제하기도 한다. 또 특정한 젠더 규범이 제대로 구현되지 못했고, 실수와 실패가 발생했다고 전제하며, 아버지와 어머니에 대해, 정상적인 가족생활이 어떤 것이고 어때야 하는지에 관한 전제를 만든다. 이 진단은 교정, 적응, 정상화의 언어를 전제한다. 또한 현재 구성된 방식 그대로 세상의 젠더 규범을 유지하고자 하며, 기존 규범에 순응하지 않는(혹은 기존 규범이 실제로 어떤 것인지에 대한 특정한 지배적 환상에 순응하지 않는) 방식으로 젠더를 생산하려는 모든 노력을 병리화하는 경향도 있다. 이것은 그 자신의 의지와는 다르게 사람들에게 주어진 진단이고, 많은 사람들의 의지를, 특히 퀴어와 트랜스 청소년의 의지를 사실상 꺾어버린 진단이다.

그래서 이 논쟁은 대단히 복잡하게 보일 것이다. 어떤 면에서 이 진단을 유지하고자 하는 사람은 그것이 자신의 목적을 이루는 데 도움이 되기 때문에 유지하려 하는 것이고, 그런 의미에서 이 진단은 그들의 자율성을 실현해준다. 이 진단을 없애고자 하는 사람은 그렇게 하는 것이 자신을 비#병리적인 것으로 간주하고 대우할 세상, 그에 따라 중요한 방식으로 자신들의 자율성을 증대시킬 세상을 만들어줄 것이기 때문에 이 진단을 없애려 한다. 내 생각에 우리는 여기서 개인을 혼자인 것으로, 즉 사회적 조건과 무관하고 여러 종류의 사회적 수단에도 의존하지 않는 것으로 설정하는 모든 자율성 개념에는 구체적 한계가 있다는 것을 알게 된다. 자율성은 이 세상에서 사회적으로 조건지어진 삶의 방식이다. GID 진단과 같은 수단들은 자율성에 대해 힘을 실어주기도 하지만 규제를 할 수도 있으며, 종종 두 작용을 동시에 할 수도 있다.

표면적으로는 자율성에 대한 두 개의 다른 접근법이 있는 듯 보이지만, 그게 추상적으로 대답해야 할 철학적 문제만은 아니라는 데 주목하는 것이 중요하다. 이 두 관점의 차이를 이해하기 위해 우리는 그 진단이 사실상 어떻게 삶에서 경험되는지를 물어야 한다. 이 진단과 더불어 살아간다는 건 어떤 의미일까?[3] 이 진단은 사람들이 살 수 있게 도와주고, 삶이 살 만한 가치가 있다고 느끼도록 도와주는가? 아니면 사람들이 잘 살지 못하게 방해하고 낙인찍혔다고 느끼게 하며, 어떤 경우에는 자살이라는 결론을 내리는 데 일조하는가? 한편으로 우리는 이 진단이 가져온 혜택, 특히 의료보험의 도움 없이는 목적을 달성할 수 없을 만큼 경제적 수단이 넉넉지 못한 트랜스들에게 가져온 혜택을 과소평가해서는 안 된다. 그런가 하면 이 진단이 가진 병리화의 힘을 과소평가해서도 안 된다. 특히 이런 병리화의 힘에 저항할 비평 능력이 없는 청소년들의 경우에 말이다. 이러한 경우 그 진단은 살인적이지는 않아도 기력을 앗아간다. 그것은 영혼을 죽이고, 때로는 자살에 이르게 하는 원인이 된다. 그래서 이 논쟁은 위험성이 높다. 결국 이것은 삶과 죽음의 문제로 보일 것이고, 어떤 사람들에게는 삶을 의미하는 것으로,

---

3) Robert Pela, "Boys in the Dollhouse, Girls with Toy Trucks," *The Advocate*, November 11, 1997, p. 55 참고. 그는 "미국정신의학회는 동성애를 병리화하고 게이 청소년의 학대를 지속시킬 — 특히 젠더 정체성 장애의 — 정신건강의 범주를 창안해냈다"고 주장한다. 또한 새넌 민터를 인용해 "GID는 동성애공포증을 표현하는 다른 방법에 불과하다"라고 결론짓는다. 또한 Katherine Rachlin, "Transgender Individuals' Experience of Psychotherapy," August 2001 참고. 캐서린은 "개인들은 의료 서비스를 받기 위해 심리 서비스에 시간과 돈을 써야 한다는 데 분노할 수 있다. 그들이 필요하다고 느끼는 중재에 대한 접근권을 허락하거나 거절할 권력을 쥔 어떤 사람에게 말한다는 것에 대해서 그들은 공포를 느낄 수도 있다. 이런 공포와 분노는 의사와 환자 간에 어떤 역학 관계를 만들고, 그것이 이 치료의 과정과 결과에 영향을 줄 수도 있다"라고 말한다. Anne Vitale, "The Therapist Versus the Client: How the Conflict Started and Some Thoughts on How to Resolve It," G. Israel & E. Tarver(eds.), *Transgender Care*, Philadelphia: Temple University Press, 1997 또한 참고.

다른 사람들에게는 죽음을 의미하는 것으로 보이기 때문이다. 또 다른 사람들에게는 양가적 의미의 축복이거나 정말로 양가적 의미의 재앙으로 보일 수도 있다.

이런 두 가지 납득할 만한 입장이 어떻게 등장했는지 알아보기 위해 우선 미국에서 이 진단이 무엇으로 구성되는지를 생각해보고, 두번째로 이 진단의 역사와 현재 사용되고 있는 사례들에 대해 생각해보기로 하자. 젠더 장애 진단은 젠더 위화감을 규정하는 『DSM 4』의 권력에 따라야 한다.[4] 이런 일단의 정의를 마지막으로 수정한 판본은 1994년에 확정되었다.[5] 그러나 진단이 확정되려면, 진단을 받는 개인이 새로운 성정체성으로 행복하게 잘 살 수 있다고 진단하고 보증하는 심리치료사의 '편지'가 동봉된 심리 테스트가 필요하다. 1994년에 확정된 젠더 위화감의 정의는 여러 차례 수정한 결과물로서, 아마도 이것은 미국정신의학회American Psychiatric Association: APA가 1973년 동성애를 질병으로 보

---

4) 트랜스섹슈얼리즘은 1980년 『DSM 3』에서 처음으로 진단되었다는 점을 주목할 필요가 있다. 1994년에 출간된 『DSM 4』에 트랜스섹슈얼리즘은 나오지 않지만 대신 GID 항목 아래 다뤄졌다. 현재도 유효한 이 진단은 트랜스섹슈얼 수술과 치료를 원하는 사람은 "강하고 지속적인 젠더 교차적 동일시의 증거, 즉 다른 성이고자 하는 욕망과 고집"을 보여야 한다고 주장한다. 게다가 이런 "젠더 교차적 동일시는 단순히 성별을 바꿨을 때 문화적 이점으로 인식되는 것에 대한 욕망"만이 아니라 "반드시 자신이 배치받은 성 때문에 지속적으로 불편하다는 증거나, 그 성의 젠더 역할에 부적합하다는 느낌도 있어야 한다." 이 진단은 "개인이 그와 동시에 육체적 인터섹스의 조건을 가지고 있으면 할 수 없으며" 이 진단을 하기 위해서는 "임상적으로 유의미한 고민의 증거나 사회적, 직업적, 혹은 다른 중요한 기능 영역에서의 장애가 있어야 한다." 더 많은 정보를 보려면 http://trans-health.com, issue 4, vol. 1, spring 2002 참고. 「트랜스젠더주의의 의료화The Medicalization of Transgenderism」라는 중요한 비평을 보려면 같은 온라인 저널의 Issue 1, Vol. 1, summer 2001 참고. 이 글은 위트니 반스Whitney Barnes가 5회로 나누어 쓴 것으로 연이어서 다음 호들에도 발표되었다. GID 진단의 범주와 관련하여 폭넓고 타당한 문제들을 매우 철저하고 예리하게 다루고 있다.

5) (옮긴이) 『DSM 5』는 2013년에 출간되었다.

는 진단을 없애고, 1987년에는 예전의 정의가 남은 흔적인 '자아 비친화성 동성애ego dystonic homosexuality'를 없애기로 결정했다는 측면에서 이해할 필요가 있을 것이다. 몇몇은 GID 진단이 예전에 동성애 진단이 하던 일을 물려받았고, GID는 동성애를 젠더 정체성 문제로 진단하는 간접적인 방법이 되었다고 주장했다. 이런 식으로 GID는 미국정신의학회의 동성애공포증 전통을 이어갔으나, 이제 그것은 좀더 암시적인 방식으로 이루어졌다. 사실상 전미 동성애 연구 및 치료 학회처럼 동성애를 '교정correct'하고자 하는 보수 집단들은 어떤 아동이 GID로 규명된다면 성인이 된 후 그 사람에게 동성애가 발생할 확률이 75퍼센트에 이르며, 이러한 결과는 분명한 비정상이자 비극이라고 주장한다. 따라서 GID 진단은 대다수의 경우 동성애 진단이고, 이 진단으로 결정되는 장애는 동성애가 여전히 장애라는 것을 암시한다.

이런 보수 집단들이 GID와 동성애의 관계를 관념화하는 방식은 그 자체로 매우 문제적이다. GID가 지속적으로 반대 성의 젠더 특질을 지각하는 데 근거한다고 이해하면, 다시 말해 '여성적인' 특질을 가진 남자, '남성적인' 특질을 가진 여자로 이해한다면, 남자의 특질은 여자를 욕망하는 것이고, 여자의 특질은 남자를 욕망하는 것으로 이어진다는 전제가 유지된다. 두 경우 다 이성애적 욕망이 전제되어 있고, 여기서는 아마 이성끼리 매혹을 느낄 것이다. 그러나 사실상 이 말은 동성애는 젠더 역전gender inversion으로 이해해야 하며, 젠더가 바뀌기는 했지만 '성적인' 부분은 여전히 이성애적이라고 주장하는 것이다. 이런 개념화에 따르면 남자에게 있는 남성 특질이 다른 남자를 향한 욕망으로 이어지고, 여자에게 있는 여성 특질이 다른 여자를 향한 욕망으로 이어지는 경우는 분명 드물다. 그러니 동성애를 젠더 역전의 모델로 생각하고 섹슈얼리티를 이성애적 욕망의 모델로 생각할 때에만, 이런 GID 진단을 받은 사람 중 75퍼센트가 동성애로 간주되는 것이다. 아직도 남자는 항상 여자만을 욕망하고, 여자는 여전히 항상 남자만을 욕망한다. GID 진단을 받은 사람 중 25퍼센트는 동성애가 아닌데, 그들은 젠더 역전 모델을 따르지 않는다는 뜻으로 보인다. 그러나 젠더 역전 모델은 섹슈얼리티를 이성애로만 생각하기 때문에 남은 25퍼센트는 역전된 이성애로서의 동성애 모델을 따르지 않는 동성애로 여겨질 것이다. 그러다 보니 우스꽝스럽게도 GID로 진단받은 사람 100퍼센트가 모두 동성애로 판명된다!

이 농담은 전미 동성애 연구 및 치료 학회에 커다란 경종을 울렸던 것이라서 말하지 않고 지나갈 수가 없었지만, 더 진지하게는 이런 관점에서 생각하는 사람들 때문에 섹슈얼리티와 젠더의 지형도가 근본적으로 얼마나 잘못 그려졌는지를 숙고하는 것이 중요하다. 정말로 젠더 정체성과 성적 경향 간의 상호 관계는 아무리 자세히 봐도 애매하다. 즉 우리는 한 사람의 젠더가 무엇이냐에 기초해서 그 사람이 어떤 젠더 정체성을 가지게 될지를 예측할 수 없고, 종국에는 그(녀)가 어떤 욕망의 방향(들)을 향유하고 추구할지도 예측할 수 없는 것이다. 존 머니를 비롯한 소위 전환론자transpositionalist[6]들은 성적 경향이 젠더 정체성에서 비롯되는 경향이 있다고 생각하지만, 젠더 정체성이 성적 경향을 유발한다거나 섹슈얼리티가 어떤 필연적 방식으로 선험적인 젠더 정체성을 참조한다고 전제한다면 그것은 큰 실수가 될 것이다. 앞으로 더 이야기하겠지만, 우리가 '여성' 특질이 무엇이고 '남성' 특질이 무엇인지를 문

---

6) (옮긴이) 동성애는 젠더가 역전된 이성애라는 입장.

제없이 받아들일 수 있다고 해도, 그것이 '여성적인' 것은 남성적인 것에, '남성적인' 것은 여성적인 것에 매혹된다는 뜻은 아닐 것이다. 그것은 우리가 욕망을 이해하기 위해 오로지 이성애적인 모태만 활용할 때 나타나는 결과일 뿐이다. 그리고 사실 예컨대 여성적인 이성애 남성이 둘 다 '함께 여성'이고 싶어서 여성적인 여성을 욕망할 때에는 이런 이성애적 모태가 이성애 속의 퀴어 크로싱queer crossing을 잘못 표현하는 것이다. 남성적인 이성애 여성들이 자기의 남자친구는 자신에게 여자이면서 동시에 남자이면 좋겠다고 말할 때도 마찬가지다. 부치에 대한 부치의 관계가 남성 동성애의 특히 레즈비언적인 양상을 만들 때, 레즈비언과 게이의 삶에도 똑같은 퀴어 크로싱이 발생한다. 게다가 앞서 말한 것처럼 양성성은, 남성적 대상을 원하는 여성적 측면이나 여성적 대상을 원하는 남성적 측면이라고 생각되는 두 개의 이성애적 욕망으로 환원될 수 없다. 이런 크로싱은 이성애나 동성애 각각에서 발생하는 모든 양상만큼이나 복잡하다. 이런 종류의 크로싱은 일반적으로 알려진 것보다 자주 일어나며, 젠더 정체성이 성적 경향을 예측하게 해준다고 말하는 전환론자의 주장을 비웃는다. 실제로 어떤 사람에게는 가장 관능적이고 가장 흥분되는 부분이 젠더 정체성과 성적 경향 간의 불일치 — 그 자체로 전환론자들에게는 방향 상실 — 이다.

동성애공포증 성향을 가진 연구자들에게 이 장애가 수용되는 방식은, 성전환으로 인해 동성애라는 폐해가 생길 것이라는 암묵적 전제를 깔고 있다. 그러나 가장 중요하게 주장되어야 할 것은 동성애는 장애가 아니며 크로스젠더의 삶에도 전 범위에 걸쳐 복합적 관계들이 나타난다는 것이다. 그중 어떤 이는 다른 젠더의 옷을 입는 것에, 또 어떤 이는 다른 젠더로 사는 것에 관련되어 있고, 또 어떤 이는 호르몬과 외과수술에 관련되어 있으며, 그들 대다수는 이 중 하나 이상에 관련되어 있을 수 있다. 때로 이것은 소위 대상 선택이라 부르는 것의 변화를 암시하기도 하지만, 때로는 그렇지 않기도 하다. 어떤 사람은 트랜스 남성이 된 뒤 남자를 원할 수도 있고(그래서 남성 동성애자가 될 수도 있고), 트랜스 남성이 된 뒤 여자를 원할 수도 있으며(그래서 남성 이성애자가 될 수도 있으며), 아니면 트랜스 남성이 된 뒤 매우 특별한 인생의 역사와 서사를 만드는 일단의 성적 경향의 변화를 겪을 수도 있다. 하나의 범주는 이런 서사를 파악할 수 없거나 잠시 동안만 파악 가능할 뿐이다. 인생사는 형성 중인 역사이고, 범주들은 가끔씩만 그런 형성 과정을 고정시키는 작용을 할 수 있다. 성적 신조에 대한 변화는 특정 파트너에 대한 반응일 수도 있으므로, 트랜스이건 아니건 그 삶이 항상 일관되게 이성애나 동성애로 나타나는 것은 아니다. 또 양성애의 의미와 경험도 시간이 지남에 따라 변할 수 있다. 다른 것과는 다른 특정한 종류의 경험을 반영하는 특수한 역사를 형성하면서 말이다.

젠더 위화감이라는 진단을 받으려면 삶이 오랫동안 어느 정도 분명한 형태를 취하고 있어야 한다. 오랜 시간이 걸리는 테스트를 통과해야만 젠더가 진단될 수 있다.[7] 당신은 오랫동안 다른 젠더로서의 삶을 살기를 원해왔다는 사실을 입증해야 한다. 또한 당신이 지금과는 다른 젠더로 오래도록 삶을 영위할 현실적이고도 잘 살 계획이 있다는 것도 입증해야 한다. 이런 식으로 GID 진단은 젠더가 상대적으로 영구적 현상

---

7) 처음부터 '젠더 위화감'이 있다고 간주된 사람과 오랜 시간이 걸려 이 결론에 다다른 사람을 구분하기 위해서, 이 진단의 역사에서 그 명명이 어떻게 변화했는가에 관한 논의로는 다음을 참고. Harry Benjamin International Gender Dysphoria Association, "The Development of a Nomenclature," *The Standards of Care for Gender Identity Disorders*, 6th ed., Düsseldorf: Symposion Publishing, 2001.

이라는 것을 확고히 하고 싶어 한다. 예컨대 당신은 병원으로 걸어 들어가서, 당신이 욕망하는 게 무엇인지를 깨달은 것은 케이트 본스타인의 책을 읽은 후였다고, 하지만 그때까지는 그 사실을 정말로 의식하지 못했다고 말해서는 안 될 것이다. 문화생활이 바뀌어서, 글로 쓴 말을 주고받게 되고, 행사나 클럽에 가서 특정한 삶의 양식이 정말 가능하고 매혹적인 것을 알게 되었다고 말해서는 안 된다. 또 전에 없던 방식으로 자기 삶의 가능성 중 어떤 것이 분명해졌다고 해서도 안 된다. 인정도 받고 살기도 좋은 삶이 무엇인지를 지배하는 규범은 변할 수 있고, 사는 동안 새로운 문화적 노력이 이런 규범을 넓히게 될 수도 있으니, 당신 같은 사람도 지원해주는 공동체에서 트랜스섹슈얼로 잘 살 수 있으며, 이런 전환이 가능해지고 끌리는 것이 되었다고 느끼게 해주는 것은 바로 공적 규범의 변화와 지지 공동체의 존재 덕분이라고, 경솔하게 말할 수도 있다. 그런 의미에서 당신은 젠더 경험상의 변화가 사회 규범의 변화에 입각해 발생한다는 견해에 명백히 동의할 수는 없을 것이다. 그것만으로는 젠더 정체성 장애 치료를 위한 해리 벤저민Harry Benjamin의 표준 규칙을 충족시키지 못할 것이기 때문이다. 정말로 GID 진단처럼 이 표준 규칙도 우리 모두 어쨌건 이미 젠더 — '남성적'이고 '여성적'인 — 규범이 어떤 것인지 '알고' 있고, 우리가 진짜 해야 할 일은 이 경우나 다른 경우에 젠더 규범이 구현되는지 여부를 알아보는 것뿐이라고 전제한다. 하지만 저런 용어들이 우리가 필요로 하는 기술적 작업descriptive work[8]을 더 이상 하지 못한다면 어쩔 것인가? 그것들이 통제

---

[8] (옮긴이) 언어의 분석이나 규칙을 제시하지 않고 실제 사용 현황을 있는 그대로 보여주는 방식을 의미한다. 여기서는 젠더 규범이 이미 결정되어 있는 객관적 사실인 것처럼 서술하는 것을 말한다.

할 수 없는 방식으로 누군가 겪은 젠더 경험을 기술하는 작용을 할 뿐이라면 어쩔 것인가? 치료 규범과 진단 방법이, 우리가 이런저런 방식으로 영원히 구성된다고 전제한다면, 구성 중인becoming 양식으로서의 젠더에는 어떤 일이 일어날까? 누군가 필요로 하는 자격, 원하는 위상을 얻기 위해 규범에 복종할 때, 우리는 제때 멈추어 우리가 꼭 되고 싶은 것보다 더 규칙적이고 일관되게 만들어지게 되는가?

GID 진단에 대해 강력히 비판하기는 하겠지만 ──나는 그 진단 문구 자체로 돌아가서 그 일부를 아래에서 자세히 다룰 것이다 ── 먼저 성전환 비용이 지불되고 법적 지위가 획득되는 일단의 구조를 염두에 두지 않고, 이 진단을 근절시키라고 요구하는 건 잘못일 것이다. 다시 말해 이 진단이 어떤 혜택과 지위를 보장하는 도구라면, 같은 결과를 가져올 수 있는 다른 안정적인 방식을 찾아보지 않은 채 이 진단을 간단히 폐기할 수는 없다.

이런 딜레마에 대한 한 가지 분명한 반응은 이 진단에 **전략적으로** 접근해야 한다는 주장이다. 이제 우리는 이 진단이 진리라고 주장하는 가설을 거부하고, 트랜스섹슈얼리티에 대한 이 진단의 기술도 거부한다. 그래도 이 진단을 순수한 도구, 즉 목적을 달성할 매개로 활용할 수는 있다. 마음속으로는 성전환의 욕망이나 그 욕망을 실현할 의지에 있어서 '병적인' 것은 아무것도 없다고 주장하면서 아이러니하게도, 어쩌면 우스꽝스럽게도, 아니면 반쯤은 건성으로 이 진단에 따를 수는 있을 것이다. 하지만 이 진단에 따른다는 것이 이 진단에 대해 어떤 복종을 한다는 뜻을 내포하지 않는지는 좀 의식적으로 질문해봐야 한다. 이런 관점에 대해 순전히 도구적 태도를 취하고자 할 때라도, 자신이 정신적으로 아프거나 정상성에 '실패'했거나 아니면 그 둘 다라고 생각하면서 이 진단의 어떤 부분을 내면화하는 복종 말이다.

이 마지막 논의를 옹호하는 더 중요한 지점은 아동이나 청소년과 관련이 있다. 이 진단과 순전히 도구적인 관계를 유지할 수 있는 건 누구냐고 묻는다면 그건 영악하고 영리한 성인들, 즉 자신이 누구이며 무엇이 되고 싶은지를 이해할 다른 이야기를 가진 사람들이기 쉽기 때문이다. 그러나 아동과 십대는 어떤 진단의 대상이 되는 과정에서 순전히 도구적인 접근법을 유지하는 데 꼭 필요한 거리 두기를 해낼 역량이 있는가?

리처드 아이세이 박사는 이 진단을 완전히 없애야 하는 가장 중요한 이유로 이 진단이 아동에게 미칠 영향을 꼽는다. 그는 이 진단 자체가 "정신질환이 없는 아동의 자존감에 상처를 주어 감정적 손상을 야기할 수 있다"[9]라고 쓴다. 아이세이는 아동기에 많은 게이 청소년들이 거칠고 난폭한 행동을 거부하고 엄마 옷을 입고 놀면서 소위 여성적 행동을 하기를 좋아한다는 주장을 수용한다. 그러나 여기서 문제는 이런 기질과 관련된 것이 아니라 "이 소년들의 자존감에 유해한 영향을 미치는 것으로 이런 행동을 교정하려는 목적을 가진 [……] 부모의 꾸지람"과 관련된다고 주장한다. 아이세이는 자신이 '젠더 이례적 특질gender atypical traits'이라 명명한 것을 지지해주는 방법을 부모가 배우게 하는 것을 해결책으로 제시한다. 아이세이의 공헌은 여러 면에서 중요하지만, 가장 혁혁한 공과는 그의 해결책이 병리화의 언어를 거부하는 이 현상을 새롭게 개념화하자고 요청한 점이다. 즉 그는 전형적 젠더 특질을 심

---

9) Richard Isay, "Remove Gender Identity Disorder from DSM," *Psychiatric News*, November 21, 1997.

리학적 정상성의 기준으로 올리거나 이례적 특질을 비정상성의 기준으로 내리기를 거부했다. 대신 그는 정상성normality이라는 말을 전형성typicality이라는 말로 완전히 대체한다. 이에 반대하는 의사들은 이 장애는 말 그대로 장애**이며** 아동에게 지속적인 젠더 이례적 특질이 나타나는 것은 일종의 '정신병'[10]이라고 주장할 뿐만 아니라, 이런 진단이 보험 혜택 및 다른 자격을 얻기 위해 얼마나 필요한지를 나열해가면서 정신병에 대한 이런 주장을 환자에 대한 온정주의적 관심과 결합시키기까지 한다. 실제로 그들은 가난한 노동자 계급 및 중산층 계급의 성전환 희망자들에게 의료보험과 법적 지원이 확실히 또 명백히 필요하다는 것을 이용해서 『DSM』에 GID 진단을 그대로 유지하는 데 찬성할 뿐만 아니라, 이것이 교정되어야 할 병적 양상이라는 관점에도 찬성한다. 그러니 설령 성전환이라는 최종 목적을 달성하기 위한 도구나 매개로서 이 진단에 접근한다고 해도, 여전히 (a) 그 진단이 내려진 사람에게 정신장애라는 느낌을 주입시키고, (b) 트랜스섹슈얼리티를 병적 양상으로 개념화하는 이 진단의 권위를 확립하며, (c) 트랜스섹슈얼리티를 정신병리학 영역 안에 두려는 목적을 가진 자금력 좋은 연구소에 근무하는 사람들에게 이용될 수 있다.

이 진단을 정신건강 전문가의 손에서 완전히 빼내어 그 병리적 효과를 완화시키려 하는 해결 방안도 또 다른 해결안으로 제기되어왔다. 제이컵 헤일은 이 문제에 심리학자나 정신과 의사가 개입해선 안 된다고 주장한다. 의료적·기술적 자원을 받을 수 있는지 또 어떻게 받을지의

---

10) 예를 들면 Richard Friedman, "Gender Identity" 참고.

문제는 전적으로 고객client과 의사 사이의 문제여야 한다는 것이다.[11] 다른 종류의 재건수술reconstructive surgery이나 호르몬 처치를 받는 게 타당하다고 판명된 경우 병원에 가면 당신에게 아무도 최초의 판타지나 유년기의 놀이 습관에 관해 많은 질문을 던지지 않는다는 게 헤일의 견해이다. 유방 절제술을 할 때, 혹은 폐경기에 에스트로겐을 복용할 때는 정신이 건강한지 여부를 인증받을 필요가 없는 것이다. 누군가 성전환을 원하는 경우, 반드시 정신건강 전문가가 개입하게 만드는 것은, 그 과정에 가부장적 구조를 주입해서 처음부터 이 자격 주장의 근거였던 자율성 자체를 침해하는 것이다. 심리치료사는 기존의 젠더 규범에 전반적으로 따르는 특징이 있는 기성사회에 당신이 심리적으로 통합될 수 있을지를 염려해야 하지만, 당신에 대한 폭력과 차별의 위협이 고조된다 해도 당신이 트랜스젠더의 삶을 살 용기가 있는지 또 그 삶을 살 수 있게 해줄 공동체의 지원은 충분한지에 대해 말할 필요는 없다. 심리치료사는 삶에서 젠더를 살아내는 당신만의 방식이 젠더 규제가 적어진 세계를 만들게 도와주는지, 혹은 당신이 그런 막중한 과제를 맡게 될지

---

11) Jacob Hale, "Medical Ethics and Transsexuality," 2001 참고. 또한 리처드 그린의 글도 참고하라. "원하기만 하면 성전환에 접근할 수 있는가? 그때는 전문가가 인증한 성의 재배치가 극복할 수 없는 장애물이어서 1969년에 이 글은 거의 이슈가 되지 못했다. 젠더 문제가 있는 환자가 정신과나 심리 전문의의 진단을 요구하지 않는 의사를 만날 수 있다면, 연구는 '전문가가 보낸 환자 대 자발적으로 간 환자'의 결과에 대해 논의할 것이다. 그리고 자발적으로 간 환자 중 성공 사례가 적다면(혹은 실패가 많다면), 윤리적 문제는 만약 그렇지 않은 경우 그 권한이 있는 성인이 그런 자기결정의 자율성을 가져야 하는가이다." 나중에 그린은 "어떤 사람의 몸에 대한 자율성에 한계가 있어야 하는가"라고 묻는다(Richard Green, "Transsexualism and Sex Reassignment, 1966~1999," Presidential Address to the Harry Benjamin International Gender Dysphoria Association. http://www.symposion.com/ijt/greenpresidential/green00.htm). 그린은 또한 몇몇 개별 트랜스젠더가 이제 이런 직업을 갖게 되어 그런 진단도 하고 의료 혜택도 택하는 사람이 된 것에 박수를 보낸다.

의 여부에 대해서는 말하지 않아도 된다. 심리치료사는 당신의 선택이 수술 후 후회로 이어질지를 예측해야 하며, 지금 당신의 욕망이 지속적이고 끈덕진 것인지 예측해야 한다. 그러나 이 세상과 그 진단 자체가 이런 욕망을 심리적 장애로 격하시킬 때, 그 사람의 지속적이고 끈덕진 욕망에 무슨 일이 벌어지는지에 대해서는 거의 아무도 관심을 기울이지 않는다.[12]

나는 이 진단을 유지하거나 반대하는 관점이 부분적으로는 자율성의 조건에 대해 우리가 어떻게 생각하는가에 달려 있다고 주장하면서 이 장을 시작했다. 아이세이의 주장에서 우리는 GID 진단이 아동의 자율성을 훼손할 뿐 아니라 그들의 자율성을 병리 현상으로 오해하게 한다는 논의를 볼 수 있다. 헤일의 논의에서는 이 진단이 더 이상 정신건강 전문가들에게 사용되지는 않더라도 그 진단 자체가 다른 의미를 갖는다는 걸 알 수 있다. 그러나 정신건강 쪽에 특별한 경력이 없는 임상의가 정신건강의 기준을 사용해서 정신건강 전문의가 내린 결정만큼이나 선호될 이런 결정을 내릴 것인지의 문제는 남아 있다. 그런데도 헤일이 GID 진단에 정신건강의 기준이 더 이상 포함되지 않도록 재정의되기 위한 동력의 일부로서 일반의에게 그 결정을 맡겨야 한다고 주장하고 있다면, 그는 지금 새로운 진단을 제시하는 것이거나 아무런 진단도 제시하지 않고 있는 것이다. 『DSM 4』에는 정신건강의 기준이 빠져 있기 때문이다. 이를 일반의들에게 넘기는 것이 과연 합당한 일일지에 답

---

12) 수술 이후의 후회와 성의 재배치 수술의 '성공률'에 관한 최근의 심리적 결과를 망라하는 이 진단의 원인론에 관한 논의로는 P. T. Cohen-Kettenis & L. J. G. Gooren, "Transsexualism: A Review of Etiology, Diagnosis, and Treatment," *Journal of Psychosomatic Research* 46, no. 4, April 1999 참고.

하기 위해서는 임상의들의 성향에는 전반적으로 책임감이 있다고 신뢰할 수 있는지, 아니면 진보적 심리치료사 업계가 진단 과정을 통해 인간적이고 성공적인 길로 나아갈 더 나은 가능성을 제시하는지를 물어야 할 것이다. 나는 이런 질문에 대한 사회학적 기반을 갖춘 대답을 갖고 있지는 않지만, 헤일의 권고가 적합한지를 판단하기 전에 그런 대답을 추구해봐야 한다고 생각한다. 헤일의 견해가 뛰어난 점은 환자를 의료 영역에서 소비자의 자율성을 행사하는 고객으로 본다는 점이다. 헤일의 견해에서는 바로 그런 자율성이 전제되고 있으며, 그것은 또한 성전환 과정 자체의 궁극적인 목표이자 의미로 설정된다.

하지만 이것은 자율성이 이 논쟁에서 어떻게 개념화되어야 하는지에 관한 문제를 제기한다. 그러면서 이 진단 자체의 수정이 진단을 없애려는 사람들과, 도구적 이유 때문에 특히 경제적 필요에서 진단을 유지하려는 사람들 간의 뚜렷한 대치를 둘러싼 한 방식이 될 수도 있다는 문제도 제기한다. 이 논쟁에는 분명 서로 다른 두 개의 자율성 개념이 작동하고 있다. 이 진단에 완전히 반대하는 견해는 자유주의는 아니더라도 개인주의적 경향을 띠고, 이 진단의 유지에 찬성하는 견해는 자유를 행사하기 위한 물질적 조건을 인정하는 경향을 띤다. 이 진단이 내면화되거나 상처가 될 수 있다고 걱정하는 견해는 자율성에 필요한 심리적 조건이 침해될 수 있고 실제로도 손상되었다고 주장하며, 청소년은 이런 침해와 타협에 물든 자아감을 갖게 될 위험이 크다고 주장한다.

자율성, 해방, 자유는 모두 연관된 용어이며, 이 모두가 일정한 법적 보장과 권리를 함의하기도 한다. 궁극적으로 미국의 헌법은 자유 추구를 보장한다. 그 정체성과 실천에 합당한 자유를 행사하려는 트랜스섹스와 트랜스젠더 개인들에게 제한적 조건을 부과하는 것은 실제로 차별적이라고 주장할 수 있다. 역설적이게도 보험회사는 '의료상 필요한' 유방 절제술과 '예정수술'인 유방 절제술을 구분하면서 자유 개념을 훼손한다. 전자는 아무도 흔쾌히 택하지 않는 수술, 보통은 암으로 검진된 상황 때문에 개인에게 강제로 부과된 수술로 인식된다. 하지만 이런 어쩔 수 없는 수술이라는 개념화도 암을 어떻게 치료할지에 대해 정보가 많은 환자들이 택할 수 있는 선택 방법을 잘못 표현하고 있다. 그것에 가능한 치료 요법으로는 방사능 요법, 화학 요법, 아리미덱스 Arimidex,[13] 종양 제거술, 또 부분적이거나 전체적인 유방 절제술이 포함되니까 말이다. 여자들이 자기 젖가슴에 대해 어떻게 생각하는지에 따라 다른 선택이 이루어질 것이고, 그 선택의 범위는 상당히 넓다. 어떤 여성은 무슨 일이 있어도 자기 가슴만은 지키려고 애를 쓸 것이고, 또 어떤 여성은 별 고민 없이 가슴을 잘라낼 것이다. 어떤 여성은 재건수술을 하기로 하고 미래의 젖가슴에 관한 어떤 선택을 할 것이고, 다른 여성은 그러지 않기로 선택할 것이다.

샌프란시스코에 사는 부치 성향의 한 레즈비언은 최근 한쪽 젖가슴에서 암을 발견했고, 담당의와 상담해서 전체적 유방 절제술을 받기로 결심했다. 그녀는 재발 가능성을 최소화하기 위해 다른 쪽 젖가슴도 절제하는 게 좋겠다고 생각했다. 그녀는 자기 젖가슴에 별 애착이 없었으므로 쉽게 결정을 내렸다. 젖가슴은 그녀의 젠더나 섹스 면에서 자기를 이해하는 데 중요한 역할을 하지 않았던 것이다. 보험회사는 암에 걸린 유방 절제 비용은 내기로 합의했으나, 다른 젖가슴의 '선택적 수술' 비

---

13) (옮긴이) 폐경기 여성의 진행성 유방암 치료제 혹은 초기 유방암 보조 치료제로서 순환 에스트로겐 수치를 낮추어 유방암 진행을 억제하는 방법이다.

용을 지불하게 되면 선택적 트랜스섹스 수술비를 대준 선례로 남을까 봐 우려했다. 그래서 보험회사는 (이 여성이 의료적인 이유 때문에 두번째 젖가슴을 제거하고 싶어 하는 사람이라는 점에서) 의료상의 의사 결정에 있어서 소비자의 자율성을 제한한 것은 물론, (이 여성이 성전환자가 될 가능성이 있다는 점에서) 트랜스섹스 수술의 기반으로서의 자율성 또한 무시하기를 바랐던 것이다. 그와 동시에, 유방 절제술을 받고 회복 중이던 내 친구 하나는 유방 재건수술을 받을 가능성 중에 어떤 게 있는지를 알고자 했다. 그 친구는 담당의로부터 이런 수술에 관한 여러 다양한 기술과 상대적인 미학적 장점을 말해줄 성전환 수술자를 소개받았다. 유방암 수술을 받은 사람과 성전환자의 연대를 의식한 것은 아니지만, 일차적이고 이차적인 성적 특징을 생산하고 유지하는 데 있어서 자율성의 역할을 인정해달라고 보험회사에 청원하는 것이 핵심 요구 사항인 운동이 얼마나 쉽게 발생할 것인지를 알 수 있다. 성형수술을 문화적이고 사회적인 이유에서 일차적이고 이차적인 특징을 유지하고 발달시키기 위해 하는 다른 모든 수술의 연장선에 있는 것으로 파악한다면, 그 모든 게 별로 이상해 보일 것은 없다고 주장할 수도 있다. 음경 확대술을 원하는 남성이나 유방 확대술 혹은 축소술을 원하는 여성은 확인을 받기 위해 정신과 의사에게 갈 필요는 없다고 알고 있다. 어째서 유방 축소술을 받고자 하는 여성에게는 정신과 인증이 필요 없는데, 음경 축소술을 원하는 남성에게는 그것이 필요한지를 현 젠더 규범의 관점에서 생각해보는 일은 물론 흥미롭다. 에스트로겐을 투약하는 여자나 비아그라를 먹는 남자에게는 정신장애의 예후가 없다. 내 생각에 그것은 이들이 '자연스러운' 것을 확대하려 하는 만큼, 규범 안에서 움직이고 있기 때문이라고 생각한다. 수용 가능한 규범 안에서 재조정도 하고,

때로는 전통적 젠더 규범을 공고히 하거나 강화하기도 하면서 말이다.

암에 걸린 젖가슴과 걸리지 않은 젖가슴을 둘 다 제거하기를 원했으니 거의 트랜스가 된 부치는 자신이 유방 절제술을 할 때 보험 혜택을 받을 유일한 방법은 다른 쪽 유방에도 암이 걸리거나 아니면 자신의 젠더 욕망을 의료적이고 정신의학적인 검사 대상이 되게 하는 것뿐이라고 생각했다. 그녀는 자신이 트랜스라고 생각하지는 않았지만, GID와 보험 혜택의 자격을 갖추기 위해 트랜스로 보이게 할 수는 있다는 것을 알았다. 때때로 유방 재건수술은 선택적 수술일지라도 의료보험의 혜택을 받지만, 유방 절제술은 보험 혜택을 받을 수 있는 선택적 수술에 포함되지 않는다. 보험업계에서는 여성이 작은 젖가슴을 원하는 것은 말이 되어도 젖가슴을 아예 원하지 않으리라는 것은 말이 안 된다고 보는 것이다. 유방을 원치 않는다는 것은 그녀가 여자이기를 바라는지 여부를 의문스럽게 만든다. 마치 유방을 없애고 싶다는 부치의 욕망은 그것이 젠더 장애의 신호이거나 다른 어떤 의료적 긴급성의 신호가 아닌 한은 그리 건강한 대안으로 보이지 않는 것처럼 말이다.

하지만 왜 우리는 그 사회적 의미가 무엇이라고 생각하는지와 상관없이 이런 다른 선택들을 선택으로 받아들이는 것일까? 우리는 한 여성이 젖가슴을 확대하거나 축소하는 것을 막을 권한이 사회에 있다고 생각하지 않으며, 어설픈 결과를 낳는 불법의의 수술을 받는 게 아닌 한 음경 확대가 문제라고도 생각하지 않는다. 어느 누구도 머리카락을 자르거나 기르겠다는 계획을 공표한다고 해서 정신과 의사에게 보내지는 않으며, 거식증의 위험이 없는 다이어트를 한다고 해도 마찬가지다. 그래도 그 범주가 모든 몸의 다양한 성적 지표를 의미한다고 생각하면, 이런 실천들은 이차적인 성적 특징을 발달시키려는 일상적 습관의 일부

라 할 수 있다. 몸의 특질이 성을 '나타낸다'고 해도 성이 자신을 나타
내는 수단과 꼭 같지는 않다. 성은 그것이 어떻게 읽히고 이해되어야 하
는지를 가리키는 기호signs를 통해 이해가 가능해진다. 이런 몸의 지표
가 성별화된 몸이 읽히는 문화적 수단이다. 이 지표는 그 자체가 몸에
관한 것이고 기호로서 작동하므로 성별화된 몸에서 '물질적으로' 진정
한 것과 '문화적으로' 진정한 것을 쉽게 구분할 방법은 없다. 나는 순수
하게 문화적인 기호가 물질적인 몸을 생산한다고 주장하려는 게 아니
다. 이런 기호가 없다면 몸이 성적으로 읽힐 수 없다는 것, 그리고 이
런 기호가 최소한 문화적인 동시에 물질적인 것이라고 주장하려는 것뿐
이다.

그러니 『DSM』의 젠더 정체성 장애 진단에 다가가는 이런 다양한 접
근 안에서 작동하는 것은 어떤 자율성인가? 우리가 이 진단을 유지할
지 폐기할지에 관해 제기될 법한 합당한 이견들을 통해 사고하는 방식
을 찾아내는 식으로 자율성에 대해 생각할 방법은 무엇일까? GID 진
단을 받은 모든 개개인이 다 트랜스섹슈얼도 아니고 또 트랜스섹슈얼이
되고 싶어 하지도 않는 것은 분명하지만, 그런데도 이들은 트랜스섹슈
얼이 되려는 목적을 강화하고자 이 진단을 사용하는 것 때문에 영향을
받고 있다. 이 진단을 사용한다는 것은 하나의 유용한 도구로서 이 진
단의 위상을 강화하는 것이기 때문이다. 이 진단을 사용하지 않을 이유
는 없으나 이것이 특정한 위험과 함의를 갖는 것도 사실이다. 이렇게 강
화된 진단은 그 사용자가 의도하지도, 용납하지도 않은 결과를 가져올
수 있다. 또 그것이 성전환에 필요한 자격과 재원을 확보하려는 개인에
게 중요한 욕구를 충족시켜줄 수 있지만, 의료 기관이나 정신의학 기관
에 의해 사용되면서 그 병리적 효과를 성전환자나 트랜스 청소년, 레즈

비언과 바이섹슈얼 그리고 게이 청소년들에게로 확대할 수도 있다. 개인의 관점에서 보면 이 진단은 누군가의 자기표현과 자기결정을 심화하는 도구로 간주될 수 있다. 실제로 이것은 삶을 살 만하게 만들고 어떤 이를 체현된 주체로 잘 살 수 있게 하는 토대가 되는 변화를 만들기 위해 우리가 필요로 하는 매우 근본적인 도구의 하나로 간주될 수 있다. 다른 한편 이 도구는 그 자체의 삶을 앗아가고 병리화로 인해 고통받는 사람들의 삶을 더 힘들게 만들 수 있다. 친권이나 취업, 주거 선택을 포함해 특정한 권리와 자유를 잃은 사람들의 삶을 더 힘들게 할 수도 있다. 이 진단에 붙어 있는 오명 때문에, 아니 더 정확하게는 그 진단이 강화하고 심화하는 오명 때문에 말이다. 물론 이런 오명이 없고 진단도 없는 세계에 사는 것이 최선이겠으나 우리는 아직 그런 세계에 살고 있지 못하다. 게다가 젠더 규범을 위반하는 사람들의 정신건강에 대한 깊은 의구심은 대다수의 정신과 담론 및 제도, 그리고 젠더에 대한 의료적 접근, 또 재정 지원과 의료 혜택을 받을 자격과 가능성의 문제를 규제하는 법적 기관과 재정적 기관의 구조를 만든다.

그러나 자유에 관한 관점에서 이루어져야 할 중요한 논의가 하나 있다. 자유가 취하는 특정 형상은 지금 인간의 선택을 지배하는 사회적 조건과 사회적 제도에 달려 있다는 것을 기억하는 것이 중요하다. 물론 트랜스섹슈얼리티가 선택의 문제이자 자유의 행사이며 또 그래야만 한다고 주장하는 것은 옳다. 심리학과 정신의학 전문가 측에서 제시하는 여러 제약들이 인간의 기본적 자유를 억압하는 권력의 가부장적 형식이라고 지적하는 것도 옳다. 이런 입장의 기저에 있는 것은 성전환에 대한 자유주의적 접근이다. 해리 벤저민 국제 젠더 위화감 학회의 회장을 맡고 있으며, 트랜스섹스의 권리 및 그들 부모의 권리를 강력히 지지하는 리처드 그린은 이 문제 대신 개인의 자유와 사생활이라는 문제를 논의한다. 그는 존 스튜어트 밀John Stuart Mill을 인용하면서 "성인이 다른 사람에게 해를 끼치지 않는 한, 자기가 원하는 대로 자기 몸을 다룰 수 있어야 한다"라고 강력히 주장했다. 따라서 "제3의 젠더, 트랜스섹슈얼, 혹은 곧 수족 절단술을 받을 사람이 수술 이후에도 계속해서 사회적 책임을 질 수 있다면, 이런 외과수술의 요구는 사회가 책임질 일이 아니다"[14]라고 썼다. 그린은 그 스스로 '철학적'이라 부르는 이런 주장을 하지만, 누가 돈을 낼 것인가의 문제, 그리고 개인의 자유로 옹호되는 절차에 사회가 돈을 낼 의무가 있는가의 문제에 대해서는 갈등을 빚는다고 지적한다.

나는 기독교 우파 담론 말고는 이 분야에 대해 글을 쓴 사람을 많이 찾아내지 못했다. GID에 대한 이들의 반응은 그 진단을 완전히 수용해서 "이 진단을 빼앗지 마세요! 제발 날 병에 걸린 사람으로 봐주세요"라고 말하는 것 같다. 물론 젠더 정체성 장애를 병적 양상이라고 주장하는 정신과 의사나 심리학자는 많다. 사우스캐롤라이나 대학 신경정신과와 행동과학과에는 자금력도 좋고 글도 엄청 써대는 조지 레커스George Rekers라는 교수가 있는데, 그는 논쟁적인 정치적 보수주의와 GID 진단을 강화하고 확장하려는 노력을 결합시켰다.[15] 그의 주된 관

---

14) Richard Green, "Transsexualism and Sex Reassignment, 1966~1999."

15) 예컨대 George A. Rekers, "Gender Identity Disorder," *The Journal of Family and Culture* 2, no. 3, 1986 참고. 이는 나중에 *Journal of Human Sexuality* 1, no. 1, a Christian Leadership Ministries Publication, 1996(www.leaderu.com/jhs/rekers)에 수정 게재되었다. 레커스는 트랜스섹슈얼리티의 '치료책'으로서 기독교로 개종할 것을 제안하며, 자신의 책 『아동과 청소년 성 문제 안내서*Handbook of Child and Adolescent Sexual Problems*』에서 이런 상황에서 '고통받고' '참회하는' 사람들을 위한 심리 지침을 제시한다.

심은 소년, 남자가 되어가는 소년, 이성애적 결혼의 맥락에서 강한 아버지가 되어가는 남자에게 있는 것 같다. 레커스는 GID 증가의 원인을 가족의 붕괴, 아들에게 있어 강력한 아버지상의 상실, 그리고 그것이 야기한다고 말해지는 결과적 '장애disturbance'에서 찾는다. 1994년 GID 청소년의 75퍼센트가 성인이 되어 동성애자가 된다고 밝힌 『DSM』의 결론을 인용한 것을 보면, 그가 소년들의 동성애 발생을 우려하고 있다는 점이 명백히 나타난다. 레커스는 경험론적 연구 프로토콜의 맥락에서 제시된 '데이터'로 가득 찬 방대한 연구물을 출판했다. 대단히 논쟁적이기는 하나 그는 자신을 과학자이자 경험론자라 생각하고, 반대 측 토론자에게 이데올로기적 편견이 있다고 주장한다. 그는 "남녀의 역할에 대한 급진적 이데올로기 때문에 혼란을 겪은 세대에게는 안정된 남성 및 여성 정체성에 잘 적응한 모범적 사례가 되는 남녀에 대한 확실한 연구가 필요하다"[16]라고 썼다. 그의 '확실한 연구'는 '가족생활 및 더 폭넓은 문화 속에서' 젠더 규범과 그 병리적 양상을 분명히 구분하는 것의 장점을 보여주기 위한 것이다. 그런 맥락에서 레커스는 "트랜스섹슈얼리즘을 치료하는 데 종교적 개종이 미치는 긍정적 치료 효과에 대해, 또 참회하는 동성애자에게 교회 목사가 미치는 긍정적 치료 효과에 대해 보고하는 일차적 결과물이 문헌으로 출판되었다"[17]라고 주장하기도 한다. 그는 상대적으로 여성에게는 관심이 없었던 것으로 보이는데, 내게는 그것이 레커스가 가부장적 권위에 몰두한 징후로 이해되며, 그가 전제한 남성적 권위에 대해 모든 부류의 여성이 제기할 법한 위협을

---

16) George A. Rekers, "Gender Identity Disorder."
17) 같은 곳.

레커스만 모른다는 그의 무능력함으로 이해된다. 깨지기 쉽고 부서지기 쉬운 구성물인 남성성이 올바른 길을 찾기 위해서는 결혼과 안정된 가족생활이라는 사회적 지원이 필요하기 때문에 남성성의 운명이 이 연구의 전부가 된 것이다. 그의 관점에서 보면 사실 남성성 자체가 흔들리는 경향이 있어서, 다양한 사회적 지원을 받아 안정되어야 한다. 동시에 남성성은 이런 사회 조직의 작용이며 그것 아니고는 어떤 내적 의미도 없다고 주장한다. 어쨌든 이 진단을 유지할 뿐만 아니라 강화하기 위해 강력하고 매우 논쟁적인 사례를 만드는 레커스 같은 사람들은 정상성을 지지하는 구조가 강화될 수 있도록 이 진단을 강화하기 위한 정치적으로 대단히 보수적인 이유를 제시한다.

아이러니하게도 성전환 수술을 받기 위해 그 진단이 필요한 사람들에게 그 진단의 혜택까지 포함해 이 진단을 처음에 필요하게 만든 것은 바로 정상성을 지탱하는 이런 구조들이다.

아이러니는 이 진단을 받는 사람들에게는 이 진단이 없다면 뭔가 해볼 희망이 없다는 것도 알게 된다는 데 있다. 지금 상황에서는 많은 사람들이 이 진단을 박탈당하거나 이 진단의 적합성을 확립하지 못할 경우 닥칠 결과에 대해 걱정하고 있다. 부자라면 양쪽 유방에 대한 절제술과 괜찮은 음경 성형술을 포함해 FTM 트랜스가 되는 데 드는 수만 달러의 돈을 쏟아부을 수 있겠지만, 대부분의 사람들, 특히 가난한 노동자 계급의 트랜스섹슈얼들은 그 비용을 다 감당할 수 없을 것이다. 사회의료보장 제도를 대체로 공산주의적 기획이라고 받아들이는 미국에서만큼은 우선 그렇게 해야 할 진지하고 심각한 의료적·정신의학적 이유가 있다는 확신 없이는 국가나 보험회사가 이런 절차에 비용을 대는 일이 일어나지 않을 것이다. 따라서 갈등이 형성되고 엄청난 고충이 따르게 될 것이다. 다른 젠더로 자신을 지속적으로 개념화해야 하고, 적응 정도를 예측하기 위해 하루 종일 상대 이성의 옷을 입어보는 시험 기간을 거쳐야 한다. 또 치료 세션이 있어야 하고, 마음의 평정 상태를 증언할 편지가 있어야 한다. 다시 말해 자유 행사와 같은 것이 가능해지는 지점에 도달하기 위해서는, 푸코가 규율 장치라고 명명했을 법한 것에 복종해야 한다. 누군가는 꼬리표와 명칭에 복종해야 하고, 돌연한 침범과 침입에도 복종해야 한다. 또 정상성이라는 잣대로 측정받아야 하고, 테스트도 통과해야 한다. 때로 그것이 의미하는 바는 우리가 이런 기준을 매우 잘 알아야 한다는 뜻이고, 합당한 후보자가 될 수 있도록 스스로를 표현할 방법도 알아야 한다는 뜻이다. 때때로 심리치료사들은 아무것도 모른 채 도움을 원하는 누군가에게 편지를 써달라는 요청을 받기도 한다. 진단 언어로 이런 편지를 써야 한다는 사실을 혐오하면서도 고객이 원하는 삶을 누리도록 돕기 위해서 말이다.

어떤 의미에서 이 진단을 둘러싼 규제 담론은 독자적 삶을 앗아간다. 규제 담론은 그(녀)가 원하는 바를 얻기 위해 그 언어를 사용하는 환자를 실제로 설명하고 있지 않을 수도 있다. 이 진단에 자기 이름을 서명해 넘겼더라도 그것이 심리치료사의 신념을 반영하지 않을 수도 있다. 이 진단에 전략적으로 접근하는 것에는 자신이 한 말과 다르게 생각하는 일단의 개인들이 포함되는데, 이들은 사실 어떤 것인지 또 어때야 하는지를 재현하지 않는 언어에 서명하고 있다. 원하는 것을 얻기 위해 이 진단을 사용한 대가는 우리가 정말 진실이라 여기는 것을 말하는 언어는 사용할 수 없다는 것이다. 말하자면 언어를 진실하게 사용하겠다는 주장을 희생함으로써 어떤 사람의 자유의 대가를 치르는 것이다. 다시 말해 하나의 자유를 포기함으로써 다른 자유를 얻는 것이다.

어쩌면 이런 문제 때문에 이 진단이 가져온 자율성의 난제를 이해하는 데, 그리고 자율성이 어떻게 특정 사회 수단을 통해 조건지어지고 표명되는 것으로 이해되는가라는 특정 문제를 이해하는 데 한발 더 다가가게 된다. 이런 변화가 시작될 수단을 확립하는 유일한 방법은 당신의 것이 아닌 담론 속에서, 당신을 재현하는 행위 속에서 정작 당신은 지워버리는 담론 속에서, 또 당신이 누구이고 어떻게 여기 왔으며 이 삶에서 무엇을 원하는지를 기술하는 데 사용하고 싶을 만한 언어를 거부하는 담론 속에서 당신 스스로를 표현하는 법을 배우는 길뿐이다. 만일 스스로 위장falsify하기로 동의하고 그 가운데 미래에 더 많은 사람들에게 이 진단이 미칠 힘을 지지하고 인정한다면, 그리고 이것이 협박이 아니라면 이런 담론은 당신이 스스로 원하는 삶과 몸과 젠더를 가질 기회를 주리라는 약속을 해주는 동시에 그 모든 것을 다 부인하기도 한다. 누군가 선택권은 옹호하면서 이 진단에 반대한다면, 그 사람은 그 결정으로 인해 파급된 엄청난 재정적 부담을 해결해야 할 것이다. 당장 눈앞에 활용할 수 있는 방안을 두고도 돈을 낼 수 없는 사람이나, 보험이 있다 한들 이런 선택적 수술에 대해 보험 처리를 해주지 않는 보험에 든 사람들이라면 말이다. 현재 샌프란시스코의 사례처럼, 이런 치료를 받고자 하는 도시 노동자에게 보험을 제공하는 지방법이 통과된다 해도 또 진단 테스트를 통과해야 하기 때문에 선택권은 분명 어떤 대가를 치러야만 획득할 수 있는 것이며, 때로는 진실을 그 대가로 치러야 하는 것이다.

가난하고 보험 적용도 안 되는 이런 사람들을 지원해주고 싶다면 보험 적용의 범위를 확대하려는 노력을 지지하고, 『DSM 4』에 성문화되어 있고 미국의학협회American Medical Association: AMA와 미국정신의학회

APA가 수용한 진단의 범주 내부에서 일어나는 노력을 지지해야 할 것으로 보인다. 젠더 정체성의 문제를 병리적이지 않은 것으로 만들라는 요청과, 선택적 수술과 호르몬 치료를 일단의 합당한 선택적 절차로서 보험 적용을 받을 수 있게 만들라는 요청은 실패할 수밖에 없어 보이는데, 그것은 단지 대부분의 의료계, 보험계, 법조계 종사자들은 장애에 관해 이야기해야만 성전환 기술의 혜택을 받도록 도와주기 때문이다. 거기에는 강력하고 합당한 인간적 요구가 있다는 주장은 부적당한 것으로 입증될 수밖에 없다. 상식적인 데다 보험회사의 관심도 끌 법한 정당화의 예로는 이런 것이 있다. 이런 성전환이 누군가의 삶을 윤택하게 할 어떤 인간적 가능성을 구현하는 경우, 공포와 수치와 마비로부터 나와 자존심을 고양하고 타인과 친밀한 유대를 형성할 능력을 갖추게 하는 경우, 또 이런 전환이 엄청난 고통의 원인을 약화하도록 도와주는 경우, 아니면 근본적 자아감을 표현하는 몸의 형태를 갖고자 하는 인간의 근본적 욕망을 실현하게 해주는 경우 말이다. 그런데 월터 복팅Walter Bockting 박사가 운영하는 미네소타 대학병원에 있는 것과 같은 몇몇 젠더 정체성 클리닉에서는 정말로 이런 논쟁을 하면서 이 문제에 대한 선택을 하려는 경향이 있는 사람들에게 도움이 되는 치료 환경을 실제로 제공해준다. 트랜스젠더나 트랜스섹슈얼로 살 것인지, 제3의 성이 될 것인지, 아니면 그 끝이 안 보이며 어쩌면 그 끝이 결코 없을 과정을 고려하는 선택을 하든 말이다.[18] 하지만 그런 클리닉에서조차 『DSM 4』에

---

18) Walter O. Bockting & Charles Cesaretti, "Spirituality, Transgender Identity, and Coming Out," *Journal of Sex Education and Therapy*, 26, no. 4, 2001: Water O. Bockting, "From Construction to Context: Gender Through the Eyes of the Transgendered," *Siecus Report*, October/November 1999 참고.

따르는 자료를 보험회사에 제출해야 한다.[19]

이 진단에 대한 전략적 접근을 통해 이루어지는 자유 행사에는 얼마간 자유롭지 않은 것도 포함된다. 이 진단 자체가 그 진단을 받는 사람들의 자기결정 능력을 떨어뜨리는데도, 역설적이게도 그 진단자의 자기결정은 종종 강화되는 것이다. 이 진단이 전략적으로 사용될 수 있을 때, 그리고 이 진단이 자신의 전제, 즉 진단받는 개개인이 다른 대안이 없는 상황에서 고통받는다는 전제를 약화시킬 때, 이 진단의 사용은 그 진단의 목적 자체를 전복할 수 있다. 다른 한편 이 테스트를 통과하기 위해서는 이 진단이 사용하는 언어에 복종해야 한다. 진단에 명시된 목적이 한 개인이 다른 젠더의 규범에 맞추어 성공적으로 순응하며 살 수 있는지를 알고자 하는 것이기는 하지만, GID가 제시하는 진짜 테스트는 이 진단의 언어에 순응할 수 있는지 여부로 보인다. 다시 말해 그것은 다른 젠더로서의 삶을 지배하는 규범에 순응할 수 있는지의 문제가 아니라, 이런 규범이 무엇인지를 규정하는 **심리 담론**에 순응할 수 있는지의 문제다.

그 언어를 한번 들여다보자. 『DSM』의 GID 섹션은 이 진단이 두 부분으로 되어 있다는 것을 명시하면서 시작된다. 첫번째 부분은 "강하고 지속적인 젠더 교차적 동일시cross-gender identification가 있어야 한다"이다. 내 생각에 정체성이란 언제나 그 모습 그대로 나타나는 게 아니므로 이를 확인하기란 어려울 것이다. 정체성은 숨겨진 환상의 양상, 꿈의

---

19) 어떻게 미네소타 대학병원이 이 진단을 사용해서 혜택을 확보하는 동시에 고객에게 우호적인 환경을 제공하는지에 대한 인상 깊은 설명으로는 Walter O. Bockting, "The Assessment and Treatment of Gender Dysphoria," *Direction in Clinical and Counseling Psychology*, 7, lesson 11, 1997 참고. 다른 인상적인 설명으로는 Richard Green, "Transsexualism and Sex Reassignment, 1966~1999" 참고.

여러 부분들, 혹은 불안정한 행동의 구조로 남아 있을 수 있다. 그러나 『DSM』은 어떤 사람의 정신생활 속에서 어떤 정체성이 작용하고 있는지 행동으로 읽어낼 수 있다고 가정하면서, 정체성에 좀더 실증적인 방식으로 접근할 것을 요구한다. 젠더 교차적 동일시는 다른 성'이고 싶은 욕망' 혹은 그 사람이 다른 성'이라는 주장'으로 정의된다. 여기서 '혹은'이라는 게 중요한데, 그 이유는 자신이 다른 성이라고 반드시 주장하지 않더라도 '다른 성' — 여기서 잠시 '다른 성'이 무엇인지 유보해두어야 할 텐데, 어쨌거나 내 생각에 이것은 그리 분명하지가 않다 — 이 되고 싶을 수 있다는 뜻이 암시되어 있기 때문이다. 이것은 별개의 두 기준이다. 이들은 동시에 발생할 필요가 없다. 그러니 누군가 자신이 다른 성이라고 주장하지는 않지만 다른 성'이고 싶은 욕망'을 가지는지 결정할 방법이 있다면, 그것이 젠더 교차적 정체성이 발생 중이라는 결론을 내리기에 마땅한 토대처럼 보일 것이다. 다른 성'이라는 주장'이 있다면 그것은 별개의 기준으로 작용할 것이며, 그 기준이 충족만 된다면 젠더 교차적 정체성이 발생 중이라는 결론을 보장할 것이다. 두번째 부분에서는 자기는 다른 성**이라고** 주장하는 발화 행위가 요구된다. 이 주장은 그 사람 자신의 목소리로 자신이 다른 성이라고 주장하는 방식이자 다른 성을 자신의 특성으로 주장하는 방식으로 이해된다. 그러니 이런 '이고 싶은 욕망'과 '이라는 주장'에 관한 몇몇 표현은 그 주장을 하기 위한 합당한 근거에서 제외되어 있다. "이것은 단순히 다른 성이 되면 얻을 것으로 인식되는 모든 문화적 이점에 대한 욕망이어서는 안 된다"는 것이다. 이제 판단 중지의 순간이 오는데, 이 진단은 그 성이 되는 것의 문화적 이점이 무엇인지 고려하지 않고도 우리가 성과 관련된 경험을 할 수 있다고 가정하고 있기 때문이다. 실제로 그것이 가능한가? 성이 의미의 문화적 모태 안에서 경험되는 것이라면, 또한 성이 더 폭넓은 세상과 관련해 그 중요성과 의미를 가지게 된다면, 우리는 이런 '성'의 경험을 그 사회적 의미와 분리해서 생각할 수 있을까? 그 의미를 통해 권력이 작동하는 방식까지 포함해서? '성'은 총괄적으로 사람들에게 적용되는 용어이므로 마치 나의 '성'이 근본적으로 독특한 것인 양 지칭하기는 어렵다. 그래서 일반적으로 말해 문제가 되는 것은 '나의 성'이나 '너의 성'뿐만이 아니라 '성'의 범주가 성의 개별 적용 사례를 초월하는 방식이기도 하다면, 이런 문화적 모태 바깥에서 성을 인식하는 것도, 그 때문에 누릴 수 있는 이점의 바깥에서 이런 문화적 모태를 이해하는 것도 불가능해 보일 것이다. 사실 우리가 문화적 이점에 대해 생각할 때, 즉 그로 인해 누릴 문화적 이점 때문에 우리가 뭔가 ─ 뭐든 ─ 하고 있는 게 아닌지 생각해볼 때, 우리가 하는 일이 내게 이로운 것인지, 다시 말해 그것이 내 욕망과 포부를 강화하거나 충족시키는지를 물어야 한다.

사회에서는 여자보다는 남자가 되는 것이 용이하기 때문에 FTM이 생긴다고 주장하는 엉성한 분석도 있다. 그러나 이런 분석들은 바이오젠더bio-gender로 인식된 것, 다시 말해 타고난 성을 '따르는' 것 같은 젠더보다 **트랜스**가 되는 것이 더 쉬운지를 묻는 게 아니다. 만일 사회적 이점이 이 모든 결정을 일방적으로 지배한다면 아마 사회에 대한 순응을 옹호하는 세력이 승리하게 될 것이다. 다른 한편, 당신이 밤거리에서 멋들어진 붉은 스카프에 딱 붙는 스커트를 입고 싶다면 여자인 게 더 유리하다고 주장할 수도 있다. 이 세상 몇몇 장소에서는 생물학적 여성, 드랙인 사람, 트랜스젠더, 트랜스 여성 모두가 공통적으로 거리에서 위험하다고 느끼며, 특히 그들 중 누구라도 창녀로 인식될 때는 더 그런 것이 분명한 사실이다. 이와 유사하게 당신이 철학 세미나에서 진지하게 받아들여지고 싶다면 남자인 것이 보통 문화적으로 더 유리하다고 할 수 있다. 하지만 말을 번듯하게 할 수 없다면 전혀 유리할 게 없다. 남자라는 게 말을 번듯하게 할 수 있는 충분조건은 아니다. 그러니 어떤 성이 되는 것의 문화적 이점을 고려하지 않은 채 이런저런 성이 되는 것을 고려할 수 있는지 의심스럽다. 그것이 가져올 문화적 이점은 특정한 욕망을 가진 사람, 또 특정한 문화적 기회를 이용할 위치에 있고자 하는 사람이 갖는 이점이기 때문이다.

만일 다른 성이고 싶은 욕망이나 다른 성이라는 주장이 문화적 이점과 관련 없이 평가되어야 한다고 GID가 주장한다면, 그건 GID가 이런 특정한 종류의 욕망을 만들고 유지하는 데 들어가는 문화적 힘을 오해한 탓일 것이다. 그래서 이제 GID는 상대적인 이익과 불이익이 그 핵심 부분이 되는, 권력관계의 문화적 모태 바깥에서 성이 **조금이라도** 인식될 수 있는가라는 인식론적 질문에도 대답해야 할 것이다.

또한 이 진단은 어떤 사람이 타고난 성에 대한 '지속적인 불쾌감'이나 '부적합함'이 있어야 한다고 요구하는데, 바로 이 지점이 그것을 '제대로 이해하지 못한' 담론이 등장하는 대목이다. 그 담론의 전제는 사람들이 가질 수 있고 실제로 갖는 타당한 감각, 나로서는 이 젠더가 내게 합당하다는 감각이 있다는 것이다. 그게 옳은 규범이라면 내가 가졌을, 가질 수 있었을, 우리가 누릴 수 있었을 안락감이 있을 것이라는 말이다. 의미심장하게도 이 진단은 젠더 규범이 상대적으로 고정된 것이라고 전제하면서, 문제는 당신이 올바른 젠더를 찾았는지, 즉 지금 있는 그곳이 당신에게 합당하다고 느껴지는 젠더, 지금 상태 그대로 당신이 편안하게 느끼는 젠더를 찾았는지를 확신하는 것이라고 전제한다. 거기에는

'고민'의 증거가 있어야 한다. 그렇다. 분명 고민 말이다. 그리고 '고민'이 없다면 '장애'가 있을 것이다. 그러니 이 대목에서 이 모든 것, 고민과 장애라는 것이, 즉 직장 일이나 어떤 일상적인 집안일을 잘 처리할 수 없다는 게 어디에서 비롯된 것인지를 묻는 것이 타당하다. 이 진단은 그 사람이 잘못된 젠더로 살고 있어서 고민하고 불편함과 부적합함을 느낀다고 전제한다. 그리고 문제의 그 사람이 할 수만 있다면 다른 젠더 규범을 따르는 것이 그 사람의 기분을 훨씬 좋게 해주리라고 전제한다. 그러나 이 진단은 자신이 고정되고 불변하는 것이라고 생각하는 규범에 문제가 있지는 않은지, 이런 규범이 고민과 불편을 만들지는 않는지, 어떤 사람의 행위 능력을 저해하지는 않는지, 혹은 몇몇 사람이나 많은 사람들에게 고통의 원인을 만들지는 않는지에 대해서는 질문하지 않는다. 규범이 안정감이나 소속감을 주는 조건은 무엇이며, 심지어는 미래와 인생과 복지를 느끼게 하는 특정한 인간적 가능성을 실현하기 위한 장이 되는 조건은 무엇인지도 묻지 않는다.

이 진단은 크로스젠더를 겪는 사람을 정의하는 기준을 확립하려 하는데, 그 과정에서 젠더 규범에 대한 매우 엄격한 해석을 표명한다. 그것은 단순한 기술description의 언어로 젠더 규범에 대해 이런 설명을 내놓는다. "남자의 경우 젠더 교차적 정체성은 전통적으로 여성적인 활동에 대한 뚜렷한 몰두로 표현된다. 그들은 소녀나 여성의 옷을 입고 싶어 하는 경향이 있고, 진짜 여자 물건을 구할 수 없을 때는 **가능한 재료로 이런 물품을 즉석에서 만들 수 있다.** 수건, 앞치마, 스카프는 종종 긴 머리와 치마를 나타내는 데 사용된다"(강조는 필자). 이런 기술은 수집되고 요약된 관찰의 역사에 기반을 두고 있는 것으로 보인다. 즉 누군가 이런 행동을 하고 있는 소년을 관찰해 그걸 보고서로 썼고, 다른 사람들도 같은 작업을 했고, 그런 보고서가 쌓였으며, 관찰한 자료로부터 일반화가 도출된 것이다. 그러나 그것은 누가 관찰하는 것이며 어떤 관찰의 잣대를 통한 것인가? 우리는 그것을 알 수 없다. 남자들의 이런 동일시는 '전통적으로 여성적인 활동'에 몰입하는 것으로 '표시'된다고 말해지지만, 이 표시가 무엇으로 구성되었는지는 알지 못한다. 그래도 그 '표시'는 중요해 보인다. 그 표시가 해당 관찰을 당면한 주장의 증거로서 택한 것일 테니 말이다.

  사실 이 주장에 따른 결과는 이 주장 자체를 약화시키는 것처럼 보인다. 이 남자들이 한다고 말해지는 것은 일련의 대체 행위와 즉흥 행위에 참여하는 것이기 때문이다. 우리는 이 남자들이 소녀나 여자 옷 입기를 선호한다고 들었지만, 그런 선호가 실제로 여자 옷을 입는 것으로 표현되는지는 듣지 못했다. 어떤 추정된 정신 상태나 내적 기질을 기술할 뿐인 '선호'라는 모호한 개념에 우리가 던져져 있는 것일 수도 있고, 어쩌면 그 개념이 행동에서 추론된 것일 수도 있다. 마지막 것은 해석에 열려 있는 듯 보인다. 이들이 참여하는 행위는 즉흥 행위이고, 구할 수 있는 물건을 가지고 여성스러운 옷가지로 활용하는 것이라는 말도 듣게 된다. 여성스러운 옷은 '진짜 옷'이라고 불리는데, 그 때문에 우리는 남자들이 즉흥적으로 만드는 재료가 가짜나 '거짓'까지는 아니더라도 진짜만 못하거나 진짜와는 다르다고 결론 내리게 된다. "수건, 앞치마, 스카프는 종종 긴 머리와 치마를 나타내는 데 사용된다." 그렇다면 거기에는 어떤 상상의 연극이 있고, 즉흥 행위와 대체 행위를 통해 한 물건을 다른 물건으로 변모시킬 능력이 있는 것이다. 다시 말해 여기에는 어떤 예술 활동이 진행 중이고, 그것을 단순히 규범에 순응하는 행위로만 명명하기는 어려울 것이다. 뭔가 만들어지고 있고, 뭔가 다른 어떤 것으로 만들어지고 있고, 뭔가가 시도되고 있다. 그것이 즉흥 행위라면 그 대본은 미리 완전하게 다 쓰인 어떤 것이 아니다.

이렇게 기술해봤자, '여성적 판타지 인물'뿐 아니라 '전형적인 여성적 유형의 인형'—이름을 들자면 바비인형—에 대해 이 남자들이 느끼는 매혹만을 주장할 뿐이겠지만, 사실 우리는 이 인형과 판타지가 젠더 정체성 형성에서 차지하는 위치에 대해서는 설명을 듣지 못한다. 어떤 젠더가 매혹의 장소가 되거나, 혹은 소위 말하는 스테레오 타입이 정말로 매혹의 근원이 되는 것에는 그 스테레오 타입과 맺는 몇 가지 관계들이 포함될 것이다. 스테레오 타입은 중층 결정되어 있기 때문에 매혹적일 것이고, 서로 다른 수많은 욕망의 장소가 되었을 수도 있다. 『DSM』은 당신이 갖고 노는 인형이 바로 당신이 되고 싶은 것이라고 전제하지만, 당신은 그것의 친구나 경쟁자, 연인이 되고 싶을 수도 있다. 어쩌면 당신은 한꺼번에 셋 다 되고 싶을 수도 있다. 아니 어쩌면 그 인형과 맞바꾸기를 하는 것인지도 모른다. 어쩌면 인형과 논다는 것도 일단의 복합적 기질이 표명되는 즉흥 행위의 장면일 수 있다. 어쩌면 여기에는 단순히 규범에 순응하는 행위 외의 다른 무엇이 작용하고 있는 중일 수도 있다. 어쩌면 규범 자체가 작용되고 탐구되고 파열되는 중일 수도 있다. 만일 이런 종류의 문제들을 제기해 연구하려 한다면, 우리는 이런 작용을 『DSM』이 받아들이는 것보다 더 복합적인 현상으로 받아들일 필요가 있을 것이다.

『DSM 4』에 따르면, 여자들이 젠더 교차적 동일시를 하고 있다고 말할 수 있는 방식은 이들이 어떤 종류의 옷을 입을지에 대해 부모와 언쟁을 벌이는 것이다. 그들은 분명히 남자 옷과 짧은 머리를 선호하고, 친구들도 주로 남자이며 자신도 남자가 되고 싶다는 소망을 표현한다.

또한 이상하게도 "낯선 이들에게 종종 남자로 오해받기도 한다." 나는 어째서 낯선 이들에게 남자로 인식되는 것이 그 사람의 젠더 교차적 동일시를 확인하는 증거가 되는지를 생각해보려 한다. 마치 낯선 이가 여자의 심리적 특성에 대해 뭔가 **아는** 것처럼, 아니면 그 여자가 낯선 이에게 여자라고 불러달라고 조르기라도 하는 것처럼, 어떤 임의적인 사회적 배치가 그 증거로 작용하는 것처럼 보인다. 『DSM』은 더 나아가 그 여자는 "남자 이름으로 불러달라고 요구할 수 있다"라고 말한다. 하지만 거기서도 여자는 처음에 남자로 불리고 남자로 불린 후에야 그렇게 불리는 것의 합당성을 확인해줄 어떤 이름을 가지려는 것으로 보인다. 여기서 다시 한 번 『DSM』이 제시하는 언어 문구 자체가 자신의 주장을 약화시키는 듯하다. 왜냐하면 그것은 젠더 교차적 동일시가 젠더 정체성 장애의 일부라서, 치료를 통해 말해질 수 있는 심리적 문제라고 주장하고 싶어 하기 때문이다. 각 개인은 자신이 '배치받은 성'과 어떤 관계를 맺고 있다고 생각하며, 이 관계는 불편과 고민의 관계 아니면 평안과 안락함의 관계라 생각한다. 그러나 '배치받은 성'이라는 개념, 즉 타고날 때 '배치받은' 성이라는 개념에는 성이란 사회적으로 생산되고 전달된다는 의미가 들어 있다. 또 성이란 우리 자신에 대해 각각이 만든 사사로운 관념으로만 생각되는 것이 아니라, 그 원칙과 위력이 우리를 초월하여 우리에게 배치된 사회적 범주로 우리를 만드는 비평적 심문, 또 결과적으로는 우리 몸의 자리에서 자신을 구현하는 비평적 심문으로도 생각된다. 『DSM』이 거의 자신의 목적에 거스르는 것처럼 계속 반대편 증거를 대고 있는데도, 젠더를 다소 고정되고 전통적인 규범 집합으로 확립하려 한다는 것은 흥미로운 사실이다. 즉흥 행위나 대체 행위를 하는 남자들이 기존 규범에 순응하지 않는 어떤 행위를 하고 있던 것처럼, 여자들도 사회적 배치에 대해, 누군가 자신을 남자라고 부르기 시작할 때 일어날 수 있는 일에 관해, 그리고 그것이 가능하게 만들 수 있는 일에 대해 뭔가 이해하고 있는 것으로 보인다. 이런 혼란을 잠재우고 합당한 호명을 획득한 여자가 기존의 '장애'를 나타내는 증거가 되는지는 잘 모르겠다. 그보다 그녀는 배치를 통해 성이 존재하게 되고 자신에게 행위 주체성, 연극, 또 가능성의 의미를 촉발하는 재배치의 가능성을 여는 수단 자체에 주목하고 있다. 스카프가 마치 뭔가 다른 것이라도 되는 듯 그걸 갖고 연기하는 남자들은 이미 연극 소품과 즉흥 행위의 세계에서 스스로를 표현하고 있는 것이다. 마찬가지로 뭔가 다른 이름으로 불릴 가능성을 잡은 여자는 그 세상의 맥락에서 자신의 이름을 정할 가능성을 탐색하는 중인 것이다. 그들은 그저 내적 상태를 보여줄 증거만 제시하는 것이 아니라 특정 종류의 행동을 하고 있으며, 심지어는 어떤 실천, 즉 젠더 자체를 만드는 데 핵심적이라고 드러난 실천에도 관여하고 있다.

『DSM』은 많은 정신과 의사들이 그러하듯, 그런 장애가 있는 삶은 고민과 불행의 원인이라 주장하면서 동정 담론을 제시한다. 『DSM』은 이 주제에 관해 그 자체의 반시antipoetry 정신[20]을 갖고 있다. "아동들에게 있어 고민은 자신이 배치받은 성에 관한 일정한 불만감으로 표현된다." 그리고 여기서의 유일한 불만감은 내적 욕망으로 인해 만들어진 것이지 이런 아이에게 사회적 지원이 없다는 사실이나, 그들이 표현하는 불만감을 들어주는 어른들이 그들을 진단하고 병리화하고 있다는 사실, 혹은 젠더 규범이 불만감의 표현이 일어나는 대화의 틀이 된다는

---

20) (옮긴이) 규범적 시 전통과 단절하려는 문학 운동이나 정신.

사실로 인해 만들어지는 것이 아니다. 『DSM』은 자기가 그 진단의 결과로 증상을 완화시킬 수 있는 고민을 진단해낸다고 생각하는 동시에, '사회적 압박'은 '이런 아동에게 극단적 소외'를 야기할 수 있다고도 생각한다. 우리는 청소년 또래 집단이 트랜스젠더 청소년에게 주는 압박의 잔인함이 자살을 유발할 수 있다는 것을 알지만, 『DSM』은 자살에 관해서는 말하지 않는다. 『DSM』은 보통 죽음이나 살해 위협에 대해서는 말하지 않으며, 2002년 캘리포니아 주에서, 특히 우리 집에서 불과 수 마일 떨어진 곳에서 일어난 일에 대해서는 말하지 않는다. 트랜스젠더인 그웬 아라우조가 드레스를 입고 십대들의 파티에 갔을 때, 그리고 그 시신이 시에라 언덕에서 구타당하고 목 졸린 채로 발견되었을 때 일어난 일에 대해서는 말이다.

확실한 것은, 폭력에 의한 자살과 죽음이 실제 문제로 존재하는 세계에 살고 있다는 사실에서 오는 '고민'은 GID 진단에 들어 있지 않다는 점이다. '또래 집단의 놀림과 배척'이라 완곡히 불리는 것에 대해 간략히 논의한 뒤, 『DSM』에 "아동들은 자신에게 할당된 성에 전형적인 옷을 입으라는 압박과 놀림 때문에 등교를 거부할 수 있다"라고 언급된 것을 생각해보자. 여기 이 책의 문구는 사회적 규범의 압박 때문에 정상 기능에 장애가 있을 수 있다고 이해한 듯하다. 그러나 바로 그다음 문장에서 이 책은 종종 '일상 활동에 개입해' 사회적 소외 상황을 만드는 것은 바로 그 사람의 크로스젠더 소망에 대한 몰두라고 주장하면서 이 사회적 규범으로 야기된 고민을 길들인다. 어떤 면에서 트랜스젠더 청소년에 대한 사회적 폭력의 현실은 놀림과 압박이라는 표현으로 완곡하게 나타나고, 이로 인해 야기된 고민은 크로스젠더 소망 자체에서 비롯된 것처럼 보이는 내적인 문제, 몰두의 기호, 자기 몰두로 재해석된다. 정말 여기서 말해진 '소외'가 실제로 있는 것일까, 아니면 지지 공동체들이 이 관찰에서는 비껴나 있는 것일까? 그런 소외가 일어날 때, 결국 소외는 병적 징후의 기호가 되는가? 아니면 그것은 어떤 사람이 특정한 종류의 욕망을 공적으로 표현한 대가인가?

그러나 가장 걱정스러운 점은 이 진단이 고민을 발생시키고, 어떤 소망을 병적인 것으로 확정하고, 제도적 환경에서 그 소망을 표현하는 사람에 대해 규제와 통제를 강화하면서 그 자체가 어떻게 하나의 사회적 압박으로 작동하는가이다. 실제로 트랜스 청소년 진단이 다름 아닌 또래 집단의 압력, 즉 고상하게 표현된 놀림이나 완곡하게 표현된 사회적 폭력으로 작용하지 않는지를 물어야 한다. 그리고 이 진단이 젠더 규범을 옹호하고 기존 규범에 대한 적응 사례를 만들면서 바로 그런 방식으로 실제로 작용하고 있다는 결론에 이른다면, 이제 진단이 또한 제시하는 것은 무엇인가라는 골 아픈 문제로 어떻게 되돌아갈 것인가? 이 진단이 제시하는 것의 일부가 어떤 사회적 인정의 형식이고, 그 사회적 인정이 취하는 형식이라면, 그리고 의료보험을 포함해 제3자가 때때로 권장하기도 하는 의료적이고 기술적인 변화의 비용을 지불하는 것이 이런 사회적 인정을 통해서만 가능하다면, 정말 이 진단을 완전히 없앨 수가 있는 것인가? 한편으로 우리가 마침내 마주한 이 딜레마는 사회적 인정이 규제되는 관점과 관련된다. 이를 개인의 권리로 이해하는 시민 자유주의의 입장이 매혹적이기는 해도, 개인의 권리는 사회적·정치적 수단을 통해서만 보호되고 행사될 수 있을 뿐이라는 게 사실이기 때문이다. 어떤 권리를 주장한다는 것과 그것을 행사할 권한을 가진다는 것은 똑같지 않으며, 이 경우 당장 인정받을 수 있는 유일한 권리는 '장애를 치료받을 권리와 그런 교정을 향한 의료적·법적 혜택을 이용할 권리'이다. 이런 권리는 병리화 담론에 복종해야만 행사할 수 있고, 그런 담론에 복종해야만 특정한 권한과 자유도 얻을 수 있다.

이 진단은 고통을 경감시키는 길로 이어진다고 말할 수 있고 또 그렇게 말해야 할 것이다. 더불어 이 진단은 완화시켜야 할 고통을 오히려 강화시킨다고도 말할 수 있고 또 반드시 그렇게 말해야 할 것이다. 젠더 규범이 여전히 전통적인 방식으로 표명되고, 규범으로부터의 이탈은 범법의 가능성으로 여겨지는 현재의 견고한 사회적 조건에서는 자율성이 패러독스로 남아 있다.[21] 물론 국가가 성의 재배치 수술에 비용을 대는 나라로 변화할 수도 있고, 그런 고비용을 부담할 수 없는 사람들에게 도움을 주고자 광의의 공동체가 제공하는 '트랜스젠더 기금'을 신청해볼 수도 있으며, 정말 '성형수술' 비용을 개인에게 제공해주는 '정부 보조금'을 신청해볼 수도 있다. 트랜스인 사람들이 심리치료사나 진단의가 되고자 하는 운동은 지금도 도움이 되며 앞으로도 분명 도움이 될 것이다. 이 문제가 사라질 때까지 이런 것들이 그 문제의 주변부 도처에 있을 것이다. 그러나 마침내 곤경이 사라지게 되면 우리가 젠더 정체성과 정신건강의 관계를 이해하는 방식을 지배하는 규범도 근본적으로 변화되어야 할 것이다. 그래서 어떤 젠더가 된다는 것이 그 사람의 인간됨의 의미에, 복지의 의미에, 몸의 존재로 잘 살 가능성에 얼마나 핵심적인지를 경제적·법적 기관이 인정하게 될 것이다. 자신이 어떤 사람이라고 주장하기 위해서 그 사람에게 이 세상은 어떤 특정한 방식으

---

21) 앞에서 인용한 강의록에서 리처드 그린은 이 패러독스는 자율성과 복종 사이에 있는 것이 아니라, 트랜스섹슈얼리즘이 자가 진단된다는 사실로 암시된다고 주장한다. 그는 "환자가 진단도 내리고 치료 지시도 하는, 조금 다른 형태의 정신 치료나 진료 상황을 찾기 어렵다"고 본다.

로 있어야 할 뿐 아니라, 결국 그 사람만의 고유성은 언제나 처음부터 그 사람만의 것이 아닌 것, 자율성이 이상한 방식으로 박탈되고 허물어지는 사회적 조건에 의존한다는 것이 밝혀진다.

그런 의미에서 우리는 우리 자신을 행위로 구성하기 위해 허물어져야 한다. 즉 우리가 누구인지를 만들어내기 위해 더 큰 사회적 존재 구조의 일부가 되어야 한다. 이것이 분명 자율성의 패러독스이며, 젠더 규제가 여러 다양한 층위에서 젠더 주체성을 마비시키는 작용을 할 때 강화되는 패러독스이다. 이런 사회적 조건이 근본적으로 변화될 때까지 자유는 비자유를 요구할 것이며, 자율성은 복종과 연관될 것이다. 이 사회 세계가 — 즉, 우리의 구성적 타율성constitutive heteronomy을 나타내는 기호가 — 자율성을 가능하게 만들도록 변해야 한다면, 개개인의 선택은 처음부터 우리 중 그 어떤 주체도 제 뜻대로 할 수 없던 조건에 의존한다는 것이 입증될 것이며, 그 어떤 개인도 근본적으로 변화된 사회 세계의 맥락을 벗어나는 선택을 할 수 없다는 점이 입증될 것이다. 이런 변화는 어떤 단일한 주체에게도 속하지 않은, 집단적이고 또 산발적인 행위의 증가에서 오는 것이지만 이런 변화의 한 가지 결과는 주체처럼 행동하는 것을 가능하게 만드는 것이다.

5장

# 친족은 언제나 이미 이성애적인가?

게이 결혼이라는 주제가 게이 친족이라는 주제와 꼭 같은 것은 아니지만, 이 둘은 미국의 대중 여론에서 혼동되는 것으로 보인다. 결혼은 이성애적 제도이자 유대이고 또 반드시 그래야 하며, 친족도 인정받을 만한 가족의 형태를 띠지 않으면 친족으로 작동하지도 친족의 자격을 얻지도 못한다는 소리가 들리니 말이다. 이런 견해들을 연결해주는 몇 가지 방식이 있다. 한 가지 방식은 섹슈얼리티가 재생산 관계에 기여하도록 조직되어야 한다고 주장하는 것이다. 또 결혼은 가족 형태에 법적인 위상을 부여하는 것이거나, 더 정확히 말하면 그런 법적 위상의 부여를 통해 제도를 안정시켜야 하는 것으로 간주되므로 결혼이야말로 이런 제도들이 계속 서로에게 영향을 미치게 만드는 버팀목이 되어야 **한다고** 주장하는 것이다.

물론 이런 연결에 대한 문제 제기는 매우 많으며, 국내외에서 다양한 형식을 취한다. 한편에서는 현재의 사법적 관념이 닿을 수 있는 범위를 초월하는 데다 정형화가 불가능한 법칙에 따라 작동하면서 핵가족 모델을 따르지도 않으며, 생물학적이고 비생물학적인 관계로 맺어진 수많은 친족 관계가 미국 내에 존재하고 존속한다는 것을 입증하는 여러 사회학적 방법이 있다. 우리가 친족을 삶의 재생산과 죽음의 요구가 타협하는 다양한 종류의 관계를 확립하는 일련의 실천이라고 본다면, 친족이라는 관행은 인간 의존성의 근본적 형식에 대해 말하고자 생겨났을 것이다. 그것은 (몇 가지 열거하자면) 출생, 자녀 양육, 감정적 의존과 부양 관계, 세대 간 결속, 질병, 임종 과정, 그리고 죽음을 포함한다. 친족이란 그것을 정의하라는 명령을 통해 만들어진, 공동체나 우정과는 다르다고 선언될 정도로 완전히 자율적인 양상도 아니고, 국가가 규정한 것도 아니며, '끝났거나' '죽은' 것도 아니다. 데이비드 슈나이더가 결국 주장했듯, 그것이 과거에 민속학자들이 시도했던 전통적 방식으로 정형화되고 그 기원을 추적할 능력을 잃었다는 이유만으로는 말이다.[1]

최근 사회학에서 친족 개념은 결혼에 대한 전제와 분리되었다. 예컨대 이제는 고전이 된, 도시에 사는 아프리카계 미국인 친족에 관한 캐럴 스택의 연구서 『우리의 모든 친족』은 어떻게 친족이 여성들의 네트워크, 일부는 생물학적 유대로 연결되지만 다른 일부는 그렇지 않

---

1) 민족지학적 설명 속에서 이성애와 결혼의 유대에 관한 부적절한 가정 때문에 친족 연구에 대한 접근이 얼마나 심하게 훼손되었는지에 관한 중요한 분석으로는 David Schneider, *A Critique of the Study of Kinship*, Ann Arbor: University of Michigan Press, 1984 참고. 또한 David Schneider, *American Kinship: A Cultural Account*, 2nd ed., Chicago: University of Chicago Press, 1980 참고. 이런 비평의 연장선에서 특히 친족 체계의 결혼 유대에 전제된 위상과 관련된 논의로는 현대 페미니즘 친족 연구에 대한 존 본먼의 비평을 참고. John Borneman, "Until Death Do Us Part: Marriage/Death in Anthropological Discourse," *American Ethnologist* 23, no. 2, May 1996, pp. 215~35.

은 네트워크를 통해 작동되는지를 보여주려는 것이다.[2] 너새니얼 매키 Nathaniel Mackey와 프레드 모튼Fred Moten의 새 연구는, 노예제의 역사가 아프리카계 미국인 친족 관계에 미친 지속적 영향을 중심으로 하면서, 노예제에 의한 친족 관계의 박탈이 어떻게 아프리카계 미국인의 삶에 서 '상처 입은 친족'이라는 유산으로 계속 이어졌는지를 입증했다. 사이디야 하트먼의 주장대로 "노예제가 친족 장치 내부의 유령"[3]이라면 그 것은 아프리카계 미국인 친족이 강력한 국가 감시가 이루어지는 장소이 자 병리화의 장소였기 때문이고, 그것은 계속되는 사회적·정치적 위신 의 실추라는 맥락 속에서 정상화의 압력에 복종하게 되는 이중의 구속 으로 이어졌다. 그 결과 친족의 문제를 재산 관계(및 재산으로 간주된 사 람들)와 분리하는 것도 불가능하고, 이런 관계가 유지되는 국가적·인종 적 관점뿐만 아니라 '혈연'의 허구와 분리하는 것도 불가능하다.

캐스 웨스턴은 레즈비언과 게이의 비결혼 친족nonmarital kinship 관계 에 대해 민족지학적[4] 설명을 했는데, 이런 관계는 이성애에 기반을 둔 가족 관계의 외부에 등장하고 몇몇 경우 일부만 가족 형태와 유사하 다.[5] 2001년 인류학자 카이 후아는 중국의 나Na 부족 연구[6]에서 친족

---

2) Carol Stack, *All Our Kin: Strategies for Survival in a Black Community*, New York: Harper and Row, 1974.

3) Saidiya Hartman, *Conversation*, spring 2001.

4) (옮긴이) 주로 사회학과 인류학에 사용되는 사회과학적 연구 방법으로 인간 사회나 문화에 관한 경험적 자료를 활용하는 방법을 지칭하며 필드 스터디field study나 사례 보고서라고도 불린다.

5) Kath Weston, *Families We Choose: Lesbians, Gays, Kinship*, New York: Columbia University Press, 1991.

6) (옮긴이) 나 부족은 히말라야 산맥 접경에 있는 중국 윈난 성의 농부들로, 결혼 제도 없이 형 제자매가 여자가 낳은 아이를 키우며 평생 함께 산다. 나 부족은 아버지나 남편 없는 사회가 어떻게 작용하는지 보여주는 뛰어난 사례이다.

은 결혼 유대를 통한 부계 혈연의 협상이라고 간주하는 레비-스트로스의 견해에 완강히 반박했는데, 나 부족에게는 남편도 아버지도 친족을 결정하는 데 있어 그리 중요하지 않았던 것이다.[7]

게이 결혼 입법안이 결혼의 잠정적 권리의 하나인 입양의 권리나 재생산 기술에 대한 권리를 종종 배제하는 만큼, 결혼 또한 친족의 문제와 분리되었다. 이러한 입법안은 독일과 프랑스에서 발의된 바 있으며, 미국에서는 성공적인 게이 결혼 입법안이 가족법에 항상 직접적인 영향을 미치지는 않았다. 특히 그 입법안이 국가로부터 양자dyadic 관계에 대한 '상징적 인정'을 확립하는 것을 일차적 목표로 할 때는 말이다.[8]

결혼권 청원은 비이성애적 결합에 대해 국가의 인정을 받아내려는 것이라서, 국가가 성적 경향과 무관하게 비차별적인 방식으로 분배해야 할 자격을 주지 않고 있는 것으로 국가를 설정한다. 국가의 제안이 규범의 강화로 이어질 수 있다는 것은 인권 캠페인Human Rights Campaign: HRC으로 대표되는 주류 레즈비언과 게이 운동에서는 어떤 문제로서 폭넓게 인식되지 않는다.[9] 그러나 친족에 관한 지속적 딜레마가 어떻게 결

---

7) 카이 후아의 『아버지도 남편도 없는 사회: 중국의 나 부족A Society Without Fathers or Husbands: The Na of China』을 추천하는 단평에서 레비-스트로스는 카이 후아가 아버지의 역할이 "부정되거나 축소된" 사회를 발견했다는 점에 주목하고, 아버지의 역할이 아직 작동하고 있지만 친족 기능을 하는 그곳 사람들에게 거부된 것이라고 주장했다. 이런 해석은 이 책이 제기하는 문제를 상당히 축소한 것이다. 이 책은 나 부족이 비부계적nonpaternal 혈통을 따라 조직된다고 주장하고 있는 것이다.

8) 필자는 캘리포니아 주에서 최근 동거 파트너 관련 입법이 다른 주에서처럼 부부가 동등하게 공유하는 부모의 양육권에 관한 명문 조항을 두고 있다는 사실을 알게 되었다. 많은 입법안이 분명 동거 파트너에 대한 인정과 공동 육아의 권리를 분리할 방법을 모색하고 있는데도 말이다.

9) Michael Warner, The Trouble with Normal: Sex, Politics, and the Ethics of Queer Life, New York: Free Press, 1999.

혼에 관한 논쟁의 조건이 되는 동시에 한계도 되는지를 생각해보면, 국가의 규범화 권력은 특히나 분명해진다. 어떤 상황에서는 결혼의 상징적 할당, 혹은 결혼과 유사한 배치가 친족이나 인간이 되기 위한 요건의 변화보다 선호되기도 하고, 자녀를 낳거나 입양하거나 부모가 합법적으로 함께 키울 여러 권리보다 선호되기도 한다. 결혼 서약을 통한 가족 형태에 기반을 두고 있는, 규범적이고 두 사람 간에 이루어지는 이성애와는 다른 친족의 변형태들은 아이에게 위험한 것으로 생각될 뿐 아니라, 인간의 인식 가능성을 유지시킨다고 여겨지는 상상 속의 자연법과 문화법에도 위험천만한 것으로 간주된다.

프랑스에서 이 논쟁은 프랑스 내의 친족 관계(**부모자식 관계**)에 대한 위험천만한 '미국화'를 예고하는 것으로 보이는 젠더 관계의 사회적 구성과 변이에 대한 몇몇 미국적 관점을 목표로 한다는 것을 아는 게 중요하다.[10] 따라서 이 글은 이런 비판에 대응해보고자 하며, 이는 뒤에 나오는 세번째 파트에서 개요했다. '미국화'를 옹호하려는 것이 아니라 제1세계 국가의 친족 딜레마들은 종종 자국의 국가 기획에 나타난 친족 변형성의 파열 효과에 대한 우려를 보여주는 서로에 대한 알레고리가 된

---

10) 젠더와 섹슈얼리티에 관련하여 프랑스와 미국의 문화적 관계에 관한 풍부한 고찰로는, 여러 면에서 이 주제에 관한 필자의 관점의 기반을 형성해준 에릭 파생Eric Fassin의 다음 글들을 참고. Eric Fassin, "'Good Cop, Bad Cop': The American Model and Countermodel in French Liberal Rhetoric since the 1980s"(미출간); "'Good to Think': The American Reference in French Discourses of Immigration and Ethnicity," Christian Joppke & Steven Lukes(eds.), *Multicultural Questions*, London: Oxford University Press, 1999; "Le savant, l'expert et le politique: La famille des sociologues," *Genèses* 32, October 1998; "Same Sex, Different Politics: Comparing and Contrasting 'Gay Marriage' Debates in France and the United States"(미출간); "The Purloined Gender: American Feminism in a French Mirror," *French Historical Studies* 22, no. 1, winter 1999.

다고 주장하기 위함이다. 이어서 나는 친족과 결혼에 관한 프랑스의 논쟁에 의문을 제기하고자 하는데, 이는 합법적 연합을 주장하는 이 논쟁이 어떻게 친족의 부계적 전제나 그것이 지지하는 통일된 국가 기획은 교란하지 않은 채, 인정 가능한 친족 관계에 대한 국가의 규범화 및 권리를 확대하는 계약 조건과 호응하며 작동할 수 있는지를 보여주기 위해서다.

다음에서 나는 국가가 동성 부부에게 해줄 수 있는 인정을 모색하면서도, 규범적 친족에 대해 계속 행사하는 국가의 규제적 통제에는 반대한다는 당면한 딜레마의 최소한 두 가지 차원을 숙고해보려 한다. 결혼과 친족이라는 각기 다른 노력에 있어 국가는 똑같은 국가가 아니다. 우리가 한쪽 영역(결혼)에서 국가의 개입을 요구하다 보니 다른 영역(친족)에서 과도한 규제를 받게 되었기 때문이다. 그러니 결혼으로 전환하는 것이 대안적 친족 배치의 가능성을 옹호하는 것, 또는 여러 사회적 형식의 '아동' 복지에 찬성하는 주장을 더 어렵게 만드는가? 더불어 결혼과 친족의 의무 바깥에 있는 성적 행위의 확산을 표명하고 지지하려는 급진적 기획에서는 어떤 일이 일어나는가? 국가로의 전환은 급진적 성 문화의 종말을 나타내는 신호인가? 우리가 국가의 욕망에 안주하는 데 점차 몰두함에 따라 이런 전망은 어두워지는가?

**게이 결혼: 국가의 욕망에 대한 욕망, 그리고 섹슈얼리티의 소멸**

게이 결혼 문제는 분명 이성애 부부 문제만이 아니라, 어떤 형태의 관계를 국가가 합법화해야 하는가의 문제에 대한 심도 있고 지속적인 투자에 달려 있는 문제다.[11] 이 같은 합법화의 위기는 수많은 관점에서 고려될 수 있지만, 합법화가 양가적인 선물gift이 되는 순간에 대해 잠시 생각해보자. 국가에 의해 합법화된다는 것은 국가에서 제시한 합법성의 관점 안에 들어간다는 것이고, 누군가의 공적이고 인정 가능한 자아감을 발견한다는 것 또한 근본적으로 그런 합법성의 어휘에 의존한다는 것이다. 그에 따라 합법성의 경계 설정은 명백히 변증법적이지는 않더라도 특정 종류의 배제를 통해서만 이루어질 것이다. 합법적인 사적 연합의 영역은 불법성의 영역을 생산하고 강화하면서 확립된다. 그러나 여기서 작동하는 보다 근본적인 조합occlusion이 있다. 합법적인 것과 비합법적인 것이 그 내적 가능성을 다 설명하는 것 같다고 생각한다면 그건 성적인 영역을 오해한 것이다. 합법적인 것과 비합법적인 것 간의 투쟁 바깥 — 즉 비합법적인 것을 합법적인 것으로 전환하는 게 목적인 곳 — 은 생각해내기 힘든 장이고, 합법성으로의 궁극적 전환이라는 관점으로는 파악될 수 없는 장이다. 그것은 합법적인 것과 비합법적인 것의 분리 바깥에 있는 장이고, 아직 어떤 구역이나 영역이나 장으로 생각되지 않은 것이다. 그것은 아직 합법적인 것도 비합법적인 것도 아니고, 분명한 합법성의 담론에서 아직 생각해보지 않은 것이다. 사실 이것이야말로 합법성을 지칭점, 즉 궁극적 욕망으로 삼지 않은 성적인 장일 것이다. 게이 결혼에 대한 논쟁은 이런 논리를 따라 발생한다. 이 논쟁은 결혼이 동성애자들에게 합법적으로 확대되어야 하는지의 문제로 거의 바로 넘어간다는 것을 우리가 알고 있기 때문이다. 이

---

11) 1999년 캘리포니아 주는 나이트Knight 발의안을 통과시켰는데, 그것은 결혼이 한 남자와 한 여자만의 계약이어야 한다고 규정했다. 이는 표결 중 63퍼센트의 찬성으로 통과되었다.

말은 섹슈얼리티가 이미 결혼의 관점에서 생각되고 결혼이 이미 합법성에 근간한 매매로 생각되는 것처럼, 성적인 장도 제한을 받는다는 뜻이다.

게이 결혼이나 합법적 혈연 연합의 경우 우리는 얼마나 많은 성행위와 성관계가 인가법 범위 외부에서 비합법적인 것, 더 나쁜 것, 유지할 수 없는 것이 되었는지 알고 있으며, 공적 담론에 새로운 위계들이 등장했다는 것도 알고 있다. 이런 위계는 합법적인 퀴어의 삶과 비합법적인 퀴어의 삶을 구분하도록 강요할 뿐 아니라, 비합법성의 형식 가운데서도 여러 암묵적인 구분을 만든다. 할 수만 있다면 결혼하고자 하는 안정된 커플은 비합법적이기는 해도 미래에 적법성을 얻을 만한 후보로 여겨진다. 반면 결혼 관계의 범위 밖에 있으면서 비합법적이기는 해도 대안적 결혼으로 인정받는 형태로 기능하는 성적 주체는 이제 합법성으로 해석되기에 합당치 못할 성적 가능성이 된다. 이런 가능성은 결혼 논쟁이 전제하는 우선조항 때문에 정치학 영역에서 점점 더 무시당하게 된다. 이런 비합법성은 그 시간적 조건이 미래의 어떤 변화도 이룰 수 없게 되어 있다. 그것은 **아직** 합법적이지 **않은** 것일 뿐만 아니라, 주장하건대 회복할 수도 되돌릴 수도 없는 그 합법성의 과거이다. 다시 말해 **앞으로 결코 없을 것**이며 **과거에도 결코 없던 것**이다.

여기에 특정한 규범의 위기가 잇따른다. 한편으로는 인식할 수 있고 발화할 수 있는 섹슈얼리티의 장이 어떻게 제한을 받는지 표시하는 것은 중요하므로 우리는 어떻게 결혼이 아닌 대안은 생각조차 할 수 없는 것으로 배제당하는지, 또 어떻게 생각할 수 있다는 가능성의 조건이 규범에 누가 또 무엇이 포함될 것인가라는 한정된 논쟁 때문에 형성될 수밖에 없는지도 알 수 있다. 다른 한편, 사유 불가능성도 하나의 위상이라고 한다면 사유 불가능성의 위상을 가장 중요하고 가장 근본적이며 가장 가치 있는 것으로 음미할 가능성은 언제나 존재한다. 이런 성적 가능성은 성적으로 재현할 수 없는 것으로 당대의 섹슈얼리티의 장 안에 있는 숭엄함, 순수한 저항의 장소, 규범성으로 묶이지 않는 장소를 그려낼 수 있다. 그러나 이런 재현 불가능성의 장소에서 어떻게 정치성에 대해 사유할 수 있을까? 여기서 내가 오해받지 않기 위해 똑같이 나를 압박하는 질문을 하나 하겠다. 어떻게 이런 재현 불가능성의 자리에 대해 사유하지 않고서 정치학에 대해 생각할 수가 있는가?

어떤 사람은 전혀 다른 어휘를 원할 수도 있다. 성적 진보주의의 역사는 분명 새로운 언어의 가능성과 새로운 존재 양식의 전망에 반복적으로 호소한다. 그리고 이런 딜레마의 관점에서 보면, 누군가는 이 모든 이야기에서 벗어나 합법적이지도 비합법적이지도 않은 어딘가에서 작동하기를 원하는 자신의 모습을 발견할 수도 있다. 그러나 바로 여기가 비평적 관점이 있는 곳이다. 인식 가능성의 경계에서 작동하면서 비정치적인 것으로 간주될 위험도 있는 관점 말이다. 정치학은 이런 인식 가능성의 담론을 통해 구성되는 것이므로 우리가 게이 결혼에 찬성하거나 반대한다는 하나의 입장을 취할 것을 요구한다. 그러나 비평적 반성은 분명 모든 진지하게 규범적인 정치 철학과 정치 실천의 일부이며, 어째서 또 어떻게 이것이 문제가 되었는지 물어볼 것을 요구한다. 무엇이 여기서 의미 있는 정치 담론의 자격을 얻고 또 얻지 못할지를 규정하는 문제 말이다. 그런데 왜 현 상황에서는 '정치적이 되는 것'의 전망자체가 그런 담론으로 제도화된 이분법 안에서 우리가 작동할 능력에, 또 성적인 장이란 이런 조건을 수용함으로써 강제로 규제되는 것이 아닌지 묻지 않을 능력에, 애써 알지 않으려 할 능력에 달린 것일까? 이런 권력의 역학은 더더욱 강력한 것으로 간주되는데, 그 이유는 권력 역학이 당대의 정치적 장의 토대가 되고, 그런 성적인 장을 정치적인 것에서 강제로 배제시킴으로써 그 토대가 되기 때문이다. 그런데도 이런 배제하는 힘의 작용은 마치 권력의 일부가 아닌 것처럼, 마치 정치적 숙고의 대상이 아닌 것처럼 논쟁의 영역 바깥에 놓여 있다. 따라서 정치적이 된다는 것, 정치적이라고 인정할 만하게 행동하고 말한다는 것은 정치적 엄밀성의 대상이 되지 않는, 바로 그 정치적 장의 배제에 의존한다는 것이다. 비평적 관점이 없다면 정치학은 근본적으로 자신의 작동 영역이 시작되는 힘의 관계의 미지성에, 또한 탈정치화에 의지하게 될 것이다.

따라서 비평성criticality이란, 이미 경계가 정해진 영역에 있을 만한 딱히 어떤 위치도, 어떤 장소나 자리도 아니다. 어쩔 수 없이 잘못된 비유를 빌려 이런 장소나 영역, 혹은 범위에 대해 말해야 하지만 말이다. 비평적 활동의 하나는 경계 설정 행위 자체를 꼼꼼히 살피는 것이다. 우리가 성적인 장이 어떻게 구성되는지를 생각하면서 비평적 인간이 되라고, 또 과감히 비평성을 수용하라고 촉구하는 것이 경계도 없고 근본적으로 자유로운, 장소 없는 다른 어딘가atopical elsewhere를 차지할 수 있다거나 차지해야 한다고 주장하려는 것은 아니다. 당연하게 받아들이던 조건에 대해 질문을 제기하는 일은 때로 가능하다. 하지만 어떤 실험이나 에포케epoché[12] 혹은 어떤 의지 행위를 통해 거기에 도달할 수는 없다. 말하자면 토대 자체의 열개dehiscence와 파열을 겪어야만 거기에 도달할 수 있다.

---

12) (옮긴이) 판단 중지. 모든 행위의 이론적 정지 순간.

심지어는 인식 가능한 섹슈얼리티의 장 안에서도 그 장이 작동하는 데 중심이 되는 이분법이 중간 지대나 혼종 형태를 허용한다는 것을 알게 되며, 이는 이분법적인 관계가 문제의 장을 완전히 다 설명하지는 못한다는 것을 시사한다. 실제로 중간 영역, 분명한 이름이 없는 합법성과 비합법성의 혼종 영역이 존재하며, 그곳에서는 지명 행위 자체가 합법적 실천이 만든 가변적이고 때로 폭력적인 경계들로 인한 위기를 겪게 된다. 이런 경계들은 불편해져서 때로 서로 마찰을 빚는 접촉면이 되기도 한다. 이런 경계들은 오래 머물 수 있는 딱히 어떤 장소도 아니고, 누군가 차지하기로 택할 만한 주체의 위치도 아니다. 이곳은 무심코 자신이 거기 있다는 걸 알게 되는 비-장소nonplace이다. 사실 그곳은 인정받을 만한 주체가 되기 위해 최선의 노력을 기울였다 해도, 자기 인정까지 포함해서 인정이란 찾기 힘든 것은 아니더라도 불안정하다는 게 입증된 비장소이다. 이곳은 선언enunciation의 장소가 아니라, 의심스럽게 들리는 주장, 즉 아직은 주체가 아닌 상태not-yet-subject지만 거의 인정받을 만한 상태라는 주장이 제기되는 지형학적 변환 지점이다.

이런 영역이 있다는 것, 그리고 이런 영역은 딱히 우리가 선택할 수 있는 게 아니라는 점은 합법성과 비합법성의 경계를 문제 삼는 것이 사회적 실천이며 특히 성적인 실천이라는 것을 시사하는데, 그것은 합법화에 쓰일 법한 어휘로 즉각 일관되게 나타나지는 않는다. 여기가 불확실한 존재론의 장소, 난감한 명명의 장소이다. 지금 내가 주장하려는 것이 우리 모두 불확실한 존재론과 난감한 명명의 장소를 추구하고 찬양해야 한다는 것처럼 보이겠지만, 사실은 조금 다른 관점을 추구하려 한다. 어떤 정치적 주장을 하려는 긴급성 때문에 성적인 장에서 가장 분명하게 생각되는 선택안을 자연스러운 것인 양 만들 때 발생하는, 여러 가능태들의 배제foreclosure of the possible를 다루려는 것이다. 우리가 이런 배제를 자기도 모르게 행하는, 자기도 모르게 자꾸만 행하는 어떤 정치적 행위로 다루게 되면 다른 정치학 개념이 나타날 가능성이 생기는데, 그것은 자신이 행한 배제를 의식적 행동주의의 결과로 취급한다. 그러나 우리는 이런 곤란한 분야에 대해 양면적 관계를 유지해야 한다. 행동주의의 장을 공고히 하려는 배제의 폭력으로도, 근본적 반성의 층위에 들어앉은 비평적 마비의 방식으로도 충분하지는 않을 것이기 때문이다. 게이 결혼이라는 주제에 관해서는 비평적 관점을 유지하는 것과 정치적으로 합당한 주장을 하는 것 사이의 팽팽한 긴장을 유지하는 것이 점점 더 중요해지고 있다.

여기서 나의 요점은 이런 구분이 마침내 가능하거나 바람직하기라도 한 것처럼, 게이 결혼이나 친족 논쟁과 관련해서 정치적이기보다는 비평적이어야 한다고 주장하려는 것이 아니다. 그보다는 단지 비평적 이해를 통합하는 정치학만이 자기반성적이고 비독단적인 것을 주장할 수 있는 유일한 정치학이라고 주장하려는 것이다. 정치적이 된다는 것은 그저 단일하고 지속적인 '입장'을 취한다는 뜻이 아니다. 예를 들어 누군가가 게이 결혼에 찬성한다거나 반대한다고 말하는 것이 항상 쉬운 일은 아니다. 왜냐하면 어떤 사람은 자기 스스로는 그것을 원하지 않지만 그것을 활용하려는 사람들에게는 권리를 보장해주고 싶을 수도 있고, 어떤 사람은 게이 결혼을 제재해온 동성애공포증 담론에 맞서고 싶지만 그 때문에 게이 결혼에 찬성하고 싶지는 않을 수도 있기 때문이다. 아니면 결혼은 레즈비언과 게이가 나아갈 최선의 방법이라고 강력히 믿으면서 이 결혼을 새로운 규범, 미래의 규범으로 확립하고 싶어 하는 사람도 있을 것이다. 어쩌면 자신만이 아니라 모든 사람들에 대해서도 결혼을 반대하는 사람이 있을 텐데, 그 경우에는 우정, 성적 접촉, 공동체에 관한 사회적 조직을 수정하고 개조하여 국가 주도 형태가 아닌 지원과 연합을 생산하는 것이 목적일 수도 있다. 왜냐하면 결혼은 그 역사적 무게로 볼 때 규범으로 확장되어야만 (그에 따라 다른 선택안들은 배제해야만) 하나의 '선택안'이 되며, 그것은 재산 관계를 확대하고 섹슈얼리티의 사회적 형태를 더 보수적으로 만들기 때문이다. 진보적인 성 운동에서는, 심지어 결혼을 비이성애자들을 위한 대안으로 만들고자 하는 운동에서도, 결혼이 섹슈얼리티를 승인하고 합법화할 유일한 방법이어야 한다는 명제는 받아들일 수 없을 정도로 보수적인 태도다. 문제는 결혼이 아니라 법적 계약에 관한 것이고, 가정 내 파트너 관계를 법적 계약으로 확대하는 것이라고는 해도 몇몇 문제는 여전히 남아 있다. 예컨대 결혼이나 법적 계약이 왜 의료보험 혜택이 주어지는 근간이 되어야 하는가? 결혼 여부와 무관하게 모든 사람이 의료보험 자격을 얻을 수 있도록 의료보험 수혜 자격을 정비할 방법이 있으면 왜 안 되는가? 누군가 결혼이 이런 자격을 확보하는 방법이라고 주장한다면 그것은 또한 의료보험처럼 중요한 자격이 결혼 여부를 기반으로 주어져야 한다고 확증하는 것 아닌가? 그것은 비혼인 사람, 싱글, 이혼한 사람, 결혼에 무관심한 사람, 일부일처제를 따르지 않는 사람들의 공동체에 어떤 작용을 하며, 일단 결혼을 규범으로 확대하고 나면 외관상에 있어서 섹슈얼리티의 장은 어떻게 축소되는가?[13]

---

13) 아가친스키가 에릭 라미앵Eric Lamien, 미셸 페에Michel Feher와 나눈 인터뷰로 Sylviane Agacinski, "Questions autour de la filiation," *Ex æquo*, July 1998 참고. 그에 대한 뛰어난 응수로는 Michel Feher, "Quelques Réflexions sur 'Politiques des Sexes'," *Ex æquo*, July 1998 참고.

게이 결혼에 대한 견해와는 무관하게, 섹슈얼리티 연구에 종사하는 사람들은 분명 게이 결혼 입법안에 반대해온 대다수의 동성애공포증 논쟁에 대응하라는 요구를 받는다. 그런 주장의 상당수는 동성애공포증의 감성 때문에 추진될 뿐 아니라, 자연적이건 '인공적'이건 재생산 관계에 대한 공포에 주력하곤 한다. 아이, 아이에게는, 그 불쌍한 아이, 이기적이고 고집 세 보이는 사회 진보론의 희생자에게는 무슨 일이 벌어진 것인가? 실제로 종종 혼동을 일으키는 두 가지 문제인 게이 결혼에 관한 논쟁과 게이 친족에 관한 논쟁은 또 다른 정치적 공포를 확실히 대체하는 자리가 되었다. 그런 공포에는 테크놀로지에 대한 공포, 새로운 인구통계에 대한 공포, 국가의 단일성과 그 변환 가능성에 대한 공포, 또한 페미니즘이 육아를 강조하면서도 사실상 친족을 가족 외부로 열어 낯선 이들에게도 개방했다는 점에 대한 공포가 있다. PACS(성적 경향과는 상관없이 혈연관계가 아닌 두 개인이 결혼의 대안적 형태를 형성하는 '시민연대협약pacts of civil solidarity')에 관한 프랑스 내의 논쟁에서 이 법안의 통과는 결국 비이성애 커플에게 아동 입양 권리나 재생산 기술을 이용할 권리를 금지하는 문제에 달려 있었다. 최근 독일에서도 똑같은 합의안이 발의되어 채택되었다.[14] 두 경우 모두에서 아동은 문화의 변화와 재생산이 일어날 복잡한 자리로, 논쟁에서 중요해 보인다는

---

14) 독일의 생활동반자법Eingetragene Lebenspartnerschaft Legislation(August 2001)은 이런 관계에 있는 두 명의 개인이 게이라는 점을 분명히 명기한다. 그리고 이 법은 그 두 명이 장기간의 지원과 책임의 관계일 것을 요구한다. 따라서 이 법은 게이로 생각되는 두 명의 개인을 결혼의 사회적 형식에 준하는 것에 속박시킨다. 프랑스의 PACS는 재산을 분할하거나 양도하기 위해 이런 관계를 맺고자 하는 두 명의 개인에게만 이런 계약의 권리가 있는 반면, 독일의 합의안은 신혜겔주의 방식으로 이 계약이 결혼으로 공인받을 만하고, 국가가 인정할 만한 특정한 삶의 양식을 반영하는 것이어야 한다고 요구한다. Deutscher Bundestag, 14. Wahlperiode, *Drücksache 14/5627*, March 20, 2001 참고.

것을 알 수 있는데, 여기서 '문화'는 그것과 더불어 인종적 순수성과 지배에 관한 암묵적 규범을 전달한다.[15] 사실 프랑스 안에서 합법적으로 결합한 게이들이 자녀를 가질—나는 이 논의를 위해 이 경우 '가진다'는 게 무엇을 의미하는지의 문제는 잠시 미뤄둘 것이다—가능성이 제기하는 '문화'에 대한 위협에 맞서는 프랑스 내부의 논쟁과, 이민과 관련된 문제 및 유럽의 정체성에 관한 논쟁 사이에 전환이 이루어지고 있다는 것을 알 수 있다. 특히 마지막 문제는 암묵적으로나 명시적으로 진정 프랑스다운 것이 무엇인지, 프랑스 문화의 기반은 무엇인지에 관한 문제를 제기하는데, 그것은 제국주의 논리를 따라 문화 자체의 기반이 되고, 그 문화의 보편적이고 항구적인 조건이 된다. 이 논쟁은 문화란 무엇이고 누가 그 안에 들어가야 하는지의 문제뿐 아니라, 문화의 주체들이 어떻게 재생산되어야 하는가의 문제에도 집중한다. 이 논쟁은 또한 국가의 위상에 관심이 있으며, 특히 성적 결합의 형식을 인정하거나 거부하는 국가 권력에 관심이 있다. 사실 게이 결혼에 반대하는 주장은 암묵적이든 명시적이든 항상 어떤 종류의 친밀한 관계가 국가 입법에 합당한지에 관한 주장일 뿐 아니라, 국가가 무엇을 해야 하고 무엇을 제공해야 하는지에 관한 주장이기도 하다. 국가가 비이성애적인 배우자를 인정하는 것을 막으려는 이 욕망은 어떤 것이며, 국가가 이런 인정을 하도록 강제하려는 욕망은 또 어떤 것인가? 이 논쟁의 양편 모두에게 문제는 어떤 욕망 관계가 국가의 합법적 인정을 받아야 하는지에 관한 것

---

15) 로런 버랜트는 "위태로워진 특권에 대응하는 반동적 문화에서 국가의 가치는 실제로 존재하고 노동하는 어른들을 위해서가 아니라, 발생 초기의 것이면서 역사 이전의 것인 미래의 미국인을 위해 형상화된다. 특히 이런 바람은 미국의 태아와 아동에게 투영되어 있다"라고 설득력 있게 주장한다. Lauren Berlant, *The Queen of America Goes to Washington City: Essays on Sex and Citizenship*, Durham, N.C.: Duke University Press, 1997, p. 5.

일 뿐만 아니라 누가 그 국가를 욕망하는지, 즉 **누가 그 국가의 욕망을 욕망할 것인지**에 관한 것이기도 하다.

사실 문제는 훨씬 복잡하다. 누구의 욕망이 국가적 합법화 욕망으로 간주될 것인가? 누구의 욕망이 국가의 욕망으로 간주될 것인가? 누가 국가를 욕망할 것인가? 그리고 국가는 누구를 욕망할 것인가? 누구의 욕망이 국가의 욕망일까? 거꾸로 말해서, 그리고 이건 단순한 추측이 지만 ─ 아마 이런 추측에 대한 학문적 연구는 사회학 영역으로 간주될 것이다 ─ 누군가 결혼에 대한 '국가의 인정'을 원할 때 그 사람이 원하는 것과, 다른 사람에 대한 인정의 범위를 제한하려 할 때 그 사람이 원치 않는 것은 복잡한 욕망들이라 여겨진다. 국가는 환상이 문자 그대로 구현되는 수단이 된다. 즉 욕망과 섹슈얼리티가 승인을 받고, 정당화되고, 알려지고, 공적으로 선언되고, 영원하고 지속적인 것으로 생각되는 것이다. 그리고 바로 그 순간에 욕망과 섹슈얼리티는 박탈되고 변경된다. 따라서 어떤 사람이 무엇'이다'라는 것, 그리고 그 사람이 가진 관계가 무엇'이다'라는 것은 더 이상 개인적인 문제가 아니다. 사실 아이러니하게도 결혼을 통해 개인적 욕망은 특정한 익명성과 교환 가능성을 획득하고, 말하자면 공적으로 매개되어 어떤 의미에서는 일종의 합법화된 대중적 성sex이 된다고 할 수 있다. 그러나 그 이상으로 결혼은, 최소한 논리적으로는 보편적 인정을 강요한다. 다시 말해 모두가 당신이 병원의 문 안에 들어갈 수 있게 해야 하고, 모두가 당신의 애도할 권리를 존중해야 하며, 모두가 자녀에 대한 당신의 기본권을 전제할 것이며, 모두가 당신이 맺는 관계는 영원토록 지속될 것으로 여길 것이다. 이렇게 보편적 인정을 향한 욕망은 보편적인 것이 되려는 욕망이며, 누군가의 보편성 안에서 상호 교환되려는 욕망이자, 승인되지 않은 관계 속의 외로운 특이성을 벗어나려는 욕망이고, 아마 무엇보다도 국가와의 상상적 관계 속에서 입지도 얻고 승인도 얻으려는 욕망이다. 입지와 승인, 이것은 분명 강력한 환상이며, 우리가 게이 결혼에 쏟는 노력을 생각해 보면 이들은 특정한 환상의 형식을 띤다. 국가는 종교적 욕망을 재순환시키는 장소가 될 수 있고, 구원의 장소, 소속되는 장소, 영원의 장소가 될 수 있다. 그러니 우리는 욕망이 이 특정한 환상의 회로를 통해 작용할 때 섹슈얼리티에 무슨 일이 벌어지는지를 묻는 게 당연하다. 섹슈얼리티는 자신의 죄의식, 일탈, 불연속성, 비사회성, 유령성spectrality을 덜게 되는가? 섹슈얼리티가 이 모든 것을 덜게 되면 그 부정성들은 바로 어디로 가는가? 이 부정성들이 신성한 영역이 없거나 신성한 영역에 포함되지 않을 사람들에게 투영되는 경향은 없는가? 그리고 이런 투영은 다른 사람들을 도덕적으로 판단하고 사회적으로 배척하여, 그에 따라 합법적이고 비합법적인 성적 배치에 새로운 위계를 세우는 사례의 형태를 취하는가?

## 불쌍한 아이와 국가의 운명

결혼의 대안으로 시민 연대civil union를 제정하려는 프랑스의 법안(시민연대협약PACS)은 결혼은 피하면서 동시에 법적 연대는 공고히 하고자 했다. 그러나 재생산과 입양의 문제가 표면화되자 이 법안은 한계에 부딪쳤다. 사실 프랑스에서 재생산에 관한 관심은 뚜렷하게 프랑스다운 문화의 재생산에 대한 관심과 함께 작동한다. 위에서 주장한 대로 우리는 프랑스 문화를 보편주의와 은밀히 동일시한다는 것을 알 수 있는데,

이것은 국가가 위험에 처했다는 환상에 영향을 끼친다. 이 논쟁을 이해하기 위해서는 특히 비이성애적인 부모의 자녀가 어떻게 문화적 순수성과 문화적 변이에 관한 불안이 집중 발현되는 장소가 되는지를 인지하는 게 중요하다. 최근의 PACS 관련 소동에서 이 법안이 통과될 수 있는 유일한 방법은 이런 관계를 맺고 사는 개개인에게 공동 입양권을 주지 않는 것이었다. 실제로 에릭 파생 같은 사람들은 프랑스의 상황에서 가장 문제가 되는 것은 결혼 자체가 아니라 친권의 변형이라고 주장했다.[16] 계약 유효기간은 어떤 범위 안에서 연장할 수 있지만, 친권은 그럴 수가 없다.

공개적으로 게이를 선언한 이에게 입양권을 거부하자는 결정에 수반된 몇몇 문화적 해석 중에서, 프랑스의 유명한 철학자 실비안 아가친스키는 동성애자가 가족을 형성하도록 허용하는 것은 '상징질서'에 거스르는 것이라고 말한다.[17] 이런 것들은 어떤 사회적 형식을 취한다 해도 결혼이 아니며 가족도 아니라는 것이다. 정말로 그녀가 볼 때 동성애자들은 합당한 의미에서 전혀 '사회적'이지 못하고 사적일 뿐이다. 이 논쟁의 일부는 단어에 관한 것인데, 그것의 유연성과 모호성뿐 아니라 그 단어가 어디에 어떻게 적용되는지와 관련해 논쟁이 벌어지기도 한다. 하지만 좀더 구체적으로 말해 그것은 특정한 명명 행위가 인간으로 인정할 만한 인간의 경계에 관한 전제를 제자리에 잘 유지하고 있는지에 관한 논쟁이다. 이 논쟁은 부정하기 힘든 어떤 패러독스에 달려 있다. 왜냐하면 누군가 특정한 인간관계를 인간으로 인정받을 만한 것의 한

---

16) Eric Fassin, "Same Sex, Different Politics"(미출간).

17) Sylviane Agacinski, "Questions autour de la filiation," p. 23.

부분으로 인정하고 싶지 **않다** 해도 그 사람은 **이미** 그 관계를 인정한 것이며, 이미 이런저런 방식으로 이해한 것을 부인하는 것이기 때문이다. '인정'은 존재하는 것을 부정하려는 노력이 되며, 따라서 인정을 거부하는 도구가 된다. 이런 식으로 인정은 인간에 대한 서로 다른 해석들에 찬성하거나 반대하는 인간의 규범적 환상을 떠받치는 한 방식이 된다. 도전에 맞서 인정 가능한 것의 경계를 지킨다는 것은 인정 가능성을 지배하는 규범이 이미 도전을 받았다는 것을 알고 있다는 뜻이다. 미국에서는 동성애가 부자연스러운 것이라고 반대하는 보수적이고 반동적인 논쟁에 관해 듣는 게 익숙하지만, 그렇다고 딱히 그것이 프랑스 논쟁에서 전반적으로 진행되는 담론은 아니다. 예컨대 아가친스키는 가족이 어떤 자연스러운 형태를 취한다고 보지 않는다. 그보다도 국가는 결혼을 이성애적인 것으로 인정하라는 구속을 받는데, 그녀가 보기에는 자연법이 아니라 (자연법에 상응하며 자연법을 비준하는) '상징질서'라 불리는 어떤 것에 의해 구속을 받는다. 국가가 그러한 관계들의 인정을 거부할 수밖에 없는 것도 바로 상징질서의 명령에 따른 것이다.

여기서 잠시 아가친스키의 견해를 소개하고자 한다. 이는 그녀가 게이 결혼이 함축하고 있을 친족의 변화에 대한 가장 강력한 반대자여서가 아니라 언젠가 동료 중 하나가『르몽드』에 아가친스키가 쓴 논설을 내게 보내줬고, 그것은 어떤 면에서 응답을 요하는 공식 서한이었기 때문이다.[18] 그 논설에서 아가친스키는 만일 그런 변화가 일어나게 된다면, 특정한 미국 계보의 퀴어와 젠더 이론이 프랑스로서는 괴물과도 같은 미래가 될 것이라고 규정한다. 그러니까 세부 내용으로 들어갈 것도

---

18) Sylviane Agacinski, "Contre l'effacement des sexes," *Le Monde*, February 6, 1999.

없이 『르몽드』의 1면에서부터 내 이름을 미래의 괴물성을 나타내는 기호로 보는 특정한 호명이 발생한 것이다. 내 견해는 레즈비언과 게이에게 국가가 승인하는 친족 배치 형성이 허락되면 발생하게 될 어떤 괴물 같은 미래에 대해 경고하는 데 사용되었기 때문에, 내가 여기에서 궁지에 몰려 있다는 점을 고려해주기를 바란다. 그러니 한편으로는 이런 주장에 대응하고 반박하라는 요구가 있고, 다른 한편으로는 누군가의 반대가 논쟁의 틀이 되는 관점, 즉 유감스럽게도 전혀 논쟁거리가 아닌데도 대단히 공론화된 논쟁과 공포를 확산시키는 논쟁을 형성하는 이 관점은 거부하는 것이 중요해 보이기도 한다. 내가 내몰린 궁지는 나만의 것이 아니다. 내가 아가친스키에 반대하면 나는 국가의 입법을 옹호하는 주장을 펼치는 위치에 있게 될까? 그게 내가 바라는 것일까?

한편으로는 그녀가 틀렸다고 주장하는 것이 쉬울 것이며, 문제의 가족 형태는 가능한 사회적 형태이고 이런 사회적 형태의 관점에서 현재의 인식 가능성의 인식소가 의미 있는 도전을 받아 재표명될 수 있다고 주장하기도 쉬울 것이다.[19] 결국 아가친스키의 관점은 합법적 성관계란 이성애적인 동시에 국가가 승인한 형식이라고 주장하는 사람들, 그리고 이런 모델에 따르지는 않지만 실행 가능하고 의미 있는 성적 연합을 비현실적인 것으로 만드는 사람들과 호응하며 또한 그들을 강화한다. 물론 누군가의 감정에 상처를 주거나 한 집단의 사람들을 모욕하는 것을 넘어서는 이런 종류의 비현실화에는 어떤 결과들이 따른다. 그 말

---

19) 이 주장은 『안티고네의 주장*Antigone's Claim: Kinship Between Life and Death*』에서 동성 간 결혼의 가능성에 반대하고 규범적인 이성애 가족에 찬성하는 라캉계 주장에 대한 필자의 반론의 핵심이다(특히 pp. 68~73 참고). 동성 결혼에 대한 자크-알랭 밀러Jacques-Alain Miller의 논의 및 다른 라캉계 회의론에 반박하는 그 이상의 논거로는 필자의 「경쟁하는 보편성Competing Universalities」을 참고하라(pp. 136~81).

은 당신이 애인을 보러 병원에 가도 문병 허락을 받지 못한다는 뜻이다. 또한 당신 애인이 혼수상태에 빠져도 당신에게는 특정한 행위의 권리가 없다는 뜻이다. 그 말은 당신의 애인이 죽어도 당신은 그 시신을 인도받을 수 없다는 뜻이다. 생물학적 부모가 아닌 당신에게 자녀가 남겨져도 당신은 법정에서 생물학적 친척들의 권리 주장에 맞설 수 없을 것이며, 친권을 잃거나 심지어 접근권까지 잃을 수도 있다는 뜻이다. 그 말은 서로에게 의료 서비스 혜택을 제공할 수 없을 것이라는 뜻이기도 하다. 이 모든 것은 매우 중요한 권리 박탈의 형식이며, 이런 권리 박탈은 개인의 소멸로 인해 더 악화되는데, 이런 소멸은 일상생활에서 발생하여 관계에 늘 피해를 준다. 합법성 외부에 있다는 인식은 관계 유지를 더 힘들게 만들 수 있는데, 이 관계는 어쨌든 실제로 있지 않고, '존재하지' 않는 것이며, 존재할 기회를 갖지 못했던 것, 존재하게 되어 있지 않던 것이다. 당신이 실제로 있지 않다면 오랫동안 당신 자신을 유지해내는 것이 어려울 수도 있다. 여기가 바로 국가 입법의 부재가 심리 속에서 치명적이지 않더라도 전반적인 자기 의혹감으로 나타날 수 있는 지점이다. 당신이 한 번도 당신 애인으로 인정받은 적 없는 애인을 실제로 잃었다면 당신은 정말로 그 사람을 잃은 것인가? 그것은 상실인가? 또 그것은 공공연히 애도될 수 있는 것인가? 에이즈로 인한 상실, 언제나 삶으로 사랑으로 인정받고자 투쟁하던 삶과 사랑의 상실을 생각해본다면, 이것은 분명 퀴어 공동체 안에 만연한 문제일 것이다.

다른 한편 이런 상처를 치유하고자 국가적 합법화를 추구하는 일은 그와 더불어 새로운 심적 고통까지는 아니더라도 새로운 문제들을 많이 야기한다. 국가적 합법화의 조건이 인정 규범에 대한 패권적 통제를 주장하는 것이라면, 다시 말해 국가가 인정의 자원을 독점한다면 누군가의 애정 관계를 국가가 보장하지 않는다는 것은 오직 탈현실화의 형태로만 경험될 수 있을 것이다. 국가의 인정 영역과는 동떨어져 있지만, 가능하고 인식도 되고 실제인 것으로까지 느껴지는 다른 방식은 없을까? 그런 다른 방식은 없어야 할까? 레즈비언과 게이 운동은 그 역사를 고려해볼 때 국가로 귀착되리라는 것이 합당하다. 다시 말해 게이 결혼을 추구하는 현재의 운동은 어떤 면에서 에이즈에 대한 반응이며, 특히 수치심으로 인한 반응인데, 이것은 게이 공동체가 소위 말하는 게이의 난잡성을 거부하려 하고, 우리는 건강하고 정상적이며 오랫동안 일부일처제 관계를 유지할 능력이 있다고 하는 반응이다. 이것은 물론 어떤 문제, 마이클 워너가 날카롭게 제기한 문제로 우리를 되돌아가게 한다. 기존 합법성의 규범 안에서 인정받고자 하는 이 운동이 우리에게 결혼 유대와 일부일처제라는 전제 바깥에서 만들어진 성생활을 비합법화하는 관행에 동의할 것을 요구하는 게 아닌가 하는 문제 말이다.[20] 그것이 퀴어 공동체가 기꺼이 하려는 거부인가? 그것은 어떤 사회적 결과를 동반하는가? 그것 없이는 비실제적이고 비합법적인 것이라고 주장하는 순간, 우리는 어떻게 인정의 권한을 국가에 넘기게 되는가? 우리가 인정받을 수 있거나, 인정 가능성의 조건이 발생하는 기존 체제에 도전하도록 동원할 다른 자원이 있는 것인가?

이 부분에서 딜레마 영역을 보는 사람도 있을 것이다. 한편으로, 인정 규범 없이 산다는 것은 심대한 고통을 초래하며 심리적·문화적·물질적 결과 사이의 구분을 혼란스럽게 하는 권리 박탈의 양식을 초래한

---

20) Michael Warner, "Beyond Gay Marriage," Wendy Brown & Janet Halley(eds.), *Left Legalism/Left Critique*, Durham, N.C.: Duke University Press, 2002.

다. 다른 한편으로 인정받고자 하는 요구, 이 대단히 강력한 정치적 요구는 국가적 합법화가 제공하고 필요로 하는 그 인정 규범에 대한 비평적 도전을 하지 않는다면 그것은 사회적 위계의 새로운 형식이자 부당한 형식으로, 성적인 장의 갑작스러운 배제로, 국가 권력을 지지하고 확장하는 새로운 방식으로 이어질 수 있다. 실제로 우리는 국가의 인정을 얻기 위한 노력을 하는 중에 합법적인 성적 연대로 인정 가능한 것의 영역을 사실상 제한하고, 따라서 국가를 인정 규범의 근원으로 강화하면서 시민사회와 문화생활 속에 있는 다른 가능성들은 힘을 잃게 만든다. 결혼을 합법화하면서 결혼이 아닌 성적 결합의 형식은 비합법화하는 규범에 따라서, 혹은 결혼을 비판하는 것으로 표명된 규범에 따라서 인정을 요구하고 인정을 받는 것은 비합법화의 자리를 퀴어 공동체의 이쪽에서 저쪽으로 바꾸는 것이거나, 더 정확히 말하면 집단적 비합법화를 선택적 비합법화로 바꾸는 것이다. 이런 실천이 급진적 민주주의나 성적 진보주의 운동과 양립하기란 불가능한 것까지는 아니라도 힘들다. 결혼 관계 외부에 있는 사람들, 일부일처제가 아닌 방식으로 사는 사람들, 혼자 사는 사람들, 그게 뭐든 결혼 형식이 아닌 형태로 살아가는 사람들을 잠재적 합법화의 장에서 배척한다는 것은 어떤 의미일까? 여기다 한 가지 경고를 덧붙이고자 한다. 결혼에서 일어나는 '국가적 합법화'의 종류를 지칭할 때 '국가'가 의미하는 바를 우리가 항상 아는 것은 아니다. 국가는 단순한 통일체가 아니며 국가의 각 부분과 작용도 서로 항상 조화되지는 않는다. 국가는 법으로 환원되지 않으며 권력은 국가 권력으로 환원되지 않는다. 국가가 한 종류의 이해관계에 따라 작동한다고 생각하거나, 마치 그 결과가 어느 한쪽에만 성공적인 것처럼 평가한다면 잘못일 것이다. 내 생각에 국가는 제대로 작동될 수도 있고 부당하게 악용될 수도 있다. 게다가 지역 사례에 법을 시행하는 것을 포함하는 사회 정책은, 법이 이의 제기를 받고 그 판정을 받기 위해 법정에 가는 자리이며, 새로운 친족 관계가 새로운 합법성을 얻는 자리가 될 수 있다. 물론 어떤 문제는 대단히 논쟁적인 것으로 남아 있다. 인종 간 입양, 싱글 남성의 입양, 게이 남성 커플의 입양, 미혼인 집단의 입양, 두 명 이상의 성인으로 구성된 친족 구조의 입양과 같은 문제 말이다. 그러니 친밀한 애정 관계에 대해 국가의 인정을 요청하는 것, 그래서 국가 권력이 파트너한테까지 확대되는 부분에 대해 걱정할 이유가 있다. 하지만 이런 이유가 법적 계약을 이루어 인정과 자격을 얻으려는 이유보다 중요한가? 계약은 여러 다른 방식으로 작동하여 ─ 분명 미국과 프랑스의 맥락에서 다르게 작동하여 ─ 국가적 권위를 얻고 이런 계약 관계에 들어선 개개인을 규제적 통제에 복속시킨다. 프랑스에서의 계약은 개인적인 자격으로 인식될 뿐 국가적 통제의 구속은 덜 받는다고 주장하지만, 국가가 계약 과정 자체와 상대적으로 거리를 두고 있는 것처럼 보인다 해도, 아니 거리를 두고 있는 것처럼 보이는 바로 그때야말로 그 개인화 형식 자체가 국가적 합법화에 의해 유지되는 것이다.

이런 식으로 국가 규범은 서로 다른 국가적 맥락에서 매우 다르게 작용한다. 미국에서 국가가 제공하는 인정 규범은 종종 기존의 사회적 관행을 기술하거나 규제하는 데 실패할 뿐만 아니라, 그것이 사회적 도전과 확산을 겪는 순간에는 친족에 대한 이데올로기적 설명을 투사하고 그려내는 규범성의 환상을 표현하는 장소가 되기도 한다. 따라서 국가에 대한 호소는 이미 국가가 제도화한 환상에 호소하는 동시에, 마침내 '사회적으로 일관된' 것이 되려는 바람에서 기존의 사회적 복합성에 작별을 고하는 것처럼 보인다. 이것이 의미하는 바는 또한 우리가 돌아갈 곳이 있으며, 그것은 국가라 생각되고, 그곳은 마침내 우리가 일관된 장소라고 생각하리라는 뜻이며, 우리를 국가 권력이라는 환상으로 이끌 전환점이 있다는 뜻이다. 재클린 로즈는 "국가가 '부분적으로 존재하는 어떤 것'이라는 의미일 뿐이라면, 그래서 '존재하거나 존재해야 한다'는 개인의 신념에 의존하고 있다면, 그것은 정신분석학이 말하는 '마치 ~인 듯한as if' 현상처럼 기괴해 보이기 시작할 것이다"[21] 라고 설득력 있게 주장한다. 국가의 규제는 존재하는 것에 항상 질서를 세우고자 하지는 않지만, 특정한 상상의 방식으로 특정한 사회생활을 그려내려 한다. 국가 계약과 기존 사회생활 간의 통약 불가능성 incommensurability은 국가가 계속 권위를 행사하고, 국민에게 부여되리라 예상되는 일관성의 모범을 보여주기 위해서는 둘 사이의 차이가 감추어져야 한다는 의미다. 로즈가 환기하듯 "엥겔스에 따르면, 국가가 점점 더 필사적으로 국가법의 신성성과 불가침성에 기대야 하는 이유는 자신이 대표해야 할 국민들과 유리되고 멀어졌기 때문이다."[22]

동전에는 양면이 있게 마련이다. 그러나 나는 이쪽이나 저쪽 편에서 이 딜레마를 해결하려는 것이 아니라, 둘 다를 염두에 두는 비평적 실천을 개발하려 한다. 합법화에는 양면성이 있다는 것을 주장하려는 것이다. 즉, 인식 가능성과 인정 가능성을 주장하는 것은 정치적으로 중요하다. 또 무엇이 인식 가능하고 인정 가능한 연대와 친족으로 간주될지를 지배하는 규범에 비판적이고 그것을 변화시키는 관계를 주장하는 것도 정치적으로 중요하다. 후자는 합법화의 욕망 자체에 대한 비판적

---

21) Jacqueline Rose, *States of Fantasy*, Oxford: Clarendon Press, 1996, pp. 8~9.
22) 같은 책, p. 10.

관계도 포함할 수 있다. 국가가 이런 규범을 제공한다는 전제를 문제 삼는 것 또한 중요하며, 그 시간 동안 국가는 어떤 것이 되었는지에 대해 비판적으로 생각하게 되는 것도 중요하고, 정말 국가가 어떻게 이 시간의 결과를 부정하거나 전복하려는 환상을 표명하는 자리가 되었는지를 생각하게 되는 것도 중요하다.

　이제 다시 프랑스의 논쟁으로 돌아와서, 법에 관한 논쟁은 동시에 어떤 종류의 성적 배치와 친족 형태가 존재한다고 인정되거나 가능하다고 생각될 수 있는지에 관한 논쟁이며, 또 무엇이 상상 가능성의 경계선이 될지에 관한 논쟁이기도 하다는 것을 기억하는 게 중요해 보인다. PACS에 반대하는 많은 사람들, 혹은 적어도 PACS에 대해 회의적 시각을 표하는 사람들에게는 합법화된 성적 연대의 다양성 때문에 문화의 위상 자체가 의문시되었다. 이민 문제와 게이의 자녀 양육 문제는 이미 변화된 문화의 근간을 흔드는 것으로 여겨졌지만, 그것이 이미 겪은 변화에 대해서는 부인하려 했다.[23]

　이 점을 이해하기 위해서는 '문화'라는 용어가 어떻게 작동되고, 프랑스의 맥락에서 이 용어가 어떻게 문화적으로 다양한 인간적 삶의 형성이 아니라, 인간의 인식 가능성의 보편적 조건을 나타내는 논쟁에 개입했는지를 생각해보아야 한다.

---

23) Catherine Raissiguier, "Bodily Metaphors, Material Exclusions: The Sexual and Racial Politics of Domestic Partnerships in France," Arturo Aldama(ed.), *Violence and the Body*, New York: New York University Press, 2002.

## 자연법, 문화법, 국가법

프랑스 철학자 아가친스키는 라캉계 학자도 아니고 정신분석학자도 아니지만, 프랑스 논쟁에서 두드러진 그녀의 논평에는 많은 라캉계 추종자들과 프랑스 및 그 외 지역의 정신분석학 임상의들이 공통적으로 갖고 있는 특정한 인류학적 신념이 보인다.[24] 그 신념은 문화 자체가 남녀에게는 아이를 만들 것을 요구하고 아이에게는 상징질서로 처음 진입하기 위한 이원적 기준점을 가질 것을 요구하는데, 여기서 상징질서는 우리의 현실 감각과 문화적 인식 가능성에 명령을 내리고 지원도 해주는 일단의 규칙들로 구성된다.

아가친스키는 게이의 자녀 양육은 자연스럽지도 않고 문화에도 위협이 된다고 쓴다. 그녀가 보기에는 당연히 생물학적 성차sexual difference가 문화적 영역에서는 생식활동의 기반으로서 중요성을 갖는다는 의미에서다. "(성차의) 기반은 세대generation이다. 그리고 이것이 아버지와 어머니의 역할 차이다. 생명을 주기 위해서는 남성성과 여성성이 있어야 한다." 동성애자의 자녀 양육이라는 유령은 문화의 기반에서 이렇게 생명을 주는 이성애와 겹치기도 하고 반대되기도 한다. 그것은 자연 및 문화와 동떨어져 있을 뿐 아니라 인간을 위험하고 인위적인artifical 것으로 구성하는 데 초점을 두고 있으며, 일종의 폭력이나 파괴로 그려지는 실천이다. 아가친스키는 다음과 같이 쓴다. "어떤 이가 동성애자라면

---

24) 프랑수아즈 에리티에는 레비-스트로스의 입장을 훨씬 더 강력히 옹호해왔다. PACS에 대한 가장 강력한 반대로는 Françoise Héritier, "Entretien," *La Croix*, November 1998 참고. 여기서 에리티에는 "어떤 사회도 동성애 친족은 인정하지 않는다"고 말한다. Françoise Héritier, *L'Exercice de la parenté*, Paris: Gallimard, 1981; *Masculin/Féminin: La pensée de la difference*, Paris: Odile Jacob, 1996 또한 참고.

특정한 '폭력'이 있어야만 아이를 원할 수 있다Il faut une certaine 'violence,' quand on est homosexuel, pour vouloir un enfant. 〔······〕 나는 아동에게 절대적 권리는 없다고 생각하는데, 아동의 권리는 점점 더 인위적으로 조작된 아동을 암시하게 되기 때문이다. 아동의 이익을 도모한다면 아동의 이원적 기원을 지워서는 안 된다." 이 '이원적 기원double origin'은 그것이 변함없이 남녀로부터 시작된다는 것을 말하며, 여기서 남자는 아버지의 자리를 차지하고 여자는 어머니의 자리를 차지한다. "이렇게 혼합된 기원은 자연스러운 것이며 또한 문화적이고 상징적인 기반이다."[25]

아이의 기원에 대한 이원적 기준점으로서 아버지와 어머니가 있어야 한다는 논의는 1949년 레비-스트로스의 『친족의 기본 구조』의 입장을 떠올리게 하는 일단의 전제에 의지한다. 아가친스키는 레비-스트로스 계열의 연구자는 아니지만 그녀의 체계는 현대 논쟁의 맥락에서 되살아나 재구성된, 문화에 관한 일단의 구조주의적 가정에서 비롯되었다. 나의 요점은 지금 이 논쟁의 관점에 책임이 있는 레비-스트로스의 견해를 저지하려는 것이기보다는 이런 견해의 부활이 현대 정치학 지평에서 어떤 소용이 있는지를 묻고자 하는 것이다. 인류학에서 1940년대 말에 널리 알려진 레비-스트로스의 견해는 보통 다른 논의로 넘어간 것으로 간주되며, 실제 레비-스트로스의 것과 똑같은 형태로 있지는 않다는 것을 고려해본다면 말이다.[26]

---

25) Sylviane Agacinski, "Questions autour de la filiation," p. 23. 번역은 필자.

26) 레비-스트로스는 50여 년 전 자신의 관점이 현재 입장과 일치하지 않음을 분명히 밝히고, 교환 이론이 성차에 얽매일 필요는 없지만 항상 공식적이고 특정한 표현물을 가져야 한다고 주장하면서 이 논쟁에 참여했다. Claude Lévi-Strauss, *The Elementary Structures of Kinship*, Rodney Needham(ed.), Boston: Beacon, 1969; "Postface," *L'Homme*, Special issue on "Question de Parenté," April-September 2000 참고.

레비-스트로스에게 오이디푸스 드라마는 발달 시기나 단계로 설명하려던 것이 아니었다. 그보다는 언어를 사용하기 시작하면서 작동하는 금기로, 모든 새롭게 발생하는 주체가 자연에서 문화로 전환하기 위해서 항상 작동하는 금기로 구성된 것이었다. 사실 어머니와의 성적 결합을 금지하는 금기는 제때 맞춰 도착하는 것이 아니라 어떤 의미에서는 개체화individuation의 전제 조건으로, 문화적 인식 가능성 자체의 가정이자 지지물로 **거기에** 있다. 어떤 주체도 그 조건이 되는 이런 금지나 금기 없이는 발생할 수 없으며, 어떤 문화적 인식 가능성도 이런 근원적 구조를 우선 통과하지 않고서는 주장될 수 없다. 사실 어머니는 아버지의 것이기 때문에 주체에게 허락되지 않는 것이다. 그러니 이런 금기가 근본적인 것이고 또 이해할 만한 것이라면, 아버지와 어머니는 금기 자체에 논리적으로 꼭 필요한 요소로 존재한다. 이제 정신분석학은 아버지와 어머니가 실제로 존재할 필요가 없다고 설명할 것이다. 그들은 위치일 수도 있고 상상의 인물일 수 있으며 어떤 식으로든 구조적으로만 있으면 된다. 아가친스키의 논점은 이런 식으로 모호하기도 하지만, 그녀는 아버지와 어머니가 존재했던 게 분명하며, 부모의 존재가 아이의 기원에 본질적인 것임을 아이가 이해해야 한다고 주장할 것이다.

이 금기가 어떻게 문화 개념의 기반이 되는지를 이해하는 일은 프로이트의 오이디푸스 콤플렉스가 라캉의 언어 발생 구조 및 주체 개념으로 재해석되는 방식을 따른다. 라캉의 언어 발생 구조 및 주체에 관해 여기서는 논의할 수 없지만 예전에 아주 여러 번 논의했다.[27] 내가 여기서 강조하려는 것은 오이디푸스를 활용하여 문화 개념을 특정하게 설

---

27) Judith Butler, "Competing Universalities."

정하는 것으로, 이는 젠더 형성과 성적 배치에 제한된 결과물을 가져오는 데다 문화를 하나의 전체, 통일체, 자신을 재생산하는 데 관심 있는 것, 자녀의 재생산을 통한 단일한 총체로 은근히 그려낸다. 예컨대 정신병이 나지 않은 모든 아동에게는 틀림없이 아버지와 어머니가 있다고 아가친스키가 주장할 때, 처음에는 아버지와 어머니가 아이 양육의 모든 단계에 참여하고, 아이에게 알려져야 한다는 경험적 관점을 취하지는 않은 것 같다. 그녀는 뭔가 좀더 이상적인 것을 의도하는데, 다시 말해 부모 중 어느 한쪽이 참여하거나 알려지지 않더라도 최소한 어머니와 아버지에 대한 심리적 기준점이 있어야 하며, 남녀로 된 부모를 회복해내려는 서사적 노력이 있어야 한다고 본 것이다. 그러나 이것이 이성애적인 사회적 배치 없이도 보장될 수 있다면, 그녀가 레즈비언과 게이의 입양에 반대할 이유는 없을 것이다. 그러니 상징적 구조가 사회적 배치를 합법화하는 순간에도, 사회적 배치가 상징적 구조를 지지하고 유지하는 것처럼 보일 것이다. 아가친스키에게 이성애적 성행위는 실제 자녀를 양육하는 한쪽 혹은 양쪽 부모와 무관하게 아이의 기원으로 이해되며, 그 기원은 상징적 중요성을 가지게 될 것이다.

이처럼 아이의 기원을 이성애에 두는 것의 상징적 중요성은 다음과 같은 이유에서 문화에 핵심적이라 생각된다. 만일 아이가 상징적 위치를 전제하는 과정을 거쳐 문화 속으로 들어간다면, 그리고 이런 상징적 위치가 오이디푸스화Oedipalization 때문에 달라진다면, 그 아이는 아마 자신에게 명백히 성적 대상으로 금지된 부모의 위치와 관련해서 하나의 위치를 택해야만 젠더를 갖게 될 것이다. 아들은 어머니를 가질 수 없다는 것을 인정하고, 어머니를 대신할 다른 여성을 찾아야 아들이 될 것이다. 딸은 어머니를 가질 수 없다고 인정하고 그 상실을 어머니와의 동일시로 대체한 뒤, 아버지를 가질 수 없음을 인정해서 아버지를 다른 남성 대상으로 대체해야 딸이 될 것이다. 이처럼 꽤 확고한 오이디푸스화 도식에 따르면, 젠더는 이성애적 욕망의 완성을 통해 획득된다. 아가친스키의 입장을 재구성하다 보니 프로이트에게 (즉 『성욕에 관한 세 편의 에세이』나 『에고와 이드』에서) 나타나는 것보다 훨씬 더 확연하게 드러난 이 구조는 이제 발달 단계로서의 위상을 버리고 언어 안에서 개별화된 주체가 형성되는 수단이라고 주장된다. 문화의 일부가 된다는 것은 이런 금기가 가져온 젠더 구분 기제를 통과했다는 뜻이며, 규범적 이성애와 분명한 젠더 정체성을 둘 다 동시에 성취한다는 뜻이다.

오이디푸스화를 언어와 문화적 인식 가능성의 전제 조건으로 특정하게 해석하는 것을 거부할 이유는 많다. 그리고 이런 도식을 거부하려는 정신분석학적 해석도 많은데, 이들은 오이디푸스적인 것을 새롭게 설명할 여러 방법을 허용하지만 전-오이디푸스적인 것pre-Oedipal과 관련된 작용은 제한한다. 게다가 구조주의 인류학 중 몇몇 형태는 여성을 상호교환하는 것을 문화의 전제 조건으로 격상시키고, 족외혼의 명령을 오이디푸스 드라마 안에서 작동하는 근친애 금기와 동일시하려 했다. 그러는 동안 다른 문화 이론들이 그 자리에 대신 들어서면서 그런 구조주의적 설명을 문제 삼게 된다. 실제로 구조주의가 그 모델을 따르지 않는 친족 체계를 설명하는 데 실패했다는 것은 데이비드 슈나이더, 실비아 야나기사코, 새라 프랭클린, 클리퍼드 기어츠, 그리고 메릴린 스트래던 같은 인류학자들에 의해 분명히 밝혀졌다.[28] 이런 이론들은 구조주의

---

28) David Schneider, *A Critique of the Study of Kinship*; *American Kinship: A Cultural Account*; Sylvia Yanagisako, *Gender and Kinship: Essays Toward a United Analysis*, Stanford: Stanford University Press, 1987; Sarah Franklin & Susan McKinnon, "New

가 전제한 것과는 다른 교환 양식을 강조하고, 구조주의적 주장의 보편성도 문제 삼는다. 인류학자 캐스 웨스턴뿐 아니라 주디스 스테이시, 캐럴 스택 같은 친족 연구 사회학자들은 지금 작동하고 있는 다양한 친족 관계, 그리고 언제나 근친애 금기에만 기원이 있다고 할 수는 없는 규칙으로 작동하는 다양한 친족 관계들도 강조했다.[29]

그런데 여성 교환에 따라 생각하게 된, 성차에 대한 구조주의적 설명이 어째서 현재 프랑스의 논쟁이라는 맥락으로 '복귀'하려는 것일까? 어째서 여러 지성인들과 그중 일부인 페미니스트들까지도 성차가 문화뿐 아니라 문화의 전파력에도 근본이 된다고 주장하면서, 재생산은 이성애적 결혼의 특권으로 남아야 하고, 비이성애적인 양육 관계 중 실행 가능하고 인정 가능한 형태에 대해서는 제한이 있어야 한다고 주장하려는 것일까?

이러한 맥락에서 대체로 시대에 뒤처져버린 구조주의가 어떻게 부활했는지를 알려면 레비-스트로스에게 근친애 금기는 족외혼을 통한 자녀의 재생산을 보장할 뿐 아니라, 강제적 족외혼은 강제적 이성애를 통해 표명되므로 이를 통해 '씨족'의 통일성도 유지된다는 점을 고려하는

---

Directions in Kinship Study: A Core Concept Revisited," *Current Anthropology* 41, no. 2, April 2000; Sarah Franklin & Susan McKinnon(eds.), *Relative Values: Reconfiguring Kinship Studies*, Durham, N.C.: Duke University Press, 2002; Marilyn Strathern, *The Gender of the Gift: Problems with Women and Problems with Society in Melanesia*, Berkeley: University of California Press, 1988; *Reproducing the Future: Anthropoly, Kinship, and the New Reproductive Technologies*, New York: Routledge, 1992; Clifford Geertz, *The Interpretation of Cultures*, New York: Basic Books, 1973.

29) Judith Stacey, *In the Name of the Family: Rethinking Family Values in the Postmodern Age*, Boston: Beacon Press, 1996; *Brave New Families: Stories of Domestic Upheaval in Late 20th Century America*, Berkeley: University of California Press, 1998; Carol Stack, *All Our Kin*; Kath Weston, *Families We Choose*.

것이 중요하다. 다른 지역 출신의 여성은 이 지역 남성들에게 자기 종족이 재생산될 것이라는 확신을 준다. 이런 식으로 여성이 문화적 통일성의 재생산을 보장하는 것이다. '씨족clan'이라는 모호한 개념은 1949년의 레비-스트로스에게는 '원시primitive' 집단을 지칭하는 것이었지만, 1999~2000년에는 유럽이 각국 간의 개방과 새로운 이민자 문제로 시달리게 되면서 국가의 문화적 통일성을 얻기 위한 이데올로기로 작용하게 된다. 따라서 근친애 금기는 인종주의 기획과 나란히 작용하게 되는데 이는 문화를 재생산하기 위한 것이고, 프랑스의 경우 프랑스 문화를 보편성과 암묵적으로 다시 동일시하기 위한 것이다. 이미 되돌릴 수 없을 만큼 공격을 받은 국가에 대한 환상을 굳건하게 만들어서 '마치 ~인 것처럼'이 작동하게 하는 것은 다름 아닌 법이다. 그런 의미에서 상징적 법의 소환은 새로운 이민 유형, 인종 간 결혼 사례의 증가, 국가 간 경계의 혼란을 통해 발생했고 지금도 발생 중인 프랑스의 문화적 순수성에 대한 위협을 막아낸다. 씨족 형성에 관한 초기 이론을 수정한 그의 짧은 저서 『인종과 역사』를 보면, 레비-스트로스에게도 인종적 정체성의 재생산 가능성이 문화의 재생산과 관련되어 있음을 알 수 있다.[30] 레비-스트로스의 초기작에 나타난 문화의 재생산에 관한 설명과, 문화의 정체성 및 인종의 재생산에 관한 후기 견해 사이에 연결점이 있을까? 이 둘 사이에는 지금 프랑스에서 이민에 대한 공포와 비이성애적 친족을 규제하려는 욕망 사이에서 일어나는 문화적 연관성을 읽게 해줄 연결점이 있을까? 특히나 현재 프랑스의 맥락에서는, 근친애 금기가 인종

---

30) Claude Lévi-Strauss, "Ethnocentrism," *Race et histoire*, Paris: Denoël, 1987, pp. 19~26 참고.

간 결혼에 반대하는 금기들과 연합하여 작동하는 것으로 보일 수 있다. 가족을 이성애적인 것으로 강제함으로써 발생한 문화를 보호하는 즉시 그것이 새로운 형태의 유럽 인종주의를 확장하는 게 되는 한은 말이다.

우리는 이런 연관성의 일부를 레비-스트로스를 통해 미리 알 수 있으며, 그것은 현 논쟁의 맥락에서 왜 레비-스트로스 이론이 부활했는지를 부분적으로 설명해준다. 레비-스트로스가 근친애 금기는 문화의 근간이라 주장하고, 그것은 족외혼이나 씨족 외부와의 결혼을 명한다고 주장할 때, '씨족'은 인종의 관점에서, 혹은 더 구체적으로 말해 전염 가능성을 규제함으로써 인종적 순수성을 유지하는, 문화에 들어 있는 인종적 전제 조건의 관점에서 읽히고 있는 것인가? 결혼은 씨족의 외부에서 발생해야 한다. 족외혼이어야 하는 것이다. 그러나 족외혼에도 제한은 있어야 한다. 즉 결혼은 씨족 외부에서 발생해야 하지만, 특정한 인종적 자기이해나 인종적 공통성의 외부에 있어서는 안 된다. 그래서 근친애 금기는 족외혼을 명하지만, 인종 간 결혼의 금지는 근친애 금기가 명하는 족외혼에 제한을 가한다. 이제 강제적 이성애와 인종 간 결혼의 금지로 인해 궁지에 몰리게 된 문화라 불리는 어떤 것이, 지배적 유럽 백인성에 대한 열망과 동일시로 가득 차서 보편성 안에서 보편성 자체로 자신을 재생산한다.

물론 최근 몇 년간 등장한 것 중 레비-스트로스 모델에 이의를 제기하는 다른 방식도 많고, 최근 정치 논쟁에서 레비-스트로스 모델이 이상하게 부활한 것은 인류학자들에게는 틀림없이 시대착오적인 유령의 형상으로 여겨질 것이다. 한 문화 안에 다른 종류의 친족 배치들이 존재할 수 있다는 주장들도 있었다. 또 이따금씩 친족이 모범적 예가 되기도 했던 서열화 관습ordering practices을 설명해주는 다른 방법들도 있다. 그러나 이런 논쟁은 친족의 일차적 위치가 문화 안에 있다고 가정하며, 대부분 문화를 단일하고 분명한 총체성으로 전제하는 친족 연구 내부에 있다. 피에르 클라스트르는 몇 년 전 프랑스의 상황에서 가장 논쟁적으로 이 점을 주장했는데, 그는 친족 규칙이 모든 사회에 대해 인식 가능성의 규칙을 제공해준다고 보기란 불가능하며, 문화는 자립적 개념이 아니라 근본적으로 권력관계로 가득 찬, 즉 규칙으로 환원될 수 없는 권력관계로 가득 찬 것으로 간주해야 한다고 주장했다.[31] 그러나 문화가 자립적인 실체나 통일체가 아니라고 생각하기 시작하면, 문화 사이의 교환, 문화가 자신을 일시적 존재론과 구분해서 경계를 정하는 방식 자체가 결과적으로 보면, 권력으로 가득 차 있다는 것을 알게 된다. 그러면 우리는 교환의 문제를 전면적으로 다시 생각할 수밖에 없다. 즉 그것을 더 이상 가부장적 씨족의 자기 동일성을 전제하고 또 생산하는 여성들의 선물로 생각할 것이 아니라, 가장 중요하면서 문화의 근간이 되는 이성애로 환원될 수 없는, 잠정적으로 예측 불가능하고 서로 경합하는 일단의 자기 정의self-definition의 행위로 생각해야 한다. 사실 이 부분을 좀더 정교히 이론화하려면, 친족은 일종의 **행위**doing로서 앞선 구조를 반영하지 않으며 오로지 행해진 실천으로만 이해될 뿐인 **행위**라는 데이비드 슈나이더의 주장을 수용하는 것이 과제가 될 것이다. 내 생각에 이 일은 실제라고 상정된 관계 구조가 모든 실제 사회관계의 뒤에 잠복해 있는 상황으로부터 벗어나게 도와줄 것이며, 유형화된 행위

---

31) Pierre Clastres, *Society Against the State: Essays in Political Anthropology*, Robert Hurley(trans.), New York: Zone Books, 1987; *Archeology of Violence*, Jeanine Herman(trans.), New York: Semiotext(e), 1994 참고. 레비-스트로스 이후 친족에 대한 인류학적 접근을 고찰하려면 Janet Carsten & Stephen Hugh-Jones(eds.), *About the House: Lévi-Strauss and Beyond*, Cambridge: Cambridge University Press, 1995 참고.

5장 친족은 언제나 이미 이성애적인가?　199

와 수행적인 행위의 양식이 어떻게 친족 범주를 작동하게 만들어서, 친족 범주가 모양도 위치도 변하는 수단이 되는지를 생각할 수 있게 해줄 것이다.

실제라고 상정된 이성애는 몇몇 사람들에게 사회적이기보다는 상징적인 것으로 설명되었고, 그래서 그것이 친족의 장 자체의 기반이 되는 구조로 작동한다는 것이 —그것이 어떻게 보이고 무엇을 하느냐와 상관없이 사회적 배치를 알려주는 구조로 작동한다는 것이— 친족은 이미 언제나 이성애적이라는 주장의 근거였다. 이런 이성애의 지침에 따르면 비이성애자로서 친족 관계에 진입하는 사람은 어머니나 아버지의 위치를 떠맡아야 이해가 될 것이다. 친족의 사회적 다양성은 근원적이면서 확산되어 있는 상징적 법을 다시 쓰는 데는 거의, 어쩌면 전혀 효과가 없다. 근원적인 이성애라는 가정은 또한 권력 작용의 일부로—덧붙여 환상의 일부로—읽혀야 한다. 이런 근원을 소환하는 것이 어떻게 국가나 민족에 관한 특정한 환상을 형성하는지 묻기 시작할 수 있다는 것으로 읽혀야 한다. 문화를 일련의 거래나 번역으로 구성하는 교환 관계는 오직 우선적으로 성적인 것이 아니라, 말하자면 문화적 전파와 재생산의 문제가 위기에 처할 때 섹슈얼리티를 당면 과제로 진정 받아들인다. 나는 문화적 재생산이 오로지, 전적으로 또는 근본적으로 아이를 통해 발생한다고 말하려는 게 아니다. 아이라는 형상은 문화의 재생산 속에서 하나의 성애화된eroticized 자리에 있다고 주장하려는 것뿐이다. 이성애적 재생산을 통해 확실히 문화가 전파될 것인가라는 문제를 은근히 제기하는 자리 말이다. 이 자리는 이성애가 문화 전파의 목적을 성실히 이행할 것인지의 문제만이 아니라, 문화가 부분적으로 이성애의 특권으로 정의될 것인지의 문제도 은근히 제기한다.

사실 이 이론 장치 전체를 문제 삼는 것은 이성애의 근본적 규범을 의심하는 것일 뿐 아니라, '문화'가 자족적인 장이나 영역이라고 조금이라도 말할 수 있는지 의문시하는 것이기도 하다. 나는 대중적 사유 활동에서 이 입장을 극복하려는 노력을 명백히 혹은 징후적으로 드러내면서 질문하고 있지만, 한때 의미했던 것처럼 더 이상 의미할 수 없는 용어를 내가 사용하고 있다는 것도 알고 있다. 그것은 과거의 입장이 빠져 있다는 것을 알려주는 플레이스홀더placeholder[32]이며, 내가 이 입장과 그것의 한계를 밝히기 위해 사용해야 할 것이지만, 한편으로는 그 사용을 미루고 있는 것이기도 하다. 이성애와 단일체, 또 암묵적으로는 문화의 순수성의 관계는 기능적인 것이 아니다. 이성애는 문화의 재생산을 공고히 하고, 부계 중심성patrilineality은 오랫동안 동일성 속에 재생산할 수 있었던 어떤 전체의 형태로서 문화의 재생산을 공고히 한다고 주장하고 싶기는 하다. 하지만 문화를 자기 유지와 자기 복제를 하는 총체성으로 개념화하는 것은 이성애를 당연한 것으로 여기도록 만들며, 성차에 대한 구조주의적 접근 전체가 문화에 관한 주제론thematics을 통해 이성애를 보장하려는 운동을 상징하고 있다는 것도 똑같이 사실이다. 이성애가 일원적 문화를 형성하고, 또 일원적 문화는 이성애를 재형성한 뒤 또다시 자연스러운 것으로 만드는 이런 원환 구조를 깨고 나갈 방법이 있을까?

인류학 내부의 노력으로 인해 친족은 더 이상 문화의 기반으로 자리 잡지 않고, 다른 문화적·사회적·정치적·경제적 현상들과 복합적으로

---

32) (옮긴이) 빠지고 없는 것을 대신하는 기호나 텍스트의 일부, 또는 가주어나 가목적어처럼 문장 속에 문법적으로는 필요하지만 자체의 뜻은 없는 것.

상호 관련된 하나의 문화 현상으로 간주된다. 예컨대 인류학자 프랭클린과 매키넌은 친족이 "국가적이고 초국가적인 정체성의 정치적 형성, 노동과 자본의 경제적 동향, 종교의 우주론, 인종·젠더·종의 분류의 위계, 그리고 과학·의학·기술의 인식론"과 결합했다고 쓴다. 그 결과 친족의 민족지학적 연구 자체가 변해서 이제는 친족이 "디아스포라 문화, 글로벌 정치경제의 역동성, 혹은 생명공학 및 생명의학의 맥락에서 발생하는 변화들을 포함한다"[33]라고 주장한다. 사실 프랑스의 논쟁에서 에릭 파생은 결혼과 친자 관계를 필연적이고 근본적인 것으로 연결하는 '상징질서'의 소환은 지배적인 제도로서의 결혼이 역사적으로 해체된 것, 즉 프랑스어로 탈혼démariage에 해당하는 이름에 대한 보상적 반응으로 이해해야 한다고 주장한다.[34] 그런 의미에서 PACS에 대한 반대는 국가가 어떤 결혼에 대한 환상을 유지하려는 노력이며, 그 지배권이 이미 돌이킬 수 없을 만큼 사회적 실천의 층위에서 도전받고 있는 국가에 대한 환상을 유지하려는 노력이다.

이와 유사하게 프랭클린과 매키넌은 친족이란 특정 위치의 변화가 이미 작동하고 있는 장소라고 생각하며, 여기에 생명공학과 초국적 이주에 관한 불안이 핵심이 되었다가 거부당한다. 이는 분명 최소한 두 가지 방식으로 아가친스키의 입장 속에서 작용하는 것으로 보인다. 즉 프랑스에서 성적인 관계나 젠더 관계의 '미국화'에 관해 아가친스키가 시사하는 공포는 특히 프랑스 방식으로 조직된 친족 관계를 유지하려는 욕망이 있다는 증거다. 그리고 상징질서의 보편성에 대한 호소는 말할 것

33) Sarah Franklin & Susan McKinnon, "New Directions in Kinship Study," p. 17. *Relative Values* 또한 참고.

34) Eric Fassin, "Same Sex, Different Politics."

도 없이 프랑스만의 국가주의 기획을 보편주의 기획과 동일시하려는 프랑스의 노력이 활용하는 수사법이다. 이와 유사하게 재생산과 관련된 생명공학을 과장하면서 레즈비언과 게이가 인간을 조작하기 시작할 것이라는 아가친스키의 공포는 이런 '부자연스러운' 행위가 결국에는 인간에 관한 대규모의 사회공학으로 귀결될 것임을 시사하며, 다시 한 번 동성애를 잠재적 파시즘의 부활과 연결시킨다. 글로벌 경제에 작용하는 어떤 기술력이, 아니 실상은 어떤 인간 게놈 프로젝트의 결과가 현대의 문화생활에 이런 불안을 일으키는지가 궁금한 것은 당연하다. 그러나 이것은 그게 한낱 환영이 아니라면 이런 사회적 위협 —그게 위협이라면— 의 원인을 레즈비언에게로 돌리려는 변화로 보인다. 그들 중 한 명이 배란하고 있는 사이, 아이오와 주의 추운 겨울날 드라이아이스에서 정자를 꺼내고 있는 레즈비언으로 말이다.

프랭클린과 매키넌은 친족에 대해 "더 이상 '자연스러운' 관계라는 단일하고 고정된 개념에 근거해서 개념화되지 않고, 이런저런 자잘한 관계의 복합물에서 자의식적으로 조합되는 것으로 보인다"라고 쓴다.[35] 그렇다면 친족은 그 자체가 일종의 행위이며, 그것이 발생하면서 의미를 조합하는 행위라는 논지에서 프랭클린과 매키넌이 설명하는 조합 과정을 이해하는 게 중요할 것이다. 그러나 이런 정의를 통해 친족을 다른 공동체나 친자 관계와 분명히 구분할 수 있는가? 지속적인 관계 양식으로 느슨하게 특징지어지면서 친족은 하나의 대상으로서의 구체성을 상실했다. 물론 모든 친족 관계가 오래 지속되는 것은 아니지만, 친족의 자격을 얻는 관계는 그게 뭐든 모두 어느 정도 지속성 있는 규범

---

35) Sarah Franklin & Susan McKinnon, "New Directions in Kinship Study," p. 14.

이나 관습 안으로 들어가고, 그 규범은 여러 번 반복되면서 그 영속성을 획득한다. 따라서 규범이 지속되기 위해 정지된 상태여야 할 필요는 없다. 사실 지속되려면 정지된 상태여서는 **안 된다**. 이런 것들은 자연스러운 것으로 받아들여지는 경향이 있지만, 자연과 문화의 관계를 안정되게 하기란 불가능하기 때문에 계속해서 분열되는 관계들이다. 게다가 프랭클린과 매키넌의 관점에서 보면 친족은 문화의 기원을 의미하는 한 방법이다. 나는 이렇게 설명하려 한다. 레비-스트로스에게 배운 것처럼 친족은 문화의 기원에 대한 알레고리이자 자연화 과정 자체를 나타내는 증상이며, 그것은 문화라는 이름으로 찬란하게 또 음험하게 발생하는 증상이다. 따라서 자연과 문화의 구분에 관한 논쟁은 동물, 인간, 기계, 혼종, 사이보그 간의 구분이 더 이상 안정적이지 않을 때 필시 강화되는 것으로, 친족의 자리에 있는 것으로 간주된다고 덧붙이는 사람도 있을 것이다. 급진적 문화주의 경향이 있는 친족 이론조차 믿을 수 없는 '자연'에 반대되는 것으로 자신의 틀을 잡으며, 그래서 자신이 초월한다고 주장하는 것을 구성하고 또 정의하는 관계에 남아 있기 때문이다.

예컨대 국제 입양이나 인공수정의 정치성을 생각해보면, 세계 경제의 관점에서 볼 때 친족이 얼마나 빠르게 그 특수성을 잃어가고 있는지 알 수 있다. 생물학에 기반을 두지 않은 친자 관계로 맺어지는 새로운 '가족'은 때로 생명공학 기술 혁신이나 아동에 대한 국제 상품 관계 및 무역에 좌우되기 때문이다. 이제 유전 자원genetic resource에 대한 통제 문제가 생기는데, 이 자원은 사법부와 법원의 판결에 따라 협상 가능한 일단의 새로운 재산권 관계로 간주된다. 그러나 사람들을 서로 묶는 친족 유대는 다름 아닌 공동체 유대의 강화가 될 것이고, 또한 그 친족은 지속적이거나 배타적인 성적 관계에 기초한 것일 수도 있고 아닐 수도 있다. 또 과거의 연인, 비非연인, 친구, 공동체의 구성원으로 이루어진 것일 수도 있기 때문에 상징질서의 붕괴라는 분명히 유익한 결과도 생긴다. 이제 그런 의미에서 친족 관계는 친족을 공동체와 구분할 가능성을 문제 삼는 경계 또는 어떤 다른 개념의 우정을 요구하는 경계에 도달한다. 이런 경계는 전통적 친족을 '해체'하게 되며, 이는 친족을 정의하는 데 있어 생물학적 관계와 성적인 관계가 갖던 중심적 입지를 변화시킬 뿐 아니라 섹슈얼리티에 친족 영역과는 다른 어떤 영역을 허용해준다. 이 영역은 결혼의 틀 바깥에서 생각할 수 있는 지속력 있는 유대를 허용하며, 따라서 가족으로 환원할 수 없는 일단의 공동체 유대로 친족을 열어둔다.

### 정신분석학적 서사, 규범적 담론, 그리고 비평

불행히도 인류학 중 후기 친족 연구라 불리는 분야에서의 주요 성과는 정신분석학에서 보여준 그와 유사한 혁신적인 성과와 일치하지는 않았다. 그리고 정신분석학은 예컨대 켄 코벳의 연구[36]와 같은 중요한 성과가 있는데도 아직도 주체의 성적 형성을 이론화하기 위해서 추정일 뿐인 이성애적 친족 논의에 때로 의존하고 있다. 몇몇 인류학자들은 친족의 의미와 그 가능한 형태를 열어두었을 뿐 아니라 친족이 언제

---

36) Ken Corbett, "Nontraditional Family Romance: Normative Logic, Family Reverie, and the Primal Scene," *Psychoanalytic Quarterly* 70, no. 3, 2001.

나 문화에 결정적인 순간인지에 대해서도 의문을 제기했다. 실제로 엄밀한 용어로 개념화한 오이디푸스화가 문화의 전제 조건이 된다는 가정에 의문을 제기한다면, 일단 이런 분열이 일어난 마당에 어떻게 정신분석학으로 되돌아가겠는가? 오이디푸스가 문화의 필수 요소는 아니라고 해도, 그렇다고 그것이 오이디푸스를 위한 자리가 없다는 뜻은 아니다. 그건 단지 오이디푸스라는 이름으로 발생하는 콤플렉스가 다양한 문화적 형식을 취할 수 있으며, 더 이상은 문화 자체의 규범적 조건으로 작용할 수 없을 거라는 의미일 뿐이다. 오이디푸스는 보편적으로 작용할 수도 있고 아닐 수도 있지만, 그것이 보편적으로 작용한다고 주장하는 사람들조차 오이디푸스가 어떤 식으로 나타나는지 살펴야 할 것이고, 또 그것이 언제나 똑같은 방식으로 나타난다고 주장할 수는 없을 것이다. 오이디푸스가 보편적이라는 것은 ─고백하건대 나는 이 점에 대해 불가지론의 입장인데 ─ 결코 오이디푸스가 문화의 전제 조건이라는 논제를 확증해주지 못한다. 이런 논제는 오이디푸스가 언제나 똑같은 방식으로, 즉 문화 자체의 조건으로 작용한다는 것을 알고 있다고 말하려는 것이다. 그러나 오이디푸스가 욕망의 삼각형이라는 이름으로서 폭넓게 해석된다면 분명히 이런 질문이 제기될 것이다. 이 삼각형은 어떤 형태를 취하는가? 그것은 이성애를 전제해야 하는가? 또 여성 교환이나 이성애적 교환의 전제 바깥에서 오이디푸스를 생각하기 시작하면 어떤 일이 벌어지는가?

정신분석학이 반드시, 문화가 이성애에 기초한다고 생각하는 반동적 순간과 연계될 필요는 없다. 실제로, 규범적인 친족의 외부에 살거나 규범적인 것과 '그렇지 못한 것'이 혼재된 상태로 사는 사람의 심리 상태의 이해를 돕고자 정신분석학이 연구한 문제들은 너무나 많다. 즉 게이 가족 안에서 아동이 무의식적으로 수용하는 동성애적 사랑의 환상은 무엇인가? 원래의 가족에서 분리되었거나 수정란 착상으로 태어났거나 인공수정을 통해 태어난 아이는 자신의 기원을 어떻게 생각하는가? 어떤 문화적 서사가 아이들의 손에 놓여 있으며, 아이들은 이런 상황에 대해 어떤 특별한 해석을 내놓는가? 아이가 자신의 기원에 대해 하는 이야기, 당연하게도 바꾸어 말하기가 수없이 일어날 이야기는 인간이 어떻게 존재가 되는지에 대한 단일한 이야기에 순응하는가? 아니면 우리가 하나의 이야기, 특권화된 문화의 이야기로 환원될 수 없는 서사 구조를 통해 나타나는 인간을 찾을 것인가? 우리는 아이가 가질 자아에 대한 서사적 이해가 필요하다는 우리의 생각을 어떻게 수정해야 할까? 그런 서사적 이해에는 이런 서사가 시대에 따라 수정되고 간섭받는 방식에 대한 숙고가 포함되는데 말이다. 또 이성애가 오이디푸스화의 전제 조건이 아니라면 어떤 형태의 젠더 구분이 아이에게 생기는지 우리는 어떻게 이해하기 시작할까?

사실 이것은 정신분석학이 무비판적으로 수용했던 문화 개념을 재고해볼 계기일 뿐 아니라, 새로운 친족과 성적 배치는 문화 자체에 대해 재고하게 만들 계기이기도 하다. 결속 관계가 더 이상 이성애적 증식으로 파악될 수 없다면, 아가친스키 같은 철학자들이 주장하는 문화와 자연의 상응성 자체가 약화되는 경향이 있다. 사실 이런 결속 관계는 아가친스키의 연구에서도 정지되어 있는 것이 아니다. 이성애적 기원을 강제하는 것이 상징질서이고 상징계는 합법적인 사회관계라고 생각된다면 왜 세간에서 불법이라 하는 사회관계에 관해 그녀가 염려하겠는가? 그녀는 상징적인 것은 사회적인 것에 선행하지 않으며, 따라서 결국에는 사회적인 것과 별개일 수 없다고 생각한다. 사회관계는 상징계를 약화시킬 힘이 있다고 보는 것이다.

정신분석학 임상의가 게이 가족은 정신병 상태이거나 위험한 상태라고 공공연하게 주장할 때 이들은 강력한 반발을 일으킬 만한 방식으로 공적인 담론을 휘두르는 게 분명한 듯하다. 라캉계 학자들만이 이런 주장을 독점하고 있는 것은 아니다. 클라인 계열의 유명한 임상의인 한나 시걸은 재클린 로즈와의 인터뷰에서 "동성애는 아이의 부모인 커플에 대한 공격"이며 "발달 단계의 정지"라는 자신의 관점을 여러 번 언급한다. 그녀는 두 명의 레즈비언이 아들을 하나 키우는 상황에 분노를 표한다. "성인의 동성애 구조는 병적인 것"으로 간주된다고 덧붙이기도 한다.[37] 1998년 10월 공개 발표장에서 레즈비언 두 명이 아들 하나를 키우는 것에 찬성하느냐는 질문을 받았을 때 그녀는 단호히 "아니요"라고 대답했다. 많은 사람들이 그랬듯이 레즈비언과 게이 가족의 정상성을 주장하며 시걸에게 직접 응수하는 것은 이 논쟁이 정상적인 것과 병리적인 것의 구분에 초점을 두어야 한다는 점을 수용하는 것이다. 그러나 우리가 정상성의 전당으로 가는 입구를 찾으려 하거나, 정말로 이 담론을 반대로 뒤집어서 (말하자면 동성애공포증 문화 중 유일하게 '분별 있

---

37) Hanna Segal, "Hanna Segal interviewed by Jacqueline Rose," *Women: A Cultural Review* 1, no. 2, November 1990. 시걸은 이렇게 말한다. "자기 이름값을 하는 분석가라면 **내부**에서 온 질병에 대해 알고 있다. 분석가는 '당신은 나와 달리 변태로군' 하고 느끼는 것이 아니라, '당신이 어쩌다 이 지경에 이르렀는지 조금 알고 있으며, 나도 그런 상황에 있어봤고 지금도 약간은 그런 상황이다'라고 느낀다. 만일 그가 신을 믿는다면 '신의 은총이 없었다면 나도 그렇게 되었을 것입니다'라고 말할 것이다." 그러고는 조금 뒤에 말할 것이다. "이성애적 관계도 똑같이 아니 좀더 도착적이거나 자아도취적일 수 있다고 주장하는 것은 적절합니다. 그러나 이런 문제는 그 관계에 내재한 것이 아닙니다. 이성애도 어느 정도는 자아도취적일 수 있고, 또 그것이 대단히 문제가 되거나 그렇지 않을 수도 있습니다. 그러나 동성애에서 이 문제는 내재적인 것이지요"(p. 212).

는' 입장으로서) 우리의 병리성을 예찬하려 한다면, 정상성과 병리성을 규정하는 틀은 문제 삼지 않는 게 된다. 그리고 일단 이 틀로 들어가면 우리는 어느 정도 그런 조건에 의해 규정될 것이다. 이 말은 우리가 이런 경계의 침투 불가능성을 전제하고 스스로 그 영원한 외부로 자리 잡으려 할 때도, 지금처럼 정상성의 경계 안에서 스스로 자리 잡으려 할 때의 조건에 의해 **똑같이** 정의된다는 뜻이다. 결국 아가친스키가 동성애는 그 정의상 "제도 및 고정된 유형의 외부에" 있기 때문에 이들이 결혼할 권리를 부여받아서는 **안 된다고** 주장할 때, 그녀조차도 레즈비언과 게이가 '본래' 전복적이라는 주장을 어떻게 활용할지 알고 있는 것이다.[38]

양면적 사고는 우리를 정치적 마비로 몰고 갈 뿐이라고 생각할 수도 있지만, 이런 논쟁에서 하나의 입장만 취할 때 오는 더 심각한 결과에 대해서도 고려해보자. 우리가 이런 논쟁이 제시하는 조건에 관여하게 되면, 입장을 취하는 바로 그 순간 논쟁의 틀을 승인하는 게 된다. 이는 이런 주제가 사유 가능한 것이 되는 조건을 변화시킬 힘의 행사를 코앞에 두고도 특정한 마비가 있다는 신호다. 사실 더 근본적인 사회적 변화가 정말로 위기에 놓이는 순간은 예를 들면 친족이 '가족'으로 축소되는 것을 거부하거나, 섹슈얼리티의 장이 결혼 형식에 반대된다고 평가되기를 거부할 때다. 입양의 권리와 재생산 기술에 대한 권리가 실은 결혼의 틀 외부에 있는 개인이나 연합 관계에 보장되어야 하는 것이 분명하듯, 결혼과 가족 혹은 친족까지도 허락하고 성생활이 사유될 수 있는 배타적 한계를 표시하게 하려는 진보적 성정치학의 급격한 감소

---

38) Sylviane Agacinski, "Questions autour de la filiation," p. 24.

가 이루어질 것 또한 명백하기 때문이다. 결혼을 할지 말지, 임신을 할지 말지, 또 아이를 양육할지 말지에 관한 이런 논쟁 전체에 성적인 장이 배제되어 있다는 것은, 그 대답이 '네'이든 '아니요'이든 모든 대답이 갑작스레 현실을 제한하는 작용을 한다는 점을 분명히 밝힌다. 이런 것들이 결정적인 문제이고 우리가 어느 편인지 알고 있다고 결정해버리면, 우리는 근원적인 상실의 구조, 즉 애도할 대상의 이름조차 부를 수 없는 상실의 구조를 가진 인식론의 장을 이미 받아들인 것이 된다. 이런 규범의 관점으로는 사유할 수 없게 된 섹슈얼리티, 친족, 그리고 공동체의 삶은 급진적 성정치학의 상실되었던 지평을 형성해낸다. 그제야 비로소 우리는 애도할 수 없는 것의 궤적을 따라 '정치적으로' 우리가 갈 길을 발견하게 된다.

## 6장

# 인정을 향한 갈망

 

제시카 벤저민Jessica Benjamin의 최근 저작은 상호주관적 인정 intersubjective recognition의 가능성을 확립하고자 하며, 그에 따라 치료 담론에 철학적 규범을 세우고자 한다. 그녀의 연구는 언제나 비평적 사회 이론과 임상적 실천에 기반을 둔 것으로 분명하게 정의되어왔다. 프랑크푸르트학파는 정신분석학에 강한 이론적 관심이 있어서 알렉산더 미처리히Alexander Mitscherlich와 마가레테 미처리히Margarete Mitscherlich가 쓴 무엇보다 중요한 저작 『애도의 불가능성The Inability to Mourn』을 출판하기도 했다. 그러나 그 이후로는 이 분야를 연구한 사람 중에 벤저민의 저작에 나타나듯 정신분석학을 적극적으로 활용하고, 비평적 사유와 임상적 통찰을 결합하는 이론적 성과를 낸 비평 이론가를 찾아보기가 힘들어졌다. 벤저민의 철학적 유산 중 핵심이 되는 것은 인정recognition 개념이다. 이는 헤겔의 『정신현상학』(pp. 111~19)에서 전개된 핵심 개념으로, 위르겐 하버마스와 악셀 호네트의 저작에서는 다른 의미를 가졌던 것이다.[1] 어떤 면에서 벤저민의 연구는 인정이 가능하다는 전제, 그리고 인정은 인간 주체가 심리적인 자기이해와 수용을 획득하는 조건이라는 전제에 입각해 있다.

그녀가 쓴 거의 모든 책에는 인정이 무엇인지를 알려주는 몇몇 대목이 있다. 인정이란 단순히 주체가 대타자Other에게 자신을 보여주어 인정하게 만드는, 타인을 향한 주체의 제시가 아니다. 그보다 인정은 주체와 대타자가 서로에게 모습이 반사된다고 생각할 때 개입하는 과정이지만, 여기서 이런 반사가 (예컨대 합체의 동일시를 통해 나타나는 것처럼) 주체의 대타자로의 붕괴 또는 대타자의 타자성을 소멸시키는 투사로 귀결되지는 않는다. 벤저민이 헤겔의 인정 개념을 전유할 때, 인정은 임상적 실천을 이끄는 규범적 이상이자 열망이 된다. 인정은 우리가 대타자를 별개의 것, 그러나 심리적으로는 공통된 방식으로 조직된 것으로 본다는 함의를 지닌다. 어떤 점에서는 하버마스를 따르면서도, 벤저민에게 가장 중요한 것은 의사소통 자체가 인정의 수단이자 사례가 된다는 생각이다. 인정은 어떤 사람이 행하는 행위도 아니고, 문자 그대로 우리가 서로 '보고' 또 '보여지는' 사건도 아니다. 그것은 절대적이지는 않더라도 일차적으로는 언어적인 의사소통을 통해 발생하며, 그 안에서 주체는 자신이 개입된 의사소통 행위 덕분에 변화한다. 이 모델이 어떻게 사회 이론과 치료 행위에 모두 하나의 규범을 제공했는지 우리는 알 수 있다. 그것은 지금처럼 생산적으로 두 영역에 펼쳐져 있는 이론을 계

---

1) Axel Honneth, *The Struggle for Recognition: The Moral Grammar of Social Conflicts*, Joel Anderson(trans.), Cambridge, MA: Polity Press, 1995; Jürgen Habermas, *The Theory of Communicative Action*, 2 vols., Thomas McCarthy(trans.), Boston: Beacon Press, 1982.

발한 벤저민의 공과 덕분이다.

그녀의 이론이 이뤄낸 분명한 성과 중 하나는 상호주관성이 대상관계 object relations와 같지 않으며, '상호주관성'은 대상관계에다가 외부의 대타자라는 개념을 더한 것이라는 주장인데, 여기서 외부의 대타자란 상호 보완 관계에 있는 심리적 대상의 구성을 초월하는 것이다. 이 말은 대상에 대한 심리적이고 환상적인 관계가 무엇이든 그것을 더 큰 인정의 역동성이라는 관점에서 이해해야 한다는 뜻이다. 대상에 대한 관계가 대타자에 대한 관계와 꼭 같은 것은 아니지만, 대타자에 대한 관계는 대상에 대한 관계를 이해할 틀을 제공한다. 주체는 대상에 대한 특정한 심리 관계를 형성할 뿐만 아니라, 그런 심리 관계에 의해 또 그런 심리 관계를 통해 주체가 형성되기도 한다. 게다가 이런 여러 형성은 암묵적으로 인정을 향한 투쟁의 구조로 되어 있고, 그 구조 안에서 대타자는 자신이 심리적으로 재현하는 대상과 분리되기도 하고 분리되지 않기도 한다. 이런 인정을 향한 투쟁은 대타자와 의사소통 행위를 시작하려는 욕망의 특징을 보이는데, 그 안에서 인정은 한 가지 사건이나 일련의 사건들로 발생하는 것이 아니라 진행 중인 어떤 과정, 심리적 파괴의 위험이 있는 과정으로서 발생한다. 헤겔은 인정이 항상 무릅쓰는 위험을 '부정negation'이라고 지칭한 반면, 벤저민은 부정이라는 용어를 관계성의 변별적 양상을 기술하는 데 사용한다. 즉 나는 대타자가 아니며, 이런 구분에서 특정한 심리적 결과가 나온다는 것이다. 부정이라는 사실을 다루는 문제적 방식들이 있는데, 물론 그중 일부는 프로이트의 공격성 개념과 클라인의 파괴destruction 개념을 통해 설명된다. 벤저민에게 인간은 꼭 필요한 부정에 근거해서 대타자와의 심리적 관계를 형성하지만, 이 관계가 모두 파괴적인 것은 아니다. 이런 부정을 장악하고 해소하려는 심리적 반응은 파괴적이지만, 그 파괴는 인정 과정에서 겪어야만 하는 것이다. 인간의 정신생활은 전능성과 접촉에 대한 욕망이라는 특성을 지니므로 "대상과 관계 맺는 것과 외부의 (대)타자를 인정하는 것" 사이에서 동요를 일으킨다.[2]

어떤 의미에서 벤저민은 이런 동요나 긴장이 근본적으로나 필연적으로 인간의 정신생활을 구성한다고 말한다. 그러나 우리는 또한 대상관계가 인정의 양식으로 변화된다고 가정하는 규범하에 움직일 것으로 보이고 그로 인해 우리가 대상과 맺는 관계는 말하자면 우리가 대타자와 맺는 관계 안에 들어가는 것으로 보이기도 한다. 이런 변화를 성공적으로 이루어내는 만큼, 우리는 이런 긴장을 앞서 말한 의사소통 행위 중 좀더 유동적인 개념의 상황 안에 놓는 것 같다. 벤저민은 "심리 고유의 문제적이고 갈등적인 특성"[3]을 주장하며 자신의 주장을 굽히지 않는다. 그러나 심리의 갈등적 특성을 고려한다면 인정이 어떤 의미를 띨 수 있고 띠어야 하는가에 대해서는 이해하기 어려워졌다. 인정은 우리가 변함없이 추구하는 규범이고 치료 행위를 좌우해야 할 규범인 동시에, 그것이 변화의 과정일 때는 의사소통이 취하는 이상적 형식이기도 하다. 그러나 인정은 지속적인 파괴의 위험이 있는 과정에 붙여지는 이름이기도 한데, 주장하건대 파괴가 갖는 규정과 형성의 위험이 없다면 이 과정도 인정이 될 수 없을 것이다. 벤저민은 인정이 파괴로 떨어질 위험이 있다는 주장을 펼치지만, 내가 보기에 어떤 인정의 이상ideal을 고

---

2) Jessica Benjamin, Afterword to "Recognition and Destruction: An Outline of Intersubjectivity," *Relational Psychoanalysis: The Emergence of a Tradition*, Hillsdale, N. J.: Analytic Press, 1999.

3) Jessica Benjamin, *The Shadow of the Other: Intersubjectivity and Gender in Psychoanalysis*, New York: Routledge, 1998, pp. 2~3.

집하고 있는 듯하다. 그 안에서 파괴는 가끔 일어나는 슬퍼할 만한 사건인데, 이것은 치료 상황에서 역전되어 극복되기는 하지만 본질적으로 인정을 구성한다고 밝혀지지는 않는 사건이다.

내가 이해하기로 벤저민의 기획은 그녀가 말했듯, 전능성과 접촉 사이의 긴장이 정신생활에 필수적이기는 해도, '분열splitting'을 포함하지 않으면서 긴장을 생생하고도 생산적이게 유지하는 것으로 경험하고 또 해결할 방법이 있다는 것이다. 벤저민의 관점에서 보면, 우리는 자신을 지탱하기 위해 대상을 비방하는 곳, 혹은 그러한 공격성이 우리 자신의 것으로 인정될 때 닥쳐올 심리적으로 버틸 수 없는 결과를 회피하기 위해 우리의 공격성을 대상에게 투사하는 곳에서, 부인disavowal을 수반하는 분열의 양상을 극복할 준비를 해야 한다. 공격성은 인정의 과정을 단절시키고, 벤저민의 용어로 말하자면 이런 '파괴'는 우리가 예측해야 하는 것이지만, 그런 파괴에 대항해서 공격성을 누르고 인정의 승리를 추구하는 것이 과제가 될 것이다. 그러나 이런 희망적인 도식에서도 우리는 인정이 뭔가 공격성과 다른 것이고, 적어도 공격성 없이 이루어질 수 있다는 의미를 얻게 된다. 이것이 의미하는 바는, 대타자에 대한 관계가 대상에 대한 관계로 되돌아가는 때가 있더라도 대타자에 대한 관계를 회복할 수 있고 회복해야 한다는 것이다. 그것은 라캉이 주장했던 것처럼, 오인은 이따금씩 일어나지만 심리적 현실을 구성하거나 능가할 수 있는 특성은 아니며, 오인이 없는 것으로 생각되는 인정이 승리해야 하고 또 승리할 수 있다는 의미이기도 하다.

다음에서 나는 이런 관점이 낳은 결과의 일부라 생각되는 것과 그 관점을 구성하는 부분이라 생각되는 것을 제시하려 한다. 만약 이것이 파괴성이 인정으로 변할 수 있는 사례라면 그 말은 인정이 파괴성을 영원히 앞서갈 수도 있다는 말이 된다. 그게 사실인가? 게다가 인정의 과정이 이제 '제3항'을 구성해야 한다는 조건을 고려해보면 양자 간 인정의 양상을 띠는 관계는 다른 형태의 삼각관계는 부인하는 데 근거하는가? 오이디푸스화에서 벗어난 삼각관계를 생각할 방법은 있는 것인가? 또한 양자 간 인정 모델은 겉보기로 나타날 뿐인 양자 관계의 외부에 있는 욕망을 변함없이 가리키는 이성애, 양성애, 그리고 동성애 욕망의 특수한 수렴점을 이해하는 데 도움이 되는가? 예컨대 트랜스젠더 안에 있는 젠더와 욕망의 특수한 상호작용을 이해하려 할 때 우리는 젠더의 상보성 안에 머물기를 원하는 것인가? 끝으로 나는 주체 안의 특정한 분할이 인정에 대한 다른 해석의 사례이자 추동력이 될 수 있는지 알아보기 위해서 헤겔로 되돌아가, 벤저민이 강조한 것과는 다른 헤겔식의 자아에 대한 해석을 살펴볼 것이다.

### 상보성에서 오이디푸스 이후의 삼각형으로

시간이 흐르면서 벤저민의 연구는 양자 관계의 양상을 띠는 상보성을 강조하는 것에서 삼자 관계triadic relation를 수용하는 쪽으로 전환했다. 양자 관계가 구성되는 관계에서 세번째 항목은 무엇인가? 그녀의 초기 논문들을 통해 예측할 수 있듯, 삼자 관계는 오이디푸스화로 환원될 수 없을 것이다. 양자 관계가 암묵적으로나 최종적으로 제3항, 즉 사랑의 대상으로 금지된 부모 대상과 관련해서 만들어진다는 것은 아닐 것이다. 벤저민에게 제3항은 다른 방식으로, 사실상 금지나 그 결과에 초점을 맞추는 게 아니라 '흥분excitement의 양식에 있어 부모 양쪽'에 초점을 맞추는 방식으로 발생한다. 이 양식은 제3의 것이며, '공동 생성된 cocreated' 것이다. 즉 "어느 한쪽 부모의 정신적 통제력이 닿을 수 없는 외부에서 우리는 매개의 장소, 양쪽 모두를 조율해 맞출 수 있는 제3의 음악을 발견한다."[4] 사실 벤저민에게 제3항은 초월적 이상을, 재현을 넘어서는 상호 욕망의 기준점을 구성한다. 제3항은 욕망을 갈구하는 구체적 대타자가 아니라, 욕망 관계를 본질적으로 구성하는 동시에 그에 개입하고 자극하고 초월하는 대타자의 대타자이다.

벤저민은 『타인의 그림자 The Shadow of the Other』에서 자신의 입장을 드루실라 코넬Drucilla Cornell의 입장이나, 대타자가 초월적이거나 형용 불가능하다는 레비나스Emmanuel Levinas식 사고에 고취된 모든 입장과 조심스레 구분한다(p. 93). 그러나 가장 최근의 글에서는 레비나스의 입장에 가까이 다가가는데, 어쩌면 전에는 반대했던 가능성과 동일시되는 비평가의 포괄적 가능성을 현실화하면서, 이런 대타자가 심리적 대상의 외부에 있다고 인정한다.

이런 식으로 삼자 관계에 접근하는 방식은 매우 편안하지만 고백하건대 나는 그것이 최종적으로 믿을 만하거나 사실상 바람직하다는 확신이 들지 않는다. 그래도 그것은 관계에 있어서, 특히 치료 관계에 있어서 신뢰를 주는 행위로서는 분명 인상적이다. 그러나 신뢰를 주는 행위를 두고 '논쟁'을 하기는 어렵다. 그래서 다음에서는 이런 모범적 편안함에 반대하기보다는 우리 중 일부가 계속 주장하는 양가성의 입장에서 몇 가지 응대를 하고자 한다. 게다가 나는 (상호간 관계와 구분되는) 삼

---

4) Jessica Benjamin, "'How Was It For You?' How Intersubjective is Sex?," American Psychological Association, Boston, April 1998, p. 28.

각 관계나 삼자 관계에 그리 환호하지 않는 사유가 어쩌면 가능하며, 이런 사유는 젠더에 대해 이성애적인 함의를 안고 있는 오이디푸스의 감옥으로 우리를 되돌아가게 만들지 않을 것이라 생각한다. 결국 내가 주장하려는 것은, 욕망을 사유하기 위한 삼각 구조는 상보성 너머에서 젠더를 사유한다는 함의, 그리고 상보성의 원칙에 암시된 이성애적 편견의 위험을 줄이고자 하는 함의를 갖는다는 점이다.

　나는 팔루스를 그리 신봉하는 사람도 아니고, 일전에 이 주제에 관한 견해를 피력했던 것처럼[5] 어떤 욕망의 관계에서든 제3항으로서의 팔루스 개념으로 돌아가자고 주장하는 것이 아니다. 또한 팔루스를 일차적이거나 근원적인 욕망의 순간으로 자리매김하려는 관점, 예컨대 모든 욕망이 아버지 기표와의 동일시나 아버지 기표의 모방적 반영에 걸쳐져 있다고 보는 관점을 수용하지 않는다. 진보적 라캉계 학자들은 재빨리 팔루스phallus와 페니스penis를 구분하고[6] '아버지'라는 것은 은유에 불과하다고 주장한다고 알고 있다. 그들이 설명하지 않는 것은 '팔루스'와 '부계적'이라는 말을 안전하게 사용하도록 만들어주는 바로 그 구분 자체가 계속 그 둘의 상응성, 즉 그 구분이 극복한다고 말해지는 페니스/팔루스, 부계적/모계적이라는 구분에 의존하면서 그 구분을 반복하는 방식에 관해서다. 나는 어느 정도 전복적 재의미화의 힘을 믿으

---

5) Judith Butler, "The Lesbian Phallus," *Bodies that Matter: On the Discursive Limits of "Sex,"* New York: Routledge, 1998, pp. 57~92.
6) (옮긴이) 팔루스는 음경을 뜻하는 프랑스어로 상징적 남근, 절대 기표를 의미하는 반면, 페니스는 음경을 뜻하는 영어로 실제 생식기, 해부학적 성차를 의미한다. 원래 라캉은 팔루스의 부권적 상징질서를 강조하여 남성 중심주의라고 비판을 받는데, 진보적 라캉계 학자들은 팔루스와 페니스를 구분해 팔루스는 상징적인 것이므로 실제의 페니스와는 다르다고 설명함으로써 라캉을 옹호한다.

며 팔루스를 널리 전파해 예컨대 다이크 아빠dyke dads[7] 등과 같은 개념을 만들려는 노력을 환영한다. 그러나 페니스나 부권성paternity을 가장 폭넓고 근본적으로 재의미화되어야 할 용어로 특권화하는 것은 실수라고 생각한다. 왜 다른 용어가 아닌 이 용어들을 쓰는 것인가? 물론 이런 용어와 '다른' 것이 여기서 심문되는 문제이며, 벤저민은 이론상 팔루스가 심리적 인상의 회로를 좌우하지 않는 심리 풍경을 상상할 수 있게 도와줬다. 그러나 우리가 팔루스 중심의 환원에서 오는 위험을 이해한다고 해서 삼각관계의 문제를 재고해볼 준비가 된 것인가?

오이디푸스 이전으로 회귀하는 것은 당연히 모성적인 것the material과 관련해 욕망을 다시 생각하기 위한 것이었지만, 이런 회귀로 인해 우리는 모르는 사이에 양자 관계의 부활에 개입한다. 즉 가능한 두 선택안이 '아빠'와 '엄마'이므로 팔루스 대신 모성적인 것에 개입한 것이다. 그러나 욕망의 층위에서, 실은 젠더와 친족의 층위에서 일어난 일을 복잡하게 만들 다른 종류의 서술이 있는가? 벤저민은 분명하게 이런 질문을 하는데, 팔루스의 우선성을 주장하는 라캉계 페미니스트에 대한 그녀의 비판은 대부분 젠더가 사유되는 상호 배타적 논리와 이성애라는 전제에 대한 것이다. 벤저민이 쓰는 '과포괄성overinclusiveness' 개념에는 하나의 젠더와의 동일시가 다른 젠더의 거부를 수반하지 않는, 오이디푸스기 이전 시기의 특징인 과포괄적 동일시를 오이디푸스기 이후에도 회복할 수 있고 회복해야 한다는 의미가 함축되어 있다.[8] 벤저민은 이런 맥락에서 공존하는 동일시 몇 가지를 신중히 허용하고, 창조적 긴장

---

7) (옮긴이) 레즈비언 커플 중에서 입양아의 아버지 역할을 하는 레즈비언.

8) Jessica Benjamin, *Like Subjects, Love Objects: Essays on Recognition and Sexual Difference*, New Haven: Yale University Press, 1995, p. 54.

상태에서 이렇듯 분명히 비일관적인 정체성으로 살 수도 있다는 생각을 치료 행위에서 어떤 이상ideal으로 발전시키기까지 한다. 그녀는 오이디푸스의 틀이 어째서 여자를 사랑하는 여성적 남자와, 남자를 사랑하는 남성적 남자라는 분명한 패러독스를 설명하지 못하는지를 잘 보여준다. 젠더 동일시가 언제나 어떤 욕망을 대가로 지불해야만 일어날 수 있다고 생각되는 한, 일관된 젠더는 틀림없이 이성애적 경향과 일치한다고 말해질 것이다.

나도 이런 경향, 특히 『타인의 그림자』의 2장 「불확실한 내용의 구성 Constructions of Uncertain Content」에서 주장한 바에 공감한다. 나는 '과포괄성'의 결과를 선호하지만 그 원리에 관해 몇 가지 의문도 가지고 있다. 나는 벤저민이 『타인의 그림자』(pp. 45~49)에서 비이성애적 정신분석학 쪽의 연구를 하고 있다고 생각한다. 그러나 한편으로는 이렇게도 생각한다. (a) 삼각관계는 오이디푸스화 너머에서, 혹은 오이디푸스적인 것을 오이디푸스기 이후에 변화시키는 부분으로 유용하게 재고해볼 수 있고, (b) 젠더가 이형성 논의를 우선시하는 것과 관련된 몇 가지 전제는 벤저민의 비평에서 나타나는 급진주의에 제한을 가하고 있으며, (c) 과포괄성 모델은 벤저민이 주장하는 차이를 인정할 만한 조건이 될 수 없다. 왜냐하면 그것은 탈아적으로ek-statically[9] 대타자와 연관된 자아, 문제의 대타자를 배제하지도 포함하지도 않는 동일시를 통해 탈중심화된 자아의 개념에 저항하기 때문이다.

우선 오이디푸스기 이후의 삼각관계의 가능성을 생각해보자. 나는

---

9) 나는 하이데거처럼 이 용어의 원래 의미가 자신의 외부에 있는 어떤 입지를 함의한다는 것을 지적하기 위해 엑스터시ecstasy의 어원학적 의미를 탈-정태ek-stasis로 제시하려 한다.

욕망은 그 구조상 단순히 이원적인 것은 아니라고 주장하는 라캉의 공식을 출발점으로 삼을 것을 제안한다. 나는 이 공식이 팔루스를 전혀 언급하지 않고도 해석될 수 있는지뿐만 아니라 그것이 라캉의 범위를 초월하는 방향으로 나아갈 수 있는지도 살펴보고 싶다. 장 이폴리트가 헤겔의 『정신현상학』에 대한 자신의 해설서에서 '욕망의 욕망'이라는 개념을 소개할 때 그가 주장하려던 것은 욕망이 자신의 쇄신을 추구할 뿐 아니라(스피노자식 주장), 스스로 대타자의 욕망의 대상이 되고자 한다는 것이었다.[10] 라캉은 이폴리트의 이 공식을 재해석하면서 다의성을 만들기 위해 소유격을 이용한다. 즉 "욕망은 대타자**의** 욕망"이라는 것이다(강조는 필자).[11] 욕망은 무엇을 욕망하는가? 그것은 여전히 자신을 계속 욕망하는 게 분명하다. 사실 욕망하는 욕망이 욕망되는 욕망과 다른지는 분명치 않다. 그들은 최소한 동어로 연결되어 있는데, 그게 의미하는 바는 욕망이 스스로를 배가시킨다는 것이다. 욕망은 자신의 쇄신을 모색하지만 자신을 쇄신하기 위해서는 스스로를 복제해야 하고, 그에 따라 과거와는 다른 어떤 것이 되어야 한다. 욕망은 단일한 욕망으로 그 자리에 멈춰서 있는 것이 아니라, 자신의 외부에 있는 어떤 형상을 취하면서 자신에게 타자가 된다. 게다가 욕망은 대타자를 원하고, 거기서 대타자는 욕망이 일반화된 대상으로 이해된다. 욕망이 또한 원하는 것은 대타자의 욕망이고, 여기서 대타자는 욕망의 주체로 생각된다. 이 마지막 공식에는 소유격 문법이 포함되며, 그것은 대타자의

---

10) Jean Hyppolite, *Genesis and Structure of Hegel's "Phenomenology of Spirit,"* Samuel Cherniaak & John Heckman(trans.), Evanston, IL: Northwestern University Press, 1974, p. 66.

11) Jacques Lacan, *Écrits: A Selection*, Alan Sheridan(trans.), New York: Norton, 1977, p. 58.

욕망이 주체의 욕망의 모델이 됨을 시사한다.[12] 나는 대타자가 날 원하기를 바라는 게 아니라, 내가 대타자의 욕망이 되는 정도까지만, 또 내 욕망이 대타자의 욕망에 따라 형성되는 정도까지만 바란다. 물론 이것은 아마 만화경처럼 변화무쌍한 여러 해석 중 하나에 불과하다. 사실 오이디푸스적인 해석을 포함해 욕망의 공식에 대한 다른 해석도 있다. 즉 나는 대타자가 욕망하는 것(제3의 대상)을 욕망하지만, 그 대상은 대타자에 속하는 것이지 내게 속하는 것이 아니며, 금지를 통해 시작된 이런 결핍이 내 욕망의 근원이 된다는 것이다. 또 다른 오이디푸스적 해석은 이렇다. 나는 대타자가 자신의 욕망의 대상으로 허가된 대상보다는 나를 원하기를 바라며, 나는 금지된 욕망의 대상이 되기를 더 이상 원하지 않는다는 것이다. 이 도식을 뒤집으면 다음과 같다. 나는 내게 금지된 사람을 자유롭게 욕망하고 싶다. 그리하여 대타자를 대타자로부터 몰아내고, 그런 의미에서 대타자의 욕망을 **가지고** 싶다.

이런 입장을 공식화하는 라캉의 방식은 물론 부분적으로 여성 교환이라는 레비-스트로스의 이론에서 비롯되었다. 남성 친족 구성원은 다른 남성 친족 구성원과 상징적 관계를 수립하기 위해 여성들을 교환한다. 여성은 대타자가 그들을 원한다는 바로 그 이유 때문에 '원해진다.' 따라서 여성의 가치는 교환 가치로 구성된다. 이때의 교환 가치는 마르크스Karl Marx가 이해한 용어로 환원될 수 없다. 퀴어 이론가 이브 세지윅은 『남자들 사이에서Between Men』에 이르러 이와 같은 장면scene에서 사실상 누가 누구를 욕망하고 있는지 묻게 되었다. 요점은 처음에는 한

---

12) 욕망의 모방적 형성에 대해 이렇게 설명하는 라캉의 공식에 대한 비판과 혁신을 보려면 Mikkel Borsch-Jacobsen, *The Freudian Subject*, Stanford: Stanford University Press, 1988 참고.

여자를 욕망하는 한 남자의 관계처럼 보이던 것이 결국에는 두 남자 간의 은밀한 동성 사회적 유대homosocial bond라는 것이 드러났다는 것이다. 그녀가 주장하려는 것은 '팔루스' 계열의 선상에서 동성 사회적 유대가 이성애를 대가로 지불해야 생긴다는 것이 아니라, (동성애적인 것the homosexual과는 다른) 동성 사회적인 것the homosocial은 바로 이성애를 통해서 표현된다는 것이다. 이 주장은 동성 사회적 유대의 상징적 본질을 (그에 따라 넌지시 라캉식의 상징계 전부를) 사유하는 데만이 아니라, 이성애와 동성애 둘 다를 사유하는 데도 엄청난 영향을 미쳤다. 중요한 것은 팔루스가 다른 사람이 아닌 어느 한 사람에게 소유된다는 점이 아니라, 그것이 이성애와 동성애의 회로에서 동시에 순환한다는 점이며, 이에 따라 이 장면에서 모든 '행위자'의 동일시 위치를 혼란스럽게 만든다는 점이다. 여자를 다른 남자에게 보내려는 남자는 자기 자신의 어떤 측면을 보내는 것이고, 그 여자를 받아들인 남자는 또한 그 남자까지 받아들이는 것이다. 여자는 순환한다. 그러나 그녀는 마침내 원하는 대상이 된 것일까 아니면 두 남자의 욕망의 표상이 되어 단지 어떤 가치, 이런 욕망들이 만나고 만나지 못하는 장소, 잠재적으로 동성애적인 만남이 전달되고 지연되고 억제되는 어떤 장소를 나타내는 모범적 예가 되는 것뿐인가?

내가 이런 문제를 제기하는 이유는 이성애와 동성애가 서로를 통해 정의되는 근원적이면서 어쩌면 불가피한 방식을 읽어낸다는 게 불가능해 보이기 때문이다. 예컨대 이성애적 질투는 동성에 대한 욕망을 드러내 선언할 수 없다는 것 때문에 어느 정도까지 악화되곤 하는가?[13] 한

---

13) 질투와 동성애적 욕망의 변형에 대해서는 Sigmund Freud, "Certain Neurotic Mechanisms

남자의 여자 연인은 다른 남자를 원해서, 심지어 그를 '가지기까지 하는데,' 첫번째 남자에게 그것은 자신을 희생해서 얻는 경험이다. 첫번째 남자가 치러야 할 대가는 무엇인가? 이 장면에서 그가 대타자의 욕망을 욕망할 때, 그것은 남자의 연인의 욕망인가(그렇다고 상상해보자). 아니면, 그 또한 그의 연인이 다른 **남자**를 그녀의 연인으로 삼을 특권인가(그 또한 맞다고 상상해보자). 그가 그녀의 배신에 분노할 때, 그는 자신이 이미 치른 희생을 그녀는 치르기를 거부하기 때문에 화를 내는 것인가? 그리고 이런 해석이 그 장면 속 남자가 자신을 여자와 동일시하고 있음을 시사할 수는 있지만 그가 어떻게 동일시를 하는지, 또 그것이 결국 '여성적' 동일시인지는 불분명하다. 그 장면에서 어쩌면 그가 그녀에게 원한 것은 상상 속 위치일 수도 있지만, 그는 그녀의 위치를 무엇으로 상상하는가? 그의 상상 속에서 그녀가 다른 남자를 수용하는 반응을 보인다 하더라도, 그가 그녀의 위치를 여성적인 것으로 생각한다고 전제할 수는 없다. 그가 자신의 질투 환상의 한가운데서 재배치된 것이 자신의 감수성receptivity이라는 것을 알게 되면, 아마 남자는 여자를 수동적인 남성 동성애의 위치로 상상한 것이라고 주장하는 편이 더 합당할 것이다. 결국 이런 상황에서 이성애적인 열정과 동성애적인 열정을 구분하는 게 정말로 가능한가? 마침내 그는 그녀를 잃었고 그 때문에 그는 분노한다. 그리고 그녀는 그가 행할 수 없거나 행하지 않을 목적에 맞는 행동을 했고 그 때문에 그는 분노한다.

　욕망과 동일시를 상호 배제의 관계에서 이해할 필요는 없다는 벤저민

---

in Jealousy, Paranoia, and Homosexuality," James Strachey 외(eds.), *The Standard Edition of the Complete Works of Sigmund Freud*, vol. 18, London: The Hogarth Press & the Institute of Psychoanalysis, 1953~1974.

의 주장은 분명 이런 동시적 열정simultaneous passion의 여지를 만든다. 그러나 벤저민은 어떻게 이성애가 동성애적 열정의 장소가 되는지, 혹은 어떻게 동성애가 이성애적 열정의 전달자가 되는지를 설명할 방법을 제시해주는가? 이원적 구조가 젠더에 강제될 때 이 구조는 둘의 '양자' 관계를 확실히 둘 사이의 것으로 유지하기 위한 노고를 알지 못하는 젠더 상보성을 가정하게 되는 것 같다. 벤저민의 주장처럼 제3항은 상호주관적 과정 자체로, 더 생존력 있고 독창적인 '부정'으로서 파괴를 겪고도 '살아남는' 것으로 들어온다고 주장하는 것은 이미 이 장면을 실제 가능한 것보다 분명 더 편안하게 만드는 것이다. 물론 벤저민은 합체와 파괴는 모든 관계가 감수하는 위험이라고 말하지만, 이것은 관계를 맺고 있는 '두' 자아가 서로에 대한 역동적인 관계로 인해 변화되는 인정 가능성에 도달하기 위해 겪어야 할 것들이다.

그러나 이런 것들이 제3항과 무슨 관련이 있을까? 여기서 '여성 교환'을 퀴어 이론으로 다시 설명하는 것이 팔루스의 우선성을 주장하는 라캉계 페미니스트의 주장으로 되돌아가는 것은 아니라는 사실에 주목하자. 욕망은 어떤 사람의 위치가 팔루스를 가지는 것인 양 그 위치를 생각할 것이므로 우리는 대타자의 욕망을 원하는 것이 아니다. 그렇다고 우리가 한 남자와 좀더 완전히 동일시하기 위해 다른 남자들이 욕망하는 것을 원하는 것도 아니다. 사실 이성애가 동성애로 변하는 곳에서 삼각관계가 시작되므로, 동일시는 보통의 라캉계 입장이 근절하거나 병리적인 것이라 기술한 바로 그 복합성으로 인해 뻗어 나간다. (이성애로 추정되는) 성차의 피할 수 없는 토대에 맞서 욕망과 동일시가 상호 배타적 가능성으로 작용하는 곳에서는, 내가 설명한 장면 속의 행위자들은 이미 실패하게끔 정해진 상징계와의 투쟁을 벌이면서 어떤 위치를 차지하고자 헛된 노력을 하는 것으로만 생각될 뿐이다. 따라서 남자는 자기 자신이 다른 남자와 함께 있는 자기 연인의 위치에 있다고 상상하면서 성차를 '거부'하려 하고, 그래서 도덕화의 방식으로 욕망을 질병으로 깎아내리는 일이 미리 조직된 성차의 드라마 안에서 다시 한 번 일어난다. 나는 이런 접근 방식을 옹호할 수 없으며, 벤저민도 이에 동의한다고 생각한다.

그런데 정확히 어디서 우리의 입장이 달라지는가? 우선 위에서 주장한 대로 이 관계는 제3항을 언급하지 않고는 이해될 수 없고, 그런 제3항은 이 관계의 '과정' 자체로 쉽사리 설명될 수가 없다. 제3항이 양자 관계에서 '배제된다'고 주장하거나, 양자 관계가 발생하기 위해서는 이 양자 관계가 제3항을 배제해야 한다고 주장하려는 것이 아니다. 관계를 구성하는 열망으로서 관계의 내부에 있으면서, 동시에 부분적으로 미실현되고 금지된 욕망의 대상으로서 '외부'에도 있는 제3의 항이란 없다.

이제 여자의 관점에서 다시 생각해봄으로써 이 장면을 복잡하게 만들어보겠다. 그녀는 양성애자인데 한동안 여자에 대한 욕망을 지연시키면서 '1번 남자'와 관계를 가지려 했다고 생각해보자. 이런 욕망은 대체로 바텀bottom[14]이 되려는 욕망인 경향이 있다. 그러나 그녀는 여자를 '제3항'으로 생각하는 대신 어떤 남자(2번 남자)를 발견하고 그에게 탑top이 된다. 이제 논의상 1번 남자가 여자 친구에게 억지로 탑이 되느니 차라리 죽어버리겠다고 한다고 가정해보자. 그에게 그것은 너무 '퀴어'한 것일 테니까 말이다. 그래서 그는 그녀가 다른 남자에게 탑의 역할

---

14) (옮긴이) 바텀은 성행위를 할 때 수용자 역할을 하는 동성애자로 보통 삽입자 역할을 하는 탑의 상대역이 된다. 이 대목에서는 두 남자 사이에서 삼각관계에 빠진 여자의 이성애를 변형된 동성애로 설명하기 위해 바텀 논의를 끌어오고 있다.

을 한다는 것, 아마도 남자에게 항문 성교를 한다는 것을 알고, 여러 이유로 분개한다. 하지만 그녀가 쫓고 있는 것은 무엇일까? 그녀가 양성애자라면 지금 그녀는 한두 명의 남자와 어쩌다 '행위'를 하게 된 양성애자다. 그러나 아마도 그녀는 질투 때문에 그 관계를 위기로 몰고 가는 장면을 연출 중일 것이다. 어쩌면 그녀는 '그중 누구와도' 관계하고 싶지 않아서 그 관계를 끊으려고 이런 행위를 하는지도 모른다. 이런 순간에 그녀의 이성애 행위가 강화된 것을 다음과 같은 방식으로 보는 것이 가능할까? 즉 (a) 첫번째 애인의 질투를 알고 그의 소유욕을 더욱 자극하는 방식, (b) 두번째 애인에게 탑의 역할을 해서 첫번째 애인과는 이룰 수 없었던 욕망을 만족시키는 방식, (c) 여자가 탑이 아닌 레즈비언 관계의 가능성을 열고자 두 남자를 대립시키는 방식, (d) 레즈비언 바텀이 되는 것을 연상시키는 심리적 위험을 없애려고 여자의 이성애를 강화하는 방식으로 말이다. 어쩌면 무엇이 진실하고 진정한 것이며 무엇이 단순히 위장이나 굴절된 것인지 말할 수 있는 것처럼, 하나의 욕망이 다른 욕망을 이루게 하는 작용을 하지는 않을 거라는 점을 명심하자. 사실 이 특정한 인물이 자신이 겪은 연속적 사건을 대체할 '진짜' 욕망을 찾을 수 없을 수도 있고, 그 연속적 사건 자체가 진짜일 수도 있다. 그러나 2번 남자와의 연애는 간접적으로 이런 열정이 수렴되는 장소이자 그 열정의 일시적 형태일 수 있다. 그녀를 이해하기 위해서는 진리에 대한 동시적이면서 불협화음을 일으키는 주장들의 어떤 부분을 받아들여야 할 것이다. 물론 이성애로 얽힌 남녀가 동성애적 욕망을 추구하기 위해 관계를 흔쾌히 깨는 유형이 도심가에서 흔한 것은 아니다. 여기서 무슨 일이 벌어지는 것인지 안다고 주장하는 것도, 서로 친구인 게이 남자와 레즈비언이 같이 자기 시작할 때 무슨 일이 벌어지는 것인지 안다고 주장하는 것도 아니다. 그러나 이런 것들이 두 개의 서로 다른 묶음이 아니라 동시에 발생하는 서로에 대한 전달 수단이므로, 동성애적 열정과 이성애적 열정의 어떤 교차가 일어난다고 생각하는 게 합당해 보인다.

나는 이것이 트랜스젠더 논의에서 가장 두드러지게 나타난다고 생각한다. 트랜스젠더인 사람의 섹슈얼리티가 동성애인지 이성애인지를 말하기가 어려워진다. '퀴어'라는 용어가 바로 이런 생산적 비결정성 productive undecidability의 순간에 대해 말한다는 평판은 얻었지만, 어떤 불안정한 성적 경향의 관념들이 구성하는 이런 문화적 형성물에 대해 설명하려는 정신분석학적 시도는 아직 보지 못했다. 이것은 성전환 과정 중에 있는 트랜스섹슈얼들에 관해 생각해보면 가장 분명해지는데, 여기서 정체성은 획득되는 과정에 있기는 하지만 아직 거기 도달한 것은 아니다. 단호히 말하지만, 전환을 영원한 과정이라고 생각하는 트랜스섹슈얼에게는 말이다. 이런 경우에는 젠더를 분명하게 지칭할 수 없다면 우리가 섹슈얼리티에 관해 주장할 수 있는 기준점은 있는가? 성전환이 시작되지 않은 트랜스젠더의 경우, 거기에는 안정적 성취물이라 볼 수 없는 다양한 경계 넘기의 방식이 있고, 여기서 젠더 경계 넘기는 성애화eroticization의 조건을 일부 형성하기도 한다. 영화 「소년은 울지 않는다」[15]에서는 트랜스젠더가 남자와 동일시하는 동시에 여자를 욕망하는 것으로 보이므로, 이것은 여자에서 이성애적 남자로의 경계 넘기이다. 브랜든 티나는 이성애적 남자와 동일시하지만, 동일시에서 이탈하는 몇몇 순간도 보여준다. 그 순간 거기서는 환상이 깨지고 탐폰을 넣

---

15) *Boys Don't Cry*(1999, Twentieth Century Fox, Director: Kimberley Peirce).

어야 하고, 사용해야 하며, 그다음에는 흔적 없이 처리해야 한다. 이제 그의 동일시가 다시 시작되고, 믿을 만한 환상이자 믿어야 할 환상으로 일상적으로 재편되어야 한다. 여자 연인은 모르는 것 같지만, 이는 페티시즘의 무지not-knowing[16]이며, 불확실한 성애화의 기반이다. 여자 친구가 몰랐다고 주장할 때조차 그녀가 몰랐는지는 불명확하며, 알고 있다고 주장할 때도 알고 있는 것인지가 불확실하다. 정말이지 이 영화에서 가장 황홀한 순간의 하나는 모든 것을 알고 있는 여자 친구가 환상을 완전히 다시 끌고 올 때다. 그런가 하면 가장 불안한 순간의 하나는 모든 것을 알고 있는 여자 친구가 더 이상 환상에 완전히 몰입할 수 없어 보일 때다. 부인disavowal은 환상을 가능하게 만들 뿐 아니라 강화시키며, 때로는 자백을 견뎌낼 수 있는 지점까지 환상을 강화시킨다.

마찬가지로 브랜든의 몸은 환상이 시작되는 관점을 통해서만 관련성을 얻기 때문에 비슷한 면에서 그의 몸도 관련이 없다고는 할 수 없을 것이고, 이런 맞물림이 환상을 가능하게 한다. 그것은 단순한 해부학적 구조의 '거부'가 아니라 몸의 관능적 전개이고, 몸의 은폐이며, 상호 간의 관능적 환상을 위해 인공기관을 사용해 몸을 확장하는 것이다. 그(녀)의 여자 친구 라나에게, 또 라나의 위로 입술과 손과 눈, 그리고 브랜든의 몸의 힘이 있다. 팔과 체중과 밀어젖힘도. 그러니 그것은 단순히 '탈−체현disembodiment'의 장면이라 하기도 어렵고, '불쌍하다'고 하기도 어렵다. 그(녀)가 여자 친구의 욕망을 원하는 것은 언제이며, 그(녀)가 원하는 것은 무엇인가? 브랜든은 욕망의 주체의 위치를 차지하지만, 환

16) (옮긴이) 페티시즘 환자는 자신의 어머니가 거세되었다는 사실을 알면서도 이를 부인하여 거세되지 않은 어머니에 대한 환상을 다른 물신 속에 유지한다. 그래서 페티시즘 환자의 무지는 '알면서도 모른다고 주장하는 것'에 가깝다.

한 곳에 반듯이 등을 대고 누워 여자 친구더러 딜도에 구강성교를 해달라고 요구하지 않는다. 아마도 그것은 너무 '퀴어'하겠지만, 또한 두 사람 모두의 환상을 가능하게 하는 조건 자체도 죽이게 될 것이다. 환상이 완전하게 구현되도록 하고 부인이라는 환상의 조건도 충족시키기 위해 그(녀)는 어둠 속에서 딜도를 사용한다. 그(녀)는 분명 그런 위치를 차지하고 있으며, 그 위치를 너무 잘 차지하고 있다는 이유 때문에 영화 속에서 남자들에게 박해를 당하고 강간도 당한다. 브랜든은 레즈비언인가 남자인가? 브랜든이 스스로 남자로 행동함으로써 이 질문에 지속적으로 답을 하고 있는 동안에도, 이 질문 자체가 어떤 식으로든 브랜든이 처해 있는 곤경을 밝혀준다. 브랜든 스스로가 남자로 행동하는 게 분명하므로, 이것이야말로 브랜든이 레즈비언이라는 기호라고 말해봤자 효과가 없을 것이다. 남자는 확실히 스스로 남자로 행동하며, 해부학적 구조도 어떻게든 '행동으로' 결단나지 않고는 젠더에 진입하지 못하기 때문이다.

여자 친구에게, 그녀의 섹슈얼리티가 다른 어떤 관계도 불가능한 명백한 이성애라고 확실히 대본에 쓰인 여자 친구에게 딜도를 이용해 삽입 성교만 하는 레즈비언이 남자인지 아니면 어떤 특별한 '남자'인지를 우리가 질문받게 된다면 좀더 쉬워질까? 만일 그녀가 자신은 오직 '남자'로서만 사랑 행위를 할 수 있다고 한다면 아마 그녀는 길거리까지는 아니더라도 침대에서는 트랜스젠더라고 할 수 있을 것이다. 브랜든의 경계 넘기는 그 문화의 공적 규범에 대한 지속적인 저항을 포함하므로, 트랜스젠더 연속체에서 더 공적인 자리를 차지한다. 그것은 단순히 특정 방식으로 성행위를 할 수 있는가만이 아니라, 남성적 젠더로 보이는가에 관한 것이기도 하다. 그런 의미에서 브랜든은 레즈비언이 아니다.

영화는 강간 사건 이후 브랜든을 레즈비언의 위치로 그려내면서 돌아가고 있는 건 사실이지만 말이다. 강간범들이 바라는 대로 브랜든을 해부학적 구조와 '타협'하는 '진정한' 여성 정체성으로 되돌리면서 레즈비어니즘Lesbianism으로의 복귀(레즈비어니즘의 성취)가 다소간 그 강간으로 이루어졌다고 암시하면서 말이다. 이런 '타협'이 뜻하는 것은 단지 해부학적 구조는 수용 가능한 문화적 규범에 따라 도구화된다는 것에 불과하다. 욕망이 퀴어해지는 것을 허락하는 그 순간에도 '여성'을 그 제도화와 규범화된 젠더의 효과로 만들면서 말이다. 어떤 사람은 브랜든이 그저 자기가 하고 있는 식의 성관계를 할 수 있는 합법적 권리를 얻기 위해 일반적인 남자가 되고 싶은 것이라고 추측할 수도 있지만, 그런 설명은 젠더가 단지 섹슈얼리티의 도구에 불과하다고 전제하는 것이다. 그러나 브랜든에게 젠더는 그것만의 즐거움이 있고 젠더 자체의 목적에 따라 움직인다. 이 같은 동일시의 쾌락은 욕망의 쾌락을 넘어서며, 그런 의미에서 브랜든은 단순히 혹은 쉽게 말할 수 있는 레즈비언이 아니다.

## 인정, 그리고 상보성의 한계

이 대목에서 젠더 상보성이 도움이 될 수 있을까? 벤저민은 이렇게 쓴다. "젠더 상보성 비평은 필연적인 패러독스로 귀결된다. 즉 남성성, 여성성의 위치가 불가피하게도 경험의 체계를 세운다는 것을 인정하는 반면, 동시에 그것은 여성성과 남성성의 대립 범주를 뒤집는다."[17] 그리

---

17) Jessica Benjamin, *The Shadow of the Other*, p. 37.

고 그 주장을 하기 직전에 다음과 같이 묻는다. "우리가 남녀 간의 대립에서, 여성이 부정적 위치를 갖는 이분법에서 시작하지 않는다면, 무엇보다 젠더 범주에 대해 의문을 제기했다고 해서 그 토대 자체를 해체하는 것으로 보일 것인가." 그러나 이 질문은 어떤 것이며 정말 올바른 방식으로 제기된 것인가? 너무나 많은 젠더의 삶이 그런 이분법으로 나눌 수 없는데도 남녀의 이분법을 전제하는 것은 옳았던가? 제3항에 대한 언급이 이성애적 관계성을 가로지르는 동성애적 목적을 우리에게 알리려는 것인데, 이 관계를 이분법으로 보는 것은 옳았던가? 그 대신 우리는 다음과 같은 젠더의 문제들을 질문해야 하지 않았을까? 이를테면 규범적 젠더는 어떤 심리적 대가를 치르고 확립되는가? 상보성을 전제하는 것이 어떻게 분명히 동성애적 목적 때문에 경계를 넘은 것은 아닌, 자기 지칭적 이성애자를 전제하는가? 과거에 할 수 없었던 이런 질문은 이제 젠더와 섹슈얼리티의 정치학뿐만 아니라 페미니즘과 퀴어에도 관심이 있는 정신분석학에 대해 이론적 도전이 되는 부분을 형성하지 않는가?

우리가 원하는 것이 기꺼이 인정을 해주는 것이고, 그 인정이라는 게 우리와의 차이가 윤리적으로 표시되어야만 하는 다른 자아를 이해하기 위해 합체 기질과 파괴 기질을 초월해서 자아들을 움직이는 상호 과정이라고 생각한다면 이런 질문들을 제기한다는 것은 중요하다. 단언컨대 나는 벤저민의 연구에서 인정 규범이 작용할 때 그것에 문제가 있다고 생각하지 않으며, 사실 그것은 정신분석학에 합당한 규범이라 생각한다. 그러나 인정의 기준하에서 무엇이 가능한지에 대한 벤저민의 설명 안에 합당치 않은 희망이 있는 게 아닌지 정말 의문이 간다. 게다가 위에서도 말했듯, 그녀가 서술한 과포괄성이 거부되지도 합체되지도 않은 채로 분리된 대타자를 인정할 조건이 될 수 있는지도 특히 의문이다.

우선 벤저민의 주장대로 부정이 파괴와 명확히 구분될 수 있는가라는 문제로 돌아가보자. 그리고 인정의 탈아적ek-static 구조를 강조하면서 헤겔의 인정 개념을 재고해보고, 그것이 과포괄성 모델과 양립 가능한지 질문해보자. 어떻게 해서 이렇게 완전히 다른 모델들이 인정을 작동시키는지 아닌지라는 윤리적 문제와 관련되며, 또 어떤 형식으로 작동하는 것인가? 결국 정체성과 관련해 자아를 생각해보는 데 있어 이런 다른 인정 개념들이 갖는 함의는 무엇인가?

벤저민은 『사랑의 유대The Bonds of Love』를 출판한 이후 자신의 입장은 다음과 같다고 분명히 밝힌다. "부정negation은 인정의 운동에서 똑같이 아주 중요한 순간이다. 타자성의 수용에 아무리 호소한들 인정은 필연적으로 지배로 붕괴되어버린다는 사실을 제외시킬 수는 없다."[18] 이는 1998년 발표된 그녀의 입장을 대변한다. 그러나 그 이후 그녀는 이런 '필연적인 붕괴'로부터 입장을 전환했다. 초기의 입장은 인정이 부정성을 전제로 한다고 주장하는 듯 보였지만, 현재 입장은 부정성이 인정에 이따금씩 생기는 우연적 사건일 뿐 인정을 규정하지는 못한다고 암시하는 듯하다. 예를 들어 그녀는 "우리는 인정에서 일어나는 붕괴를 예측해야" 하지만 이 '파괴'는 극복할 수 있다고 쓴다. 즉 "더 진정한 층위에서 생존이 가능해질 때까지 파괴는 계속된다"는 것이다. 인정이란 진정한 층위에 주어진 이름으로, 파괴성 자체의 초월로 정의된다. 그에 따라 그것은 외부성이 인정되는 "대화적 과정"으로 기술된다. 이런 상황에 놓인 분석가는 이상화된 것으로 볼 수 없는데, 그것은 여전히 분석

---

18) 같은 책, pp. 83~84.

가를 내부성에서 해방시키지 못한 실패작이기 때문이다. 대화적 만남의 '진정한' 등장을 표시하고, 또한 벤저민이 '상호주관적 공간'이라 말한 것의 생성을 표시하는 것은 분석가가 이상적 이미지나 박해 이미지를 뚫고 지나갈 때의 대타자이다.

　내가 질문하려는 것은 '진정한' 양식의 상호주관적 공간에는 정말로 파괴가 전혀 없는가 하는 점이다. 그리고 파괴가 전혀 없다면 그것은 정신분석학에 더 이상 유용하지 않은 방식으로 심리를 초월하는가? 만일 '제3항'이 대화적 만남을 가져오는 음악이나 조화로 재정의된다면, 다른 '제3항들'에는 어떤 일이 생기는가? 해후를 가로막는 자식, 문간이나 전화기에 매달린 옛 애인, 되돌릴 수 없는 과거, 억누를 수 없는 미래, 예상하지 못한 상황의 발생을 타고 오는 무의식에는 어떤 일이 생기는가? 물론 이런 것들은 다 부정성이고, 대화의 조화로운 음악 속에 완전히 극복되고 지양되고 해결될 수 없는 '파괴'의 근원들이기도 하다. 이 음악은 어떤 불협화음을 들리지 않게 만드는가? 그 음악이 있기 위해 무엇을 부인하는가? 그 음악이 말러Gustav Mahler의 음악이라면 어떻게 될까? 관계의 문제가 단순히 상보성의 작용, 자아에 속한 것을 다른 곳에 투사하는 작용, 마땅히 별개로 간주해야 할 다른 사람을 포함시키는 작용만이 아니라는 것을 우리가 받아들인다면, 구조상 결국 이원적인 상태로 남아 있는 인정 모델을 유지하기는 어려울 것이다. 하지만 우리가 대타자에 대한 욕망이 대타자의 욕망에 대한 욕망일 수도 있다는 것을 받아들이고, 그래서 그런 입장에서 나온 수많은 모호한 공식들도 받아들인다면, 대타자를 인정하는 데는 양자 관계가 있다손 치더라도 외관상 드러나는 모습으로 있는 경우는 거의 없다는 전제가 필요한 듯하다. 관계가 원래 양자 간의 것이라 한다면, 나는 대타자의 욕망 한가운데 있으므로, 따라서 당연히 나르시시즘이 충족된다. 그러나 욕망이 그 경로를 찾기가 항상 쉬운 것은 아닌 릴레이 경주를 통해 작용한다면, 대타자에게 내가 어떤 사람인지는 당연히 변형될 수도 있다는 위험에 놓일 것이다. 우리는 대타자의 자리에 머물게 된 모든 대타자와는 다른, 우리가 사랑하는 대타자를 찾아낼 수 있는가? 말하자면 우리는 심리적 응축과 전치displacement의 모든 역사에서, 아니 정말로 에고를 형성하는 포기된 대상관계의 침전물에서 대타자를 해방시킬 수 있는가? 아니면 대타자를 '인정'한다는 것이 어떤 의미에서는 남자건 여자건 필연적으로 자신을 중심으로 삼지 않는 역사와 함께 온다는 것을 인정한다는 것인가? 그것은 모든 인정에 꼭 필요한 겸양의 면모이자, 사랑에 관여하는 인정의 면모가 아닌가?

내 생각에 누군가 대타자의 역사의 중심에 있지 않다고 인정한다면 그 사람은 차이를 인정하고 있는 것이라고 벤저민은 말할 것이라 여겨진다. 그리고 그 사람이 공격성으로, 또 절대적 파괴성으로 그런 인정에 응답하지 않는다면 그는 차이를 그 자체로 인정하는 위치, 대타자의 이런 뚜렷한 특성을 파괴로 바꾸지 않는 '부정'(내가 아닌 것)의 관계로 이해하는 위치에 있다. 부정은 살아남게 된 파괴이다. 그러나 이것이 그녀의 대답이라면, 양자 관계는 이런 제한된 구조에 갇히거나 억압될 수 없는 어떤 것으로 반드시 붕괴될 것이라는 심화된 인식을 수반하는 것처럼 보인다. 양자 관계는 성과물이지 어떤 전제가 아니다. 그것이 잘 작동되기 어려운 까닭은 양자 관계가 근본적으로 그것에 무관심한 심리적 지평 안에서 성취된다는 사실 때문이다. 만일 부정이 살아남게 된 파괴라면 '살아남는다는 것'은 무엇인가? 이 도식은 분명히 '파괴'가 어떻게든 극복되며, 심지어 완전히 극복된다고 암시한다. 그러나 그것이 인간에게 정말 가능한 것인가? 그런 것인가? 조화로운 양자 관계를 위해 파괴성을 완전히 극복했다고 주장하는 사람들을 믿을 것인가? 나라면 좀더 신중할 것이다.

파괴성이 계속해서 자신을 위험으로 제기한다는 것을 수용하려고, 공격성은 늘 존재하며 우리를 구성한다고 주장하는 충동 이론을 수용할 필요는 없다. 이 위험은 인간의 정신생활에서 영속적이고도 해결 불가능한 양상이다. 그래서 파괴성을 극복하고자 하는 모든 치료상의 규범은 스스로 불가능한 전제에 입각한 것처럼 보인다. 이제 벤저민이 파괴와 부정의 구분에서 끌어오려 하는 윤리적 명령은 파괴가 부정으로 계속 존속되어야 하고, 어쩌면 이것은 지속적 과제라는 것일 수도 있다. 그러나 그녀가 제기하는 시간적 역동성은 자신을 반복하는 투쟁에 관한 것도, 계속해서 새로 무대에 올려져야 할 파괴가 있는 진통도, 붕괴형식이 예측되거나 피할 수 없는 곳에 있는 관계도 아니다. 그보다 그것은 긴장을 '자체의 목표'로 유지하는 대화이고, 다시 말해 파괴의 극복이 최종 목표인 목적론적 운동이다.

헤겔이 『정신현상학』의 주인과 노예에 관한 장에서 인정 개념을 소개할 때, 그는 자기−상실self-loss이라는 관점에서 대타자와의 최초 만남에 대해 말한다. "자기의식은 〔……〕 **그 자체에서 나왔으며** 〔……〕 스스로를 **다른** 존재로 생각해서 길을 잃었다"(p. 111). 헤겔은 대타자에게 흡수당하는 환상이 어린 시절의 경험이나 원초적 경험을 구성하는 병리적 상태를 서술하고 있는 것뿐이라고 생각해볼 수도 있다. 그러나 그는 뭔가 그 이상을 말하고 있다. 헤겔은 의식이 어떤 것이건, 자아가 어떤 것이건, 다른 것에 자신을 반영해야만 자신을 알 수 있을 것이라고 주장하고 있다. 자신이 되기 위해서는 자기−상실을 거쳐야 하며, 한번 지나가면 과거의 자기 모습으로는 결코 '돌아오지' 못할 것이다. 그래도 의식은 그 반영을 통해 어떤 식으로든 자신을 회복할 테니, 다른 것 안에, 어쩌면 다른 것으로서 반영된다는 것은 의식에 있어 이중적 의미가 될 것이다. 그러나 반영의 외적 위상 때문에 의식은 자신을 스스로에게 외적인 것으로 회복할 것이고, 그에 따라 계속해서 길을 잃게 된다. 따라서 대타자와의 관계는 변함없이 양가적일 것이다. 자기-지식self-knowledge의 대가는 자기-상실이 될 것이고, 대타자는 자기-지식을 안정시킬 가능성과 손상시킬 가능성을 둘 다 제기한다. 그러나 분명한 것은 자아가 대타자가 없는 자신으로 돌아올 수 없다는 점이며, 자아의 '관계성'이 자아가 누구인지를 구성하게 된다는 점이다.

나와 벤저민은 모두 이 마지막 주장에 동의한다. 내 생각에 우리가 다른 부분은 이 관계성을 이해하는 방식이다. 나는 자아의 탈아적 개념이 헤겔에게서 왔고, 그것은 필연적으로 처음부터 자신의 외부에 있으면서 자기 동일적이지 않고 서로 구별되는 자아 개념이라고 생각한다. 그것은 여기 있어도 자기 반영물은 저기 먼 곳에 있다고 생각하는 자아지만, 또한 그와 똑같이 저기 먼 곳에 있고 거기에서 반영되고 또 반영하고 있기도 하다. 자아의 존재론은 정말 분열되어 회복할 수 없게끔 넓게 펼쳐지게 될 것이다. 사실 『정신현상학』 중에 어떤 자아가 등장하건 그것은 언제나 자신의 이전 모습과는 시간적으로 동떨어져 있다. 자아는 타자성alterity과의 만남을 통해 변화되는데 이는 자신으로 되돌아가기 위해서가 아니라 한 번도 그 모습이었던 적이 없던 자아가 되기 위해서다. 차이는 돌이킬 수 없는 미래로 자아를 내던진다. 이런 관점에서 어떤 자아가 된다는 것은 그 사람의 현재 모습과 거리를 유지하는데, 이는 자기-동일성(헤겔이 자기-확실성이라고 부른 것)의 특권을 누리기 위해서가 아니라 언제나 자신의 외부, 즉 자아에 대한 대타자로 던져지기 위해서다. 나는 이런 자아 개념이 벤저민의 저작에 나타나는 것과는 다른 헤겔의 면모를 강조한다고 생각한다. 그것은 확실히 '포괄적 자아 inclusive self'에서만큼 '포함'의 은유가 잘 작동되지 않을 법한 것이다. 왜 그런지 설명해보겠다.

　벤저민은 「다른 주체의 그림자The Shadow of the Other Subject」라는 장에서 어쩌면 현존하는 것 중 책으로 출판된 가장 중요한 논의일 수도 있는 일관된 논의를 하나 전개한다. 이 논의는 내가 다른 네 명의 페미니즘 철학자들과 공저한 『페미니즘의 논쟁Feminist Contentions』에 관한 것이다. 벤저민은 배제를 필요로 하는 자아 개념에 내가 동의하며(p. 102), '포함'을 상호 보완할 만한 용어가 내게 없다는 점을 우려한다. 주체가 배제를 통해 형성되는 몇몇 방식에 대해 내가 반대한다면 배제가 극복될 만한 규범적 이상을 내가 수용하는 것이 타당하리라고 그녀는 주장한다. "포함만이, 즉 부인된 것에 대한 공언만이, 짧은 **소유** 속에 그 타자성에게 외부성의 영역에 있는 자아 외부의 장소를 허락해줄 수 있고, 자아와는 다른 인정을 그 타자성에 부여할 수 있다"(p. 103). '포함'이 '외부의' 것을 인정하는 과정에 대한 이름이라면 은유의 문제가 물론 발생한다. 그러나 이것은 은유의 어려움보다 더 큰 문제이다. 아니, 그보다 이 은유의 어려움은 더욱 문제적인 당면한 이론적 질문의 윤곽을 파악하고 있는가? 내가 『의미를 체현하는 육체Bodies that Matter』에서 논의한 부정적 형식의 배제나 천시에 대한 상보적 대립물로서 벤저민은 '포함'을 제시하지만, 그녀 또한 '외부적'이라는 용어를 진정한 대화의 조건 하에 등장하는 대타자의 양상을 위해 여전히 지니고 있다. 그래서 배제는 추방이나 천시나 부인이라는 의미에서 분열의 상보적 형식이라는 궤도에 있는데, 벤저민이 보기에 이것은 부인된 투사disavowed projection로서 대타자를 무색하게 만드는 것이다. 이제 대타자는 더 이상 '배제되지' 않을 때만 '외부적'인 것으로 나타난다. 그러나 바로 그 순간에 대타자는 '소유'당한 것인가, 아니면 대타자에게는 자신과 함께 시작하는 듯 보이게 만드는 어떤 특정한 소유 박탈이 발생한 것인가? 이것이 바로 라플랑슈에게 중요한 지점일 것이고, 분명 레비나스와 드루실라 코넬에게도 중요한 지점일 것이다.[19] 그것은 바로 소유와 소유 부정의 논리를 넘어서는 운동으로, 대타자를 주체의 나르시시즘 회로 바깥으로 끌어내는 운동이다. 사실 라플랑슈에게 타자성은 소유의 문제 너머에서 등장한다고 말할 수 있다.[20]

나는 헤겔에게 자아의 탈아적 개념은, 어떤 면에서 이런 자아 개념, 자아의 존재를 보장하는 대타자 안에서 늘 자기 길을 잃는 자아 개념을 상기시킨다고 주장하고자 한다. 여기서 '자아'는 자율적 자아 결정 개념인 주체와 같은 것이 아니다. 헤겔에게 자아는 대타자에 대한 일차적 매혹이라는 특징을 보이는데, 이런 일차적 매혹 안에서 자아는 위험에 빠지게 된다. 이에 따라 두 개의 자의식이 서로를 인정하는 '주인과 노예'의 순간은 '생사를 건 투쟁' 속에 있으며, 이 순간 이 둘은 대타자를 소멸시킬 공통된 힘이 있다는 것을 알고, 그에 따라 자신의 자기 반영성의 조건을 파괴한다. 따라서 이는 인정이 가능해지고 욕구가 자의식인 것이 되는 근본적 취약성의 순간에 있다. 이 순간 인정이 하는 일은 확

---

19) Drucilla Cornell, *The Philosophy of the Limit*, New York: Routledge, 1992; Emmanuel Levinas, *Otherwise Than Being*, Alphonso Lingis(trans.), Boston: M. Nijhoff, 1981 참고.

20) Jean Laplanche, *Essays on Otherness*, John Fletcher(trans.), London: Routledge, 1999 참고.

신하건대 파괴를 억제하는 것이다. 그러나 또한 그 말은 자아가 그 자신의 것이 아니며, 모든 심화된 관계에 앞서 대타자에 양도된다는 뜻이지만, 대타자 역시 자아를 소유할 수 없는 방식으로 대타자에 양도된다는 의미다. 자아가 대타자와 맺는 관계의 윤리적 내용은, '양도된다given over'는 이런 근본적이고 상호적인 상태에 있다는 것을 알게 되는 것이다. 헤겔에게 자아가 대타자를 '포함'하게 된다고 말하는 것은 부분적으로만 사실일 것이다(벤저민은 여기서 '포함inclusion'과 '합체incorporation'를 구분하려 하며, 실은 둘을 대립적인 것처럼 제시한다). 자아는 언제나 그 자신에게 타자이고, 따라서 자신의 범위 안에 대타자들을 '포함'할 만한 '그릇'이나 통일체는 아니기 때문이다. 반대로 자아는 스스로에게 대타자가 되면서 자신이 항상 대타자로 있다는 것을 알게 된다. 그리고 그것은 '합체'의 반대를 표시하는 또 다른 방식이기도 하다. 자아는 대타자를 자신의 내부에 받아들이지 않는다. 즉 자아는 자신이 타자성과의 돌이킬 수 없는 관계 안에서 자기의 외부로 이동했다는 것을 알게 되는 것이다. 어떤 의미에서 자아는 타자성과 맺는 이런 관계'인' 것이다.

벤저민은 때때로 '분열'과 '탈중심화'의 특징을 가정하는 '포스트모던'한 자아 개념을 언급하지만 그런 용어가 정확히 어떤 의미인지는 알지 못한다. 그게 처음에 자아가 있은 뒤에 자아가 분열에 관여하게 되었다고 말하기 위해서는 아닐 것이다. 내가 여기서 설명하고 있는 자아는 처음부터 자신을 넘어서 있는 데다 이런 존재론적 탈아, 즉 자신의 바깥에서 모호하게 설정되었음을 아는 대타자와 맺는 근본적 관계로 정의되기 때문이다. 이 모델은 주체의 자족성이나 실은 온갖 동일시의 합체적 특성과 관련된 모든 주장에 반박할 하나의 방법이라고 주장하고 싶다. 그런 의미에서 이는 벤저민의 입장과 멀리 떨어져 있지 않다. 이것이 정확히 정신분석학적 의미에서의 '분열'은 아닐 수 있지만, 정신분석학적인 분열 개념이 이에 의지해서 발전시킨 존재론적 분리일 수는 있다. 만일 자아가 존재한 뒤 분열되는 것이라 전제한다면, 자아의 존재론적 위상은 분열을 겪기 전에는 자족적이었다고 전제하는 것이다(아리스토텔레스의 신화가 에고 심리학의 메타 심리학 속에서 부활했다고 할 수 있겠다). 그러나 이는 관계성 자체의 존재론적 우선성을 이해하기 위한 것도, 그 필연적인(그리고 윤리적 결과로 오는) 분열 속의 자아를 사유하기 위해 그런 우선성의 결과를 알려고 하는 것도 아니다.

일단 우리가 자아를 이런 식으로 사유하게 되면, 어떻게 해서 동사 형태가 이런 근본적 관계성을 표현하는 데 가장 가까이 근접하는지 알게 될 것이다. 그렇지만 상식적으로 다음과 같은 질문이 제기될 것이다. 동일시하는 자아는 없는가? 슬퍼하는 자아도 없는가? 이런 자아가 존재한다는 것을 우리 모두가 모르는 것인가? 그러나 여기서는 문법에 대한 전통적 요구, 비평적 능력 발달 이전의 요구가 비평적 성찰에 대한 요구를 압도한다. 자아에 대해 말하는 것은 합당하기 때문이다. 그러나 자아가 분열 행위 이전의 온전한 것이라고 확신하는가? 또 그런 분열을 '수행'하는 주체를 고집한다는 것은 어떤 의미인가? 주체는 주체 자체의 형성이 일어나던 맨 처음부터 분열되어 있다는 것에는 아무 의미가 없는가? 주체의 형성에 부수적으로 발생하면서 자아를 결정하는 행위로 생각되는 무의식의 생산은 없는가? 그것이 자신을 분열시킨 자아와 이미 거리를 두고 있는 자아라면, 이런 자아에게 분열이 의미하는 바를 어떻게 이해할 것인가? 그렇다. 주체는 분열된다고 말할 수 있고 말해야 하지만, 그렇다고 그 주체가 단일한 전체이거나 자율적인 것이었다는 공식을 따르는 것은 아니다. 주체가 분열되었고 지금도 분열 중이라면 어떤 종류의 분열이 최초의 것이었고, 어떤 종류를 우연한 심리적 사건으로 겪었는지, 만일 그런 층위가 있다면 이런 다른 층위의 분열이 어떻게 서로 연관되는지를 알아야 할 것이다.

그렇다면 자아가 타인에게 인정을 구하고 또 인정을 해준다고 주장하는 헤겔에게서 비롯된 관계성에 대한 관점과, 자아는 언제나 이미 자아의 밖에 있다는 것이 인정 과정 자체에서 드러난다는 주장은 완전히 별개의 것이다. 이것은 독일 관념론과 중세 초기의 엑스터시 전통에서 비롯된 것이기 때문에 딱히 '포스트모던'한 통찰이 아니다. 관계적인 '우리'는 이런 관계와 동떨어져 있지 않으며, 그 관계성이 수반하는 탈중심화 효과의 외부에서는 우리를 생각할 수도 없다는 선언일 뿐이다. 게다가 우리가 규정되는 관계가 양자적인 것이 아니라, 대타자로 제한되지는 않지만 대타자의 대타자 같은 것을 구성하는 역사적 유산과 미래의 지평을 언제나 가리키고 있다고 생각한다면, 우리가 근본적으로 누구'인지'는 이따금씩 임시적으로 양자 관계의 형식을 취할 뿐인 욕망의 시간적 연쇄 안에 있는 주체라는 게 합당해 보인다. 나는 관계성에 관해 사유하는 이원적 모델을 다른 것으로 바꾸는 것이 이성애, 동성애, 양성애 욕망 속에 있는 삼각관계의 반향을 이해하게 도와줄 것이며, 섹슈얼리티와 젠더의 관계에 대한 우리의 이해를 복합적인 것으로 만들게 도와줄 것이라고 반복해 말해두고 싶다.

우리는 철학과 정신분석학의 틈새에서 젠더와 섹슈얼리티에 관한 가장 중요한 대화를 시작하게 해준 데 대해 제시카 벤저민에게 감사해야 할 것이다. 이 대화가 벤저민과 나 둘 사이의 것보다 훨씬 더 큰 문제가 된다면, 서로를 인정한다는 것이 어떤 의미를 갖게 될지 이제 다시 생각해보도록 하자.

# 7장

# 근친애 금기의 난제

나는 두 가지 문제에 대해 말해보고자 하는데 그것은 정신분석학에 대한 불만을 야기했을 뿐만 아니라, 불만이라는 그 고유 영역만큼 정신 분석학 내부에 있는 것으로 나타난 근친애와 규범적 친족에 관한 것이다. 이 둘이 가장 눈에 띄게 연관되는 부분은 근친애 금기를 통해서인데, 한편으로는 근친애 금기가 무엇을 배제하는지, 다른 한편으로는 근친애 금기가 무엇을 시작하고 합법화하는지를 통해 연관된다. 나는 근친애와 친족에 관해 두 개의 서로 다른 주장을 하려고 한다. 하나는 근친애에 대한 현대적 논쟁과 관련된 것으로 어떻게 그것을 개념화할 수 있는지, 개념화가 가능은 한 것인지에 관한 것이다. 그리고 다른 하나는 근친애를 금지하는 금기와, 아마 이성애 형식을 취하고 있을 규범적 친족 배치 제도의 관계에 관한 것이다. 내가 주장하고 싶은 것은 근친애와 친족의 문제는 물론 그 둘의 상호 관계로 되돌아온다면 이론과 실천으로서의 정신분석학이 다시 활기를 띨 수 있다는 점이다. 한편으로 정신분석학 이론은 어머니에 대한 아들의 근친애적 사랑이 환상 속에 그려졌다가 공포의 대상이 되는 오이디푸스 드라마가 펼쳐진 뒤, 뒤이어 아들이 어머니가 아닌 다른 여자를 사랑하도록 강요하는 금지가 온다고 가정해왔다. 딸의 근친애적 열정에 대한 프로이트의 연구는 좀 부족하지만, 딸이 아버지에 대한 욕망을 포기하는 것은 어머니와의 동일시로 이어지고, 또 페티시fetish[1]나 음경의 대체물로서의 아기에게로 전환되면서 정점에 다다른다. 구조주의 언어학의 맥락에서 이런 일차적 근친애 금기는 그 안에서 성적 위치를 차지하고, 남성성과 여성성이 구분되며, 이성애가 보장되는 방식이 된다. 정신분석학은 젠더와 섹슈얼리티의 규범화를 통해 이런 과정을 도표화해왔으나, 또한 서술된 대로의 '발달'이 결코 보장될 수 없다는 것을 처음부터 주장하기도 했다. 그 결과 정신분석학은 성적 정상화의 드라마와 관련된 것뿐만 아니라 그 필연적 일탈에 관한 것도 우리에게 전달하고 어쩌면 무대 위에서 보여주고 있다.

발달 과정상의 이야기에서 근친애는 보통 처벌이 따르는 환상으로 기술된다. 근친애에 관한 당대의 사회적 논의의 맥락에서 등장하는 주된 문제의 하나는 그것이 실제인지 아니면 환상인지에 대한 것이며, 또 이 둘의 차이가 무엇인지를 인식론적으로 어떻게 결정할 수 있는가에 대한 것이다. 어떤 사람에게 이런 인식론적 난제에 대한 답은 거짓 기억이 있을 수 있는지 여부에 달려 있기도 하고, 또한 흔히 유아기에 해당하는 경험을 말하는 일인칭 서술에 얼마만큼 신뢰가 주어질지에 달려 있기

---

1) (옮긴이) 물신 혹은 연물이라고도 하며 아이가 어머니에게 남근이 없다는 사실, 즉 충격적인 어머니의 거세 사실을 알고도 신경증을 피하기 위해 다른 대상을 음경으로 오인할 때 음경으로 착각되는 대상을 말하며, 흔히 성적 쾌감을 주는 도착적 사물을 지칭한다.

도 하다. 다른 사람들에게는 근친애의 '사실성reality' 문제가 기억의 역사기록학에 나타나는 더 광범위한 문제들과 연관된다. 즉 역사적 '사건'은 그런 사건이 등장하는 해석의 장과 분리되어 사실로 확인될 수 있는지, 그에 따라 보통 유럽의 유대인 학살에 전형적으로 나타나는 외상적 사건의 부정 불가능성과 같은 것이 수정주의 역사학자에 확실하게 맞서는 주장을 할 수 있는지의 문제 말이다.

이런 문제들은 훨씬 더 복잡해져서 이제 외상學trauma studies이 등장했는데(캐시 캐루스Cathy Caruth, 쇼샤나 펠먼Shoshana Felman, 도리 롭Dori Laub), 여기서 외상이란 그 정의상 재현이나 사실상 기억을 통해 포착할 수 없다는 주장이 지배적이다. 그것은 바로 무엇이 모든 기억을 거짓으로 만드는지, 또 서사로 기억을 재건하려는 노력을 방해하는 틈새를 통해 무엇이 알려지는 것인지의 문제라 할 수 있다.

따라서 근친애에 관한 문제는 기억, 사건, 욕망의 관계에 달려 있다. 이들은 기억에 **선행하는** 사건인가? 사후에 사건으로 상정된 기억인가? 아니면 기억의 형식을 취한 소망인가? 근친애의 확산을 가족 간 학대 행위로 강조하고 싶어 하는 사람들은 그것이 사건이라고 주장하며, 만약 그것이 기억이라면 사건에 대한 기억이라고 주장하는 경향이 있다. 그리고 때로 이것은 독단적인 가정의 형태로 나타나기도 한다. 즉 근친애가 외상적이고 실제적인 것이 되려면 하나의 사건으로 이해되어야 한다는 것이다. 그러나 이런 관점은 다름 아닌 위에서 말한 외상학의 입장 때문에 혼란에 빠지는데, 외상학에서 외상의 기호와 증거는 외상이 사건의 서사 구조에 저항한다는 데 있다.

거짓 주장에 대해 걱정하는 사람들, 그리고 우리가 이런 거짓 주장의 대중적 확산 가운데 있다고 생각하는 사람들은 정신분석학적 관점에 반대하는 발언을 할 수도 있고 아니면 찬성하는 발언을 할 수도 있다. 예를 들어 근친애가 치료 과정에서 유도된 기억이라고 주장하거나, 좀 드물기는 해도 거짓 기억으로 변환된 소망이라 주장할 수도 있다. 어떤 정신분석학적 접근은 근친애가 단순한 소망인지, 아니면 변주되어 기억으로 변환된 소망인지를 묻는다. 이런 관점은 근친애에 관해 이야기 형식으로 보고하는 것은 역사적 사건이 아닌 심리적 사건과 상호 연관되는 것이고, 이 두 가지 사건 질서는 분명 조화될 수 없다고 주장한다. 그러나 세번째 입장이 정신분석학 안에 있을 수 있는데, 그것은 외상이 서사성을 훼손한다는 주장이다. 즉 근친애가 외상의 형태를 띠는 한 그것은 사건으로 복원될 수 없다는 것이다. 외상으로서의 근친애는 기억되거나 이야기될 만한 사건의 형태를 취할 수가 없다. 따라서 역사적 진실성에 대한 주장은 근친애의 사건-구조를 확립한다고 해서 확실해지는 것이 아니다. 반대로 근친애가 하나의 사건으로 형상화될 수 없는 때와 장소야말로, 바로 그 사건의 형상화 불가능성이 자신의 외상적 특징을 증언하는 곳이다. 이는 물론 사건의 경험적 위상을 결정하는 기준에 따라 난항을 겪는 '증언,' 법정에서 입증하기는 어려운 '증언'이 될 것이다. 이와 반대로 외상은 경험주의에도 타격을 가한다.

이제 근친애적 외상은 어린아이의 몸에 대한 야만적 강제 행위로, 아이의 욕망을 이용한 선정적 자극으로, 아이의 경험이나 문제가 되는 유년기를 겪은 성인의 기억에서 근본적으로 재현이 불가능한 것으로 다양하게 형상화된다. 게다가 정신분석학이 근친애의 환상과 금기가 생기는 것은 (젠더의 성적 위계뿐 아니라) 젠더화된 차이가 발생하는 과정 때문이라고 설명하는 만큼, 심리 속 성차에 핵심적인 외상적 환상으로서 존재하는 근친애와, 학대 행위로 분명히 표시해야 하며 심리 발달이나 성적인 발달에 전혀 핵심이 아닌 근친애를 구분하기는 어렵다.

　이 지점에 대해서는 논쟁이 분분할 소지가 많다. 정신분석학적 관점에서 (강조하건대, 정신분석학적 관점이 통일되거나 조화로운 일련의 관점이라 할 수는 없지만) 긴급한 문제는 이런 것으로 보인다. 우리가 어떻게 근친애 금기와 그 외상적 결과를 성인의 섹슈얼리티로 가는 변별화 과정으로 보는, 다소 전반적으로 나타나는 지속적 경향을 설명할 것인가. 꼭 필요한 것도 아니고 받아들일 수도 없는 방식으로 확실히 외상적인 근친애 행위는 있었다는 주장을 무시하지 않고서 말이다. 모든 근친애의 주장이 진실하다고 가정하려는 노력을 받아들일 수 없듯, 근친애가 실제 있었다는 주장을 모두 부인된 환상의 징후로 축소하려는 노력도 받아들일 수 없기는 마찬가지다. 문제는 최근 등장한 아동의 섹슈얼리티 부분인 근친애적인 열정이 어떻게 해서 단단히 지켜야 할 금지선을 넘어가는 근친애 행위를 통해 부당하게 이용되는지를 알아내는 일일 것이다. 게다가 근친애 행위의 외상을 이해하기 위해서는 고통의 심리적 기록을 없애지 않는 게 중요하며, 또 경험적 증거나 이야기할 만한 내력이 없다고 해서 이런 외상이 순전히 환상 층위에 있는 다른 신호라고 읽어내지 않는 것도 중요할 것이다. 외상 이론이 외상은 종종 재현의 불가능성으로 이어진다고 주장하는 것이 옳다면, 외상의 재현에 직접 의지해서 외상적 근친애의 심리적·사회적 위상의 문제를 결정할 수는 없다. 우리는 이런 생략, 간극, 부재를 읽어내는 해석자가 되어야 하며, 그 말은 정신분석학이 조각 난 이야기를 읽어낼 기술을 새로 배워야 할 것이라는 뜻이다.

　그간 발생했던 이런 인식론적인 문제들과 관련해 정리해두고 싶은 것이 두 가지 있다. 첫번째는 사건과 소망은 때로 생각만큼 분명하게 구분되지 않는다는 점을 상기시키는 일이다. 어떤 침해가 일어나든 그것은 환상의 영역에 기록될 것이므로 부모-자식 간 근친애를 반드시 자식이 부모에게 일방적으로 당하는 침해라고 간주할 필요는 없다. 사실 근친애가 있을 수 있는 위반을 이해하기 위해서 — 폭행인 근친애 사례와 폭행이 아닌 근친애 사례를 구분하기 위해서라도 — 아이의 몸이 오로지 외부로부터 강제 행위가 가해지는 표면에 불과하다고 생각할 필요는 없다. 물론 두려운 것은 아이의 욕망이 근친애로 인해 착취당하고 선동당한 것으로 나타나면, 어쨌거나 이것은 부모-자식 간 근친애에 대한 이해를 위반으로 떨어뜨리게 될 수도 있다는 점이다. 아이의 몸을 수동적 표면으로 물화하게 되면, 그것은 이론적 층위에서 그 아이에게 더 심한 박탈, 즉 정신적 생활을 박탈할 수도 있다. 그것은 또 다른 질서의 박탈을 자행한다고 할 수 있다. 결국 근친애가 어떤 종류의 착취가 될 수 있는지 생각해보면, 근친애의 장면에서 착취당하는 것은 다름 아닌 아이의 사랑인 경우가 빈번하다. 성인과 맺는 외상적 근친애 관계에서 아이의 사랑과 욕망에 무슨 일이 생긴 것인지 숙고하지 않았기 때문에, 이 외상의 심층과 심리적 결과를 설명하지 못하는 것이다.

사건은 언제나 심리적으로 기록되며, 그 결과 엄밀히 말해서 사건의 심리적 무대화staging와 분리될 수 없다고 결론 내리고 싶을 수도 있다. 그것이 이야기로 말할 수 있는 것이라면 이야기로 말해진 것은 바로 이 두 개를 섞어놓은 것이다. 그러나 이런 해결안은 말해질 수 없는 것, 즉 그것에 대한 이야기도, 보고하는 말도, 언어적 재현도 없는 것에 대해 말을 하지는 못한다. 사건도 기억도 아닌 외상의 입장에서는, 외상이 소망과 맺는 관계가 그리 명료하지 않다. 이런 위반의 심각성을 공언하는 것은 윤리적 명령에 해당하지만 반드시 주체가 '사건'의 역사적 진실성을 입증해야 할 필요는 없다. 외상이라는 기호 자체가 역사적 진실성을 세우는 조건에 접근할 가능성을 잃는 것일 테니 말이다. 다시 말해, 이곳에서는 역사적인 것과 진실인 것이 알 수 없거나 생각할 수 없는 것이 되어버린다.

중요한 것은 그 사실성의 문제를 판단하지 않고 보고된 이야기의 심리적 의미를 심문하는 것이기 때문에, 임상적 관점에서는 외상이 발생했는지의 여부가 중요하지 않다고 주장할 수 있다. 그러나 이미 발생한 사건에서 흐릿한 부분이 바로 그 사건의 외상적 결과 때문이라면, 정말로 '사건'의 문제에서 심리적 의미의 문제를 분리할 수 있는 것일까? 사유가 불가능한 것은 바로 부인된 환상일 수도 있고, 한쪽 부모가 행한 (혹은 행하려 했던) 행동일 수도 있으며, 어쩌면 그 사건 속에서 환상과 행동이 수렴하는 지점일 수도 있다.

사유 가능한 것, 이야기할 수 있는 것, 인식 가능한 것의 경계를 구성하는 것은 무엇인가? **진실이라 생각될 수 있는 것의 경계**를 구성하는 것은 무엇인가? 내 생각에 이것은 정신분석학이 언제나 심문해온 문제들이다. 정신분석학은 분석적 경청의 형식에 의존하고 있으며, 사유 가능한 영역으로 구성된 것은 사유가 어렵거나 불가능한 것을 제외(억압 혹은 배제)하는 데 근거한다고 당연히 받아들이는 '독해'의 형식에 의존하고 있기 때문이다.

물론 이것은 아무것도 사유될 수 없고 어떤 이야기도 할 수 없으며 어떤 재현도 이루어질 수 없다고 말하려는 게 아니다. 그저 모든 이야기나 재현이 이런 사건을, 사건 아닌 사건을 설명하기 위해 나타난다는 것은 내가 그것에 대해 말하면서 합당치 못하게 사건이라고 칭할 때 저지르는 똑같은 비유어 오용catachresis을 겪을 수밖에 없을 거라고 말하려는 것뿐이다. 그것은 자신이 지칭하지만 말할 수 없는 것이나 말해진 것 안에서는 말할 수 없는 것으로 읽혀야 할 것이다. 무엇보다 중요한 것은 일어난 일의 진실을 찾으려 하는 게 아니라 그보다 이런 미발생non-happening이 진실의 문제에 어떤 일을 했는지를 묻는 독해의 형식이다. 위반의 결과가 하나라면, 그 위반의 결과는 진실을 안다는 것을 무한히 먼 가능성으로 만드는 것이기 때문이다. 이것은 인식론적 폭력이다. 이제 진실의 입증에 관해 주장하는 것은 논의 중인 위반의 효과를 놓치는 것이고, 그것은 진실의 인지 가능성을 지속적인 위기로 몰아가는 것이다.

그러므로 나는 '근친애가 위반일 때'라는 단서를 계속 덧붙이면서, 위반이 아닌 경우도 있을 수 있다고 생각한다는 뜻을 내비치고 있다. 내가 이런 식으로 말하려는 이유는 무엇일까? 어쩌면 반드시 외상적이지는 않은 근친애 형식 또는 그것이 만든 사회적 수치심을 의식해서 그런 외상적 성격을 얻게 된 근친애 형식도 있으리라 생각한다. 하지만 내가 가장 염려하는 것은 '근친애'라는 용어가 너무 많은 것을 포괄한다는 점이고, 그것이 의미하는 성적 정상성으로부터의 이탈이 다른 종류의 일탈과 너무 쉽게 섞인다는 점이다. 근친애는 수치스러운 것으로 간주되며, 그것은 근친애를 표명하기가 너무 어려운 이유 중 하나다. 그러나 규범적인 족외혼적 이성애에서 벗어난 일탈들이 있는 방식 중에서 근친애는 얼마나 공포스럽고 혐오스럽고 떠올릴 수조차 없는 성적 변칙 행위로 낙인찍히게 되는가? 비규범적인 성적 교환을 금지하는 작용을 하는 이 금기는 이성애적이리라 추측되는 친족에 관한 규범을 형성하고 통제하는 작용도 한다. 근친애는 규범으로부터의 이탈로 간주되는데도, 흥미롭게도 린다 알코프Linda Alcoff를 포함한 몇몇 이론가들은 이것이 일반적으로 가족의 가부장주의를 지탱해주는 실천이라고 주장한다. 그러나 정신분석학에서, 특히 구조주의 정신분석학에서 어머니나 아버지 같은 위치는 근친애 금기에서 비롯된 다른 결과물이다. 근친애 금기의 존재 자체가 가족 구조가 이미 있다는 것을 전제로 하기는 하지만, 그게 아니라면 가족에 대한 선험적 관념 없이 어떻게 자기 가족 구성원과의 성관계에 대한 금지를 생각할 수가 있다는 말인가? 그런데도 구조주의 안에서 어머니와 아버지라는 상징적 위치는 이 금지를 통해 안전하게 보장되며, 그 결과 이 금기는 부족 내에서 금지된 성관계의 관점에서 아버지와 어머니의 위치를 생산한다. 몇몇 라캉계 분석가들은 이런 위치가 마치 영원하고 필연적이며 모든 아이가 언어로 진입하면서 갖거나 획득하는 심리적인 플레이스홀더인 양 다룬다.

이 문제는 다른 지면에서 계속 논의할 복잡한 문제지만, 이런 위치의 상징적 위상이 그것의 사회적 위치와 동등하게 여겨지지는 않는다는 점, 그리고 부모와 가족 구조의 사회적 다양성이 상징적 층위에서 설정된 어머니/아버지의 지속적인 이분법에 반영되지 않는다는 점에 주목하는 것이 중요하다. 친족은 분명 사회적인 게 아닌 언어적·상징적 수단을 통해 시작된다고 주장하는 것은, 내 생각에는 친족이 우연적인 사회적 실천이라는 핵심을 놓치는 것으로 보인다. 내가 보기에 우연적인 문화적 규범을 딱히 이상화하거나 경직화하지 않는 아버지와 어머니의 상징적 위치란 없다. 따라서 이런 가변적 규범을 문화와 정신건강의 전제 조건으로 삼는 것은 성차의 정신분석학을 그 사회학적 맥락과 완전히 단절시키는 것이다. 그것은 또한 규범성으로 쓸 수 있는 개념을 언제나 이미 문화의 보편적 법칙 안에 기호화된 것으로 제한하는 것이기도 하다.

따라서 근친애 금기를 상징적 가족 구조의 근원으로 보장하고자 하는 법은 그것에 반드시 따르는 상징적 결과물만이 아니라 근친애 금기의 보편성까지 주장한다. 그렇게 정식화된 법의 상징적 결과 중 하나가 바로 부모 역할을 하는 게이와 레즈비언 형태, 싱글맘 가족, 아버지나 어머니가 하나 이상일 수도 있는 복합 가족의 배치를 탈실재화하는 것인데, 여기서 상징적 위치는 새로운 사회적 형성 속에 확산되어 재의미화된다.

우리가 이런 법의 지속적인 상징적 효과를 고집한다면 근친애적 행위가 일어난다고 생각하기란 불가능하지는 않더라도 어려울 것으로 보인다. 또한 이성애적 규범성에 도전하는 방식으로 한부모나 양친 부모가 갖는 심리적 자리에 대해 생각하는 것 역시 불가능하지는 않더라도 힘들어질 것이다. 그것이 족외혼적 이성애라는 보편성에 대해 (근친애를 통해) 안으로부터 도전하는 것이건, 아니면 (비非일부일처제뿐만 아니라 레즈비언, 게이, 바이섹슈얼 같은) 경쟁하는 섹슈얼리티의 사회적 조직으로부터 도전하는 것이건 간에, 규범으로부터의 이런 일탈 때문에 그 체계 안에서 효과적인 근친애 금기가 성적 인식 가능성의 장을 결정한다고 인정하기는 어려워진다. 어떤 의미에서 근친애는 근친애에 대한 법 때문에 부인되고, 규범과 거리를 두고 나타나는 섹슈얼리티의 형식은 인식 불가능하게 된다(예를 들면 때로는 정신병을 유도하기까지 한다. 분석가들이 구조주의 맥락에서 동성 부모에게 양육되는 상황에서 자라난 아이들은 정신병에 걸릴 위험이 있다고 주장할 때처럼 말이다).

정신분석학자들은 근친애 금기가 이성애적 족외혼을 작동시키는 것으로 여겨지지만 꼭 그런 것만은 아니며, 표준적인 인간 섹슈얼리티에 배열된 도착과 페티시즘은 상징적 법이 우리의 성생활을 완전히 규제하지는 못한다는 증거라고 주장하기도 한다. 우리는 이런 주장 때문에 그런 규범을 지키고 사는 사람은 사실 아무도 없으며, 정신분석학은 우리 모두를 도착증 환자나 페티시즘 환자로 만든다고 설득되게 마련이다. 이런 반응에서 문제는 규범의 형태가 아무리 우리가 지키며 살 수 없는 것이라고 하더라도 여전히 변치 않고 남아 있다는 것이며, 이런 공식이 우리 모두를 똑같이 일탈적인 사람으로 만든다 해도 그것이 단일하고 불변하는 규범과 거기서 벗어난 일탈을 정해두는 개념적 구조를 꿰뚫고 나가지는 못한다는 것이다. 다시 말해 게이 양육이나 바이섹슈얼리티가 완전히 인식 가능한 문화 형태로 인정받을 방법은 없으며, 그에 따라 그런 자리가 일탈이 되는 것을 피할 방법이 없다. 유사하게, 레즈비언 섹슈얼리티와 근친애 행위처럼 규범으로부터의 서로 다른 이탈들을 서로 구분할 방법이 있어야 하지만 그런 방법도 없다.

금지된 사랑의 형태가 있는 만큼, 아니 최소한 근친애 금기로 인해 형성된 규범 때문에 탈脫실재화된 사랑의 형태가 있는 만큼, 동성애와 근친애 둘 다 이런 형식이 될 자격을 얻는다. 동성애의 경우 이런 탈실재화는 합법적 사랑에 대한 인정의 부족으로 이어지고, 근친애의 경우 외상적 만남이었을 수도 있는 것에 대한 인정의 부족으로 이어진다. 모든 근친애의 형태가 반드시 외상적이지는 않다는 데 주목하는 것이 중요하기는 하지만 말이다(예를 들면 18세기 문학에서 남매 간 근친애는 때로 목가적인 것으로 그려진다). 비규범적 섹슈얼리티의 형태를 합법화하거나 비합법화하는 게 요점이건 아니건, 핵심적인 서술을 미리 배제하지 않는 이론적 틀을 갖고 있다는 것은 아주 중요해 보인다. 특정한 섹슈얼리티 형태 그 자체가 인식 불가능하거나 존재할 수 없었을 것이라고 말한다면, 우리는 우리가 사용하는 바로 그 이론적 언어 속에서 특정한 부인을 두 배로 확산시킬 위험이 있기 때문이다. 그 부인의 종류를 밝히는 것이 정신분석학의 임무인데도 말이다.

레비-스트로스의 분석을 근본적인 것으로 생각하는 구조주의 정신분석학 내부에 있는 사람들에게는 근친애 금기가 이성애적 규범을 따르는 친족을 생산하면서도, 이런 종류의 친족 관계의 경계를 넘나들거나 혼란스럽게 만드는 사랑의 영역과 사랑의 욕망 형태는 배제시킨다. 근친애의 경우, 자신의 사랑이 부당하게 악용된 아이는 더 이상 그런 사랑을 회복하지 못할 것이고 사랑이라고 공언하지도 못할 것이다. 이것은 부인에 나타난 문제인 동시에 고통의 형태를 취한다. 아무리 고통스러워도 자신의 사랑을 공언할 수 없다는 것은 그것만의 고유한 우울증을 만들고, 이는 억압되고 양가적인 애도의 대안물이다. 그렇다면 친족이, 구조주의적 입장에서 보면 문화적 인식 가능성의 조건을 형성하는 친족이, 무엇이 살 수 있는 사회관계가 될 것이고 되어야 하는지의 경계를 위반하고도 계속 살게 되는 사랑 때문에 폐기당하는 다른 방식에는 무엇이 있는가? 여기서 또 다른 종류의 잘못된 비유나 부적절한 발화가 작동하게 된다. 만일 근친애 금기가 이성애적 규범성 안에서 주체가 시작되도록 만드는 것이기도 하다면, 그래서 몇몇 사람이 주장하듯 이런 첫 시작이 상징적이거나 문화적으로 인식 가능한 삶을 가능케 하는 조건이라면, 동성애적 사랑은 인식 가능한 것 안의 인식 불가능성으로 등장한다. 그것은 사랑의 이름으로 자리할 곳이 없는 사랑이자, 친족 안에서는 위치가 아닌 위치이다.

근친애 금기가 그런 의미에서 근친애적이지 않은 사랑을 배제하는 작용을 할 때 사랑의 그림자 영역이 생겨나며, 그것은 존재론적으로 지연된 양식 속에 자신을 배제하고 있는데도 불구하고 지속되는 사랑이다.

254

이제 살 만한 삶의 바깥, 사랑의 영역 바깥에 있는 삶과 사랑에 수반되는 우울증이 나타난다.

그렇다면 근친애 금기는 때로는 위반에 대항해 뭔가를 수호하는 것으로, 그리고 때로는 위반의 도구 자체가 되는 것으로 다시 생각해볼 필요가 있을 것이다. 근친애 금기에 대항하는 것은 불쾌감을 주는데, 이는 합의 능력이 의심스러운 사람들이 이를 사용하는 사례가 종종 포함되기 때문이기도 하고, 또 그것이 규범적인 친족 안의 일탈, 즉 의미심장하게도 이런 관점을 수정하고 확대하기 위해서 친족 구조에 대항하는 작용을 할 수도 있는 어떤 일탈을 드러내기 때문이기도 하다. 정신분석학이 그 이론과 실천에 있어 이성애적인 친족 규범을 이론화의 기반으로 삼는다면, 또한 이런 규범이 문화적 인식 가능성과 동연하는 coextensive 것으로 받아들인다면, 정신분석학은 문화적 층위에서 우울증을 생산하는 도구가 될 수도 있다. 그렇지 않고 정신분석학이 만약 근친애는 금지되어서 존재할 수 없다고 주장한다면, 그에 따라 심리적 고통을 향한 어떤 분석적 책임의 상실이 일어나는가? 둘 다 확실히 불만스러운 일이고 그것은 우리가 겪으며 살 필요가 없는 것이다.

8장

# 몸의 고백

이 글에서는 어떤 특정한 행위, 고백의 행위를 중심으로 언어, 몸, 그리고 정신분석학의 관계에 대해 숙고해보고자 한다.[1] 알다시피 고백 행위는 단순한 것이 아니라, 내가 이해하기로는 진료 환경과 중요한 관계가 있다. 대중문화에서 심리치료사의 사무실은 고백하기 위해 찾아가는 곳으로 종종 그려진다. 미셸 푸코의 『성의 역사』 제1권에서 정신분석학은 고해 제도의 역사적 후예로 설명되는데, 이는 푸코 연구자들 사이에 수용된 정신분석학적 해석이 되는 관점이기도 하다.[2]

근대의 정치권력 조직은 기독교 제도 중 몇 가지 요소를 유지하며 재순환시키는데, 그래서 푸코가 '사목 권력pastoral power'이라 명명한 것이

---

1) 이 글은 1999년 봄 샌프란시스코에서 열린 미국 심리학 분과회의(39분과)에 제출했던 것이다.
2) 정신분석학에서 몸과 언어의 관계에 대한 다른 접근법은 쇼샤나 펠먼의 『말하는 몸의 스캔들The Scandal of the Speaking Body』에서도 찾을 수 있다. 이 문제에 대한 더 심층적인 생각은 내가 쓴 이 책의 서문을 참고.

근대 후기의 제도에도 남아 있다. 이로써 푸코는 다른 사람의 영혼을 돌보고 보살피는 특정 계급의 사람들, 다른 사람들을 윤리적으로 교화하여 그들의 양심을 알아내고 인도하는 직업을 가진 특정 계급의 사람들이 등장했다고 주장하고자 한다. 푸코에 따르면 기독교 목사의 개념에는, 이런 목사가 자기가 보살피는 사람에 대해 확실한 지식을 갖고 있으며, 그 지식을 그 사람에게 적용하는 것이 그 사람을 관리하고 통제하는 수단이 된다는 의미가 함축되어 있다. 따라서 사목 권력은 영혼의 관리가 발생하는 권력의 형태이다. 다른 사람의 영혼을 정말로 알고, 또 그 영혼을 선한 양심과 구원으로 인도할 위치에 있다는 주장은 강력한 것이며, 잘 훈련된 특정한 개인들만이 그런 주장을 할 수 있는 위치에 있다. 이런 식으로 영혼을 관리받는 사람들은 자신들에 관한 지식이라고 제시된 것을 수용함으로써, 자신이 누구인지에 관한 권위 있는 진리 담론을 목사가 가지고 있다는 것을 인정하게 되고, 같은 진리 담론을 통해 스스로에 대해 말하게 된다.

『성의 역사 1』을 쓸 당시의 푸코가 볼 때 우리가 이런 권위적 담론의 통제를 받게 되는 방식은 고백에 의해서다. 우리가 생각했거나 행동했던 것이 어떤 것인지를 말하고 나면, 그 정보는 우리를 해석하는 재료가 된다. 말하자면 그것은 우리를 사목 권력을 휘두르는 사람의 권위적 담론 앞에 드러내 펼쳐놓는다. 우리는 숨겨진 내용을 드러내 말하기 때문에, 우리가 정말로 억압당한 건 아니라는 것을 고백 행위 중에 보여준다. "성이 억압되어 있다"라는 전제는 사실 여러분으로 하여금 성을 드러내게 하려는 계획을 이뤄주는 것이다. 성을 드러내라는 강제의 부과는 성이란 억압되어 있다는 추측된 논제에 기대어 그 논제를 이용한다. 다시 말해 푸코의 관점에서 성이 억압되어 있다고 말하는 유일한 이유는 성을 강제로 드러내게 하기 위한 것일 수 있다. 따라서 성이 억압되어 있다는 생각은 우리의 고백을 끌어낼 방법을 마련하는데, 분명 가장 흥미로운 것은 다름 아닌 우리의 고백이다.[3]

왜 그런 것일까? 왜 우리는 힘든데도 용기를 내어 다른 사람 앞에서 우리의 욕망에 대해 말하고, 그 응답으로 그들이 해줄 말을 기다리게끔 모든 것을 정리해두려는 것일까? 푸코는 분석가란 감정에 좌우되지 않는 재판관이자 판단을 내려서 통제력을 행사하려 하는 '전문가'라 생각하며, 피분석가가 규범화된 판단을 받을 수 있도록 고백을 끌어낼 사람이라 생각한다. 푸코는 사목 권력에 관한 자신의 설명을 수정해서, 후기 저작에서는 고대 후기의 고해 제도의 역사로 되돌아가 그것이 규제와 통제의 작용만 한 것은 아니었다는 사실을 밝혀냈다. 푸코는 「자기 해석학의 발생에 관해About the Beginning of the Hermeneutics of the Self」(1980)[4]에서, 세네카Seneca의 글에 나타난 고백의 역할을 재평가했던 자신의 초기 입장에 대해 "스스로 비판"(p. 160)한다. "심원한 욕망"(p. 167)의 발현에 관한 것이 아닌, 발화를 통해 "순수한 지식과 단순한 의식을 실제 삶의 방식 속에서 변화시키"(p. 167)려는 노력으로 고백을 설명한 것을 발견했다고 푸코는 주장한다. 푸코에 따르면 이 경우 "진리는 [······] 실제와의 상응성이 아니라 법칙에 내재한 힘으로 정의되며, 그것은 담론 속에서 전개되어야 한다"(p. 167). 여기서 고백은 『성의 역사 1』에서

---

3) Michel Foucault, "The Subject and Power," Hubert Dreyfus & Paul Rabinow(eds.), *Michel Foucault: Beyond Structuralism and Hermeneutics*, Chicago: University of Chicago Press, 1982, pp. 208~28.
4) 고백과 억압에 관한 푸코의 초기 관점에 관한 더 풍부한 설명으로는 다음 책의 1장을 참고. Michel Foucault, *The History of Sexuality*, vol. 1, Robert Hurley(trans.), New York: Pantheon, 1978.

푸코가 이론화했던 억압 가설 없이도 잘 작동한다. 억압적인 법칙 때문에 침묵하는 욕망은 없으며, 다른 사람의 존재와 발화의 도움으로 담론 속에 자아를 구성하는 작용이 있을 뿐이다. 푸코는 이렇게 쓴다. "자아란 우리가 가진 여러 모습 중에서 아주 모호한 일부로서 발견되거나 해독되어야 하는 어떤 것이 아니다. 반대로 자아는 발견되어야 하는 것이 아니라 진리의 힘을 통해 구성되어야 하는 것이다. 그 힘은 주인 담론의 수사적 특징에 달려 있으며, 이런 수사적 특징은 어떤 면에서 그것을 신봉하는 자들의 설명에 달려 있다. 그리고 이들 신봉자들은 자신이 살아가는 모습이 자기가 알고 있는 진정한 원칙과 얼마나 다른지를 설명해야 한다"(p. 168).

푸코는 교회 사제 중 한 명인 존 카시안John Cassian[5]에 대해 숙고하면서 고백이 어떻게 "영원한 언어화"(p. 178)로 구성되는지를 생각한다. 이런 언어화의 목적은 인간이 자기 자신에 대한 애착을 인간을 넘어선 어떤 것, 신에 대한 애착으로 전환시키는 것이다. 푸코는 그런 의미에서 "언어화는 자기희생"(p. 179)이라고 쓴다. 푸코에 따르면 카시안에게 있어 고백에 포함된 희생은 욕망과 몸을 포기하는 것이다. 푸코는 "이런 희생은 삶의 과정에서의 근본적 변화일 뿐만 아니라 이런 공식, 즉 당신이 진정한 몸이자 진정한 존재로서의 당신 자신을 사라지게 하거나 파괴할 때, 또한 오직 그럴 때만이 당신은 진리의 구현체가 될 것이라는 공식의 결과이기도 하다는 점을 우리는 이해해야 한다"(p. 179)라고 적는다. 이런 고백의 해석에는 의지를 가진 주체에 대한 전면적인 거부가

---

5) (옮긴이) 4~5세기에 활동한 로마의 교부이자 동방 교회와 서방 교회의 영성을 접목한 영성가로, 영적 성장을 막는 8대 악덕을 연구했다.

포함되는데, 그럼에도 이는 언어화를 통해 이루어지기 때문에 의지 자체를 지연시키는 언어화의 한 형식으로 간주된다.

고백에 대한 이런 식의 해석에서는 사목 권력이 지배와 통제의 목적에 따라 규정된다는 푸코의 초기 입장은 확실히 틀렸다고 입증된 것처럼 보일 것이다. 우리는 자기희생을 견제 전략의 하나로서 권력이 강제한 것으로 읽어낼 수 있지만, 그런 해석은 자기희생의 욕망과 성과를 잘못 읽게 할 것이다. 요점은 우리의 욕망을 찾아내어 그 진실을 대중 앞에 드러내는 것이 아니라, 언어화 행위 자체로 자기에 대한 진리를 구성하는 것이다. 첫번째 것은 억압 가설에 기대어 있고, 두번째 것은 그보다는 발화된 말의 수행적 힘을 강조한다. 고백자의 역할도 이 두번째 설명에서는 약간 다르다. "해석자의 역할은 가장 감지하기 어려운 사유의 운동을 지속적으로 언어화하는 일이다." 해석자는 이미 존재하고 있는 진실을 파악하기 위해서가 아니라, 그 진실에서 자신을 분리해내기 위해서 이런 '감지하기 어려운 운동'에 참여할 것이기 때문이다. 그런 의미에서 희생의 목적, 아니 실은 신의 관점에서 자기를 재구성하려는 목적은 "자기를 불분명한 해석의 장으로 여는 것"(p. 180)을 의미한다.

사목 권력에 대한 초기 푸코의 설명이 편파적이거나 착오인 것으로 드러나고, 정신분석학이 사목 권력의 계승자로 계속 밝혀진다면 정신분석학 안에 사목 권력이 남아 있는 방식을 어떻게 이해해야 할까? 사목 권력 안에서 고해자의 역할은 이제 무엇보다 자신의 권력을 확대하려는 욕망이 아닌, 언어화 과정을 통해 전환이나 변화를 이루려는 욕망의 지배를 받게 된다. 이런 전환이나 변화는 자아를 해석에 열어두며, 사실상 희생의 결과로 인해 다른 종류의 자기-제작에 열어둔다.

그러나 정신분석학이 사목 권력의 계승자로서 그 자체의 통제력과 권력을 확대하는 데 고백을 활용하려 한다는 푸코의 주장이 틀린 것이라면, 다른 사람에게 나타나기는 매우 힘든 욕망에 대해 누군가가 그토록 열심히 경청하는 이유는 무엇일까? 다른 사람의 고백을 목격한 사람들에게 동기를 부여하는 것이 단순한 사디즘이 아니라면, 우리는 이런 종류의 경청의 목적을 어떻게 설명할 것인가? 그리고 요점은 '발생한 일의 진실'을 찾는 것도, 피분석가의 언어를 일단의 내적이거나 외적인 사건과 일치하는 것으로 보는 것도 아니라면, 이 대화에서 언어는 무슨 작용을 하고 있는 것인가?

물론 이것이 정신분석학이 귀 기울이는 유일한 욕망은 아니다. 그리고 대부분의 치료사들과 분석가들은 그들의 사무실이라는 환경에서 말해진 것의 진실에 대해서는 공식적으로 선언하지 않는 게 합당한 듯하다. 사실 의미를 찾는 것과 진실을 찾는 것은 매우 다를 수 있고, 의미에 도달하는 한 가지 방법은 소통을 방해할 만한 종류의 판단을 미루는 것이다. 내게 고백은 숙고해볼 만한 중요한 순간이라고 여겨지는데, 그 이유는 고백이 정신분석학적 상황에서 누군가의 욕망이나 행동이 무엇이었는지 소통할 수 있게 할 뿐 아니라, 그 고백의 말 자체가 다른 행위, 즉 분석적 상황의 장 안에서 고백의 행동에 어떤 현실성을 부여하는 다른 행위도 구성하기 때문이다. 그 고백이 문제의 행동이고, 또한 분석가를 경청자로서 욕망의 장에 끌어들인다면 말이다.[6] 피분석가가 분석가에게 말하고자 하는 것이 한 가지 욕망이라면, 그 말을 하는 중에 매우 강력해지는 것은 다른 어떤 욕망이다. 발화가 이루어지는 순

---

6) Michel Foucault, *Religion and Culture*, Jeremy Carrette(ed.), New York: Routledge, 1999.

간까지 피분석가는 말해진 것에 대한 특정한 반응을 분석가가 알고 예측하기를, 혹은 두려워하기를 바라기 때문이다. 이런 식으로 고백은 단순히 이미 존재하던 욕망을 불러오거나 분석가 앞에서 이미 했던 완결된 행동을 불러오는 것이 아니라, 그 욕망과 행동이 일단 분석가에게 말해지고 나면 그때 모습과는 다른 것이 되도록 욕망과 행동을 변화시킨다.

고백을 어쩌면 더욱 드라마틱하게 만들어보자. 푸코는 자신의 초기 작에서 분석의 장에서는 모든 사람이 자신의 은밀한 욕망에 관해 말하게 되는데, 그것은 성에 관해서도 마찬가지라고 생각했다. 또한 그는 바로 이런 성에 관한 이야기를 가장 즐기게 된다고 주장하면서 어쩌면 자기도 모르게 정신분석학적인 주장도 펼친다. 즉 언어화는 섹슈얼리티를 위한 장이 된다는 것이다. 나의 질문은 여기에서 비롯된다. 성에 관해 말하는 즐거움은 성에 대한 즐거움인가, 아니면 말하는 것에 대한 즐거움인가? 또 이 둘이 완전히 다른 형태의 즐거움이라면, 서로 관련은 되어 있는 것인가? 고백의 내용은 무엇인가? 고해 형식이 진정제 작용을 하는 어떤 행동, 욕망, 불안, 지속적 죄의식인가? 고백이 시작되면 보통은 어떤 행동에 초점을 맞추지만 그 행동이 고백해야 할 욕망의 근원을 숨길 수도 있다. 그러나 말을 해서 드러내주기를 기다리는 어떤 행동이 있다는 고백자 측의 처음 전제에서 시작해보자. 피분석가는 고백의 내용을 어떤 행동, 욕망의 행동, 성적 행동으로 상상하면서 말하지만 그런 말 자체가 새로운 매개가 된다. 이 행위는 정말 어떤 새로운 행위가 되거나, 예전 행위에 새 생명을 불어넣게 되기 때문이다. 이제 우리는 그 행동을 했을 뿐 아니라 그것에 관해서 말을 했고, 그런 말을 하는 중에도 다른 뭔가를 말했다. 그것은 어떤 다른 사람 **앞에서** 한 말이고, 간접적으로 그 사람**에게** 한 말이며, 인정을 전제하고 인정을 구하는 말이면서 이 첫번째 행위를 공적인 것, 알려진 것, 정말 일어났던 것으로 만드는 일이다. 따라서 정신분석학적 환경에서 고백의 말하기는 고백되고 있는 행위와는 완전히 다른 몸의 행위가 되는데, 이 두 행위의 연속성을 유지하고 있는 것은 무엇일까? 소파에 앉아 있는 몸은 그 행위를 했던 몸이지만, 소파 위에서 그 행위는 언어적으로 중계된다. 몸은 다시 어떤 행위를 하지만 이번에는 말을 한다는 몸의 행위를 통해 행위한다. 이 행위에 대한 말하기가 이 행위를 분석가와 피분석가 간의 작용으로 볼 수 있게 만드는가? 몸에 관해서는 어떤가? 몸은 그 행위가 지시하는 대상이다. 또한 몸은 자기가 하는 행위가 보고되고 중계되고 소통되는 것이다. 그러나 고백을 하는 동안 몸은 어떤 행동을 할 자기의 능력을 과시하면서 한 번 더 행위를 하고, 실제로 말해진 것과는 다르게, 거기서 그것은 적극적으로 성적인 것으로 존재한다고 선언한다. 몸의 발화는 몸의 현재 상태가 되고, 몸으로 말해진 것 때문에 그 행동은 더 실제적인 것이 되지만, 또한 말해진 바로 그 순간 이상하게도 그것은 과거가 되고, 완결되어 끝나버린다. 이것이 아마 거의 언제나 사건 이후에 고백이 오는 이유일 것이고, 화자가 고백의 말을 한다는 것이 때로 뜻하는, 그 대상을 희생시킬 준비가 될 때까지 고백이 미뤄지는 이유일 것이다.

　물론 고백할 게 있다는 것은 일정 기간 비밀로 간직했던 말speech이 있다는 뜻이기도 하다. 고백할 게 있다는 것은 아직 고백이 이루어지지 않았다는 뜻이고, 고백은 거의 언어의 상태로 있기는 하지만 그 말은 검열을 받고 있으며, 화자는 어떤 식으로든 그 관계에서 물러나 있다는 뜻이다. 그러나 그것은 또한 이런 말이 아직 분석가에게 전해지지 않았고 아직 자료로 제시되지 않았다는 뜻이기도 하다. 고백이 전달하는 말과 행동은 아직 다른 관점에 좌우될 만큼 취약한 것, 말과 행동이 재해석에 달려 있는 게 아니다. 따라서 그 행동 속에 투자된, 원래 고도로 리비도가 집중된 의미는 아직 상호주관적으로 의미가 구성되는 사건으로 만들어지지 않은 상태다. 비밀은 분석적 장면의 상호주관적 전제를 약화시키지만 그 또한 새로운 사건이 될 수 있고, 이것은 고백이 강제로 비밀을 드러낸다는 조건하에서만 분석 자료가 되는 사건이다. 또한 고백이 이루어지기까지 고백의 지연은 죄의식과 후회를 낳는 새로운 원인이 될 수 있다.

이제 소포클레스Sophocles의 희곡 『안티고네』의 한 장면을 활용하여 다른 관점을 제시해보겠다. 이 희곡에서 안티고네는 자신이 그의 법을 어기고 오빠 폴뤼네이케스를 땅에 묻었다고 크레온 앞에서 고백한다.[7] 폴뤼네이케스와의 관계가 강렬하기는 해도, 그 죄가 근친애적인 의미에서 중층 결정된 것이 아닌 한 안티고네의 죄가 딱히 성적인 것은 아니다. 안티고네의 죄는 크레온이 내린 칙령, 그녀의 오빠 폴뤼네이케스를 묻어주는 사람은 그게 누구든 사형을 받으리라는 칙령에 불복한 것이다. 그러나 다른 이유에 대해서도, 그녀가 저지른 큰 죄, 공적인 죄로 뒤덮인 다른 이유에 대해서도 죄가 있는가? 안티고네가 고백을 할 때, 어쩌면 자기가 저지른 행위보다 더 많은 것에 대해 죄의식을 느껴서 자신의 죄를 가중시킨 것인가? 그녀의 고백이 실제로 그녀의 죄를 더 악화시키는가?

기억하겠지만, 안티고네는 크레온의 통치권에 저항하는 행위를 한

---

7) 고백이 무엇을 '행하는지'에 관한 흥미로운 접근법으로는 Peter Brooks, *Troubling Confessions: Speaking Guilt in Law and Literature*, Chicago: University of Chicago Press, 2000 참고.

것으로 우리는 알고 있다. 누구도 그 시신을 매장하지 말라고 분명히 금지하는 명령문으로 전달된 크레온의 칙령의 권위에 저항하면서 말이다.[8] 따라서 안티고네는 크레온의 권위를 조롱한 것이다. 그녀는 자신이 그 범죄를 저지른 사람이 아니라고 부인하기를 거부하면서, 언어로써 크레온에게 저항한다. "내가 한 것이 분명하며 그 사실을 부인하지 않겠습니다"(p. 43). 아니면 "네, 그것을 고백합니다" 혹은 "분명히 말하는데 내가 했습니다" 등으로 말이다. 따라서 그녀는 다른 권위자가 그녀에게 제기한 질문에 대답하고, 다른 권위자가 행사하는 권위에 순응한다. "내 행동을 부인하지 않겠어요." "부인하지 않습니다." 나는 부인하라는 강요를 받아들이지 않을 것이며, 다른 사람이 한 말 때문에 강제로 부인하기를 거부할 것이다. 또한 부인하기를 거부하는 것은 내 행위인데, 그것은 다시 말해 그녀의 소유가 된 행위, 그녀가 강요된 고백을 거부하는 장면의 맥락에서만 이해되는 행위다. 다시 말해 "내 행동을 부인하지 않겠어요"라는 주장은 부인하기를 거부하는 것이지만, 딱히 그 행위가 자신의 것이라고 주장하는 것도 아니다. "그래요, **분명히 말하는데** 내가 했습니다"는 그 행위가 자기 것이라 주장하지만, 바로 그 주장을 하면서 다른 행동도 저지른다. 그것은 누군가의 행동을 공표하는 행위이며, 과거의 일을 재반향하면서 과거의 자리를 대체하는 새로운 범죄적 모험이기도 하다.

안티고네의 행동은 사실 처음부터 모호하다. 오빠를 묻는 저항 행위뿐 아니라 크레온의 질문에 대답하는 언어적 행위도 그렇다. 즉, 그녀의

---

8) 소포클레스의 『안티고네』에서의 모든 인용은 로엡 도서관 시리즈를 참고했다. 다음 논의의 일부는 내가 『안티고네의 주장: 삶과 죽음 사이의 친족』에서 한 주장을 요약한 것이다.

행위는 언어 속에서 일어나는 행위이다. 어떤 사람의 행위를 언어로 공표한다는 것은 어떤 면에서 그 행위를 완성하는 일이다. 그것은 그녀가 오만함이라 불리는 남성적인 과도함에 연루되는 순간이다. 흥미롭게도 그녀가 크레온에게 맹렬히 저항한다고 생각되는 이 순간에 최소한 두 개의 문제적 장면이 있다. 첫째, 그녀는 크레온을 닮아가기 시작한다. 크레온과 안티고네는 둘 다 자신들의 행동을 공적으로 표명하고, 자기 행위에 대한 공적인 인정을 얻고자 한다. 둘째, 안티고네는 크레온에게, 또 크레온 앞에서 말하기 때문에 크레온은 그녀의 고백이 향하는 청중이자 고백이 의도된 대상이며, 고백을 받아야 하는 사람이다. 따라서 크레온은 안티고네가 맹렬히 맞서는 대상이면서도 필요로 하는 존재이다. 안티고네는 크레온과 같은가? 안티고네는 고백을 통해 자신을 크레온과 더 단단히 묶고 있는가?

첫번째 행위도 충분히 나쁜 것이었다. 그녀는 법을 어기고 오빠를 묻었다. 더 상위 법의 이름을 걸고, 다른 정당성의 토대에서 그렇게 한 것이지만 그 법이 정확히 무엇인지는 밝힐 수 없다. 그러나 그녀가 고백을 시작하고, 그래서 언어 속에서 행위를 시작하자 그녀의 동기가 변하는 것으로 보인다. 그녀의 발화는 자신의 주권을 강조해야 하지만, 뭔가 다른 것이 드러난다. 그녀는 자신의 행동을 주장하기 위해, '남성적'이고 저항적인 자율성을 주장하기 위해 언어를 사용하지만, 자신이 맞서 싸우는 권력의 규범을 구현해야만 그 행위를 할 수 있다. 사실 이런 언어 행위에 권력을 부여하는 것은 딱히 권력의 규범적 작용이 아니면서도 그것을 구현해내는 권력의 규범적 작용이다.

이제 안티고네는 남성적이라 불리는 방식으로 행동하게 되는데, 그것은 그녀가 법에 저항하는 행위를 할 뿐만 아니라, 법에 저항하는 행위를 하는 가운데 법의 목소리도 띠고 있기 때문이다. 그녀는 칙령에 복종하기를 거부함으로써 법에 저항하는 행동을 할 뿐 아니라, 자신이 한 행동을 부인하기를 거부함으로써 다시 한 번 그 행동을 한다. 따라서 그녀는 크레온에게서 행위 주체성의 수사를 빌려오고 있다. 그녀의 행위 주체성은 다름 아닌 크레온의 명령에 따르기를 거부하면서 나타나는데도, 이 거부의 언어는 그녀가 거부하는 주권의 관점 — 결국 크레온이 주권의 모델이다 — 을 흡수한다. 크레온은 자신이 한 말이 안티고네의 행동을 지배하기를 바라고, 안티고네는 자신의 주권을 주장함으로써 크레온의 주권적 발화 행위에 반대하면서 그를 맞받아친다. 이런 주장의 행위는, 언어로 부인 행위를 해서 불복종 행위를 확장시키면서도 자신이 주장하는 행위는 반복하는 것이다. 그러나 이런 공언은 역설적이게도 그것이 실행되는 바로 그 순간 자율성의 희생을 요구한다. 즉 그녀는 다른 사람의 목소리, 자신이 맞서고 있는 사람의 목소리를 전유해서 자기 주장을 펼친다. 따라서 안티고네의 자율성은 그녀가 맞서고 있는 사람의 권위적 목소리를 전유함으로써 얻어지며, 그것은 자기 안에 바로 그 권위의 거부와 흡수의 흔적을 동시에 갖고 있는 전유이다.

국가에 대한 안티고네의 공개적 저항에서 우리는 그녀의 여러 동기에 대해 뭔가 다른 것도 알 수 있다. 그녀가 크레온에게 저항하는 순간 그녀는 자신이 매장한 오빠와 같은 신세가 된다. 안티고네는 오빠의 저항 행위를 반복하고, 그에 따라 오빠에 대한 충정을 선언하면서 오빠를 대신할 사람으로 자신을 내세우고, 그에 따라 오빠를 교체하고 어쩌면 지배해버리는 저항의 행위를 반복하고 있다. 또한 급작스레 오빠의 자리를 차지해버림으로써 어쩌면 오빠에 대한 충정이라는 이름으로 오빠를 정복해버리고 있는지도 모른다. 안티고네는 남성성을 정복함으로써 남성성을 띠게 되지만 오직 남성성을 이상화함으로써 그것을 정복한다. 한 대목에서 그녀의 행위는 폴뤼네이케스와의 경쟁 및 그에 대한 우월성을 확립하는 것처럼 보인다. 그녀는 묻는다. "오빠를 무덤에 안장하는 것보다 더 큰 영광kleos을 어떻게 얻을 수 있었겠어요?"

따라서 그녀가 그런 행동을 하게 만든 것이 오빠에 대한 변치 않는 사랑이라고 생각했다면, 안티고네가 했던 말은 자기 행동의 명백한 목적을 의심스럽게 만든다. 그 행동은 매장으로 시작되었지만 고백으로 강화되었다고 할 수 있다. 안티고네가 권력을 장악하는 동시에 죽음도 확보하게 만드는 것은 그 고백인데 그것은 겉보기에는 무고한 것처럼 보인다. 그녀는 법에 저항하는 듯 보이지만, 또한 자신에게 그 법으로 인한 사형 선고를 내리고 있기도 하다. 그녀는 왜 죽음으로 이어질 게 확실한 이런 행동 과정을 밟으려고 하는가? 왜 자신의 행동과 말로 이처럼 가장 치명적인 처벌을 간구하는 것인가?

프로이트는 「죄의식으로 인한 범죄자」라는 글에서 그 행위가 금지되어 있기 때문에, 또한 "그 행위를 실행하는 것이 행위자에게 정신적 위안을 주기 때문에"[9] 범행을 저지르는 환자들에 관해 쓴다. 환자는 지금 "자기의 죄의식이 최소한 무엇인가와 관련되기" 때문에 그 행동을 저질러서 안도감을 얻는 것처럼 보인다. 프로이트는 "죄의식은 범행 이전에 있던 것이며, 그 범행으로 인해 생긴 것은 아니었다. 아니, 그와는 반대로 죄의식 때문에 범행이 발생했다"라고 주장한다. 그리고 나아가 이런 '모호한 죄의식,' 왜 존재하는지 이유를 알 수 없는 죄의식은 "오이디푸

---

9) Sigmund Freud, "Criminals from a Sense of Guilt," *Standard Edition*, vol. 14, p. 332.

스 콤플렉스에서 비롯된 것이고, 아버지를 죽이고 어머니와 성관계를 가지려 한다는 두 개의 커다란 범죄적 의도에 따르는 반응"일 수 있다고 말한다. 그리고 "인류의 양심은 이제 물려받은 정신의 힘처럼 보이지만, 오이디푸스 콤플렉스와 관련되어 습득된 것이리라"고 추측하기에 이른다. 어쩌다가 드물게 프로이트가 이 부분에서, 죄의식 때문에 범죄를 저지르는 사람을 '창백한 범죄자'로 분류하는 니체Friedrich Nietzsche를 언급하지만, 이는 분명 다른 기회에 논의해볼 만한 접점이다.

그런데 여기서 흥미로워 보이는 것은 프로이트가 두 가지 커다란 범죄적 의도, 즉 아버지를 죽이고 어머니와 잠자리를 가지려는 의도가 오이디푸스에서 비롯된다고 가정한다는 점이다. 그러나 오이디푸스의 자식 안티고네는 죽음만이 그 합당한 처벌처럼 보이는 모호한 죄의식을 만들면서 어쩌면 다른 종류의 범죄적 의도를 실현 중인 것일 수도 있다. 알다시피 안티고네는 '가장 소중한 오빠'를 위해 범행을 저질렀다고 소리 높여 외칠 때 맹목의 상태에 있다. 그녀의 오빠는 폴뤼네이케스만이 아니라, 똑같이 전쟁으로 죽은 에테오클레스이기도 하고 오이디푸스이기도 하다. 오이디푸스는 안티고네의 어머니면서 그 자신의 아내인 이오카스테의 아들인 것이다. 그녀는 오빠를 사랑해서 오빠를 매장해준다. 그러나 이 오빠는 누구인가? 그녀의 오빠 폴뤼네이케스는, 역시 죽었으되 합당한 매장을 거부당한 오빠, 오이디푸스와 겹쳐지는가? 안티고네는 오빠를 사랑하며, 사실상 '오빠와 함께 눕기'를 원하며, 그래서 죽음을 추구한다고 말한다. 이 죽음을 오빠와 영원히 함께 있기 위한 '신방bridal chamber'이라고도 부른다. 그녀는 근친애로 인한 자식이지만 근친애가 어떻게 그녀의 욕망을 가로지르는가? 어떻게 이런 범죄적 의도가 바로 그녀가 저지른 범죄 때문에, 말하자면 차단을 당하는 것일까? 다른 범죄, 범죄의 망령, 범죄의 전조가, 즉 저질러지지는 않았지만 모호한 죄의식이 그 존재를 입증하는 어떤 범죄가 있는 것인가? 폴뤼네이케스를 매장하는 범죄 행위를 저지르고 나서 자신에게 사형 선고를 가져올 고백이 자기 앞에 기다리고 있는 상황을 만들어 그 범죄 행위를 두 배로 증가시킬 때, 이런 죄의식은 자신을 계속 숨기면서 동시에 스스로를 드러내고 있는 게 아닌가? 그녀가 죽음이라는 처벌을 받게 된 것은 그녀의 죄 때문인가 아니면 아버지의 죄 때문인가? 겉보기에는 비슷한 방식으로 둘 다 저주를 받았는데 그 이후로 결국 둘을 구분할 방법이 있는가? 처벌은 죄를 속죄하는 방법인가, 아니면 마침내 안티고네가 문화적 금기에서 해방되어 영원토록 자유로이 오빠와 함께 눕는 환상적 시나리오를 가능하게 하는가?

내가 이 장을 시작할 때는 고백이 특히 분석의 장면에서 발생할 때 자신이 전달하는 욕망을 변화시키는 행위로서의 고백에 초점을 맞추고 있었다. 그러나 이제 고백이란 당면한 범죄 행위 때문에 '주체를 변화시키'기도 하지만, 또한 그 사람이 하지 않은 행동에서 비롯될 수 있는 죄의식은 차단하고 합리화할 수 있다고 주장하면서 이 글을 맺고자 한다. 안티고네의 고백은 그녀가 무엇을 했는지는 명백히 보여주지만 그녀의 욕망은 투명하게 드러내주지 않는다. 그녀의 고백은 크레온이 그녀에게 가하는 처벌에 복종하는 수단이며 따라서 죽음을 향한 그녀의 움직임을 가속화시킨다. 그것을 결백한 상태의 저항으로 읽을 수도 있지만, 사실 고백은 모호한 죄의식으로 인해 발생한 자살적 행위처럼 보인다. 따라서 고백은 돌이켜 생각해보면 처벌에 대한 욕망과 죄의식으로부터의 최종적인 해방을 나타낸다는 일련의 결과를 낳는다. 그러니 이 고백이 크레온을 염두에 두거나 끌어들일 것임을 안다는 게 분석가에게는 얼마나 중요하겠는가.

분석가에게 고백이란 언제나 오로지 어떤 사람의 영혼의 진실을 통제하고 그것에 대해 권위를 갖는 사건이라고 가정한 것은 분명 푸코의 실수였다. 그러나 아마 푸코는 분석의 두려움에 관해 뭔가 말하려 했을 것이고, 그런 분석의 두려움 속에서 분석가는 사제나 재판관으로 투영되고, 피분석가의 행동은 필연적이고 반복적인 처벌로 이어지는 고백으로 투영된다. 물론 분석 장면으로 가야 할 것, 분석 장면이 투입되었다고, 특히 방어적으로 투입되었다고 읽혀야 할 것은 분석에 관한 바로 이런 환상이다. 분석가는 크레온이 아닌데도, 크레온의 처벌에 대한 예측이 고백의 욕망, 최소한 푸코가 생각하는 고백하고 싶은 욕망을 만드는 게 사실일 것이다. 따라서 범죄에 대해 말하는 것 자체가 또 다른 행위, 어떤 새로운 행동이 되고 그 행동은 처벌하는 법에 저항하거나 복종하거나 둘 중 하나이기는 하지만, 아직 법의 환상을 사유의 대상이 되게 만드는 방법은 모른다. 그 사람에 대한 자기표현이 고백처럼 보이는 사람에게는, 안티고네처럼 죄의식의 처벌이 글자 그대로 해석되어 표면화되리라는 기대가 있을 것이다. 죄의식은 죄의 행위와 고백에 선행하는 심리적 처벌의 형태로 작용하며, 분석가가 제시한 것으로 투영된 판결의 위협만큼이나 선명해진다. 그러나 발화가 고백의 구조로 이루어지는 한, 그것이 몸이 처벌받을지 아닐지의 문제를 제기한다는 점은 분명해 보인다. 모호한 죄의식을 안고 있는 고백은 자기 부정을 두려워하면서도 요청하는 발화 형태가 될 것이다. 그렇기 때문에 더더욱 자신을 고해 신부, 아니면 정말 크레온이라고 생각하는 분석가는 분석의 특권을 사양하고 그 발화를 어떤 간청으로, 즉 저주의 치명적 결과가 때로 너무 확실해 보이는 그 저주를 무효화해달라는 간청으로 받아들여야 한다.

## 화행과 전이에 관한 후기

분석적 발화는 수사적인 경향이 있는데, 그 말이 뜻하는 것은 분석 중에 말해진 것은 언제나 오직 말하고자 의도한 것만 고려하는 것이 아니라, 그 말이 말하고 있는 것, 그 방식이나 발화가 말하는 것, 그 단어 선택 자체가 말하는 것에 대해서도 고려한다는 의미이다. 물론 이것은 언제나 까다로운 작업이다. 피분석가는 일정 수준에서 자신의 의도가 존중되기를 원하지만, 분석가가 화행의 방식, 화행의 결과, 그 발생 시간 혹은 취지에 주의를 기울이다가 피분석가의 의도를 정중히 무시하는 일도 발생하기 때문이다. 분석가는 발화의 수사적 양상에 초점을 맞추다가 의도를 넘어서는 의미, 때로는 의도를 혼란스럽게 하는 의미를 발견하기도 하는데, 내 생각에는 이런 발화에 반응하는 것이 의도하지 않은 뭔가를 실행할 위험이 있고, 분석가의 의도를 넘어서서 때로 혼란스럽게 만드는 결과를 가져올 위험도 있다.

따라서 전이의 맥락에 놓인 화행은 어떤 내용을 전하려는 노력이라 말할 수도 있지만, 말해진 내용과 관계가 있거나 없을 수도 있는 다른 종류의 의미를 보여주거나 만들기도 한다. 물론 '내용'이나 발화의 표층적 의미를 어떻게 다룰 것인가에 대해서는 이견이 많다. 그러나 한 가지는 확실해 보이는데 그 내용, 즉 의도된 의미는 완전히 극복되지도 초월되지도 못한다는 점이다. 우리가 그 내용을 어떻게 말하는가나 그 내용을 발화하는 것이 무엇을 행하는지는 아마 그 내용에 대한 언급이 될 것이고, 아마 그 내용을 안고 있는 의도에 관한 언급이 될 것이기 때문이다. 따라서 그런 의미에서 특정 종류의 통일성으로 간주되어야 할 것은 바로 의도된 의미의 배치, 전달 방식, 그리고 의도되지 않은 효과이다. 이런 화행의 각 양상들이 다른 관계에서는 다르게 나타난다 해도 말이다.

이런 맥락에서 특별히 중요해지는 화행의 한 양상은 발화가 몸의 행위라는 사실이다. 발화는 발성 행위이다. 발화에는 후두, 폐, 입술, 입이 필요하다. 무엇을 말하건 그것은 몸을 통과해야 할 뿐 아니라 몸을 특정한 방식으로 제시한다. 입이 어떻게 생겼는지를 말하려는 것이 아니다. 관련된 상담 치료 시간에, 특히 고객이 치료사와 마주하고 있다면 그런 생각을 해볼 수 있겠지만 말이다. 그러나 말하기는 몸이 소리를 밀어내는 것이고, 단순한 몸의 주장이며, 몸의 존재의 어떤 양식화된 주장이다. 나는 지금 내가 의미하는 바를 말하고 있다. 하지만 여기에는 몸이 있고, 그런 몸 없이는 말도 있을 수 없다. 그것은 어쩌면 굴욕적일 수도 있고 생산적일 수도 있는 삶의 현실이다. 물론 몸이 발화의 조건이 되지 않게 차단해버리는 말을 사용하는 방법도 있는데, 그런 방법은 전달된 의미가 몸 없는 정신으로부터 나오고 몸 없는 다른 정신을 향해 가는 것처럼 작용한다. 그러나 그 역시도 말하자면 여전히 몸이 행동하는 방식이고, 몸이 몸 없는 것인 양 행동하는 방식이다.

성적인 고백의 경우, 화자는 보통 몸이 했던 일 혹은 몸이 겪은 일에 관해 말하려 한다. 이런 말은 자신이 전달하는 행위에 개입하게 된다. 당연히 말을 한다는 것도 몸이 뭔가를 하는 또 다른 방식이기 때문이다. 말한다는 것은 또 다른 몸의 행위라고 할 수 있다. 그리고 몸의 행위에 대해 말하는 몸은 그 행위를 한 몸과 같은 몸이다. 그 말이 의미하는 것은 그 말을 하는 중에 그 몸을 제시하게 되고, 아마도 그 말을 하는 가운데 죄의식을 몸으로 표현하리라는 뜻이다. 말을 하고 있는 화자는 과거에 있던 일련의 사건을 전달하는 중이겠지만, 그 이상의 일도 하고 있다. 즉 화자는 말하면서 그 행위를 했던 몸을 제시하고 있으며, 그런 행위를 하고 있는 몸을 제시하면서 동시에 다른 일도 하고 있다. 이런 경우 제기되는 암묵적 수사법의 문제, 즉 그 발화가 수용될지 아닐지의 문제가 있기는 하지만, 발화가 몸의 행위라서 추가되는 문제도 있다. 그 몸 또한 수용이 될 것인가의 문제이다.

따라서 전이는 언어가 어떻게 교환되는가의 문제가 분명하지만, 말로 이루어진 것이라서 언제나 몸이 이 교환을 어떻게 구성해낼지의 문제가 된다. 몸이 가만히 앉아 있거나 누워 있다 해도 말이다. 말해진 단어는 기이하게도 몸이 제공한 것offerings이다. 즉 그것은 머뭇거리거나 단호한 것이고, 매력적이거나 꺼려지는 것이며, 동시에 둘 다에 해당하기도 한다. 정신과 상담용 의자가 몸을 아웃시키는 것은 아니지만 몸의 특정한 수동성을, 몸의 노출과 수용성을 강요하는 것은 사실이며, 그 말은 그런 자세에서 몸이 주장할 수 있는 행위는 그게 무엇이든 발화를 통해 가능하리라는 뜻이다.

전이가 사랑의 한 형식이라면, 최소한 사랑에 대한 관계를 연출하는 것이라면 우리는 그것이 언어 속에서 발생하는 사랑이라고 말할 수도 있다. 언어가 몸을 대신한다고 말하려는 게 아니다. 그게 꼭 진실은 아니기 때문이다. 말해진 단어는 몸에 관한 특정한 제유synecdoche를 형성하는 동시에 몸의 행위이다. 소리를 내는 후두와 입은 전체 드라마를 무대화하는 몸의 각 부가 된다. 몸이 주고받는 것은 촉감이 아니라 몸의 교환에 대한 심리적 외형이며, 그것이 재현하는 몸을 활용한 심리적 외형이다. 이런 노출의 순간, 즉 누군가 의도한 것 이상을 드러내는 순간이 없이는 전이도 없다. 물론 이런 외관은 언제나 의도 자체와 어느 정도 비평적 거리를 두고 있기 때문에 의도한 대로 이루어질 수 없다. 우리는 이것을 정신분석학적 임상의 핵심에 있는 고백으로 볼 수 있다. 즉 우리는 언제나 뜻한 것보다 더 많은 것 또는 뜻한 바와 다른 것을 보여준다는 사실, 우리 안의 이런 미지의 부분을 다른 사람에게 넘겨 우리가 미리 예측할 수 없는 방식으로 우리에게 되돌아오게 한다는 사실 말이다. 만일 이런 고백의 순간이 정신분석학 안에 있는 것이라면 그것은 푸코가 초기 저작에서 주장했듯, 다른 사람의 통제를 받아 우리가 꼭 나약해지는 순간만은 아닐 것이다. 푸코가 카시안에 대해 설명하면서 깨달은 것처럼 언어화에는 어떤 박탈이, 자기에 대한 애착의 단절이 수반되지만 그 때문에 모든 애착의 희생이 수반되지는 않는다. '관계적' 순간은 발화의 구조가 되기 때문에 우리는 다른 사람에게, 다른 사람의 존재 앞에서, 때로는 다른 사람의 존재에도 불구하고 말을 하고 있다. 게다가 자기는 우선 순위상 그 순간에는 발견되지 않지만, 말하기를 통해 새로운 방식으로 대화 과정 속에서 정교화된다. 이런 발화의 장면에서 두 명의 대화자는 자신들이 말하는 것이 어느 정도 자기 통제권 밖에 있기는 하지만 그 때문에 완전히 통제 불가능한 것은 아니라는 사실을 알게 된다. 말하기가 행하기의 한 형식이라면 그리고 행해진 부분이 자기라면 대화는 뭔가를 함께 행하는 양식이고 다른 것이 되어가는 양식이다. 이런 교환 과정 중에 뭔가가 성취되겠지만 그게 다 완성될 때까지는 무엇이 혹은 누가 만들어지고 있는지 그 누구도 알지 못할 것이다.

# 9장

# 성차의 끝?

나는 현재 밀레니엄이 시대를 표시하는, 아니 정말로 페미니즘의 시대를 표시하는 중요한 방식인지 확신이 서지 않는다. 성찰의 노력은 늘 손상되기 마련이지만, 페미니즘이 어디에 와 있는지 조사하는 일은 항상 중요하다. 누구라도 전 지구적 시각의 페미니즘을 수용할 수 있는 입장에 있지는 못하다. 누구라도 논쟁의 여지가 없을 법한 페미니즘의 개념적 정의에 입각해 있지도 못하다. 모든 곳에서 페미니스트는 여성에 대한 더 본질적인 평등을 추구하며, 사회적이고 정치적인 제도의 더욱 정당한 배치를 추구한다고 말하는 게 합당할 것이다. 그러나 우리는 우리가 뜻하는 바와 행동방식에 대해 생각해볼 만한 곳이면 어디든 향할 수 있기 때문에 우리가 사용해야 할 용어와 관련된 어려움을 꽤 빨리 마주하게 된다. 평등이 의미하는 바가 남녀는 상호 교환이 가능할 정도로 똑같이 대우받아야 한다는 것인지에 대해서도 이견이 있다. 프랑스의 남녀동수운동mouvement pour la parité[1]은 현 정치적 상황에서 여성이 겪는 사회적 불이익을 고려해볼 때, 그런 대우가 적절한 평등 개념은 아니라고 주장했다. 물론 우리는 정의에 대해서도 논의할 것이며, 정의가 어떤 수단을 통해 성취되어야 하는지도 논의할 것이다. 정의는 '공정한 대우fair treatment'와 똑같은 것인가? 정의는 평등 개념과 구분되는 것인가? 정의는 자유와 어떤 관계를 맺는가? 어떤 자유가 갈망되며, 또 자유는 어떻게 평가되는가? 성적 자유는 어떻게 정의되어야 하고 또 그것이 유의미한 국제 공식을 받아들일 수 있는지의 문제에 대한 여성들 사이의 심각한 불일치에서 무엇을 끌어낼 것인가?

여자란 무엇인지, 우리는 어떻게 '우리'라고 말하게 되는지를 계속해서 묻는 이런 논쟁 지점에 한 가지 덧붙여보면, 누가 또 누구의 이름으로 그것을 말하게 되어 있는 것인가? 페미니즘은 혼란에 처했고 유의미한 논제를 발생시킬 조건이 확립되지 못한 것으로 보인다. 페미니즘은 인종 문제에 둔감하며 구미 페미니즘 표명의 조건이 되는 세계 불평등의 조건에도 둔감하다고 보는 페미니즘 비판론은 계속해서 이 운동이 폭넓은 연합 역량이 있는지를 의심한다. 미국에서 보수 우파가 직장 내성 실태에 관해 가혹한 조사를 하면서 성희롱 정책을 악용한 것은 좌파 페미니스트가 심각한 대민 홍보상의 장애를 갖고 있음을 보여준다. 정말이지 페미니즘**과** 좌파의 관계는 또 다른 예민한 문제이다. 이제는 여성의 기업가로서의 잠재력을 활성화하고, 페미니즘 운동 초기의 진보주의 시기에서 온 자기표현 모델을 이용하는 데 초점을 두는 기업 친화적 형태의 페미니즘도 있기 때문이다.

---

1) (옮긴이) 파리테 운동이라고도 하며, 뭐든 남녀가 똑같이 반반을 맡아야 한다는 입장으로 2011년 프랑수아 올랑드 내각에서 통과된 파리테법(남녀동수법parité law)으로 인해 제도화되었다.

좌절하고 싶은 사람도 있겠지만, 나는 이런 것들이 21세기 초의 가장 흥미롭고도 생산적인 미해결 과제의 하나라고 생각한다. 페미니즘 프로그램은 우리가 공통된 전제들을 가정하고 있다가 그런 전제로부터 논리적 방식으로 어떤 프로그램을 만들어나가는 것이 아니다. 그보다 페미니즘은 자신이 무엇을 의미하는지에 관해 더 분명하게 만들고 갈등을 일으키는 해석들과 타협하기 시작하려고 노력하면서 비평적 관심을 바로 자신의 전제와 관련되도록 함으로써 전진해나가는 운동이다. 민주적 기획으로서의 페미니즘은 기본적으로 우리가 무언가에 모두 다 동의할 수 있다는 전제를 박탈당하거나, 아니면 그와 똑같이 우리가 가장 소중히 여기는 가치가 논쟁 중에 있으며 그런 가치는 정치적 경합을 벌이는 영역에 남게 되리라는 생각을 수용해야 한다. 이는 마치 내가 페미니즘은 그 무엇으로도 확립될 수 없고 스스로에 대한 반성으로 가는 길에 방향을 잃을 것이며, 이런 자기반성의 순간을 넘어 세계에 대한 적극적 참여의 길로 나갈 수 없으리라고 말하는 것처럼 들릴지도 모른다. 그러나 그와 반대로 페미니즘은 이런 형태의 내부적 불화가 나타나는, 관련된 정치적 실천을 하는 과정에 있다. 그리고 나는 이런 불화를 단일성으로 화해시키려는 욕망에 맞서는 것이 바로 페미니즘 운동을 살아 있게 만든다고 단호히 주장할 것이다.

페미니즘 이론은 사회운동으로서의 페미니즘과 완전히 구분되지 않는다. 운동이 없다면 페미니즘 이론은 아무 내용도 없을 것이고, 페미니즘 운동은 다양한 방향과 형식으로 언제나 이론 활동에 개입해왔다. 이론은 학계에만 국한되지 않는 활동이다. 가능성에 대해 생각하게 되고, 총체적 자기반성이 일어나고, 가치와 우선순위와 언어에 관한 분쟁이 등장할 때마다 이론적 활동이 일어난다. 내재적 비평의 공포를 극복하는 것에도, 또 근본적 문제에 대한 해석을 안정시키지 않고 대치시키는 운동을 만드는 것의 민주적 가치를 주장하는 것에도 중요한 가치가 있다고 생각한다. 나는 제2의 물결[2]의 후발 주자로서 논쟁 없는 전제는 어떤 것이라도 전 세계적 동의를 얻어서는 안 된다는 전제하에 페미니즘에 다가간다. 그러니 현실적이고 정치적인 이유로 논쟁을 잠재우는 것은 아무 가치도 없다. 문제는 이런 것이다. 논쟁을 일으키는 최고의 방법은 무엇이며, 논쟁을 무대 위에서 가장 생산적으로 연출할 방법은 무엇인가? 또 우리는 누구인가라는 불가역적 복합성을 인정하도록 어떻게 행동할 것인가?

나는 이 글에서 서로 갈등을 일으키게 된 성차, 젠더, 섹슈얼리티 같은 일단의 용어들에 대해 생각해보자고 제안한다. 제목이니까 당연히 사실일 거라고 여겨진다는 점에서나 페미니즘 문제들로의 유용한 이론적 진입이라는 점에서도, 내가 붙인 이 글의 제목은 아마 내가 '성차'의 끝을 선언할 것이라고 시사하고 있다. 이 제목은 어떤 의심스런 질문을 인용한 문구로 일부러 의도한 것이고, 이 문구는 종종 젠더나 섹슈얼리티 연구를 하는 이론가에게 제기되는 것이며, 내가 알고 싶고 또 그 답을 내놓고 싶은 도전거리이기도 하다. 내 목적은 논쟁에서 이기는 것이 아니라 이 용어를 쓰는 사람들이 왜 이런 용어들을 그렇게도 중요하게 생각하는지, 또 이런 용어들이 서로 마찰을 빚을 때 이처럼 절실히 필요한 용어들을 어떻게 화해시킬지 알고자 하는 것이다. 나는 이런 용어

---

2) (옮긴이) 제1의 물결이 메리 울스턴크래프트Mary Wollstonecraft의 『여권의 옹호』(1792) 이후 참정권 중심의 운동으로 여성 간 동일성을 강조한다면, 제2의 물결은 시몬 드 보부아르 Simone de Beauvoir의 『제2의 성』(1949)의 영향을 받아 참정권을 획득한 이후 여성들 사이의 차이에 주목하는 운동이다. 학생운동, 반전운동, 흑인운동 같은 반체제 운동과 맥락을 함께한다.

가 다양한 맥락에서 교대로 열어내고 또 저지하는 제도적 가능성에 관심이 있는 만큼, 다른 하나를 희생하면서 한 가지 틀만 사용하라고 권하는 이론적 이유에도 관심이 있다.

나는 성차의 끝이 필요하다고 간청하고자 성차의 끝에 관한 질문을 하는 것이 아니다. 내가 왜 이런 틀에 대해 생각하는지 이유를 열거하거나, 여러분이 취한 입장에 따라 이런 '현실'은 더 이상 연구할 가치가 없다고 주장하려는 것도 아니다. 내 생각에, 많은 사람에게 있어 성차의 구조를 만드는 현실은 사라지기를 바라거나, 그에 반대할 수 있거나, 합리적 방식으로 주장할 수 있는 것이 아니다. 그보다는 생각과 언어와 세계 속의 몸이 될 가능성에 꼭 필요한 배경 같은 것이다. 이에 대해 문제 제기를 하려는 사람은 그런 주장을 가능하게 만드는 바로 그 구조와 논쟁하는 것이다. 때로는 이런 문제에 대해 조롱하고 무시하는 반응도 있다. 당신은 성차를 끝낼 것이라고 생각하지만 성차를 끝내고 싶은 당신의 욕망이 바로 성차가 지속적인 힘과 효력을 발휘하고 있다는 더 강한 증거일 뿐이라고 말이다. 성차를 옹호하는 이들은 정신분석학에서 이론화한 그 유명한 여성적 '저항'을 멸시하듯 지칭하고, 이런 식으로 저항은 표명되기도 전에 실패한다. 여성성 개념에 도전하는 것은 최고로 여성적인 행위이자, 여성성이 저항하고자 하는 대상이 있다는 증거로 읽히는 저항 행위다. 성차, 그것은 이미 패배한 틀로 생각되어야 할까? 성차에 맞선다고 말해질 수 있는 모든 것이, 성차야말로 우리가 말하는 것의 구조가 된다는 간접적인 증거다. 모든 의미화가 이루어지는 구조적 운명이나 근원적 차이에 계속 나타나는, 근원적인 의미에서의 성차가 있는 것일까?

이리가레는 성차는 어떤 사실도 아니고 어떤 종류의 기반도 아니며,

라캉식 어법에서 말하는 설명하기 힘든 '실재'도 아니라고 명료하게 밝힌다. 반대로 그것은 어떤 질문, 우리 시대에 대한 질문이다. 하나의 질문으로서 성차는 불안정하고 미해결된 채로 남아 있으며, 하나의 주장으로 공식화된 적도 없고 결코 공식화되지 않는 것이다. 성차의 존재는 사실이나 구조의 형태를 띠는 것이 아니라 우리를 궁금하게 만드는 것으로, 완전히 설명되지 않은 채 완전히 설명할 수 없는 것으로 지속된다. 이리가레가 『성차의 윤리학』[3]에서 주장하듯 성차가 우리 시대에 대한 문제라면 그것은 다른 사람들 사이의 문제가 아니라 언어 속 비결정성이라는 특히 난해한 순간이고, 현재의 언어 지평이 우리의 것이라고 표시하는 순간이다. 드루실라 코넬처럼 이리가레도 윤리학을 염두에 두고 있는데 이 윤리학은 성차**로부터** 비롯된 것은 아니지만 성차라는 바로 그 용어가 제기한 질문이다. 즉 이 타자성을 어떻게 가로지를 것인가? 그것에 반대하지도, 그 용어를 길들이지도 않으면서 타자성을 어떻게 가로지를 것인가? 이 문제에 대해 영원히 불안정한 상태로 있는 것에 어떻게 계속 맞출 것인가?

이렇게 볼 때 이리가레는 성차에 반대하거나 찬성하는 주장을 하는 것이 아니라, 성차가 제기하는 문제에 관해 생각할 방법을 제시한다. 어쩌면 성차가 **있다**는 문제, 또 그 해결 불가능성이 우리에게 특정한 역사적 궤적을 형성하는 문제에 관해 생각할 방법을 제시한다. 여기서 우리란 이 질문을 하고 있다는 것을 깨닫는 사람들이고, 이 질문을 앞에 놓고 있는 사람들이다. 찬반 논쟁들 자체가 이런 문제가 지속된다는 것을

---

3) Luce Irigaray, *An Ethics of Sexual Difference*, Carolyn Burke & Gillian C. Gill(trans.), Ithaca, N.Y.: Cornell University Press, 1993, p. 3.

알리는 여러 지표가 될 것이고, 이리가레의 주장에 따르면 그런 지속성의 위상은 영원한 것이 아니라 **이 시대**에 속한 것이다. 이는 이리가레가 근대성에 대해 제기한 문제이고, 그녀한테는 근대성의 특징이 되는 문제이기도 하다. 따라서 그것은 시대와 관련된 특정한 문제의 시작을 선언하는 질문이고, 그 해답을 금방 찾을 수 있을 것 같지 않은 질문이며, 해결 불가능의 시대를 열어 그런 해결 불가능성을 우리 시대의 특징으로 삼는 질문이기도 하다.

우리 중 많은 사람들에게 지금은 페미니즘을 하기 힘든 시기, 어쩌면 페미니즘이 패배한 시기라고 생각된다. 한 친구가 나더러 지금 당장 페미니즘 이론 과목에서 무엇을 가르치겠느냐고 물었을 때, 나는 페미니즘 이론은 페미니즘이 도전받는 부분에 응수하는 것 말고는 다른 연구가 없다고 주장했다. 내가 도전에 응수한다고 한 말의 의미는 조건과 책임을 방어적으로 옹호하고 우리가 이미 알고 있는 것을 스스로 상기하려는 게 아니라, 뭔가 전혀 다른 것, 재표명의 요구에 따르는 것, 위기에서 비롯된 요구에 따르는 것 등을 말한다. 나는 이론적 패러다임이나 선호하는 용어를 고수하는 것, 성차에 기초한 페미니즘을 주장하는 것, 또는 젠더에 관한 주장, 섹슈얼리티에 관한 주장, 인종에 관한 주장이나 문화 연구의 포괄적 주장에 반대하는 생각을 옹호하는 것은 모두 말이 안 된다고 주장하려 한다. 나는 이리가레가 성차를 소환하는 방식이 근본적인 방식이 아니라고 생각하기 때문에 이리가레에서부터 논의를 시작해보겠다. 성차는 주어진 것도, 전제된 것도, 페미니즘이 세워진 기반도 아니다. 성차는 우리가 이미 접하고 나서 알게 된 것이 아니다. 그보다 성차는 페미니즘 연구에 즉각 등장하는 **어떤 질문**으로서 딱히 말해질 수 없는 어떤 것이고, 서술문의 문법에 트러블을 일으키는 것이며, 거의 영원히 의문문으로 남는 것이다.

　이리가레가 성차의 문제는 우리 시대의 문제라고 말할 때, 그녀는 근대성을 지칭하는 것으로 보인다. 고백하건대 나는 근대성이 무엇인지 알지는 못하지만, 많은 지식인들이 이 용어를 옹호하거나 매도하면서 이 용어에 흥분한다는 것은 잘 알고 있다. 근대성과 불화를 일으킨다고 간주되거나 탈근대적이라 간주되는 사람들은 "합리성, 주체, 진정성, 보편성, 진보적 역사관 등의 용어를 문제 삼거나 그것이 틀렸음을 폭로한다"는 특징을 보인다. 이런 식의 일반화에 있어 항상 놀라운 점은 그런 '문제시'가 '틀렸음을 폭로'(그보다는 '재활성화'라고 말해두자)한다는 의미로 간주되며, 이런 문제 자체의 위상은 그리 지적인 작용으로 나타나지 않는다는 것이다. 우리가 이런 용어들을 문제 삼게 되면 그것은 이제 더 이상 그 용어를 쓸 수 없다는 뜻이 되는가? 그것은 이제 우리가 이론적 포스트모더니즘의 초자아 때문에 그런 용어를 쓰지 못하게 금지당했다는 의미이거나, 그런 용어는 소멸되고 끝나버린 것으로 선언된다는 의미인가? 아니면 단순히 이런 용어는 한때 쓰였던 것과 똑같은 방식으로 작용하지 않는다는 의미인가?

　몇 년 전, 레오 베르사니Leo Bersani의 책 『호모스Homos』에 대해 논의할 기회가 있었다. 나는 그때 그가 레즈비언을 여성이라 말할 수 있는지 더 이상 확신할 수 없어 한다는 것을 깨달았고, 나는 그에게 누구도 이 단어의 사용을 금지한 적이 없다고 안심시키고 있었다. 나는 레즈비언이라는 용어를 사용하는 데 분명 주저함이 없으며, 이 글 후반부에서는 우리가 어떻게 보편성의 용어를 심문하는 **동시에** 계속 사용할지에 관해 숙고할 것이다. 예컨대 주체 개념이 더 이상 주어진 것도 전제된 것도 아니라 해도 그 개념이 우리에게 아무 의미가 없다거나 더 이상 말해져서는 안 된다는 의미는 아니다. 반대로 이 용어가 단순히 우리가 의존하는 구성 요소, 정치적 논쟁에 있어 심문당하지 않는 구성 요소가 아니라는 의미일 뿐이다. 하지만 그와 반대로 이 용어는 이론적 주목을 받는 대상이 되었으며, 우리가 설명해야 하는 것이 되었다. 이 때문에 내가 근대/탈근대를 구분하게 된 것이라 생각하며, 이런 구분 속에도 근대, 탈근대 같은 용어가 여전히 작동 중이기는 하지만 이제 더 이상 근본주의적 방식으로 작동하지 않는다.

또 어떤 사람들은 근대성에 관한 모든 핵심 용어가 여성과 유색인종의 배제에 입각해 있으며, 이런 용어들은 계급 구분과 강력한 식민주의적 관점에 따라 만들어졌다고 주장했다. 하지만 폴 길로이Paul Gilroy의 『검은 대서양: 근대성과 이중 의식The Black Atlantic: Modernity and Double-Consciousness』에 따르면, 이런 배제에 대항하려는 투쟁은 종종 근대성에서 나온 바로 그 용어들을 재전유하고 만다는 사실을 덧붙이는 것 또한 중요할 것이다. 그러면서 이런 용어들을 전유해 근대성의 한도를 변화시킬 뿐 아니라 근대성으로 진입하기 시작하는 것이다. 자유는 전에는 결코 의미한 적이 없던 것을 의미하게 된다. 그리고 정의는 이전의 설명에서는 포함할 수 없던 것을 포함하게 된다.[4]

배타적 근대성의 용어들이 진보적인 용례로 전유되어온 것과 똑같은 방식으로, 진보적 용어들도 과거로 퇴보하는 목적에 활용될 수 있다. 우익이나 여성 혐오의 목적에 활용되었던 것 중에 우리가 정치운동을 할 때 쓰는 용어들은 바로 그런 이유 때문에 전략적으로 금지되지 않은

---

4) 이 주제에 관한 길로이의 더 풍부한 논의는 이 책의 11장 「철학의 '타자'가 말할 수 있는가?」를 참고하라.

것이다. 이런 용어들은 최종적으로 완전하게 단 하나의 용례로 고정되지 않는다. 재전유의 과제는 이처럼 종종 타협을 겪는 용어들이 예상치 못한 진보의 가능성에 대해서는 취약하다는 것을 보여주는 일이다. 이런 용어들은 특별히 어떤 하나에 속하지 않는다. 이런 용어들은 그것이 의식적으로 사용되었던 용례를 초과하는 생명력과 목적을 가진다. 이들은 억압의 역사와 아주 밀접히 관련된 그저 더럽혀진 상품으로 보이지는 않지만, 그렇다고 정치적 맥락에서 사용된 다양한 용례에서 불순물을 제거한 순수한 의미를 가지는 것으로 간주되지도 않는다. 문제는 근대성의 관점이 전통적으로 배제했던 것을 포용하게 만드는 일로 보이는데, 여기서 포용은 새롭게 공언된 관점을 길들이거나 중화하는 작용을 하지 않는다. 그리고 이런 용어는 기존의 정치체polity 개념에 문제로 남아서, 그 정치체의 보편성 주장에 한계를 드러내고 그 정치체의 한도를 근본적으로 재고하게 만들어야 한다. 어떤 용어가 전통적으로 배제되었던 정치체의 일부가 된다는 것은 그 용어에 대해서는 정치체의 일관성에 대한 위협으로 나타난다는 것이고, 그 정치체에 대해서는 그 용어를 말살시키지 않은 채 위협을 견디고 살아남는다는 의미이다. 그리고 나서 그 용어는 그 정치체에 다른 시간성을 열어내려 할 것이다. 그 정치체에는 알 수 없는 미래를 설정하고, 전통적 경계를 지키려는 사람에게는 불안을 야기하면서 말이다. 근본주의 없는 근대성이 있을 수 있다면 그것은 근대성이 작동되는 핵심 용어가 미리 완전히 확실시되지 않는 근대성일 것이며, 완전히 다 예측할 수는 없는 정치학, 즉 희망과 불안의 정치학에 대한 미래적 형태를 띠는 근대성일 것이다.

열린 미래를 차단하고 싶은 욕망은 강력한 것일 수 있으며 상실을 겪은 사람, 즉 사물이 어떤 것인지(또 어때야 하는 것인지)에 대한 확실성의 의미를 상실한 사람에게는 위협적인 것일 수 있다. 그러나 미래성을 차단하려는 욕망의 힘과 불안의 정치적 잠재력을 평가 절하하지 않는 것이 중요하다.[5] 그것이 어떤 특정한 질문을 하는 것은 위험하다고 간주하는 한 가지 이유다. 책을 한 권 읽고 생각을 해보는 상황을 가정해보자. 나는 여기서 제기된 질문을 할 수가 없는데 그런 질문을 한다는 것은 내 정치적 신념에 의혹을 제기하는 것이고, 내 정치적 신념에 의혹을 제기한다는 것은 그 정치적 신념의 와해로 이어질 수 있기 때문이다. 그 순간 생각한다는 공포, 사실상 그 질문을 한다는 공포는 정치성을 방어하는 것으로 정당화된다. 이제 정치성은 특정한 반反지성주의를 요구하는 것이 된다. 제기된 문제에 기초해서 누군가의 정치성을 재고하지 않으려 한다는 것은 생활과 생각을 희생시키면서 어떤 교조적 입장을 선택하는 것이다.

어떤 용어, 페미니즘 같은 용어에 대해 질문한다는 것은 그 용어가 어떤 기능을 하는지, 어떤 투자를 부담하는지, 어떤 목적을 달성하는지, 어떤 변화를 겪고 있는지 묻는 것이다. 이 용어 자체가 변할 수 있다는 것이 그 용어를 사용할 수 없게 아예 배제시킨다는 것은 아니다. 어떤 용어가 문제가 된다면 더 이상 그 용어를 사용할 수 없으며, 우린 오로지 **이미 마스터하는 방법을 알고 있는** 용어만 사용할 수 있다는 뜻인가? 왜 그 용어에 대해 문제를 제기한다는 것이 그 용어의 사용 금지라는 결과를 가져오는 것과 똑같이 간주되는가? 어떤 용어가 그 근본적 위치에서 **이탈**되면 왜 우리는 때때로 살아갈 수도, 살아남을 수도 없고 언어를 사용할 수도, 자신을 대변할 수도 없을 거라고 느끼는 것일까?

---

5) 이 점에 대해 호미 바바Homi Bhabha에게 감사한다.

근본적 위치에 고정되는 것이 어떤 종류의 보장을 해주고 어떤 종류의 공포를 방지하는가? 그것이 근본적으로 주체나 보편성 같은 용어가 가정하는 것인가? 그리고 이런 용어가 가정하는 게 '틀림없는' 의미는 명령문의 형태를 취하고 있는 **도덕적**인 것이며, 몇몇 도덕적 금기처럼 우리를 가장 공포스럽게 하는 것에서 보호하는 방어물인가? 이런 용어를 계속 심문하지 못하게 막는 일종의 도덕적 강박 때문에 우리가 마비된 것은 아닌가? 우리가 심문하고 있는 용어들을 삶으로 겪어내야 한다는 위험을 감수하면서 말이다.[6]

근본 전제와 방법론에 대한 열정이 때로는 어떻게 현대의 정치 문화 분석의 방식에 개입하는지를 보여주는 한 가지 방편으로서, 정치 투쟁의 이론적 근간을 확보하려는 노력이 종종 현대 대중문화 안에서 어떤 핵심적 정치 기표가 이동하는 경로와는 완전히 반대되는 것으로 읽히는 방식을 숙고해보자고 제안하고 싶다. 내게 가장 혼란스러운 것은 한편으로 페미니즘과 관련되고, 다른 한편으로 레즈비언이나 게이 연구와 관련되는 '젠더'라는 용어의 위상에 관한 것이다. 어쩌면 순진해서겠지만, 나는 퀴어 연구를 하는 친구들이 게이와 레즈비언 연구를 위한 방법론이 페미니즘은 젠더를 연구 대상으로 삼는 반면, 레즈비언과 게이 연구는 **섹스와 섹슈얼리티**를 그 '적절한' 대상으로 삼는다는 생각을 받아들인다는 사실에 놀랐다. 젠더는 섹슈얼리티와 혼동되어서는 안된다고 말해지며 어떤 면에서 그것은 옳아 보인다. 그러나 젠더는 동성애 코드에 불과하기 때문에 여성 지위에 관한 유엔 비정부기구NGO 강

---

6) 이 논의 중 일부는 다음에 나온다. Judith Butler, "Implicit Censorship and Discursive Agency," *Excitable Speech: A Politics of the Performative*, New York: Routledge, 1997.

령에서 삭제해야 한다고 로마 바티칸 교황청이 발표했을 때 내가 얼마나 충격을 받았을지 한번 상상해보라![7] 더욱 걱정스러운 점은 페미니즘 이론계에 몸담고 있는, 나와 가장 가까운 동료 중 일부는 젠더 개념을 경멸한다는 사실이다. 그들은 성차가 젠더보다 선호되는 용어이며, 이 '성차'는 근본적 차이를 지칭하고, 젠더는 그저 구성되었거나 가변적인 효과를 지칭한다고 주장한다.

1995년 베이징에서 열린 여성 지위에 관한 유엔 회의는 학문적 업적에 대한 다른 문제들도 드러냈다. 구체적으로 말하자면 국제 인권 활동의 영역 안에서 보편적 주장은 어떤 위상을 갖는가? 많은 페미니스트가 보편적인 것은 언제나 문화적 결texture과 차이에 둔감한 인식론적 제국주의의 은폐물이라는 결론에 도달했으나, 국제 인권 영역에서 성적 자율성의 권리 및 이와 관련된 성적 경향의 권리에 대한 보편성을 주장하는 수사법의 힘이 작용하고 있다는 것은 반박할 수 없어 보인다.

우선 유엔의 맥락에서 젠더를 활용했던 놀라운 사례에 대해 생각해보자. 교황청은 젠더를 동성애 코드로 보고 이를 부인했을 뿐 아니라, 강령 언어는 섹스 개념으로 되돌아가야 한다고 주장했다. 여성성과 모성의 관계를 자연스럽고 신성하게 정해진 필연성으로 확고히 하려는 분명한 노력의 일환으로서 말이다. 1995년 4월 말, 준비위원회prepcom라 불리는 베이징 NGO 회의의 준비 과정에서 몇몇 참가국은 가톨릭교회의 지침하에 '젠더'라는 단어를 행동 강령에서 삭제하고 그것을 '섹스'라는 단어로 대체하고자 했다. 준비위원회에 참여한 몇몇은 이를 두고 "여성이 이룬 성과를 되돌리고 우리를 위협해서 더 이상의 발전을 막으

---

7) "La Chiesa si prepara alle guerre dei 5 sessi," *La Repubblica*, May 20, 1995, p. 11.

려는 모욕적이고 비하적인 시도"[8]라고 불렀다. 이들은 이렇게까지 썼다. "우리는 여성과 소녀 들을 신체적인 성적 특성으로 규정하고 규제하고 축소하려는 '생물학은 운명이다'라는 개념으로 되돌아가라는 강요를 받지 않을 것이다. 우리는 가정에서, 직장에서, 지역 공동체에서, 국가에서, 또 분명 유엔에서도 그런 일이 생기도록 그냥 두지 않을 것이다. 전세계 여성들은 인권과 정의, 리더십을 갖게 해줄 거라 유엔에 기대하고 있기 때문이다." 성명서는 아래와 같다.

'젠더'라는 단어의 의미는 여성과 남성의 역할과 위상이 사회적으로 구성되고 변화될 수밖에 없는 현실을 표현하기 위해 '섹스'라는 단어와 분화되어 발전했다. 현재 맥락에서 '젠더'는 우리의 생활사 전체에서, 다양한 우리의 요구, 관심, 능력, 삶의 경험, 열망 전반에 걸쳐 여성이 하고 있는 여러 역할을 인정한다. [……] '젠더'라는 개념은 당대의 사회적·정치적·법적 담론 안에 묻혀 있다. 그것은 유엔 체제의 개념적 기획, 언어, 문건, 프로그램으로 통합되었다. 젠더 관점이 유엔 활동의 모든 방면으로 투입된 것은 과거 회의들에서 인정받은 주요 공적이며, 제4차 세계 회의에서 재확인되고 강화되어야 할 것이다.[9]

이런 논쟁으로 인해 러셀 베이커Russell Baker는 『뉴욕 타임스』에서 젠더라는 용어가 이처럼 섹스 개념을 대체하지 않았다면, 우리가 누군가와 '젠더' 관계를 가졌다고 고백할 때 곧장 성애적 삶과 관련될 것인가

---

8) "IPS: Honduras Feminists and Church," *Interpress Service*, May 25, 1995.
9) *Report of the Informal Contact Group on Gender*, July 7, 1995.

를 의문시하기에 이르렀다.

유엔 논의에서 젠더가 동성애 코드로 강화되는 동안 퀴어 이론과 페미니즘의 지역 분과들은 최소한 겉으로 보기에는 서로 완전히 다른 방향을 택하고 있었다. 페미니즘은 젠더와 관련되고 레즈비언과 게이 연구는 섹스 및 섹슈얼리티와 관련된다는 방법론적 사고를 하는 퀴어 이론가들의 추론은 위에 나온 논쟁과는 전혀 별개의 것처럼 보인다. 그러나 어떤 경우에는 젠더가 동성애를 대표하는 것처럼 보이고, 다른 경우에는 그와 정반대로 보인다는 것을 알게 되니 놀랍다.

내가 말하려는 핵심은 학문적 논쟁이 안타깝게도 이 용어가 쓰이는 당대의 정치적 용례와 맞지 않아 보인다는 게 아니라, 젠더와 거리를 두려는 노력이 여러 면에서 서로 대립되는 두 가지 정치적 운동을 표시하고 있다는 점이다. 이 국제적 논쟁에서 교황청은 '젠더'라는 용어의 사용을 비난했는데, 그 이유는 이 용어가 (1) 동성애 코드가 되거나, (2) 남성성, 여성성, 바이섹슈얼, 트랜스섹슈얼 중에서 입지를 정하라고 위협하거나, 그보다는 남성과 여성의 자리를 완전히 대체하라고 위협하면서 동성애를 다른 기타의 젠더로 이해할 방식을 제시하기 때문이다. 교황청은 ─ 이 문제에 대해 앤 파우스토-스털링[10]을 인용하면서 ─ 동성애가 젠더의 확산을 의미할까봐 두려워한다(『라 레푸블리카*La Repubblica*』는 미국에서 젠더의 수가 남성성, 여성성, 레즈비언, 호모섹슈얼, 트랜스섹슈얼의 다섯 개로 늘어났다고 주장한다). 동성애를 젠더의 확산으로 보는 이런 관점은 동성애자가 다소 자신의 생물학적 성에서 분리되었고, 동

---

10) Anne Fausto-Sterling, "The Five Sexes: Why Male and Female are Not Enough," *The Sciences* 33, no. 2, July 2000 참고.

성애자가 되면서 남자나 여자가 되기를 그만두었으며, 모두가 알다시피 젠더는 근본적으로 동성애와 양립할 수 없다는 생각에 기초하고 있는 것 같다. 사실 그 둘의 양립은 불가능해서 동성애는 그 자체의 젠더가 되어야 한다. 그러하기에 남성적인 것과 여성적인 것의 이분법적 대립을 전적으로 변화시킨다.

흥미롭게도 교황청은 퀴어 연구를 페미니즘과는 다른 방법론으로 만들려는 사람들과 특정한 전제 조건을 공유하는 것처럼 보인다. 교황청은 섹슈얼리티가 재생산의 목적과 이성애의 필연성을 나타내는 섹스를 다른 것으로 바꾸라고 위협한다고 걱정하는 반면, 퀴어 이론과 페미니즘의 방법론적 분리를 받아들이는 사람들은 섹슈얼리티가 젠더를 초월하여 젠더의 위치를 변하게 할 것이라는 약속을 내건다. 동성애는 특히 젠더를 등한시한다. 비디 마틴의 뛰어난 주장처럼, 동성애와 젠더는 분리 가능할 뿐만 아니라 상호 배타적 긴장 속에 계속 지속되는데, 그 긴장 속에서 퀴어 섹슈얼리티는 젠더를 초월하는 이상향적 삶을 열망한다.[11] 교황청은 섹스를 회복시키려는 노력의 일환으로서 젠더를 허물고자 하지만, 방법론을 중시하는 퀴어 이론은 섹슈얼리티를 강조하려는 노력의 일환으로서 젠더를 허물고자 한다. 교황청은 섹슈얼리티가 섹스에서 분리되는 것을 두려워하는데, 그것은 자연스럽다고 가정되는 재생산의 목적에 구속받지 않는 성행위 개념을 도입하기 때문이다. 그런 의미에서 교황청은 젠더를 두려워하는 중에 섹슈얼리티가 섹스에서 분리되는 것을 두려워하고 그래서 퀴어 이론까지 두려워하는 것으로 보인

---

11) Biddy Martin, "Extraordinary Homosexuals and the Fear of Being Ordinary," *differences* 6, no. 2~3, 1994.

다. 그러나 퀴어 방법론은 섹슈얼리티를 고집하며, 『레즈비언과 게이 연구자The Lesbian and Gay Studies Reader』에서도 '섹슈얼리티와 섹스'를 고집한다. 이런 이해 방식은 젠더를 내다버리지만, 그건 단지 젠더가 페미니즘과 그에 전제된 이성애를 대표하기 때문이다.[12]

두 맥락의 논쟁은 모두 용어에 관한 것으로, '젠더'라는 용어를 NGO 회의에 사용될 강령 언어로 허용할 수 있는지, 또 '성적 경향'이라는 용어가 유엔 회의 의결안의 최종 언어로 포함될 수 있는지에 관한 것이었다(첫번째 대답은 예, 두번째 대답은 아니요지만 성적 자율성에 관한 언어는 수용 가능한 것으로 간주되었다). 젠더, 성적 경향, 심지어는 보편성이라는 용어까지도 그것이 무엇을 의미하는지의 문제를 두고 공공연히 각축이 벌어졌고, 그리하여 '젠더'가 무엇을 뜻하는지를 이해하고자 1995년 7월 유엔 특별 회의가 소집되었다.

나는 젠더에 관한 단순 정의는 그것이 어떤 것이든 충분할 수 없으리라 생각한다. 엄밀하고 합당한 정의를 발견하는 것보다 더 중요한 것은 공적 문화를 통해 이 용어의 이동 경로를 추적할 능력이라고 생각한다. '젠더'라는 용어는 다양한 관점이 경쟁하는 장이 되었다. 젠더가 페미니즘의 정치적 차원을 완화시킬 방편으로 간주되곤 하는 미국 내 사례를 생각해보자. 여기에서 젠더는 남성적인 것과 여성적인 것을 나타내는 담론적 표식에 불과해지며, 이런 담론적 표식은 페미니즘의 틀 외부에서 연구된 구성물이거나 특정한 문화적 효과를 만든 단순한 자가 생산물로 이해된다. 또한 젠더 연구 프로그램의 도입은 페미니즘 반대 논쟁

---

12) Henry Abelove, Michele Aina Barale & David M. Halperin(eds.), *The Lesbian and Gay Studies Reader*, New York: Routledge, 1993.

에 개입하기를 거부함으로써 어떤 학문 영역을 정당화하려는 방편이라고 생각해보자. 뿐만 아니라 '페미니즘'의 극복이 마르크스주의적인 국가 이데올로기의 극복과 연결되고, 그 안에서 페미니즘의 목표는 공산주의적 목표의 구현이라는 조건 아래서만 성취될 수 있다고 여겨지는 동유럽에서의 젠더 연구 프로그램 및 연구소의 도입 또한 마찬가지다.

마치 젠더 영역에 내적인 투쟁이 충분치 않은 것처럼, 영국 및 유럽 학계의 이론적 관점이 제기하는 도전은 이 용어에 대한 과도한 사회학적 해석의 중요성을 의심하게 만든다. 따라서 젠더는 성차의 이름으로 반대를 당하는데, 그 이유는 젠더가 성차의 **상징적** 위상과 여성성의 정치적 특수성을 변화시키고 가치를 절하하면서 남성성과 여성성이 사회적으로 구성되었다는 관점을 지지하기 때문이다. 여기서 내가 염두에 두고 있는 것은 나오미 쇼어Naomi Schor, 로지 브라이도티Rosi Braidotti, 엘리자베스 그로츠Elizabeth Grosz 등이 내놓은 비평으로, 젠더라는 용어를 공개적으로 비난하며 내놓은 것이다.

그동안 성차는 퀴어 이론의 몇몇 지배적 패러다임 속에서 분명 미움을 사게 되었다. 사실 퀴어 이론이 페미니즘의 시대착오적 생각을 밝혀내려 할 때조차도 페미니즘은 확실히 젠더에 헌신하는 기획으로 설명되었다. 내 생각에 비판적 인종 연구에서도 성차를 하나의 용어로 지칭하는 사례는 거의 찾아보기가 힘들다.[13]

---

13) 페미니즘이 핵심이고 '여성' 개념이나 심지어는 '우머니스트womanist'라는 개념도 종종 중심적인 것이 되지만 ── 킴벌리 크렌쇼Kimberlé Crenshaw와 마리 마쓰다Mari Matsuda의 저작에서 ── 인종화 때문에 구조적으로 종속되고 주변화된 사람들의 인식론적 장점이 더 폭넓게 강조되고 있다. '인종화'되는 것이 심리적 반향 효과가 있는 호명으로 형상화되는 인종화의 심리 작용에 대해 설명하려는 정신분석학적 노력만 제외하면 이런 종속의 사회적 특성에 대한 강조는 거의 절대적이다. 내 생각에 마지막 문제의 특징은 현대의 인종 연구에서

하지만 성차란 무엇인가? 성차는 단순한 사실성이 아니며, 단순히 사실성의 효과도 아니다. 그것이 심리적인 것이라면 아직 이론화되지 않았다는 의미에서 사회적인 것이기도 하다. 최근의 많은 학문은 심리 구조가 어떻게 사회 권력의 역학에 연루되는지를 알고자 한다. 우리는 어떻게 이런 연결이나 단절을 이해할 것이며, 그것은 성차의 이론화와 어떤 관계가 있는가?

나는 젠더보다 성차에, 섹슈얼리티보다 젠더에, 또한 젠더보다 섹슈얼리티에 이론적 우선성을 두는 것과 관련된 논쟁이 실은 다른 종류의 문제와 교차된다고 주장하고자 한다. 성차가 제기하는 문제, 말하자면 생물학적인 것, 심리적인 것, 담론적인 것, 사회적인 것이 어디서 시작되고 끝나는지를 결정하는 것의 영원한 어려움과 교차된다는 말이다. 만일 교황청이 젠더의 언어를 섹스의 언어로 대체하려 한다면, 그것은 교황청이 성차를 다시 생물학적인 것으로 만들고 싶어 하기 때문이고, 다시 말해 재생산에 관한 협의의 생물학적 개념을 여성의 사회적 운명으로 재확립하고 싶어 하기 때문이다. 그러나 예컨대 로지 브라이도티가 우리는 성차로 되돌아간다고 주장할 때는 교황청이 같은 용어로 되돌아가자고 주장했던 것과는 좀 다르다. 브라이도티의 성차에 생물학으로 환원될 수 없고 문화나 사회적 구성물로 환원될 수 없는 차이

---

프란츠 파농으로의 진정한 복귀가 되어버린 것에서 찾을 수 있다. 그리고 거기서 강조점은 제한된 의미의 사회적인 것이 아니라, 사회적으로 발화된 상상적인 것, 인종적 유산을 반영하는 이미지의 생산, 인종적 기의의 시각적 소외와 본능적 작용이다. 사실 레이 초우Rey Chow의 작품에서 성차가 등장하는 부분은 파농식의 인종차별에 대한 저항이 가져오는 여성 혐오의 결과를 강조하기 위한 것이다. 더 최근에 호미 바바는 백인 남성 주체에 대한 파농식의 분석에서 분열splitting은 동성애공포증적 편집증, 타자성에 대한 위협적이고 외재적인 관계가 동성애와 성차를 동시에 배제하는 편집증의 관점에서 이해되어야 한다고 주장했다.

가 있다면, 그 성차의 존재론적 기록부를 우리는 어떻게 이해해야 하는가? 아마 그것은 바로 성차란 영원히 결정하기 힘든 방식으로 존재론적으로 기록된다는 뜻일 것이다.[14] 성차는 완전히 타고난 것도 완전히 구성된 것도 아니지만 부분적으로는 둘 다이기도 하다. 이 '부분적으로'라는 의미는 '구분'의 분명한 의미에 저항한다. 성차는 교차점으로 작용하지만, 겹쳐지고 모호해진 용어들은 어쩌면 남성적이거나 여성적이기보다는 구성 자체의 문제가 되는 것이 더 중요할 것이다. 구성된 것은 반드시 구성에 앞서 일어난다. 구성을 통하지 않고는 그런 앞선 순간에 접근할 방법이 없는 것처럼 보이더라도 말이다.

내가 이해하기로, 성차는 생물학적인 것이 문화적인 것과 맺는 관계에 대한 질문이 제기되고 또 새롭게 제기되는 장소이며, 이 질문이 제기되어야 하고 제기될 수 있지만 엄격히 말해 그 해답을 구할 수는 없는 곳이다. 경계선 개념으로 이해되는 성차는 심리적·신체적·사회적 차원을 가지고 있는데, 이런 차원은 하나가 무너지면서 다른 차원으로 갈 수 있는 것이 아니며, 그런 이유 때문에 궁극적으로 구분되지 않는 것이다. 거기에서 성차는 그 어떤 최종적 의미도 없이 이런 용어들의 재표명을 요구하면서 어떤 불안한 경계선으로 흔들리고 있는 것인가? 결국 그것은 어떤 사물, 사실, 전제라기보다는 딱히 사라지지도 또 딱히 나타나지도 않는 재표명에 대한 요구인가?

성차를 이런 식으로 생각하는 것이 젠더에 대한 이해에 어떤 영향을 미칠까? 젠더라는 말이 의미하는 바는 사회적인 것(따라서 젠더는 성차

---

14) 이것은 데브라 키츠Debra Keates가 『정신분석학과 페미니즘: 비평 사전Psychoanalysis and Feminism: A Critical Dictionary』의 성차에 관한 항목에서 내게 제안한 것이다.

에 있는 극단적 사회성이다), 협상 가능한 것, 구성된 것으로 **정말** 보이는 성차의 부분인가, 그리고 그것이 바로 교황청이 '섹스'라는 말로 복원하려 한 것인가? 자연적이라는 것이 고정된 것이자 협상 불가능한 것을 의미할 때, 이런 자연적인 것의 자리와 대비해서 말이다. 교황청의 기획은 문화적 자원에서 나왔건, 어떤 훌륭한 의지에서 나왔건 간에 **무로부터**ex nihilo 젠더를 생산하려는 기획만큼이나 비현실적인 것인가? 퀴어의 노력은 젠더를 중단시키려는 것인가, 아니면 이제는 자기 것이 아닌, 예컨대 페미니즘에나 합당한 연구 대상이라고 바뀐 과거로 젠더를 밀쳐내기 위한 것인가? 그것은 성차가 섹슈얼리티와 근본적으로 구분되는 것이라고 고정시키려는 노력은 아닌가? 젠더의 규제는 언제나 이성애적 규범성을 만드는 작업의 일부였고, 젠더와 섹슈얼리티의 근본적 분리를 주장하는 것은 동성애공포증적 권력의 특정한 작용을 분석할 기회를 놓치는 것이다.[15]

---

15) 나는 다른 글에서 젠더와 섹슈얼리티의 이접적 관계를 이런 식으로 이해하는 것의 이론적 어려움을 토론한 바 있다. 그러나 이런 논의에 관련된 용어를 간단히 설명해보겠다. '섹스와 섹슈얼리티'는 레즈비언과 게이 연구에 적합한 대상으로 제시되었고, 이는 '젠더'가 적합한 대상이라고 말하는 페미니즘과 유비 관계에 있었지만, 내게는 대부분의 페미니즘 연구가 이런 설명에 맞지 않는 것으로 보인다. 대부분의 경우 페미니즘은 성적 관계와 젠더 관계가 인과론적으로 연결되지는 않아도 중요한 방식으로 구조적으로 연결되어 있다고 주장한다. 페미니즘의 특징은 오로지 젠더에만 초점을 둔다고 설명하는 것 또한 몇 가지 중요한 방식에서 최근의 페미니즘 역사를 잘못 재현한 것이다.
　급진적 페미니즘 성정치학의 역사는 다음과 같이 페미니즘에 대한 합당한 설명에서 삭제되었다.

　① 젠더가 더 이상 인종만큼 중요하지 않거나 또는 식민주의의 위치성이나 계급만큼 중요하지 않은 페미니즘 틀 ― 즉 사회주의 페미니즘, 포스트식민주의 페미니즘, 제3세계 페미니즘 운동 전체 ― 에서 발달한 여러 반인종주의적 입장은 더 이상 페미니즘의 중심적이거나 합당한 논점이 아니다.
　② 젠더와 섹슈얼리티에 대한 매키넌의 설명은 페미니즘의 모범으로 간주된다. 그녀는

완전히 다른 분야에서는 젠더를 비도덕적인 페미니즘의 목표와 연결하려는 노력이 다른 맥락에서 지속되고 있다. 교황청은 반제국주의 담론과 불안한 연합을 맺은 채 젠더는 서구 페미니즘 중 퇴폐적인 계보에서 비롯된 수입품이며 이는 종종 '개발도상국'이라는 용어와 맞바꿔 쓰이기도 하는 '제3세계 국가들'에 부과된다고 주장하기에 이르렀다.

1995년 유엔 회의에서 젠더가 몇몇 페미니즘 단체를 결성하는 집결점이 된 것은 분명하지만, 가장 긴장이 고조된 문제가 된 것은 온두라스의 한 여성 단체가 9월 회의 때 온두라스 정부를 대표하는 극우파 기독교 대표단의 임명을 반대했을 때였다. 라틴아메리카 주교회의의 대표인 오스카 로드리게스Oscar Rodriguez의 주도로 '서구'라는 꼬리표를 단 페미니즘에 반대하려는 노력은 이에 거세게 항의하는 온두라스의 여성권익센터Women's Rights Centre를 포함해 국내 민중운동의 저항을 받았다.[16] 그에 따라 온두라스 국가 기구는 자국 내 여성의 영향력을 줄이

---

젠더란 언제나 이성애적인 것으로 가정되어온 섹슈얼리티의 사회적 배치 속에서 종속과 지배의 위치를 반영하고 제도화한 '여성'과 '남성'의 범주라고 이해한다. 그녀의 연구에 대한 페미니즘의 강력한 반대는 제시된 페미니즘의 정의에서 배제되어 있다.

③ 젠더는 섹스로(때로는 섹스의 배치로) 환원되며, 이는 고정된 것 혹은 '주어진' 것으로 간주된다. 그리고 섹스/젠더 구분의 논쟁적 역사는 다른 것으로 대체되고 있다.

④ 섹슈얼리티의 규제에 있어서 젠더의 규범적 작용은 부인된다.

⑤ 젠더 규범에 관한 성적 논쟁은 더 이상 어느 쪽 틀에서도 분석 '대상'이 아니다. 이 논쟁은 레즈비언과 게이 연구에 대한 이런 방법론적 주장이 계속 거리를 두려고 애쓰는 바로 그 분석 영역을 가로지르고 혼란스럽게 만들기 때문이다.

젠더의 범주를 활용하는 페미니스트와 성차의 틀을 계속 유지하는 페미니스트 사이의 중요한 차이는 페미니즘이 무엇인지에 관한 지적으로 옹호할 수 없는 공식화 때문에 시야에서 사라졌다. 우리가 분리 가능한 분석 범주로서 젠더에 대한 백인 페미니즘의 관점을 받아들이게 된다면, 흑인 페미니즘의 역사를, 이 연구 기획 전반에 나타나는 상호 교차성을 어떻게 이해할 것인가?

16) InterPress Third World News Agency(www.ips.org).

고자 교회와 연합해 반문화적 제국주의의 언어를 차용한다. 베이징이 '죽음의 문화'인 페미니즘, '모성을 예속으로' 보는 페미니즘을 대표하려 한다는 주장은 별개로 치더라도, 아직 이름도 없는 이런 형태의 페미니즘은 베이징 회의의 관점이 잘못된 페미니즘을 대표한다고 주장하기도 했다(교황청도 자신의 가부장주의에 대해 사과하는 서한에서 여성의 존엄성이라는 본질에 기여하는 페미니즘과, 모성을 파괴하고 또 성차를 파괴하는 페미니즘을 구분하려 했다). 로드리게스와 교황청은 둘 다 '자연스럽지 않은 젠더들'뿐만 아니라 동성애와 트랜스섹슈얼을 겨냥하고 있다. 여성권익센터(CDM)는 모성의 파괴가 아니라 어머니들이 학대에서 벗어나게 하는 투쟁에 관심이 있으며, 베이징 회의의 핵심은 '자연스럽지 않은 젠더들'이 아니라 '여성의 경제적 위상 및 여성 폭력에 관한 구조적인 조정 계획'들의 효과에 있다고 지적하는 것으로 응대했다. 의미심장하게도 온두라스를 대표하는 기독교 집단은 소위 자연스럽지 않은 젠더, 모성의 파괴, 낙태권 옹호와 분명한 선을 그으면서 낙태 반대를 소리 높여 외치기도 했다.

결국 젠더가 강령 언어에 계속 쓰일 수는 있었지만, 레즈비언은 '괄호 안에' 들어가야 했다. 사실 나는 샌프란시스코에서 괄호 안에 '레즈비언'이라고 쓰여 있는 티셔츠를 입고 회의 준비를 하는 몇몇 대표단을 보았다. 물론 이 괄호는 레즈비언이라는 말이 분열된 언어이며, 그 용어의 적절한 사용에 관한 어떤 합의도 이루어지지 않았음을 알려야 했다. 괄호는 이 용어의 허용 가능성을 문제 삼으면서 그 단어에서 권위를 없애야 하지만 이들은 레즈비언이라는 용어를 다른 것과 구분되는 복합 어구로 제시한다. 그런 문제 제기 때문에 일종의 초가시성hypervisibility을 획득하는 복합 어구로 제시하는 것이다.

'레즈비언'은 이렇게 괄호 친 형태를 통해 이 언어에서 완전히 사라진 존재로 바뀌었다. 그러나 이런 전략의 성공은 이 용어가 다른 언어적 장소에서 재등장할 것이라는 의혹만 일으키는 것으로 보였다. 즉 젠더라는 용어를 통해, 모성 담론을 통해, 성적 자율성을 지칭하거나 심지어는—시민권을 침해할 수 있는 어떤 기반이라 생각되는—'다른 위상'이라는 구절을 지칭하면서 다시 등장할 것이라고 말이다. 그리고 '다른 위상'이란 직접적으로 이름붙일 수는 없지만 이 구절의 불명료성 때문에 레즈비언을 지칭했다. '다른' 위상은 여기서 발설할 수 없는 것, 여기서 발설할 수 없다고 간주되어온 것, 하나가 아닌 위상이다.

이 국제회의의 담론적 틀 안에서는, 죽음의 문화(아마 반생명antilife을 말하는 것일 텐데, 우파는 낙태권 찬성론pro-choice이라고 불러야 할 것을 흔히 반생명이라 해석한다)를 도입할 뿐 아니라 레즈비언 인권의 포함을 부자연스러운 젠더 생산과 모성의 파괴로 연결시키는 게 무엇인지를 묻는 것이 중요해 보인다. 분명 이런 근거에서 레즈비언의 권리에 반대하려는 사람들은(다른 근거에 입각해 반대하는 사람들도 있다) 레즈비언은 어머니가 아니라고 전제하거나 어머니라 하더라도 모성의 파괴에 참여하고 있다고 전제한다. 그렇다면, 좋다.

그래도 서로 쉽게 분리될 수 없는 수많은 문제들이 동시에 작용하고 있다는 것을 우리가 알게 된 것이 이 장면에서 중요하다고 생각한다. 젠더가 동성애 코드이고 레즈비언의 도입이 새로운 젠더의 도입, 결국 모성을 파괴할 부자연스러운 젠더의 도입이며, 그것이 재생산권을 위한 페미니즘의 투쟁과 연관되어 있다는 전제는 돌이킬 수 없을 만큼 동성애를 두려워하는 동시에 여성을 혐오하는 것이다. 게다가 교회-국가 연합이 제기하고 미국 대표단이 되울린 이 논쟁은, 성적 권리가 서구적 시행 과제라는 사실 때문에 이 회의에서 여성을 대변하려 한 라틴아메리카 민중여성운동의 주장을 가장 강력히 비난하고 억누르는 데 이용되었다. 따라서 이 운동에서 우리는 바로 반제국주의 담론을 전유함으로써 여성운동에 대한 교회-국가 이데올로기적 권력이 확대되는 것을 볼 수 있다.

성적 자율성의 주장을 방해하려는 노력의 일환으로 전통적인 민족적 순수성을 부활시켜 옹호하려는 교회-국가 연합에 대해 찬성하거나 반대하는 와중에, 이 회의에서 페미니스트들 사이에 연맹이 생겨났다. 이 연맹은 재생산 권리, 결혼 관계에서 일어나는 학대에서 자유로울 권리, 레즈비언의 권리 등을 지지하는 언어를 찾고자 했다.

의미심장하게도, 교황청의 추측대로 성적 경향의 문제에 관한 두 번의 회의에서 이 조직은 '젠더'라는 용어 뒤로 숨지 않았다. 하나의 용어로서는 법적으로나 의료적으로 생소했지만 '성적 경향'과 '레즈비언'은 여성에 대한 인권침해가 발생할 수 있는 토대로 국제 게이 레즈비언 인권위원회가 포함시키려는 언어가 되었다.

그러나 여기서 주목할 만한 것은 유엔 회의가 언어상의 합의에 도달했다는 점이다. 언어는 수사적으로 중요한데, 그것은 언어가 그 문제에 관한 전반적인 국제적 합의를 대표하며, 또 이 회의의 행동 강령 중에서 96번째 조항의 내용과 일치하는 정책을 추진하기 위해 여러 국가의 정부기구와 비정부기구가 이 언어를 사용할 수 있기 때문이다.


여성의 인권은 강제·차별·폭력이 없는 성적인 건강과 재생산의 건강을 포함해 여성의 섹슈얼리티와 관련된 문제에 대해 여성이 통제하고 자유롭고 책임 있게 결정할 권리를 포함한다. 인간 본연의 온전성에 대한 완전한 존중을 포함해 성관계와 재생산의 문제에 있어 여성과 남성 사이의 동등한 관계는 성행위와 그 결과에 대한 상호 존중, 동의, 공유된 책임을 요구한다.

마지막으로 유엔 언어의 위상을 묻는 것도 중요해 보인다. 유엔 언어는 만장일치가 아닌 국제적 합의로 이뤄낸 것이어야 하며, 보편적으로 수용될 수 있는 주장과 보편적으로 당연하게 여겨지는 권리가 무엇인지에 관한 합의를 대표해야 한다. '보편적'이라는 용어 안에 허락된 의미가 '합의'에 달려 있다고 이해하는 것은 보편성 자체의 힘을 얼마간 약화하는 것처럼 보일 수도 있지만, 어쩌면 그렇지 않을 수도 있다. 이 과정은 보편적 위상의 언어에 무엇이 포함되고 무엇이 포함되지 않을지가 확실히 결정되어 있지 않다는 것을 전제하며, 지금은 그것의 미래 형태를 완전히 예측할 수 없다는 것을 전제한다. 유엔의 심의는 무엇이 보편성의 경계가 될 것인지에 관한 합의를 표명하고 재표명하는 대중적 의식 절차의 장이 되었다.

'보편성'의 의미는 문화에 따라 변화될 수 있다는 점이 입증되었고, '보편성'을 특정한 문화에서 표명한 결과물은 보편성의 초문화적 위상에 대한 주장에 대항한다. 보편성을 언급하는 일은 없어야 하며 우리에게 보편성은 불가능성이 되었다고 말하려는 것이 아니다. 보편성에 괄호를 치는 것은, 늘 똑같지는 않은 보편성의 표명에 대한 여러 문화적 상황이 있으며, 이 용어가 우리에게 의미가 있는 것은 그것을 표명하는 보편적 문화 상황이 아닌 것을 통해서라는 뜻일 뿐이다. 이것은 보편적 태도를 취할 것을 명하는 모든 명령이 마주하게 될 역설이다. 어떤 문화에서는 일단의 권리가 보편적으로 부여되지만, 다른 문화에서는 이런 권리 자체가 보편성의 경계를 표시할 수도 있기 때문이다. 다시 말해 "우리가 이 사람들에게 이런 권리를 부여하면, 우리는 우리가 알고 있는 보편성의 토대를 훼손하게 될 것이다." 이는 특히 레즈비언과 게이 인권의 분야에서 특히 분명해졌는데, 이 분야에서 '보편성'은 이견이 많은 용어이고, 여러 정부와 여러 주류 인권단체들은 레즈비언과 게이가 '인간'에 제대로 포함되어야 할지, 또 그들의 잠정적 권리가 보편적인 것으로 간주되는 권리의 범위를 지배하는 기존의 관습에 들어맞는지에 대해 의혹의 목소리를 낸다.

교황청이 레즈비언의 권리를 여기 포함시킬 가능성이야말로 '반反인간적'이라고 말한 것이 나로서는 놀랍지가 않다. 어쩌면 그게 사실일 것이다. 레즈비언이 보편성의 영역에 들어간다고 인정하는 것은 어쩌면 인간이라는 것, 적어도 지금의 인간의 형식을 허무는 것일 수 있다. 그러나 그것은 또한 인간을 나타내는 관습적 경계선을 넘어서서 인간을 상상하는 것일 수도 있다.

여기서 보편성 개념은 구축해야 할 토대도 아니고 우리를 앞으로 나아가게 만드는 전제도 아니다. 그것은 인간 안에 '타자'를 포함시키라고, 즉 인간은 타자에 반대되는 것으로 정의되는데도 바로 그런 '타자'를 인간에 포함시키라고 위협해서 언어도단이 된 용어다. 그런 의미에서 이처럼 더 급진적인 의미를 사용해보면 '보편성'은 전통적으로 토대로 받아들여왔던 토대에 대항하고 그것을 파괴한다. '보편성'이 반反토대주의가 된 것이다. 보편성의 범위를 지배하는 기존의 관습이 바로 이런 주장을 차단하고 있는데도 일단의 권리를 보편적이라고 주장하는 것은 보편성 개념을 파괴하는 것이면서, 보편성의 '구성적 외부'였던 것을 인정하는 것이기도 하다. 또한 그렇게 하면서 **기존의** 규범에 동화하는 모든 행위를 역전시키는 것이다. 이런 주장은 보편성을 괄호 안에 들어가게 해서, 말하자면 그것이 무엇이고 아직 완전히 결정되지 않은 미래에는 무엇을 포함할 것인지와 관련된 중요한 미지의 의미로 들어가게 해서 보편성 자체의 근본적 재표명을 촉발하고 요구하는 생산적 위험을 무릅쓰는 것이라고 주장하고 싶다.

보편성에서 배제당한다는 것, 그런데도 보편성의 관점에서 어떤 주장을 한다는 것은 특정 종류의 수행적 모순을 표명한다. 마치 이런 주장은 조롱만 당할 뿐이라는 듯, 어떤 것은 바보 같거나 자가당착으로 보일 것이다. 그게 아니라면 이 도박이 다른 방식으로 작용해서 미래의 민주주의 운동에 합당한 보편성의 역사적 기준을 수정하고 발전시킬 수도 있다. 보편성이 아직 표명되지 않았다고 주장하는 것은 '아직'이라는 말이 보편성 자체를 이해하는 데 합당하다고 주장하는 것이다. 즉 보편성으로 '구현되지 않은 채'로 있는 것이 보편성을 본질적으로 구성한다는 것이다. 보편성은 **기존** 공식에 도전함으로써 표명되기 시작하는데, 보편성의 범위에 들어가지 않는 사람들로부터 이런 도전이 제기된다. 이들은 '누구'라는 자리를 차지할 명칭이 없는데도, 보편성이 자신들을 포함해야 한다고 주장한다. 그런 의미에서 배제된 것이 보편화의 우연적 경계를 구성한다. 그러는 사이 괄호는 '레즈비언'에서 떨어져 나가 '기타 신분'에, 그 말을 하는 순간 언어의 타자로 남게 되는 신분에 배치될 뿐이다. 그 경계에 출몰하는 것, 항상 감지할 수는 없는 대체물을 통해 말할 수 있는 것의 경계 안으로 들어갈 위험이 있는 것은, 말할 수 있는 것이 시작되는 바로 이런 타자성이다. 젠더는 동성애가 공식적인 유엔 언어로 진입하기 위한 수단이 아니었지만, 성적인 자유는 정말 그런 용어가 되었다. 즉 레즈비언과 이성애 여성 들을 한동안 단결시켰던 지침이자, 자율성에 가치를 부여하고 숙명적인 생물학의 개념으로 되돌아가기를 거부하는 지침이 되었던 것이다. 여성 주체의 성적 자유가 보편성에 동의하는 인본주의에 이의를 제기했다는 것은 예컨대 가부장적 이성애 가족처럼 공식적인 '보편성' 개념을 여전히 지지하는 사회적 형식들에 대해 고려하고 있다는 의미다. 인간은 다른 국면에서 인간을 새롭게 획득하기 위해 스스로에게 낯설어져야 하며 스스로에게 괴물마저 되어야 하는 것으로 보인다. 이런 인간은 '어떤 사람'이 아닐 것이고 사실 어떤 궁극적 형상도 없을 테지만, 그 사람은 섹슈얼리티의 사회적 구성에 자연스럽거나 필연적인 영향을 미치지 않는 방식으로 성차와 끊임없이 협상하는 자일 것이다. 나는 이것이 영속적이고도 미해결의 문제라고 주장함으로써 성차가 무엇인지에 대한 어떤 결정도 내리지 말고 이 문제를 미해결로 남겨두어 트러블을 일으키고, 대답되지 않은 채 행운을 가져오도록 내버려두자고 주장하려 한다.

## 로지 브라이도티의 『변신』에 대하여

『변신Metamorphoses』은 『불일치의 유형Patterns of Dissonance』과 『유목적 주체Nomadic Subjects』에 이은, 페미니즘 이론에 관한 브라이도티의 세 번째 대작이다. 이는 두 권짜리 중 첫째 권으로 둘째 권도 곧 폴리티 출판사에서 출간될 예정이다. 이 책의 세부 내용으로 들어가기에 앞서 이 저작이 달성하려는 목적이 무엇인지 생각해보자. 이 책은 몸과 되기becoming에 대한 들뢰즈의 관점을 성차와 여성-되기에 대한 페미니즘의 관점과 결합시키고자 한다. 또 이 책은 철학적이고 문화적인 영화 비평

분야에서 지속적인 연구를 수행하는데, 특히 몸, 기계, 동물이 생산과 소비라는 특정한 사회적 조건에서 서로 혼합되어가는 방식을 다룬다. 이 책은 이리가레에 대한 한결같은 옹호일 뿐만 아니라, 이리가레의 독자들이 이리가레를 다른 방식으로 읽게 만들려는 교육학적 노력이기도 하다. 또 이 책은 정신분석학 관점에 대한 들뢰즈의 저항에도 불구하고, 주체에 대한 정신분석학적 설명을 활용한다. 그 설명은 주체와 그 주체의 심리적 구성 간의 불일치, 무의식적 욕망의 지속, 그리고 무의식적 목적의 문화적이고 사회적인 구성을 강조한다. 이 책은 또한 심리적 고통과 관련된 특정한 명령에 대한 치료책으로서 정신분석학을 계속 이용하는 것에 대한 신뢰를 보여주기도 한다. 이 책을 읽기 전에 들뢰즈와 라캉을 결합하기란 어렵다고 생각했거나, 이 둘을 성차의 우선성을 주장하는 페미니즘식 해석의 대상으로 보기는 힘들다고 생각했거나, 아니면 이 모든 본격적인 이론들을 모두 끌어다가 수많은 대중 영화에 대한 문화적으로 영리한 분석과 합치기는 어려울 거라 생각했다면, 그건 틀림없이 옳다. 그러나 이 책은 특정한 관점의 혼합주의syncretism를 이룩하는데, 이런 혼합주의의 성과는 긍정affirmation 이론을 펼치는 데 동원된다. 긍정 이론은 헤겔과 연관된 부정성의 논리를 반박하려 하기도 하지만, 주체에 대한 자유주의적 존재론에 기대지 않는 행동주의의 가능성도 함축한다.

이 책은 또한 테크놀로지 이전pretechnological의 과거에 의존하기를 거부하면서, 테크놀로지에 관한 복합적이고 식견 높은 비평도 제시한다. 그보다도 브라이도티는 몸의 삶과 재생산의 삶에 테크놀로지가 개입해 있기 때문에 성차 속 삶의 기원에 대한 철학적 접근에는 구체적인 윤리적 함의가 있다고 생각한다. 브라이도티는 인본주의가 지지해온 인간,

동물, 기계 사이의 구분이 붕괴되었다는 사실을 받아들이면서, 우리가 **그 어떠한** 방향으로도 몸을 생산하고 변형시킬 수 있으리라는 생각에 대해 경고한다. 변형transformation은 브라이도티의 책에서 선언한 과제이고 이 책에서 중요한 사건이라고 할 수는 있겠지만, 브라이도티가 구상해낸 유목학nomadology이나 글자 그대로 형상을 바꾸는 변형 작업이 무한한 일, 무제한으로 일어날 수 있는 일이라고 생각하는 것은 잘못일 것이다. 몸과 더불어 또는 몸을 통해 작동하는 변형의 양상들이 있는 것은 사실이지만, 브라이도티의 관점에서 보면 몸의 삶을 극복하려 하거나 몸의 차이라는 한계를 초월하려는 다른 양상들도 있다. 브라이도티는 윤리적·정치적 토대에 입각에서 두번째 양상에 반대한다. 그것은 남근 로고스 중심주의phallogocentrism의 목적에 부합된다. 예컨대 '변형'을 성차의 극복으로 설명하려는 목적, '변형'을 지배와 자율성이라는 남성주의 형식을 재정립할 기회로 활용하려는 목적, 그에 따라 성차와 특정한 여성성의 상징 영역을 ── 특정한 상징적 미래를 ── 제거하려는 목적에 부합되는 것이다. 이와 유사하게 브라이도티는 신체 공포증somatophobia과 충돌하는 몸을 테크놀로지로 재건하려는 모든 사례의 목록에 반대하며, 몸의 삶을 완전히 벗어나려는 시도에도 반대한다(차이와 몸은 브라이도티에게 변형의 조건일 뿐만 아니라, 변형이 일어나는 매개이자 수단으로서 그것 없이는 규범적 의미에서의 변형이 발생할 수 없다).

변형에 대한 브라이도티의 시각은 어떤 특정한 철학적 위상과의 관계를 설정할 뿐 아니라 그녀 자신이 이룬 철학적 업적에서 가장 중요한 차원의 하나를 형성하기도 한다. 그 즉시 행동주의에 관한 이론이나 활동가의 이론이 되는 체현에 대한 그녀의 설명은 철학적인 동시에 정치적으로 작동하면서 한꺼번에 양방향에서 변형을 설명하고 있다. 몇몇 후기구조주의 비평가들은 지정된 위치에 있는 단일한 주체가 없이는 '행위 주체성agency'도 있을 수 없다고 주장한 반면, 브라이도티는 행동과 긍정과 상황을 변형시킬 능력은 다원적으로 구성되어 다각도로 움직이는 주체로부터 비롯된다는 것을 보여준다. 브라이도티가 따르는 노선, 즉 스피노자에서 시작되어 들뢰즈를 거치는 노선은 정신분석학에 대한 특정한 해석을 포함하고 있으며 니체와도 관련이 있다고 할 만한데, 이 노선은 살려는 의지, 삶에 대한 긍정이 다원성의 작용을 통해 발생한다고 주장한다. 다원적 효과의 역동적 상호작용이 변형 그 자체를 가져오는 것이다. 다원적으로 구성된 행위 주체는 분산되어 있거나 여기저기 흩어져 있다고 주장하는 사람들에게, 브라이도티의 다원성이란 서로에게 작용해 새로운 삶의 가능성을 발생시키는 힘의 작용을 이해하는 한 방식이라 해야 할 것이다. 다원성은 행위 주체성의 죽음이 아니라 바로 그것의 조건이다. 다원적 힘이 어떻게 상호작용하는지, 어떻게 삶의 역동성 자체를 생산하는지를 이해하지 못하면, 행위가 어디에서 나오는지도 제대로 이해하지 못할 것이다.

변형은 힘의 작용으로 인해 생겨나는데, 이런 힘 중 일부는 의미심장하게도 무의식적인 것이며, 몸이라는 수단을 통해 작동한다. 그래서 창의성이 발생하고 뭔가 새로운 것이 시작될 때, 그것은 인식 주체에 선행하는 행위의 결과이기는 하지만, 바로 그렇기 때문에 그 주체에 완전히 외재적인 것도 아니다. 나보다 앞서 있는 무언가가 지금의 나를 구성한다. 그리고 이런 역설은 의식으로 모두 환원되지 않는 주체 개념을 표명한다. 우리는 지금 마치 주체는 행위를 시작할 뿐 그 행위로 인해 주체가 여러 방식으로 발생되지는 않는 것처럼 주인 주체 — 행위 과정을 인지하고 결정하는 자유로운 개인 — 에 대해 말하는 것이 아니다. 브라이도티에게 주체가 성차 속에서 생산된다는 것은 어떤 변형의 가능성을 만들면서 이것이 다른 몸들에 의해 발생하는 하나의 몸이라는 의미로 보인다. 그것은 삶으로 유도하는 것, 삶으로 유혹하는 것이고, 여기서 삶 자체는 우리가 설명하려 하는 역동적 변형과 동떨어져 이해될 수 없다.

이런 철학적 관점은 변형이 역동적인 전 지구 네트워크의 맥락에서 어떻게 나타날지 알고 싶어 하는 사람들에게 특정한 세계적이고 문화적인 상관성을 갖는다. 어떤 사람들은 예컨대 마르크스주의적인 방식으로 사회 세계는 총체화 효과와 총체화의 결과를 합친 총합이라고 말하겠지만, 내 생각에 브라이도티는 이런 정체 상태stasis에 반대할 것이며 다양한 기술적이고 경제적인 네트워크에서 어떻게 변형 가능성의 조건이 정해지고 또 어떻게 변형 가능성이 생산되는지 알고자 할 것이다. 그러나 여기서 다시 한 번, 이런 변형은 오로지 몸의 과정bodily processes을 변형의 조건이자 장소라고 이해해야만 일어날 수 있다는 것을 알아야 한다. 브라이도티에게 몸의 과정은 성차의 관점에서 구체화되어야 한다. 그리고 성차는 하나가 아님not-one을 삶의 조건으로 소중히 여길 미래의 상징계에 붙여질 이름이다.

어쩌다 보니 나도 모르는 사이 나는 브라이도티의 입장에 반대하는 글을 좀 쓰게 되었다. 나 역시 브라이도티와 마찬가지로 그녀의 이론과 어느 정도 겹치는 페미니즘적 후기구조주의의 한 해석을 대표하게 되었지만, 그것은 다른 텍스트와 다른 문제들을 다루는 경향이 있다. 후기구조주의는 일원적인 것이 아니다. 그것은 단일한 사건이나 일단의 텍스트들이 아니라, 페르디낭 드 소쉬르, 프랑스에 수용된 헤겔, 실존주의, 현상학, 그리고 여러 형태의 언어 형식주의의 여파로 등장한 광범위

308

한 연구 작업이다. 내가 말하고자 하는 것은 브라이도티가 그랬듯, 나 역시 결핍의 신학 속에 때로 머무르며, 때로는 헤겔식 의미의 부정성 연구에 골몰하다가 그 때문에 우울증, 애도, 양심, 죄의식, 공포 등에 관해 사유하게 된다고 하는 게 맞을 거라는 뜻이다. 나는 이것을 그저 홀로코스트라는 심리적 유산을 가진 한 유대인 소녀가 어린 나이에 자리에 앉아 철학책을 읽을 때, 특히 어떤 폭력적인 상황에서 몸을 돌려 철학에 의지할 때 일어나는 일이라고 생각하는 경향이 있다. 또한 나 자신의 젠더나 섹슈얼리티가 ─ 이런 용어가 결국 어떤 의미건 간에 ─ 여러 형태의 사회적 폭력을 면하도록 해줄 거라 확신할 수 없기 때문에, 내가 생존의 문제를 자주 걱정하는 것일 수도 있다. 생존은 긍정과 같은 것은 아니지만, 생존 없이는 긍정도 없다(특정한 자살 행위를 긍정적인 것으로 읽어내지 않는 한은 말이다). 그러나 주체에게 생존이 없이는 더 이상 어떤 일도 일어날 수 없다고 해도, 생존만으로는 충분하지 않다.[17] 브라이도티가 고통과 고충과 한계에 대해 생각할 때는, 지배나 통제의 형식을 취하지 않고 수동성을 극복할 어떤 행동주의에 참여하기 위해 이런 것들을 통해서 초월해나갈 방법을 발견하려는 쪽으로 움직인다. 이것은 아마 위험하지는 않다고 해도 어려울 수 있는 것 속에서 긍정과 변형의 가능성을 둘 다 찾으라는 특정한 주장을 통해 만들어진 어떤 미술의 형식이다. 즉 그것은 몸의 새로운 테크놀로지, 지구적 소통의 네트워크, 그리고 초국적 이민과 이동의 패턴인 것이다.

나는 강제 이주에 대한 질문에 다음과 같은 것이 꼭 포함되어야 한다

---

17) 생존과 긍정의 차이를 반복해 보여주는 것으로는 Primo Levi, *Moments of Reprieve*, New York: Penguin, 1995.

고 생각한다. 외국으로 이주해야만 하는 사람들은 어떤 형태의 상실을 겪는가? 더 이상 고향에 집이 없고 새로운 나라에도 아직 집이 없으면서 시민권이 중지된 영역에 살고 있는 사람들은 어떤 형태의 불일치를 경험하는가? 지속적인 식민화의 고통과 고충은 어떤 형태를 취하는가? 단언컨대 현재 이 순간 점령하에 놓인 팔레스타인 사람들의 경우와 같이 고국에서 다른 곳으로 쫓겨나야 한다는 것은 어떤 것인가?

내가 확신하는 것은 브라이도티가 이런 고통의 장면을 고통**으로** 처리하지 않고, 이런 파열과 유동성mobility의 자리를 방법론적으로 새로운 가능성이 나타날 조건으로 규명하려 한다는 점이다. 그런 의미에서 그녀의 비평적 독해 양식은 변형이 가능한 자리가 무엇인지 규명하고자 한다. 그러면서 달리 봤다면 덫이나 막다른 골목처럼 보일 수 있는 것을 터놓아 거기서 긍정을 위한 새로운 사회적 조건을 발견한다. 균열이 있는 상태, 혹은 위치가 바뀐 상태는 확실히 고통스러운 장이 될 수 있지만, 그것은 또한 행위 주체성의 새로운 가능성을 위한 자리가 될 수도 있다. 우리는 인간적 의사소통의 조건으로서 근접성과 사생활을 상실했다고 탄식할 수도 있지만, 전 지구적 네트워크에 의한 변형의 가능성과 전 지구적 연합의 가능성을 고려해볼 수도 있다.

내 생각에 이 책에는 무엇이 어떻게 변형되어야 하는지에 관한 세부 안건의 변형 프로그램이 그리 많지 않다. 그보다는 이 책의 독해 행위 속에, 또 이동 가능한 것과 생성적인 것에 대한 끈질긴 탐색을 통해 이 책은 변형 작업의 좋은 예를 보여준다. 브라이도티는 한편으로는 좌파의 비관적 예측에 저항한다. 좌파는 사회 과정이 이미 온갖 궂은 일들을 다 마쳤으며 우리는 그 과정이 예전에 이룬 효과에 따라 그 무기력한 결과물로서 살고 있다고 생각한다. 한편 브라이도티는 (보통 남근 로

고스 중심적 지배로 유형화된) 행위 주체성의 형식에도 반대한다. 그녀가 보기에 이 행위 주체성은 몸을 부정하거나 성차를 거부한 결과, 삶 자체가 어떻게 다원성의 작용을 요구하는지를 이해하는 데 실패한다.

물론 브라이도티의 입장과 내 입장 사이에는 합의를 보지 못한 문제가 몇 가지 있다. 나는 다른 책들처럼 이 책도 지금 진행 중인 비평적 대화의 일부로 수용되기를 바라는 마음에서 질문의 형태로 그런 문제들에 대해 정리해보겠다.


## 성차


브라이도티는 여성성 자체가 그 의미에 대해 경멸적으로 생각하는 것과 관련되기 때문에, 이론가들은 성차를 거부하곤 한다고 주장한다. 그녀는 여성성이라는 용어를 경멸적으로 사용하는 것은 싫어하지만 이 용어 자체가 다른 미래로 열릴 수는 있다고 생각한다. 아마 이것은 사실일 것이다. 그렇다고 해서 이런 틀에 반대하는 사람들이 여성성을 천시하고 격하시킨다고 말하거나 여성성은 오로지 가치가 저하된 의미만 가질 뿐이라고 생각하는 것은 정당한가? 따라서 이 틀에 동의하지 않는 사람은 여성성에 반대하거나 여성 혐오적이기까지 하다고 말하는 것은 정당한가? 미래의 상징계에서는 여성성이 여러 가능성을 가진 것이 될 것으로 보인다. 브라이도티의 주장대로 그런 상징계에서 여성성은 하나가 되라는 요구, 한 가지 규범에 순응하라는 요구에서 벗어날 것이며, 이를 위해 남근 로고스 중심주의가 고안해낸 규범에서도 여성성은 벗어날 것으로 보인다. 그러나 성차에 대해 생각하는 틀은 곧 나타날 이런 여성적 다원성에 대해 이분법적이어야 하는가? 왜 성차의 틀 자체는 이분법에서 다원성으로 이동할 수 없는 것인가?


## 부치 욕망

위 주장을 마무리하는 것으로서 다음에 대해 생각해보자. 여자를 사랑하는 여자가 있는데, 그녀는 '여성성'이라 부를 만한 것을 좋아하지만 여성 범주나 여성성의 배열permutation을 통해서는 자신들의 사랑을 이해할 방법을 찾을 수가 없다.[18] 부치의 욕망은 몇몇 사람이 말하듯 '여성의 욕망'의 일부로 경험될 수 있으나, 또한 일종의 남성성으로, 남성에게는 발견될 수 없는 남성성으로 경험될 수도 있고, 다시 말해 그것은 남성성으로 명명되고 해석될 수도 있다. 이런 욕망과 젠더의 문제에 다가가는 방법은 많다. 즉각 부치 공동체를 비난하고 그들/우리가 단순히 반여성적이라고 말하거나, 일차적 여성성을 부인한다고 말할 수도 있다. 하지만 그때는 (전부 다는 아니라고 해도) 상당수의 부치가 치명적일 정도는 아니라 해도 여성적인 것에 깊이 매료되어 있고 그런 의미에서 여성성을 좋아한다는 난감한 문제에 놓이게 될 것이다.

브라이도티의 틀을 확장해본다면 부치 욕망에 대한 이런 부정적 판단은 여성성이 너무 협소하게 남근 로고스 중심주의의 도구로 정의될 때 발생하는 일을 보여주는 모범적 사례라고 할 수 있겠다. 즉 가능한

---

18) Judith Halberstam, *Female Masculinities*, Durham, N.C.: Duke University Press, 1998 참고.

여성성의 전 범위를 여성성이라는 용어로 다 아우를 수 없으며, 부치의 욕망은 여성적 욕망의 다른 순열로 타당하게 설명되어야 한다고 말할 수 있겠다. 이 마지막 관점은 여성성에 대해 더 열린 설명을 추구하며, 그 설명은 남근 로고스 중심적 해석의 틀에 반대한다. 이 관점은 첫번째 입장을 발전시킨 것으로, 자기혐오와 여성 혐오의 심리적 기질은 눈앞의 욕망하는 주체 때문이라고 말한다. 그러나 부치의 욕망에서 작동하는 남성성이 있다면, 즉 부치가 남성적 욕망이 이해되는 이름이라면 남성성이 여성에게 나타나는 방식도, 여성성과 남성성이 다른 방식으로 성차화된 몸sexed body에 속하지 않는 방식도 있을 수 있다는 사실을 왜 외면하는 것인가? 성차의 언어가 성차를 충분히 나타내지 못하고, 또 어떤 면에서 몸이란 다원적 힘에 의해 구성되고 다원적 힘을 구성하는 것이라고 생각하는 데서 오는 성차의 경계 가장자리에 우리가 있으면 왜 안 되는 것인가? 만일 이런 특정한 욕망의 구성이 이분법의 틀을 넘어서거나 그 관점을 혼란스럽게 만든다면, 그것이 브라이도티는 다른 경우에 받아들였던 다원적 힘의 작용을 나타내는 사례가 안 될 까닭이 무엇인가?

## 들뢰즈

브라이도티는 내가 들뢰즈를 거부한다는 주장을 뒷받침하고자 1987년에 쓴 나의 책 『욕망의 주체Subjects of Desire』를 언급하고 있지만, 나를 들뢰즈 연구자라고 주장하는 사람들로부터 내가 매년 여러 편의 논평과 비평문을 받아본다는 사실도 알 필요가 있다. 그녀에게는 이것이 터

무니없는 생각일 수 있겠지만 내 연구의 핵심에 스피노자의 코나투스가 있다고 생각하는지 그녀에게 묻고 싶다. 브라이도티처럼 나도 제도권에서 벗어난 철학('소수자' 철학)에 찬성하며, 나 또한 새로운 것, 실패한 변증법에서 생기는 가능성, 변증법 자체를 초월할 가능성을 찾고 있다. 하지만 고백하자면 나는 뛰어난 유물론자는 아니다. 내가 몸에 관해 글을 쓰려고 할 때마다 그 글은 언어에 관한 것으로 끝나게 된다. 그건 내가 몸이 언어로 환원된다고 생각해서가 아니다. 그렇지는 않다. 언어는 일종의 분출을 이루면서 몸에서 나온다. 몸은 언어가 비틀대는 곳이고, 몸은 자신만의 기호, 자신만의 기표를 대개는 무의식적인 방식으로 전한다. 들뢰즈는 정신분석학에 반대했지만 브라이도티는 반대하지 않는다. 들뢰즈에게 정신분석학은 결핍의 문제를 중심에 두는 것으로 보이지만, 나는 부정성의 문제에 초점을 두는 경향이 있다. 내가 들뢰즈에 반대했던 이유 한 가지는 그의 저작에서 부정성의 기록을 찾지 못한 탓이고, 나는 혹시 그가 부정성을 막고자 엄청나게 방어하는 게 아닌지 염려되었다. 브라이도티는 들뢰즈를 정신분석학과 다시 새롭게 연결해서 들뢰즈가 새로이 해석되게 만든다. 그러나 브라이도티는 당연하게도 무의식을 주장하는 정신분석학과 무의식을 거부하는 들뢰즈를 어떻게 화해시킬 것인가?


## 발화, 몸, 수행성


내가 보기에 수행성은 화행speech act에 관한 것만은 아니다. 수행성은 몸의 행위에 관한 것이기도 하다. 둘의 관계는 복잡하며, 나는 이를 『의미를 체현하는 육체』에서 '교차 배열법chiasmus'[19]이라 불렀다. 완전히 다 재현될 수 없는 몸의 삶이 갖는 차원은 항상 존재한다. 그것이 언어의 조건이자 언어를 작동시키는 조건으로 작용할 때도 말이다.

일반적으로 나는 『말하는 몸의 스캔들』에 나타난 쇼샤나 펠먼의 관점을 따르고 있다. 그 책에서 펠먼은 라캉에 따라, 몸이 언어를 발생시키고 그 언어는 몸의 목적에 맞게 전달되며 몸의 행위를 수행한다고 주장한다. 특정한 의식적 목적을 달성하고자 언어를 사용하는 사람들에게 이런 몸의 행위가 늘 이해되는 건 아니지만 말이다. 나는 이것이 치료 상황뿐 아니라 그것이 발생시킨 언어의 이론화에 대한 전이의 중요성이라고 생각한다. 우리는 뭔가를 이야기하고, 우리가 한 말은 뭔가를 의미하지만, 또한 우리가 한 말로 뭔가를 행하기도 한다. 그리고 우리의 언어로 우리가 무엇을 했는지, 다른 사람에게 어떻게 행동했는지는 우리가 의식적으로 전달하는 의미와 꼭 같지는 않다. 몸의 의미화가 주체의 의도를 넘어선다는 것은 바로 그런 의미에서다.


## 이성애

내가 이성애에 반대한다고 말하는 것은 잘못일 것이다. 이성애가 전적으로 이성애자들에게만 속하지는 않는다고 생각하는 것뿐이다. 게다가 이성애적 실천은 이성애적 규범과 꼭 같지 않다. 이성애적 규범성은 걱정거리였다가 비판 대상이 되었다. 물론 이성애를 실천하는 사람들

---

19) (옮긴이) 어구나 아이디어의 순서를 뒤집어 반복하는 수사법.

은 이성애적 규범성에 대해 온갖 비판적이고 희극적인 관점을 갖고 있다. 내가 이성애적 우울증에 대해, 즉 젠더 규범의 강화로 이성애 속에 나타나는 동성애적 애착의 거부("나는 여자다. 고로 여자를 원하지 않는다")에 대해 설명하려 했을 때는 특정 형태의 사랑에 대한 금기가 어떻게 그 주체에 관한 존재론적 진리로 설정되는지를 보여주려 한 것이다. 즉 "나는 남자이다"에서 "이다"는 "나는 남자를 사랑해선 안 된다"라는 금기를 기호화하기 때문에, 이런 존재론에 관한 주장이 금기의 힘 자체를 전달한다. 그러나 이는 우울증의 조건에서만 일어나는 것일 뿐으로, 모든 이성애가 이런 식으로 구성된다는 의미도 아니고, 몇몇 동성애자들에게는 무의식적 거부 대신 동성애 문제에 관한 명백한 '무관심'이 나타날 수 없다는 의미도 아니다(이 관점은 이브 코소프스키 세지윅에게서 가져왔다). 무엇보다도 우선 동성애적 사랑이 있고 나서 그 사랑이 억압된 뒤, 그 결과 이성애가 나타난다는 발달 모델을 주장하거나 지지하는 것도 아니다. 그러나 이런 설명이 프로이트의 가정에서 온 것으로 보일 수 있다는 점은 정말 흥미로웠다.

　나는 브라이도티의 관점, 예컨대 아이는 엄마와 사랑에 빠져 있는데 엄마의 욕망은 다른 곳을 향해 있으며 이런 삼각 구도는 욕망하는 주체의 조건으로 이해된다는 관점을 전적으로 지지한다. 만일 이것이 그녀가 만든 오이디푸스화의 공식이라면 우리 누구도 오이디푸스화를 거부할 수 없을 것이다. 브라이도티는 결핍을 통해 오이디푸스화를 읽어내지 **않을** 것이고, 나는 강제적 이성애를 설명하면서 금기를 결합시키겠지만 말이다. 『성욕에 관한 세 편의 에세이』에서 프로이트가 질문했던 것처럼, 이성애가 어떻게 획득되는지를 질문하는 것은 오로지 아이의 이성애적 기질을 선천적인 것으로 보는 모델을 따를 때에만 타당하다.

다시 말해, 어떻게 동성애가 확립되는지에 대한 설명이 있어야 할 것이므로, 선험적 동성애라는 문제가 등장하는 것은 일차적 이성애라는 주제 안에서만 가능하다. 이런 발달 체계에 대해 내가 비판적 태도를 취한 것은 이성애 기질론이 어떻게 스스로를 무너뜨릴 만한 것을 가정해두고 있는지, 다시 말해 어떻게 자신이 등장한 역사, 이성애 이전의 성애의 역사를 가정해두고 있는지를 입증하기 위한 것이었다. 오이디푸스화라 불리는 삼각 구도가 있다면 그건 일단의 금기와 규제에 기초해야만 나타난다. 이 삼각 구도가 틀림없이 욕망의 조건이라는 건 인정하지만 그 수용에 문제를 겪는 것도 사실이다. 그 문제란 말할 것도 없이 삼각 구도가 작용하고 있다는 기호인데, 그것이 바로 정신분석학적으로 사유된 욕망에 문제를 가져오는 것이기 때문이다. 그러나 가장 내 흥미를 끄는 것은 오이디푸스화를 일차적이거나 보편화된 이성애라는 주제에서 탈구시키는 일이다.


## 미메시스


브라이도티는 런던의 현대미술연구소에서 '반어적 모방ironic mimesis은 비평이 아니다'라는 문구가 담긴 미술 작품을 발견했을 때 느낀 기쁨에 대해 말한다. 나는 그 말이 진실인지 의문스럽다. 뤼스 이리가레가 『다른 여성의 반사경The Speculum of the Other Woman』에서 했던 종류의 비평적 모방은 이런 관점에 포함되는가? 브라이도티는 자신에게서 이리가레를 떼어놓고 싶은 것일까? 이리가레는 철학의 그림자로서 철학의 언어에 들어가서 철학의 용어에 침투하고, 배제된 여성성에 대해 표명하며, 자기 토대 위에 있는 남성 철학의 권위를 의문시하는 글쓰기를 하고 있는데 말이다. 이런 종류의 모방이 왜 비평적이지 않다는 것인가? 권위 있는 관점은 받아들이고 강화하면서, 이런 종류의 모방은 오직 노예의 도덕으로 귀결될 뿐이라고 생각한다면 그것은 잘못이라고 본다. 이리가레는 권위 있는 관점을 가져다가 뭔가 다른 일을 해낸다. 그 관점을 뒤집어서 아무런 자리도 없던 여성에게 자리를 하나 끌어낸다. 여성은 배제를 드러내며, 그 배제로 인해 특정한 담론이 진행된다. 그리고 이런 부재의 자리도 동원될 수 있다는 것을 보여준다. 이렇게 나타난 목소리는 주인 담론을 '반향'시키지만, 그럼에도 불구하고 이 반향은 거기에 어떤 목소리가 있다는 것, 발화력이 완전히 소멸되지는 않았다는 것, 그 자체의 소멸이 일어나게 되어 있던 말을 되비쳐주고 있다는 사실을 밝혀준다. 뭔가 지속되면서 남아 있어서, 주인의 말은 다른 말처럼 들린다. 그 말이 어떤 사람에 의해 말해질 때, 그 말을 하는 가운데, 그 말을 읊조리면서, 자신의 극장을 소멸시키려는 효과를 약화시키고 있는 사람에 의해 말해질 때 말이다.


### 영국과 유럽의 분리


브라이도티는 유럽의 페미니즘 이론이 미국 페미니즘의 헤게모니에 지배당해왔다고 주장하는데, 내 생각에는 그녀가 백인 여성 이론을 말하고 있는 것 같다. 예를 몇 개 들자면 이주, 새로운 유럽 인종주의, 재생산 기술의 윤리학, 그리고 환경의 정치학을 포함한 핵심 문제에 개입하기 위해 그녀로서는 유럽 페미니즘을 변호하는 것이 중요하다. 미국의 페미니스트와 이론가 들이 자기를 자랑하는 투로 죄의식을 보이거나 겸손한 듯한 태도를 보이려는 연극적 노력을 하지 않으면서 보다 일반적으로 제1세계가 누리는 특권을 설명하기란 너무나 어렵다. 이론은 위치에서 발생하는데, 유럽에서는 위치 설정 자체가 위기에 놓여 있다. 누가 유럽연합에 속하고 누가 속하지 않는지에 대한 논쟁, (특히 벨기에, 프랑스, 네덜란드에서의) 이민법에 관한 규정들, 이슬람 공동체를 비롯해 아랍과 북아프리카 인구의 문화적 영향에 관한 논쟁에서는 유럽의 경계 자체가 바로 논쟁의 대상이기 때문이다. 나는 미국인이지만 유럽 철학을 공부했다. 겨우 수십 년 전만 해도 유럽계 유대인으로 간주되는 가족의 일원이었고, 내가 이해할 수 없는 몇 가지 언어와 악센트가 강한 영어를 쓰는 어르신들과 더불어 자랐다. 독일 관념주의를 공부하기 위해 독일에 갔을 때, 할머니는 내가 원래 속했던 곳으로 '돌아온' 것이라 생각하셨고, 그건 좋은 일이고 마땅한 일이라고 생각하셨다. 할머니의 형제들은 프라하에서 교육받으셨는데, 그곳에 독일계 유대인의 지적 전통이 있다는 것을 할머니는 알고 계셨다. 나는 아직도 너무 많은 일요일을 벤야민Walter Benjamin과 숄렘Gershom Scholem을 읽으며 보내고 있고 (데리다Jacques Derrida에게서도 찾아볼 수 있는) 이런 유산이 내게는 미국의 사회학이나 인류학보다 더 중요할 수도 있다. 나는 브라이도티가 영어로 말하는 것을 들으면서, (호주에서 여러 해 살기는 했어도) 그녀의 모국어가 이탈리아어라는 것을 알아차렸고, 또 그녀가 나보다 영어를 빠르게 구사한다는 것도 알게 되었다. 그 생각에 이르자 나보다는 그녀가 미국 페미니즘 공동체에 친구가 더 많으리라는 확신이 들었다.

나는 독일어를 그럭저럭 하는 편이고 대부분의 사람들이 생각하는 것보다 많은 시간을 하버마스계 학자들과 논쟁하며 보낸다. 우리는 대서양을 넘나들며 서로의 연구를 교류하며, 다시 말해 양쪽에서 경계를 넘나든다. 브라이도티는 이런 과정이 어떤 것인지, 우리가 사는 여러 지역이 어떻게 새로운 변화의 장을 생산하는지를 볼 수 있게 도와줬다. 그런데 이제 우리가 유럽과 미국의 양극적 구분으로 쉽사리 되돌아갈 수 있을까? 아프간 전쟁과 이라크 전쟁으로 많은 진보적 미국인들이 유럽 좌파를 갈망하게 되었다. 이런 순진한 형태의 갈망은 현재 유럽을 수렁에 빠뜨리고 있는 국가 통치권의 부활과 새로운 이민자들에 대한 제도적 인종주의의 팽배를 잊는 경향이 있지만 말이다. 그러나 분명, 페미니즘 안에서 미국의 상황이 패권을 장악한다는 것을 표시하기 위해서는 유럽적인 것과 미국적인 것의 구분은 필요하다. 그래도 지금 이 순간은 그런 그림에서 벗어난 페미니즘에 대해 생각하는 게 더 중요할 것이다. 그런 페미니즘은 하위주체subaltern의 현장에서, '개발도상' 국가들, 남반구, 아시아에서 나타나며, 미국과 유럽 안의 새로운 이민자 공동체에서 나타난다.

미국 페미니즘이 젠더에 몰두하고 있다는 신호를 보내고 있다면, '미국'은 사회학적인 것, 사회 구성론과 연합하는 것으로 보일 것이며, 차이를 주장하는 학설은 그 특징적 부분을 상실할 위험이 있다. 그러나 문화적 구성이 성차와 몸의 과정을 둘 다 지워버린다는 말은 사실일 수도 있고 아닐 수도 있기 때문에, 아마 가장 중요한 과제는 몸에 대한 논쟁을 통해 사유하는 일일 것이다. 만일 '충동drive'이 문화와 생물학의 수렴점이라면 그것은 몸의 이름으로 말하는 사람과 문화의 이름으로 말하는 사람 간의 생산적 교환의 가능성을 제시하는 것으로 보인다. 그리고 차이가 이성애적 규범성을 위한 기호가 아니라면, 분명 그것은 모든 일관된 정체성에 대한 가정을 혼란에 빠뜨리는 것으로 이해하게끔 표현되어야 한다. 새로운 젠더정치학이 이원적 형태론의 이상화에 반대한다면 그것은 성차의 우선성 자체를 반대하는 주장인가? (외과수술, 호르몬, 운동과 관련된) 몸에 관한 테크놀로지가 새로운 형태의 젠더를 생산한다면 그것은 더 완전하게 그 몸에 적응해 살기 위한 것인가, 아니면 어떤 위험한 소멸을 만드는 것인가? 우리가 광범위한 연합을 맺으며 이론적으로 또 정치적으로 연구할 수 있도록 이런 문제를 열어놓는 것은 매우 중요해 보인다. 우리가 그은 선은 서로의 경계를 넘어오라는 초청장이 되고, 모든 유목적 주체가 알고 있듯 그렇게 경계를 넘어가는 일이 우리의 정체성을 구성한다.

# 10장
# 사회 변화의 문제

페미니즘은 젠더 관계의 사회적 변화에 관한 것이다. 몇몇 사람들은 '젠더'라는 단어를 선호하지 않지만, 아마 이 점만큼은 모두 동의할 수 있을 것이다. 그런데 페미니즘과 사회 변화의 관계라는 문제는 어려운 영역에 대해 터놓고 논의하게 한다. 어떤 사람은 그 영역이 분명해야 한다고 생각하겠지만 뭔가가 그것을 모호하게 만든다. 이런 문제 앞에 놓인 우리들은 이미 우리가 전제하고 있는 것이 무엇인지를 밝히라는 요청을 받지만 그것이 당연하게 여겨지지는 않는다. 우리는 사회 변화를 다르게 생각할 수도 있다. 페미니즘으로 인해 세상이 변모할 것이고 변모해야 한다는 세계관을 가질 수도 있다. 어떤 사회 변화가 존재하고, 무엇이 변화의 실천이라는 자격을 얻는지에 관해서는 생각이 매우 다를 수도 있다. 그러나 어떻게 이론이 변화 과정에 관련되는지, 또 이론 자체가 그 효과의 하나로 변화를 수반하는 변형 작업이 아닌지는 알아야 할 것이다.

다음에서 나는 이론은 그 자체에 변형성이 있다고 주장할 것이며, 그 래서 그 말부터 미리 해두려 한다. 그러나 사회적·정치적 변화를 이루는 데 이론만으로는 충분치 않다고 생각한다는 점도 이해해야 할 것이다. 예를 들어 활동, 부단한 노동, 제도화된 실천을 포함해 사회적·정치적 층위의 개입처럼 이론이 아닌 무엇인가가 발생해야 하는데, 그게 꼭 이론의 실천과 같은 것은 아니다. 그러나 이 모든 실천에는 이론이 전제되어 있다는 점 또한 덧붙이고 싶다. 우리는 모두 바로 그런 사회 변화의 행위를 하고 있는 일반인 철학자들로서, 세상에 대한 비전을 옳은 것, 정당한 것, 혐오스러운 것, 인간적 행동이거나 행동일 수 있는 것, 또한 삶의 필요충분조건을 구성하는 것이 무엇인지에 관한 비전을 미리 전제하고 있다.

페미니즘 연구에 다양한 초점을 형성해주는 문제들은 많이 있지만, 나는 그중 어떤 것도 본질적이거나 결정적인 것이라 규명하고 싶지는 않다. 그러나 나는 삶에 관한 질문이 어떤 면에서는 많은 페미니즘 이론의 중심에 있다고 말하고자 하며 특히나 페미니즘 철학의 중심에 있다고 주장하고자 한다. 삶에 관해서는 다음과 같은 여러 가지 질문이 제기될 수 있다. 무엇이 좋은 삶인가? 어떻게 해서 좋은 삶은 여성의 삶이 포함되지 않는 것으로 개념화되었는가? 여성에게 좋은 삶은 무엇일까? 그러나 이런 질문 모두가 중요한 질문이기는 해도 여기에는 아마 이런 질문들에 앞서는 다른 질문이 있을 것이다. 그것은 생존 자체에 관한 질문이다. 어떤 페미니즘적 사유가 생존과 관련될 만한가를 생각해보면 일련의 다른 질문들도 제기된다. 누구의 삶이 삶으로 간주되는가? 누구의 특권이 살기 위한 것인가? 우리는 삶이 언제 시작되고 언제 끝나는지를 어떻게 결정하며, 삶에 대항하는 삶에 대해서 어떻게 생각하는가? 어떤 조건에서, 또 어떤 수단을 통해서 삶이 존재화되어야 하는가? 삶이 생겨날 때 그 삶을 돌보는 것은 누구인가? 누가 아이의 삶을 돌보는가? 삶이 저물 때 누가 그 삶을 돌보는가? 누가 어머니의 삶을 돌보며 그것은 궁극적으로 어떤 가치에 관한 것인가? 그리고 젠더, 일관된 젠더는 어느 정도로 삶을 살기 좋게 안정시키는가? 공인된 규범에 따라 젠더를 살지 않는 사람에게는 어떤 죽음의 위협이 전해지는가?

　페미니즘이 언제나 삶과 죽음의 문제를 생각해왔다는 말은 어느 정도는 또 어떤 면에서는 페미니즘이 항상 철학적이었다는 뜻이다. 우리가 어떻게 삶을 조직하는지, 어떻게 삶에 가치를 부여하는지, 어떻게 폭력에 맞서 삶을 지키는지, 어떻게 이 세상과 그 제도가 새로운 가치 안에 깃들게 만들 것인지를 페미니즘이 묻는다는 말은 페미니즘의 철학적 추구가 어떤 의미에서는 사회 변화의 목적과 일치한다는 뜻이다.

　젠더 간의 이상적 관계가 어떤 것이어야 하는지, 규범과 경험으로서의 젠더는 어떤 자질에 입각하며 어떤 것이어야 하는지, 그리고 평등과 정의는 무엇과 같은지에 관한 내 생각을 잘 정리해 제시할 수 있다면 이 문제는 한결 수월할 것이다. 그렇게 되면 여러분은 내 생각을 이끄는 규범에 대해 알게 될 것이고 내가 스스로 정한 목적을 달성했는지도 판단할 수 있을 것이다. 그러나 나로서는 이 문제들이 쉽지 않다. 내가 겪는 어려움은 고집 때문도 아니고 의지가 흐려져서 생기는 것도 아닐 것이다. 그것은 단순히 이중적 진리doubled truth에서 나온다. 우리는 살기 위해, 잘 살기 위해, 또 우리가 사는 사회 세계를 어떤 방향으로 변화시킬지 알기 위해 규범이 필요하지만, 때로는 규범이 우리에게 폭력을 가하기도 하고, 또 사회정의를 위해 규범에 맞서 싸우면서 규범의 규제를 받는다는 이중적 진리 말이다. 아마 여기에는 혼란이 있을 것이다. 많은

324

사람들이 폭력에 반대하는 것은 **규범의 이름으로**, 즉 비폭력의 규범, 존중의 규범, 삶 자체에 대한 존중을 지배하거나 강제하는 규범의 이름으로 일어나야 한다고 말할 것이기 때문이다. 그러나 규범성이 이렇게 이중적 의미를 가진다는 점에 대해 숙고해보자. 규범은 한편으로는 우리를 인도하는 목적과 열망을, 우리가 서로에게 행하거나 말하게 되어 있는 수칙을, 또 우리가 지향하게 되어 있고 우리 행동에 방향성을 주는 일상적 전제를 지칭한다. 다른 한편 규범성은 규범화 과정을, 특정한 규범과 사상과 이상이 체현된 삶에 영향력을 행사하고, 정상적 '남자'와 '여자'라는 강제적 기준을 제공하는 방식을 지칭하기도 한다. 그리고 이런 두번째 의미에서의 규범이 '인식 가능한 삶,' '진짜' 남자와 '진짜' 여자를 지배하는 것임을 우리는 알게 된다. 우리가 이런 규범에 저항한다면 우리가 아직 살아 있는지, 살아 있어야 하는지, 우리 삶이 가치 있는지, 아니면 가치 있게 만들어질 수 있는지, 우리의 젠더가 진짜인지, 그렇게 간주될 수는 있는지가 온통 다 불확실해진다.

훌륭한 계몽주의 사상가는 간단히 고개를 가로저으면서, 만약 누군가 규범화에 반대한다면 그런 반대는 다른 규범의 이름으로 이루어진다고 말할 것이다. 그러나 그런 비판자는 규범화와 규범성의 관계가 무엇인지에 대해서도 숙고해야 할 것이다. 우리를 인간으로 결속시키는 것이 무엇인지, 또 공통의 유대를 찾으려는 노력 속에 우리가 어떤 형태의 말과 생각을 추구하는지에 관해 말할 때, 우리는 불가피하게 사회적으로 제도화된 관계에 기대고 있다. 사회적으로 제도화된 관계는 오랜 시간 동안 형성되어온 것이고, 이런 규범에 맞지 않는 삶을 배제하는 것만으로도 우리에게 '공통된' 의미를 주는 것이다. 그런 의미에서 우리는 '규범'이 우리를 결속시킨다고 보지만, 또한 '규범'은 배제의 전략을 통해서만 통일성을 만든다고 볼 수도 있다. 이런 문제를 통해, 이런 규범의 이중성을 통해 생각해보는 것이 우리에게 반드시 필요할 것이다. 그러나 이 글에서 나는 우선 젠더를 지배하는 규범의 종류에 대해 질문하는 것으로 시작해서, 특히 어떻게 규범이 삶을 제약하기도 하고 삶을 가능하게도 하는지, 어떻게 규범이 살 만한 삶이 될 것과 되지 않을 것을 미리 정해두는지를 묻고자 한다.

내가 최초로 젠더 이론을 제시했던 책, 『젠더 트러블』을 검토하면서 첫번째 과제를 계속해보려 한다. 폭력의 문제라는 관점에서, 또한 젠더 폭력의 장면이 사회적 생존이 가능한 미래로 변형될 수 있는가 하는 관점에서 이 젠더 이론에 대해 명확히 검토해보고 싶다. 두번째로, 어째서 우리는 규범 없이는 살 수 없는지, 그리고 어떻게 해서 규범의 형태를 주어진 것이나 고정된 것으로 가정할 필요가 없는지를 보여주면서 규범의 이중적 본질에 대해 생각해보고 싶다. 정말로 우리가 규범 없이는 살 수 없다고 해도, 규범을 지금 모습 그대로 받아들일 수도 없다는 것을 보게 될 것이다. 무엇이 페미니즘 이론의 정치적 과제라고 생각하는지를 밝히기 위해 나는 이런 역설을 추구하려 하고 그게 내 주장의 목적이다.


## 『젠더 트러블』과 생존의 문제

『젠더 트러블』을 쓸 당시 난 지금보다 몇 살 더 젊었고, 학계에서 안정된 위치에 있지도 못했다. 나는 친구 몇 명을 위해 이 책을 쓰면서 어쩌면 100~200명은 읽을 수도 있겠다고 생각했다. 그 당시 내 목표는 두 가지였다. 첫째는 페미니즘 이론 안에 만연한 이성애주의라고 생각되는 것을 폭로하는 것이었고, 둘째는 젠더 규범과 어느 정도 거리를 두고 사는 사람들, 즉 젠더 규범의 혼란 속에서 사는 사람들이 스스로 살 만한 삶을 살고 있을 뿐만 아니라 특정한 종류의 인정을 받을 자격도 있다고 스스로 생각할 만한 어떤 세계에 대해 상상해보는 것이었다. 하지만 좀더 솔직히 말하겠다. 난 젠더 트러블에 관한 어떤 것이 이해받기를 바랐고, 인본주의적 이상에 따라 그것에 존엄성이 부여되기를 바랐다. 또한 페미니즘과 사회 이론이 젠더를 사유하는 방식에 그것이 — 근본적으로 — 문제를 일으키기를 바랐다. 동시에 그게 흥미롭다는 걸 알기를 바랐고 젠더 트러블이 있는 욕망, 젠더 트러블이 끌어내는 욕망, 젠더 트러블이 전달하는 욕망에 관한 어떤 중요한 부분이 이해되기를 바랐다.

그래서 이 두 가지에 대해 다시 한 번 생각해보려 한다. 둘 다 내 마음속에서 변화했고, 그 결과 변화라는 문제에 관해 다시 한 번 생각하게 되었기 때문이다.

첫번째 예는 페미니즘 이론이다. 나는 이성애주의가 무엇이라고 생각했고, 지금은 어떻게 생각하고 있는가? 당시 나는 성차 이론이 이성애 이론이라고 이해했다. 모니크 위티그Monique Wittig는 예외였으나, 프랑스 페미니즘이 문화적 인식 가능성을 남성적인 것과 여성적인 것의 근본적 차이를 가정하고 있을 뿐만 아니라 그런 차이를 재생산하기까지 한다고 나는 생각했다. 그 이론은 레비-스트로스, 라캉, 소쉬르로부터 나왔는데, 여기에는 누구나 찾아낼 수 있을 만한 이런 대가들과 단절을 일으키는 부분도 많이 있었다. 결국 라캉이 기호계의 공간을 두지 않았다고 말하면서, 기호계 영역은 상징계로 대체되지만 상징계를 허물 방편이기도 하다고 주장한 사람은 다름 아닌 줄리아 크리스테바Julia Kristeva였다. 또한 예컨대 레비-스트로스가 『친족의 기본 구조』의 결론에서는 상상할 수 없는 방식으로, 여성적 글쓰기란 기호가 이동하게 만드는 방식이라고 파악한 사람은 식수Hélène Cixous였다. 상품이 함께 모인다고 생각했고, 심지어 암묵적으로는 특정 종류의 여성 간 동성-성애적 사랑을 이론화한 사람은 이리가레였다. 동일자와 타자의 차이를 말할 수 없을 만큼 두 입술이 함께 얽힐 때 (또한 차이에 대해 말할 수 없다는 것이 '동일자가 되는 것'과는 꼭 같지는 않은 곳에서) 말이다. 언어가 성차를 통해 존재화된다고 주장하기 위해 이런 프랑스 페미니스트들이 언어와 문화에 근본적인 것으로 간주되던 영역 안으로 들어왔다는 것을 아는 것이 당시의 '최고High'로 여겨졌다. 그에 따라 말하는 주체는 성의 이원성과 관련해서 등장하는 것이 되고, 레비-스트로스가 개요한 것처럼 그 문화는 여성 교환을 통해서 정의되었으며, 또 남녀의 차이는 기본적 교환 층위, 소통 가능성 자체를 형성하는 교환의 층위에서 제도화되었다.

이런 이론 속에서 연구하려 했고 아직도 연구하고 있는 사람들이 이 이론에 대해 느낀 흥분을 이해하려면 페미니즘 연구가 이런저런 학과목이나 삶의 국면에서의 여성 '이미지'를 분석하던 것에서 문화적이고 인간적인 소통성의 근본에 있는 성차에 대한 분석으로 변모했을 때 일어난 획기적인 변화를 이해해야 한다. 갑자기 우리는 근본적인 것이 되었다. 갑자기 인문학은 우리 없이는 전진할 수 없었다.

우리는 근본적이기도 했지만 그 근본을 변화시키고도 있었다. 새로운 글쓰기가 나타났고, 새로운 형식의 소통성이 있었고, 가부장적 상징이 완전히 규제했던 소통성에 도전하는 일도 일어났다. 또한 연합과 문화적 생산의 시적 양식, 새로운 유행이자 함께 모여야 할 선물로 여성을 보는 새로운 방식들이 있었다. 말하자면 우리 앞에는 가부장제 이론의 외형적 틀이 있었고, 우리는 가부장제 이론의 관점이 아닌 새로운 형태의 친밀성, 연합성, 소통성을 생산하기 위해 그 틀에 개입하기도 했고, 또한 가부장제의 필연성과 총체화에 대한 주장에 저항하고 있기도 했다.

그래서 그것이 멋지게 들리기도 했지만, 우리 중 많은 이들에게 문제를 좀 일으킨 것도 사실이다. 처음에는 가부장적 양식이든 페미니즘적 양식이든 둘 다 문화 모델은 성차의 항구성을 전제하는 것으로 보였고, 우리 중에는 자신의 젠더 트러블이 성차 자체에 대한 저항이 되는 사람도 있었다. 자신이 여자인지 아닌지를 질문하는 사람도 많았는데, 몇몇은 여성 범주에 포함되기 위해서 질문했고, 또 다른 사람은 그런 범주에 들어가는 것을 대신할 대안이 있는지 알기 위해서 질문했다. 데니즈 라일리Denise Riley는 『나는 내 이름인가?*Am I That Name?*』에서 자신이 여성의 범주로 완전히 다 설명되는 것은 원치 않는다고 썼지만, 체리 모라가Cherríe Moraga 및 다른 이들은 부치-펨의 범주를 이론화하기 시작했다. 부치-펨 범주는 부치에게 해당되는 남성성의 종류가 이미 작동 중인 성차에 의해 항상 결정되어 있는 것인지, 아니면 성차에 의문을 제기하고 있는지를 질문했다.[1]

펨도 중요한 문제를 제기했다. 펨은 문화 속에서 이미 작동 중인 남성성과 관련해서 정의되는 여성성, 즉 변할 수 없는 규범적 구조의 일부인가, 아니면 그런 규범적 구조에 대한 도전, 즉 가장 소중히 간직해온 관

---

[1] Hollibaugh Moraga, "What We're Rolling Around in Bed With," Carole S. Vance(ed.), *Pleasure and Danger: Exploring Female Sexuality*, Boston: Routledge & Kegan Paul, 1984 참고.

점의 내부로부터 제기된 도전인가? 부치나 펨 같은 용어가 단순히 이성애적 남성성과 이성애적 여성성의 모방본으로 나타나는 것이 아니라, 그 남성성과 여성성에 전제된 의미의 비필연적 위상을 폭로하는 박탈로 나타날 때는 무슨 일이 벌어지는가? 사실, 『젠더 트러블』에서 주장한 것 중 폭넓게 인용되는 대목은 이런 것이다. 부치와 펨 같은 범주는 보다 기원적인 이성애의 모방본이 아니라 소위 기원이라는 것, 즉 이성애적 틀 안의 남녀가 어떻게 비슷하게 구성되고 수행적으로 성립되는지를 보여준다. 그러니 표면적인 모방은 어떤 기원을 지칭함으로써 설명되는 것이 아니라, 기원 역시 모방만큼이나 수행적인 것으로 이해된다. 수행성을 통해, 지배적인 젠더 규범과 비지배적인 젠더 규범이 동등해지는 것이다. 그러나 이런 수행성의 성과 중 일부는 자신이 자연의 위치나 상징적 필연성의 위치에 있다고 주장한다. 그리고 이런 주장을 할 수 있는 것은 그런 성과들이 수행적으로 성립되는 방식을 차단함으로써만 가능하다.

나는 곧 수행성 이론으로 되돌아가기는 하겠지만, 지금은 본격적인 구조주의 페미니즘 이론과 후기구조주의적 젠더 트러블 사이의 이런 특수한 균열에 대한 나의 설명이 어떻게 수정되었는지를 설명해보겠다.

우선 ('젠더 트러블'은 퀴어 이론의 한 순간에 불과하므로 둘이 꼭 같은 것은 아니지만) 성차에서 젠더 트러블로, 아니 실은 성차에서 퀴어 이론으로의 전환을 말하는 내 설명에서는 언어와 문화 속에 등장하는 조건이 되는 어떤 범주로서의 성차와, 규범으로 형상화되는 사회학적 개념으로서의 젠더 사이에 차이가 있다. 성차가 남녀의 범주와 꼭 같은 것은 아니다. 남자와 여자는 사회적 규범으로 존재한다고 말할 수 있다. 그리고 남자와 여자는 성차에 대한 관점에 따라, 그 안에서 성차가 미리 전제된 내용을 갖는 방식이다. 예를 들어 많은 라캉주의자들은 성차에는 오로지 형식적 특징만 있으며, 젠더가 성차 개념에서 가져올 만한 사회적 역할이나 의미에 관한 것은 없다고 주장하며 나와 논쟁을 벌였다. 그들 중 일부는 성차를 구조적 의미론의 가능성과 결합시키지만, 여기에 타당하거나 꼭 필요한 의미론적 내용은 없으며 사실상 모든 가능한 의미론적 의미와 관련된 성차는 완전히 제거해버린다. 사실 그들은 성차가 어떻게 특정한 문화적·사회적 사례에서 구체화될 뿐 아니라 어떻게 그 사례로 환원되는지를 이해할 때 비평의 가능성이 나타난다고 주장하기도 한다. 그것이 근본적인 실수를 만들며, 그 구분 자체가 근본적으로 열릴 가능성은 배제할 방편이 되기 때문이다.

이것은 내 연구에 응답해오는 한 가지 방식이며 이런 방식은 조앤 콥젝Joan Copjec, 찰스 세퍼드슨Charles Shepherdson, 슬라보예 지젝Slavoj Žižek 등의 형식주의 라캉주의자들에게서 나타난다. 그러나 내가 제시한 궤도에 대해 암묵적으로나 명시적으로 문제를 제기하는 더 강력한 페미니즘 논쟁도 있다. 아마 가장 활기차고 설득력 있게 표명한 것은 로지 브라이도티일 텐데, 그녀의 최근 저작에 대해서는 이 책의 앞 장 「성차의 끝?」의 일부에서 숙고해보았다.[2] 나는 그 주장을 다음과 같은 것이라고 생각한다. 즉 우리는 성차의 틀을 계속 유지해야 하는데, 이유는 성차가 가부장적 지배에서 계속되는 문화적이고 정치적인 현실을 전면화해주기 때문이며, 어떤 종류의 젠더 치환permutations이 발생하더라도 그것이 발생하는 틀에 대해서는 충분히 문제를 제기할 수 없다는 사실

---

2) 필자가 로지 브라이도티와 나눈 인터뷰 참고. Rosi Braidotti & Judith Butler, "Feminism By Any Other Name," *differences*, Special issue on "More Gender Trouble: Feminism Meets Queer Theory," Winter 1995.

을 환기해주기 때문이다. 그 틀은 개입하기가 더욱 힘든 어떤 상징적 층위에서 지속되는 까닭이다. 캐럴 앤 타일러Carol Anne Tyler 같은 비평가들은 예를 들어 여자가 비관습적transgressive 젠더 규범에 들어가는 것은 남자의 경우와는 언제나 다를 것이라고 주장했다. 그리고 『젠더 트러블』은 이처럼 매우 다르게 나타나는 사회 속 권력의 위치를 충분히 구분하지 않는다고 주장했다.

다른 사람들은 이 문제가 정신분석학과 관련이 있으며, 오이디푸스화의 장소 및 의미와 관련이 있다고 주장한다. 아이는 삼각관계를 통해 욕망에 진입하는데, 부모 역할을 하는 이성애적 커플이 있든 없든 아이는 여전히 아버지와 어머니의 위치를 출발점으로 삼을 것이다. 이런 이성애적 양자 관계는 아이에게 상징적 의미를 가질 것이고 욕망이 형상을 갖추는 구조가 될 것이다.

여기에는 어떤 면에서 함께 생각해볼 만한 중요한 대안들이 있다. 이 대안들이 서로 화해할 수 있다거나 화해해야 한다고 주장하려는 게 아니다. 이런 대안들은 어쩌면 서로 필연적 긴장 상태에 있을 것이고, 이런 필연적 긴장이 이제 페미니즘과 퀴어 이론 사이에 논쟁적 대화를 꼭 필요하게 만들어서 페미니즘과 퀴어 이론의 장을 구성하게 될 수도 있다. 양성 간의 구분이 반드시 필요하다는 생물학적 근거를 주장하는 성차 이론가(독일 페미니스트 바르바라 두덴이 그런 경향이 있다[3])와, 성차는 언어와 문화가 등장하는 근본적 연결점이라고 주장하는 이론가(구조주의자 및 젠더 트러블이 없는 후기구조주의자들이 그런 경향이 있다)를

---

3) Barbara Duden, *The Woman Beneath the Skin: A Doctor's Patients in Eighteenth-Century Germany*, Thomas Dunlap(trans.), Cambridge, MA: Harvard University Press, 1991 참고.

구분하는 게 중요하다. 그러나 구분할 것이 하나 더 있다. 구조주의 패러다임만이 유용하다고 생각하는 이론가들이 있는데, 구조주의 패러다임은 언어와 사회 속에서 나타나는 남녀 사이의 지속적인 권력 격차를 보여주며, 우리가 사는 상징질서를 수립하는 데 있어 그것이 얼마나 깊이 작용하는지를 이해할 방편을 제시해주기 때문이다. 나는 후자 중에서도 상징질서가 필연적인 것이라서 가부장제를 필연적인 문화 구조라고 생각하는 사람과, 성차는 필연적이고 근본적인 것이지만 그 형식이 가부장적이라고 보는 것은 논쟁의 여지가 있다고 생각하는 사람 사이에는 여전히 차이가 있다고 생각한다. 로지 브라이도티는 후자에 속한다. 그러니 내가 왜 브라이도티와 그토록 유용한 대화를 나눴는지 알 수 있을 것이다.

　문제는 성차가 반드시 이성애적인지를 알고자 할 때 제기된다. 성차는 이성애적인가? 이 문제는 다시 한 번 어떤 해석을 받아들이고 있느냐에 달려 있다. 오이디푸스화가 부모의 조합이 어떠하든 간에 그것을 초월하는 이성애적 부모의 역할이나 이성애적 상징계를 전제로 한다고 주장한다면 ― 그런 작용을 하는 게 있다면 ― 이 문제는 거의 끝난 거라고 봐야 한다. 오이디푸스화가 이성애적 욕망을 생산하고 그런 성차가 오이디푸스화의 작용이라고 생각한다면, 이 문제는 또한 끝난 것으로 보인다. 이 문제로 현재 곤란을 겪고 있는 줄리엣 미첼 같은 사람들도 있는데, 그녀는 『정신분석과 페미니즘*Psychoanalysis and Feminism*』에서 가부장적 상징질서는 가변적 질서의 집합이 아니라 "원시적인 법 primordial law"(p. 370)이라고 선언했다.

　남자와 여자로 이해되는 젠더의 사회학적 개념이 성차로 환원될 수 없다는 취지는 이해한다. 그러나 성차가 어떤 상징질서로 작동한다고 이해하는 것에 대해서는 아직 대단히 걱정스럽다. 이런 질서가 사회적이기보다 상징적이라는 말은 무슨 뜻인가?[4] 성차가 상징적 층위에서 편성되고 규제된다고 받아들인다면, 사회 변화에 대해 생각하는 페미니즘 이론의 과제에는 어떤 일이 일어나는가? 성차가 상징적인 것이라면 그것은 변할 수 있는 것인가? 내가 이 질문을 라캉주의자들에게 하면, 그들은 보통 상징계 안의 변화는 길고 긴 시간이 걸린다고 답한다. 얼마나 기다려야 할지 궁금하다. 이들이 로마 담론이라 불리는 것 속에 있는 몇 가지 길을 보여준다면, 이런 길이 정말 모든 것은 결국 변하리라는 희망을 안고 우리가 매달려야 하는 길인지도 의문이다. 게다가 나는 상징적 층위의 성차에 정말 의미론적 내용이 없는지 묻지 않을 수 없다. 정말 그럴 수 있는가? 만일 우리가 정말 성차의 사회적 의미를 추상화해서 그것을 상징적인 것으로, 그에 따라 사회 이전의presocial 구조로 승격시킨 것뿐이라면 어쩔 것인가? 그게 성차가 사회적 논쟁 너머에 있음을 확인하는 방식인가?

이 모든 걸 다 알고도 내가 왜 성차에 이의를 제기하고자 하는지 궁금한 사람도 있을 것이다. 그러나 내 초기 젠더 이론에서 변치 않는 전제는 젠더가 동일시 행위나 수행적 행위를 통해 복합적으로 생산된다는 것이며, 그런 젠더는 가끔 우리가 그럴 것이라 믿는 것처럼 그리 분명하지도 단일하지도 않다는 것이었다. 나는 젠더가 진리라고 주장하는 본질주의 형식에 저항하려고 노력했다. 본질주의 형식은 젠더란 핵심이나 내적 본질로서 부인할 수 없는 어떤 것, 자연스럽든 그렇지 않든

---

4) 이 문제에 대해서는 『안티고네의 주장: 삶과 죽음 사이의 친족』에서 더 긴 지면을 두고 논의했다.

타고난 것으로 간주되는 어떤 것으로서 어쨌든 몸의 내부에 있는 진리라고 주장한다. 성차 이론은 자연스러운 본질주의가 하는 주장은 전혀 하지 않는다. 성차에 대한 최소한 한 가지 해석은, 정체성의 범주가 단일해질 가능성을 미리 차단하는 것이 바로 모든 정체성 안의 '차이'라고 주장했다. 이런 점에서 볼 때 『젠더 트러블』은 최소한 두 가지 종류의 다른 도전을 마주해야 했다. 이제 나는 이런 문제들과 분리되어야 한다는 것을 알고 있으며, 내 후속 작업에서는 그게 시작되었기를 바란다. 그런데도 난 여전히 우리가 논의하는 틀에 대해 걱정하고 있다. 이런 틀은 가부장적 지배를 잘 설명하고 있을 뿐 아니라, 그 지배를 필연적이거나 우선적인 것으로, 사실상 다른 권력 작용보다 더 우선적인 것으로 이해하도록 만들 것이기 때문이다. 상징계는 사회적 개입을 할 만한 자격이 있는가? 성차는 정말 그것이 제도화된 형식, 즉 이성애라는 지배 형식과는 다른 것으로 남는가?

  내가 상상한 것은 무엇이었던가? 그리고 사회 변화와 정치성의 문제는 그동안 어떻게 변했는가?

  『젠더 트러블』은 드랙에 관한 논의로 끝나며, 사실상 마지막 장의 제목이 「패러디에서 정치성으로」이다. 많은 비평가들이 이러한 변화, 즉 패러디에서 정치성으로 어떻게 변화할 것인가라는 질문을 해결하기 위해 이 장을 꼼꼼히 읽었다. 이 책이 정치성을 약화시키고 그것을 패러디로 환원시킨다고 생각하는 사람도 있다. 몇몇은 드랙이 저항의 모델이나 더 일반적으로는 정치적 개입과 참여의 모델이 된다고 주장한다. 그러니 이 논쟁 많은 결론 부분, 어쩌면 내가 너무 빨리 써낸 책, 그 당시에는 그 미래를 예측하지 못했던 책에 대해 다시 생각해보자.

  왜 드랙일까? 글쎄, 거기에는 자전적인 이유도 있다. 미국에서 어린 시절의 나를 설명할 수 있는 유일한 방법은 낮에는 헤겔을 읽고 밤에는 게이 바에서, 종종 드랙 바가 되기도 하는 곳에서 시간을 보내는 바 다이크bar dyke[5]로 그려내는 것이었음을 알아두는 편이 좋겠다. 또한 나에게는 말하자면 그런 삶을 살아가던 친척이 몇 있었고 이런 '남자들'과 중요한 동일시를 겪었다. 그래서 나는 사회적이고 정치적인 투쟁의 한가운데서 문화적 순간을 겪으며 거기 있었다. 하지만 그 순간에 어떤 암묵적인 젠더의 이론화도 경험했다. 즉 소위 이런 남자들 중 몇몇은 내가 행할 수 있고 행하고 싶고 행하려는 것보다 여성성을 훨씬 더 잘 행동으로 나타낼 수 있다는 것을 빨리 깨닫게 된 것이다. 난 그렇게 속성의 변이 가능성이라 불릴 수밖에 없는 것을 마주하게 되었다. 어쨌거나 나와는 결코 맞지 않는다고 생각했던 여성성은 분명 어딘가 다른 데 속해 있었고, 나는 여성성을 구현했거나 구현하려는 존재가 되기보다는 여성성을 바라보는 관객이 되는 것이 언제나 훨씬 더 즐거웠다(그렇다고 어떤 졸렬한 비평가가 말했거나 암시했던 것처럼 결국 내가 내 몸에서 분리되었다는 뜻은 아니다). 정말로 우리가 성차의 틀을 따르든 젠더 트러블의 틀을 따르든, 난 우리 모두가 어떤 이상에 헌신하기를, 그 누구도 억지로 하나의 젠더 규범을 차지할 필요가 없는 이상을 이루는 데 우리 모두가 전념하기를 바란다. 경험으로 보건대 그런 젠더 규범은 살아낼 수 없는 폭력으로 경험된다. 그것이 처음에 부득이 선택이 안 되었다고 해서, 어딘가 다른 데서 도입된 사회적 범주가 항상 '폭력'인지에 관해서는 이론적으로 논쟁이 있을 수 있다. 그렇다고 합법적 폭력과 파괴적 폭력을 구분할 능력을 잃었다는 뜻은 아니다. 젠더 규범이 폭력으로

---

5) (옮긴이) 술집에서 주로 시간을 보내는 (남성적) 레즈비언.

작동할 때, 그것은 직업과 집을 잃거나 욕망과 삶의 미래를 잃는 대가를 치르겠다고 동의해야만 거부할 수 있는 호명으로 작용한다. 아직도 투옥과 구속이라는 결과를 가져올 수 있는 일단의 형사상 법규와 정신의학 법규가 존재한다. 젠더 위화감gender dysphoria은 여전히 많은 국가에서 고용을 거부하거나 자녀를 빼앗아가는 데 이용될 수 있다. 이처럼 결과는 심각할 수 있다. 그런 것들이 의미 있는 순간을 만든다 하더라도 이를 단순히 놀이나 재미라고 불러서는 결코 안 될 것이다. 나는 젠더가 때때로 놀이, 쾌락, 재미, 환상이 되지 않는다고 말하려는 것이 아니다. 젠더는 분명 그런 것이다. 나는 단지 누군가 추구하는 쾌락 때문에, 누군가 구현하는 환상 때문에, 또 누군가 수행하는 젠더 때문에 심각한 권리 박탈과 신체적 폭력의 위험을 무릅쓰는 세계에 우리가 계속해서 살고 있다고 말하려는 것뿐이다.

그렇다면 이어서 생각해볼 주제를 몇 가지 제시하겠다.

(A) 문화적 환상의 층위에서 작동하는 것은 결국 물질적인 삶이 조직되는 방식과 분리될 수 없다.

(B) 어떤 젠더 수행은 사실로 간주되고 다른 것은 거짓으로 간주된다면, 혹은 어떤 젠더 표명은 진짜로 간주되고 다른 것은 가짜로 간주된다면, 우리는 특정한 젠더 존재론이 이런 판단을 좌우하고 있다고 결론 내릴 수 있다. 그런 판단이 흔들리거나 불가능하도록 젠더를 수행함으로써 그 존재론(젠더란 무엇**인가**에 관한 설명) 또한 위기에 빠진다.

(C) 여기서 강조할 요점은 드랙이 젠더 규범을 전복한다는 것이 아니라, 우리가 거의 은연중에 이미 수용된 실재 개념, 존재론에 관

한 암묵적 설명과 더불어 살고 있다는 것이다. 이 존재론은 어떤 종류의 몸과 섹슈얼리티가 실제이자 진실로 간주되고, 어떤 종류는 그렇게 간주되지 않을지를 결정한다.

(D) 이처럼 개인의 몸으로 체현된 삶의 존재론적 전제가 갖는 변별적 효과는 중요한 영향을 미친다. 그리고 드랙이 알려줄 수 있는 것은 (1) 이런 일단의 존재론적 전제가 작동 중이며 (2) 그것은 재표명에 열려 있다는 사실이다.

누가 또 무엇이 실제이자 진실로 간주되는지의 문제는 분명 지식의 문제이다. 그러나 푸코가 밝히듯, 그것은 또한 권력의 문제이기도 하다. '진리'와 '실재'를 갖고 있거나 보유한다는 것은 사회 세계에서 대단히 강력한 특권이자, 권력이 마치 자신은 존재론이 아닌 것처럼 위장하는 방편이다. 푸코에 따르면, 비평의 첫번째 과제 중 하나는 "강압 기제와 지식 요소 사이의"[6] 관계를 구분하는 것이다. 여기서 우리는 인지 가능한 것의 경계, 특정한 힘을 행사하지만 필연성에 기초하지 않는 경계, 또한 누군가에게는 안정적이고 유용한 존재론을 위험에 빠뜨려야 심문할 수 있는 경계를 마주하게 된다. "한편으로 그것이 〔……〕 예컨대 해당 시기에 주어진 과학 담론의 유형에 특징적인 일단의 규칙과 규제를 따르지 않는다거나, 다른 한편으로 그것이 강제 효과가 없거나 아니면 과학적으로 타당한 것, 그냥 합리적인 것, 혹은 그저 일반적으로 수용된 것이 특별하게 누리는 우대 조치가 없다면 그 어떤 것도 지식의 요소로서 존재할 수 없다"(p. 52).

---

6) Michel Foucault, "What is Critique?," p. 50.

지식과 권력은 결국 분리될 수 있는 것이 아니라, 둘은 함께 세계에 대한 사유를 하기 위한 미묘하고 분명한 일단의 기준을 설정하는 일을 한다. "따라서 그것은 지식이 무엇이고 권력이 무엇인가의 문제도 아니고, 어떤 사람이 타인을 어떻게 억압할 것인가 또는 타인이 그 사람을 어떻게 매도할 것인가 하는 문제도 아니다. 그보다는 한 체제의 수용 가능성을 구성하는 게 무엇인지를 파악하기 위해 지식-권력의 접점이 설명되어야 한다"(pp. 52~53).

이런 지식과 권력의 관계를 젠더와 관련해 생각해본다면, 어째서 젠더의 구성이 세계가 조직화되는 방식에 관한 전제로 작용하게 된 것인지 묻지 않을 수 없다. 젠더에 대한 단순한 인식론적 접근은 없으며, 여성이 앎knowing에 이르는 방법이 무엇인지 또는 여성을 안다는 것이 무슨 의미일지를 묻는 단순한 방법도 없다. 반대로, 여성이 '안다'거나 '알려진다'고 말해지는 방식들은 '수용 가능한' 범주화의 관점이 제도화되는 바로 그 순간, 이미 권력에 의해 조직되어 있다.

그래서 푸코의 관점에서 보면, 비평가들은 이중의 과제를 떠안는다. 즉 지식과 권력이 어떻게 "한 체계의 수용 가능한 조건들"로 세계를 배열하는 거의 체계적인 방식을 형성하는지를 보여주는 것과, 또한 "그런 체계적 방식의 발생을 표시하는 한계 지점을 따르는 것"[7]이다. 그러니 인식 가능한 사물의 장에 등장하는 권력과 지식의 독특한 연결점을 분리해 규명하는 것만으로는 충분치 않을 것이다. 그보다 이런 장이 그 한계 지점을 만나는 방식을 추적하고, 그것이 단절되는 순간과 스스로 약속한 인식 가능성을 구성하지 못하는 자리를 찾아내야 한다. 그것이 의

---

7) 이러한 푸코의 논의는 필자의 논문 「덕목으로서의 비평」과 유사하다.

미하는 바는 우리가 이런 조건의 한계, 이 조건이 우연성과 변형 가능성을 드러내는 순간을 찾고 있을 뿐 아니라 이 대상 영역이 구성되는 조건도 찾고 있다는 뜻이다. 푸코의 용어로는 "도식적으로 말하자면, 우리에게는 영원한 유동성과 본질적 취약성이 있다. 아니, 더 정확히 말해 같은 과정을 복제한 것과 변형시킨 것 간의 복잡한 상호작용이 있다" (p. 58).

그렇다면 이 말이 젠더에 시사하는 바는 젠더의 관점이 제도화되고 당연시되고 또 전제된 것으로 확립되는 방식을 이해하는 것도 중요하지만, 젠더의 이원적 체계가 반박과 도전을 받는 순간들, 그 범주의 일관성이 문제시되고 젠더의 사회생활 자체가 유연성 있고 변화 가능한 것으로 드러나는 순간을 찾아내는 일도 중요하다는 것이다.

드랙 수행으로 되돌아간 것은 부분적으로는 젠더가 어떻게 수행되는지를 생각해보고, 또한 젠더가 집단적 관점을 통해 어떻게 재의미화되는지를 생각해보기 위해서였다. 예를 들어 드랙 수행자Drag Performer는 공동체 속에서 사는 경향이 있고, 거기에는 영화 「파리가 불타고 있다」[8] 에서 볼 수 있는 것 같은 강력한 의례적 유대ritual bonds가 있다. 그리고 이 의례적 유대는 유색인종 공동체 안의 젠더 소수자가 만들 수 있고 실제로 만들어내는 사회적 유대의 재의미화를 깨닫게 해준다. 따라서 우리는 삶의 물질적 조건을 조직화할 뿐만 아니라, 인정이 가능해지는 곳에서 지속적인 공동체의 유대도 만들 수 있는 환상과 관련된 문화적 삶에 대해 말하고 있는 것이다. 그리고 이런 문화적 삶은 폭력, 인종 차별주의, 동성애공포증, 그리고 트랜스 공포증을 막는 작용도 한다. 이

---

8) *Paris is Burning* (1990, Fox Lorber, Director: Jennie Livingston).

런 폭력의 위협은 우리가 살고 있는 문화에서 근본적인 것이 무엇인지에 관해 뭔가 중요한 것을 말해준다. 그리고 그 문화는 우리 중 누구라도 살아낼 수 있는 것과 똑같지는 않지만 그만큼 우리 중 많은 사람들이 살고 있는 문화와 근본적으로 다르지도 않다. 그러나 우리가 그 문화를 이해한다면 거기에는 이유가 있을 것이다. 그리고 이 영화는 그 아름다움 때문에, 그 비극, 연민, 용기 때문에 여러 지역에서 성공했다. 이 영화의 쾌락은 어떤 면에서 문화적 경계를 넘고 있다. 이런 경계를 넘는 것은 항상 똑같은 방식은 아니지만 폭력의 위협, 가난의 위협에 맞서 생존하기 위한 투쟁이며, 그 모든 것이 유색인종에게는 더 힘들기 때문이다. 생존을 위한 투쟁은 사실 환상과 관련된 문화적 삶과 구분되지 않는다는 점에 주목하는 것이 중요하다. 생존 투쟁은 그런 삶의 일부이다. 환상은 우리와 타인을 다르게 상상할 수 있게 해준다. 환상은 실제로 존재하는 것의 과잉 속에 가능한 양태를 확립한다. 환상은 어딘가를, 어딘가 다른 곳을 가리키며, 환상이 구현될 때 그 다른 곳이 획득된다.

이 때문에 나는 정치성의 문제로 되돌아가려 한다. 어떻게 드랙이나, 사실상 드랙보다 훨씬 더 많게는 트랜스젠더 자체가 정치적 장으로 들어가는 것일까? 무엇이 실제이고 또 실제여야 하는지의 문제만 제기하는 것이 아니라, 당대의 실제 개념이 어떻게 의문시될 수 있는지, 그리고 새로운 실제의 양식은 어떻게 제도화되는지도 보여줌으로써 정말로 그런 일이 일어난다고 나는 주장하려 한다. 환상은 단순히 어떤 인지 활동, 마음 내부의 극장에 투영된 내면의 영화가 아니다. 환상은 관계성을 조직하며 그것의 구체적 표현을 양식화하면서 작동한다. 몸은 공간적으로 주어진 것으로서 우리가 깃들어 사는 장소가 아니다. 공간성 속에 있는 몸은 시간 속에서도 진행 중이다. 즉 몸은 나이가 들고, 모양이 바뀌며, 그 상호작용에 따라 의미가 바뀌고 있다. 그리고 몸의 역사성 부분, 즉 몸을 구성하는 과거와 현재와 미래가 되는 시각적이고 담론적이며 촉각적인 관계망도 바뀌고 있다.

몸이 생성becoming의 양식으로 있게 된 결과, 또한 다르게 생성될 구성적 가능성과 늘 더불어 살게 된 결과, 이제 몸은 무수한 방식으로 규범을 차지하고, 규범을 넘어서고, 규범을 수정하고, 우리가 규제받고 있다고 생각했던 현실이 변화에 열려 있다는 것을 드러낼 수 있는 것이다. 이런 몸의 현실 속에 우리가 활동적으로 사는 것이며 이런 '활동'은 규범으로 완전히 규제되지 못한다. 때로는 규범에 순응하기 위한 조건 자체가 규범에 저항하는 조건과 똑같을 때도 있다. 규범이 사회적 생존을 보장하는 동시에 위협하는 것으로 나타날 때(규범은 당신이 살기 위해 필요한 것이지만, 그것을 따른다면 규범이 당신 존재를 지워버리겠다고 위협할 것이다), 순응한다는 것과 저항한다는 것은 규범과 맺는 복합적이고 역설적인 관계이자 고통스런 형식이 되고, 정치화가 일어나는 잠재적 장소가 된다. 따라서 규범을 어떻게 구현하는가의 문제는 매우 빈번히 생존의 문제, 삶 자체가 가능할 것인가의 문제와 연결된다. 생존 자체를 긴급한 안건으로 겪는 사람들에게 가능성에 대한 생각이 무슨 일을 해내는지가 과소평가되어서는 안 된다고 생각한다.

이것이 이 문제가 지금도 앞으로도 계속 정치적이게 되는 한 가지 방식이다. 그러나 거기에는 뭔가 더 있다. 드랙의 사례가 의도했던 것은 실제 만들어지는 수단을 문제시하는 것이고, 실제적이라고 불리거나 비실제적이라 불리는 방식이 사회적 통제 수단만 되는 것이 아니라 인간을 비인간으로 만드는 폭력의 형식이 될 수 있는 방식에 대해 생각해보는 것이기 때문이다. 사실 나는 이렇게 생각해보려 한다. 비실제적이라고 불린다는 것, 그런 불림, 말하자면 차등적 처우의 형식으로 제도화된 불림을 받는다는 것은 타자가 된다는 뜻이고 인간은 그런 타자에 반대되는 것으로 만들어진다. 그것은 비인간이고, 인간 너머의 것이며, 인간 이하의 것이자 그 외관상의 현실에서 인간을 안정되게 만드는 경계선이다. 따라서 복사본이라고 불린다는 것, 비실제적이라 불린다는 것은 누군가 억압을 당할 수 있는 방식이다. 그러나 그보다 더 근본적인 것에 대해 생각해보자. 억압당한다는 것은 당신이 이미 어떤 종류의 주체로 존재한다는 뜻이므로 거기서 당신은 어떤 가능하거나 잠재적인 주체로서 주인 주체에 대해 가시적으로 나타나고 억압을 당하는 타자로 존재한다. 그러나 비실제적이 된다는 것은 또 다른 문제이다. 억압을 받으려면 그 사람이 우선 인식 가능해야 하기 때문이다. 누군가가 근본적으로 인식 불가능하다는 것을 알게 된다는 것은(사실 문화와 언어의 법이 그 사람이 불가능성임을 알게 한다) 그 사람이 아직 인간으로의 접근권을 얻지 못했음을 알게 되는 것이다. 누군가 항상 인간인 양 말하고 있지만, 인간은 아니라는 의미로 말한다는 것을 알게 되는 것이다. 인정이 일어나는 규범은 그 사람 편이 아니기 때문에 그 사람의 언어는 공허하고, 그 어떤 인정도 오지 않을 것임을 아는 것이다.

젠더가 수행적이라면 그것은 젠더의 실제 자체가 그 수행의 결과로 생산되었다는 말이다. 무엇이 실제적인지 아닌지, 무엇이 인식 가능한지 인식 불가능한지를 지배하는 규범이 있지만, 수행성이 인용 행위를 시작하는 순간 그 규범은 의문시되고 반복된다. 우리는 분명 이미 존재하는 규범을 인용하는 것이지만, 이런 규범은 인용을 통해 상당히 탈영토화될 수 있다. 규범이 어떤 맥락에서 발생할 때, 또 규범적 기대에 대항하는 체현의 형태로 발생할 때는 부자연스럽고 비필연적인 것으로 드러날 수도 있다. 이것이 의미하는 바는 실제를 지배하는 규범이 어떻게 인용되는지를 알게 할 뿐 아니라, 그 재생산 과정에서 실제가 재생산되고 **또** 변화되는 한 가지 기제를 파악할 수도 있는 것은 바로 젠더 수행성의 실천을 통해서라는 것이다. 드랙에 관한 요점은 유쾌하고 전복적인 광경을 생산한다는 것만이 아니라, 실제가 재생산도 되고 경쟁도 벌이는 극적이고도 의미심장한 방식을 알레고리로 나타낸다는 것이다.

젠더화된 폭력의 탈실재화는 특정한 젠더의 재현이 어쩌다가 또 어째서 범죄로 간주되고 병적인 것으로 간주되는지를 이해하는 데, 또 젠더를 가로지르는 주체가 어쩌다 억류와 투옥의 위험을 겪으며, 트랜스젠더 주체에 대한 폭력은 어째서 폭력으로 인정되지 않는지, 이런 주체를 폭력으로부터 보호해야 할 바로 그 국가가 어째서 때때로 이런 폭력을 가하는지를 이해하는 데 영향을 미친다.

그러니 만일 새로운 형태의 젠더가 가능하다면, 그것은 우리가 사는 방식과 인간 공동체의 구체적 요구에 어떤 영향을 미치는가? 가치 있는 젠더 가능성의 형태와 그렇지 않은 형태를 우리는 어떻게 구분할 것인가? 이것이 내 주장에 대해 타당하게 제기되어온 문제들이다. 나는 이것이 단순히 아직 존재하지 않는 젠더의 새로운 미래를 생산하는 문제만은 아니라고 대답하고자 한다. 내가 생각해온 젠더는 오랫동안 존재해왔지만 실제를 지배하는 관점으로 허락되지 않았다. 그것은 법, 정신의학, 사회 이론과 문학 이론 안에서 우리가 언제나 겪으며 살던 젠더 복합성에 해당하는 새로운 합법적 용어를 개발하는 문제이다. 실제를 지배하는 규범은 이런 형태가 실제적이라고 허용하지 않았으므로 부득이 우리는 그것을 새롭다고 부를 것이다. 그러나 그렇게 부르게 될 때 또 그렇게 부를 수 있다면 우리가 그 사실을 다 알고서 웃게 되기를 바란다. 여기서 작동하는 정치성 개념은 주로 생존의 문제와 관련되고, 어떻게 하면 자신의 젠더와 욕망이 비규범적이라 여겨지는 사람들이 외부로부터 폭력의 위협 없이, 또 그 자체가 비실제적이라는 전반적 느낌을 받지 않고도 살 수 있고 잘 살아갈 수 있는 세계를 만들 수 있는지의 문제와 주로 관련된다. 자신이 비실제적이라는 느낌은 자살이나 자살하고 싶은 삶으로 이어질 수 있다. 마지막으로 나는 가능성에 대한 생각이 정치적 이론화 안에서 어떤 자리를 차지할 수 있는지 묻고자 한다. 누군가는 이에 반대하며 불평을 할 수도 있지만, 여러분은 젠더 복합성을 가능하게 만들려고 애쓰고 있는 것뿐이다. 하지만 그게 어떤 형태가 좋고 나쁜지는 말해주지 않는다. 수단이나 기준, 혹은 규범을 제시하지는 않는 것이다. 그래도 여기에는 규범에 대한 열망이 있고, 그 열망은 살아 숨 쉬고 움직일 능력과 관련되며, 분명 자유의 철학이라 불리는 것 어딘가에 속할 것이다. 가능한 삶에 대한 생각은 이미 자신이 가능할 것을 아는 사람들에게는 사치품이지만, 아직도 가능해질 방법을 모색하는 사람들에게는 필수품이다.


## 규범에서 정치학으로


2장 「젠더 규제들」에서 나는 규범이 무엇인지, 그리고 결국 '규범적'인 게 무엇인지는 그 용어가 생겨난 사회 이론의 종류에 달려 있다고 주장했다. 한편으로 규범은 권력의 규제 기능이나 정상화 기능을 표시하는 것으로 보인다. 그러나 다른 관점에서 보면, 규범은 개인의 윤리적이고 정치적인 주장의 기반을 형성하면서 개개인을 결속하는 것이기도 하다. 위 분석에서 내가 규제적 규범이 행사하는 폭력에 반대한 것은 비폭력의 규범에 호소하는 것처럼 보일 것이다. 그에 따라 규범은 수용할 수 없는 규제로 작용할 수 있고, 또 그런 규제 작용에서 수용할 수 없는 것을 보여주려는 비판적 분석의 일부로 작용할 수도 있는 것처럼 보일 것이다. 이 두번째 의미의 규범은 위르겐 하버마스의 연구를 떠올리게 하는데, 그는 규범을 공동체를 가능하게 하는 기반, 혹은 모든 인간이 보편적으로 가질 만한 이해의 기반이라고 정의한다. 그가 주장하는 의미에서 이런 공통성의 가능성이 있다는 것을 받아들이지 못한다면, 우리는 강력한 정치적 주장, 예컨대 젠더 폭력에 대항하는 주장에서 여전히 배제되는 것일까?

하버마스가 『사실과 규범 사이*Between Facts and Norms*』에서 한 주장을 생각해보면, 그는 사회적 행위자와 화자 간에 공통된 이해를 제공하는 규범에 의존하는 게 확실하다. "참여자들은 자신의 발화의 정당성을 주장하면서 세계 속에 있는 무언가에 대해 서로 합의하려고 애쓴다. [⋯⋯] 언어의 일상적 활용은 전적으로 혹은 일차적으로 언어의 재현적(혹은 사실-서술적) 기능에 달린 것이 아니다. 즉 여기서 온갖 종류의 언어 작용 및 언어와 세계 사이의 관계가 작용한 결과, 타당성 주장의 스펙트럼은 진리를 주장하는 것 이상을 포괄한다"(p. 16). 그는 더 나아가 이렇게 설명한다. "언어적 표현의 의미와 진술문의 타당성을 설명하면서 우리는 언어를 매개로 연결되어 있는 이상화에 가닿게 된다"(p. 17). 하버마스는 언어의 중심에 이런 이상화가 없다면 수많은 사회적 행위자들이 주장한 다른 여러 종류의 주장으로 향하게 할 자원을 갖지 못할 것이라고 분명히 밝힌다. 사실 이상화의 공통된 집합이라는 가정은 우리가 서로에 대한 관계 속에 그리고 공통된 미래와 관련해 우리를 규제하고자 할 때 고려하는 것이기도 하지만, 또한 우리의 행동에 질서를 부여하고 미리 우리 행동을 규제하는 것이기도 하다. "소통적 행위라는 개념, 즉 행위를 조정하는 기제로서 상호 이해를 도입하는 행위 개념과 함께, 자신의 행동을 타당성 주장으로 바꾸려는 행위자들의 조건법적 전제는 **사회질서의 구성과 보존에 관한 즉각적 상관성**을 획득하기도 한다. **이런 질서는 규범적인 타당성 주장의 인정을 통해서** 존재하기 때문이다"(p. 17, 강조는 필자).

여기서 규범은 행위를 공공선의 방향으로 이끌며 '이상적' 영역에 속하는 것이지만, 이것이 딱히 에발드가 말하는 의미의 사회적인 것은 아님을 알 수 있다. 규범은 가변적 사회질서에 속하지 않으며, 푸코가 말하는 일단의 '규제적 이상'과 사회 권력의 이상적 삶의 일부가 아니다. 그와 반대로, 규범은 온갖 사회질서를 좌우하면서 그 질서에 일관성을 부여하는 합리화 과정의 일부로 작동한다. 그러나 하버마스가 어떤 사회질서의 '규제된' 특징도 꼭 필요한 선으로 받아들이지 않으리라는 것을 우리는 안다. 어떤 질서는 분명 붕괴되어야 하며 그것도 정당한 이유에서 붕괴되어야 한다. 정말로, 젠더 인식 가능성의 질서는 그런 질서의 하나가 될 만하다. 그러나 사회적 통합을 하는 규범의 작용과, 억압적 사회 상황하의 '통합'의 가치를 구분할 방법이 있는가? 다시 말해 규범이 질서를 보존한다고 할 때 규범에 내재하는 보수적 작용은 없는가? 만일 그 질서 자체가 배타적이거나 폭력적인 것이라면 어쩔 것인가? 우리는 하버마스의 입장에서 그 질문에 대답하면서 폭력은 일상 언어 속에 은연중 작동하는 규범적 이상화에 반대한다고 말할 수도 있다. 그러나 만일 규범이 사회 통합적인 것이라면, 어떻게 이 규범이 실제로 사회질서를 부수는 작용을 한다는 말인가? 그 사회질서의 '질서'가 폭력적 수단을 통해 획득되고 유지되는데 말이다. 규범은 이런 사회질서의 일부인가, 아니면 가설적 의미에서만 '사회적'인가? 혹은 살면서 타협해온 사회 세계 속에서는 예시할 수 없는 '질서'의 일부인가?

그런 규범을 전제하지 않고는 합의나 공통된 지향 속에 살기를 바랄 수 없다는 것이 하버마스의 요점이라면, 이 경우 '공통된' 것은 바로 공통되지 않는 것의 생산을 통해 공통성의 외부에 있는 것, 아니면 내부로부터 공통성을 방해하는 것, 혹은 공통성의 완전함에 도전하는 것을 통해 제도화되지 않는가? '공통된' 것의 가치란 무엇인가? 많은 차이에도 불구하고 우리가 합리적 숙고와 정당화라는 똑같은 개념을 향하고 있다는 것을 알아야 하는가? 아니면 우리에게 더 이상 '공통된' 것은 없으며, 있다 하더라도 차이에 너그러우면서도 자기 규제적인 접근 방식은 이 다문화주의 시대에 문화 번역cultural translation의 작업일 뿐만 아니라 비폭력으로 가는 가장 중요한 방법이기도 하다는 것을 꼭 알아야 하는가?

요점은 (푸코가 비판했듯) 살아온 사회적 실례나 질서에 적용해서 사회 규범을 정의하려는 것도 아니고, (규범이 '사회적인' 것이라는 이름으로 작동될 때조차) 초사회적extrasocial인 사회 규범의 토대를 위한 정당화 기제를 발견하려는 것도 아니다. 이 두 가지 활동이 실제로 발생하고 또 발생해야 하는 때가 있다. 우리는 불법 행위를 한 범죄자들에게 비슷한 판결을 내리고, 그래서 범죄자들이 정상화의 절차를 밟도록 한다. 또 총체적 맥락에서 우리 행위의 근거에 대해 생각하고, 동의할 수 있는 숙고와 반성의 양식을 찾으려고도 한다. 그러나 규범이 없다면 이 중 어떤 것도 할 수 없다. 규범에 기댐으로써 인간으로 인식 가능한 것의 영역이 정해지고, 이런 영역의 설정은 필연적으로 모든 윤리학의 결과, 또 모든 사회 변화 개념의 결과로 나타난다. 우리는 어쩌면 "우리가 알고 있는 대로의 인간의 삶을 보존하고 증진시키도록 행동하기 위해서 인간의 근본성을 알아야 한다"고 말할지도 모른다. 그러나 인간 범주 자체가 그 관점 안에 작동해야 할 사람들, 서구의 합리주의 형식으로 권고된 '타당성 주장'을 합리화하고 정당화하는 양식을 받아들이지 않는 사람들을 배제해왔다면 어쩔 것인가? 우리가 아직 '인간'을 모르는 것인가? 그런 앎에 다가가기 위해 무엇이 필요할 것인가? 너무 빨리 인간에 대해 아는 것에 대해 경계해야 할까? 그게 뭐든 최종적이거나 결정적으로 안다는 것을 경계해야 할까? 인간의 장을 당연하게 받아들이면, 우리는 인간이 생산되고 재생산되고 탈생산되는 결과적 방식에 대해 비평적으로, 그리고 윤리적으로 사유하지 못한다. 이런 후반의 연구가 윤리학의 장을 모두 다루지는 않지만, 그런 연구 없이 '책임 있는' 윤리학이나 사회 변화의 이론이 작동된다고는 상상할 수 없다.

이 글의 마지막 논의거리를 제시하면서 나는 '인간'이라는 개념을 미래의 표명에 열어놓을 필요성이 국제 인권 담론과 정치성의 기획에 핵심적이라고 주장하려 한다. 우리는 '인간'이라는 개념 자체가 미리 전제된 경우를 자주 본다. 그것은 미리 규정되어 있고, 분명 서구적 관점에서 그것도 아주 빈번하게는 미국적 관점에서, 따라서 국지적 관점에서 규정되어 있다. 인권에 있어 문제가 되는 '인간'은 이미 잘 알려져 있고 이미 정의되어 있는데, 그것이 일련의 국제적인 권리와 의무의 토대가 되어야 한다는 역설이 발생한다. 우리가 어떻게 국지적인 것에서 국제적인 것으로 이동하는지는 국제정치학의 주요 문제지만, 국제 페미니즘에 대해서는 특정한 형태로 나타난다. 또 나는 반제국주의적이거나 적어도 비제국주의적인 국제 인권 개념이 인간이라는 말을 통해 의미하는 것이 무엇인지를 문제 삼아야 한다고 주장하며, 그것이 문화적 장소를 가로지르며 정의되는 여러 방식과 수단에서 배움을 얻어야 한다고 주장하려 한다. 이는 '인간'이 무엇인지에 대한, 정말 인간적 삶의 기본 조건과 요구가 무엇인지에 대한 국지적 개념이 재해석되어야 한다는 것을 의미한다. 왜냐하면 '인간'이 다르게 규정되거나 재의미화되며, 인간의 기본적 요구와 그에 따른 기본적 칭호 또한 다르게 규정되는 역사적이고 문화적인 상황이 있기 때문이다.

## 정치학으로 재의미화하기

'재의미화'는 정치적 실천을 구성하는가, 아니면 정치적 변화의 일부를 구성하는가? 누군가는 우파와 좌파 정치가들이 이런 전략들을 활용할 수 있다고 말하는 것도 당연하다. 우리는 어떻게 '다문화주의'에도 우파와 좌파 형태가 있는지, 또 어떻게 '세계화'에도 우파와 좌파 형태가 있는지 확실히 알 수 있다. 미국에서 '측은지심을 가진다compassionate'라는 말은 '보수적'이라는 말과 관련되어왔고, 이것은 우리 중 상당수에게 '재의미화'에 대한 혐오감을 주었다. 국가사회주의는 완전히 정당하게 '사회주의'의 재의미화라고 주장할 수도 있을 것이다. 그리고 그 말이 맞을 수도 있다. 그러니 재의미화만으로는 정치학이 아니며 정치학을 충분히 형성하지 못하고, 그것만으로는 불충분하다는 사실은 분명해 보인다. 나치가 그 자신과는 정반대되는 민주주의의 관점과 언어를 가져다 권력을 전용했다고 주장하는 사람도 있을 것이고, 어쩌면 아이티 혁명가들도 민주주의를 거부하려던 사람들에게 대항하고자 민주주의의 관점을 사용해서 권력을 전용했다고 주장하는 사람도 있을 것이다. 그러니 전용이라는 말은 좌파와 우파 모두에게 활용될 수 있으며 그 '전용'에 반드시 유익한 윤리적 결과란 없다. '퀴어'에 대한 퀴어의 전용이 있고, 미국에는 인종차별 담론에 대한 랩 음악의 전용이 있으며, '거대 정부 반대'라는 좌파의 전용이 있고 그 외에도 많은 전용이 있다. 그러니 전용은 그 자체로 무수한 결과들로 이어지며, 그중 일부는 수용할 만하고 또 일부는 혐오할 만하다. 그러나 급진적 민주주의 정치학을 이루는 중에 그런 전용이 일어난다면 그것은 어떻게 작용할 것인가?

재의미화는 정치학으로 작용하는가? 내가 여기서 주장하고 싶은 것은 우리가 보편성의 영역을 확장하고 정의가 무엇을 함의하는지 더 많이 알게 되고 더 큰 삶의 가능성을 열면서 ― 그래서 '삶' 자체가 논쟁적인 용어, 보수적이거나 진보적인 추종자들이 따르는 용어가 되면서 ― 무엇이 인간이고, 무엇이 보편적인 것인지, 국제정치의 의미와 본질은 무엇일지에 관한 기존의 관습은 충분치 않다고 가정할 필요가 있다는 것이다. 근본적으로 민주적인 변화라는 목적을 위해, 우리의 근본 범주가 더 포괄적인 것, 전 범위의 문화적 인구에 더 반응하는 것으로 확장될 수 있고 확장되어야 한다는 것을 알 필요가 있다. 한 사회공학자가 거리를 두고 좀 떨어져서 자신이 생각하는 범주 안에 모든 사람을 포함시킬 최선의 방법을 고안해낸다는 뜻이 아니다. 범주 자체가 무수한 방향에서 수정되어야 하며, 그것이 겪는 문화 번역의 결과로서 새롭게 등장해야 한다는 의미이다. 나를 정치적으로 움직이게 하는 것, 또 내가 그것에 대한 공간을 만들고 싶은 것은 어떤 주체가 ― 사람 혹은 공동체가 ― 살 만한 삶에 대한 권리나 자격을 주장하는 순간이다. 사전 허가증 같은 것도 없고 분명하게 권위 있는 관습도 없이 말이다.

어떤 사람은 머뭇대면서 말하기를, 그래도 사전 자격 요건이 따로 없는 권리를 들먹이는 파시스트도 있지 않겠냐고 할 수 있다. 어떤 사람이 '살 만한 삶'으로 생각하는 바로 그 삶이 인종주의, 여성 혐오, 폭력 혹은 배척에 기초하고 있는 것이라면 그 사람이 '살 만한 삶'으로 생각하는 것의 권리나 자격 요건을 들먹이는 게 좋은 것일 리 없다. 물론 난 후자의 말에 동의한다. 예를 들어 인종차별 정책이 폐지되기 전, 남아공 흑인들 몇 사람이 투표소에 가서 투표를 하고자 했다. 그 당시에는 그들에게 투표를 하기 위한 사전 허가증은 없었다. 그들은 그냥 투표소에 갔다. 사전 허가증도, 권위 있는 관습도 없는 가운데 그들은 수행적으로 투표할 권리를 불러일으켰다. 한편, 히틀러 역시 국지적으로나 세계적으로 헌법이나 법의 선례가 없는 특정 종류의 생명에 대한 권리를 불러일으켰다. 그러나 이 두 가지 소환에는 차이가 있다. 그것이 내 논의의 핵심이다.

두 경우 모두 문제의 주체는 기존 법으로는 그럴 자격이 없는 권리를 소환했다. 두 경우 다 서로 완전하게 양립할 수 없는 '기존 법'에 대한 세계적 해석과 국지적인 해석이 있기는 했지만 말이다. 인종차별 정책에 반대하는 사람들은 (이 경우 분명 이들은 국지적 관습에 반대해서 세계적 관습을 끌어오고 있지만) 기존 관습에 제약당하지 않았다. 종전 이후 이어진 독일 입헌 정부의 등장뿐만 아니라 독일에서의 파시즘 등장도 기존 관습에 제약당하지 않았다. 그래서 이 두 정치 현상은 모두 혁신을 포함하고 있었다. 그러나 그것이 다음의 문제에 답하지는 않는다. 즉 어떤 행동이 밀고 나가야 할 권리이고, 어떤 혁신이 가치가 있는 것이며, 또 어떤 것은 그렇지 않은가? 이 문제에 대답하기 위해 자문을 구해야 할 규범은 재의미화에서 비롯될 수 없다. 이런 규범은 급진적인 민주주의 이론과 실천에서 비롯되어야 하고, 따라서 재의미화도 그런 방식으로 맥락화되어야 한다. 우리는 폭력이 덜한 미래는 무엇이 될지, 더 포괄적인 인간 집단은 무엇일지, 또 현실적 관점에서 그 문화적 특수성과 사회적 의미를 이해하고자 애쓰는 보편성과 정의에 대한 주장을 충족시키도록 도와줄 것은 무엇일지에 관한 중대 결정을 내려야 한다. 이런 맥락에서 행동의 옳고 그른 방향을 결정하게 될 때는 또한 다음 질문을 반드시 해야 한다. 어떤 형태의 공동체가 만들어졌고, 그 공동체는 어떤 폭력과 배제를 통해서 만들어졌는가? 히틀러는 배제의 폭력을 강화하고자 했고, 아파르트헤이트apartheid(남아공의 인종차별 정책) 반대 운동은 인종주의와 배제의 폭력에 저항하고자 했다. 그것이 내가 한쪽은 비난하면서 다른 한쪽은 용납하는 근거다. 인식 가능한 인간의 일부로 간주되지 못했던 사람들을 인간 공동체로 들이기 위해 우리는 어떤 자원을 가져야 할까? 살 만한 삶을 유지시키는 규범을 예전에는 권리가 박탈되었던 공동체로까지 확대하는 것이 급진적 민주주의 이론과 실천이 해야 할 과제다.

그래서 나는 그것이 어떤 요청을 받아 살 만한 삶을 유지하는 규범을 확대하는 것으로 보인다고 결론 내렸다. 그러니 규범과 삶의 관계를 생각해보자. 이는 지금껏 내 연구에서 핵심적인 것이었다. 삶의 문제는 전적으로 정치적인 것만은 아니겠지만 일종의 정치적인 문제다. '생명의 권리' 문제는 낙태 합법화 논쟁에 영향을 미쳤다. 낙태권에 찬성하는 페미니스트들은 '반反생명주의'로 불리자 '누구의 생명권인가'를 되물으며 맞섰다. '생명'은 언제 시작되는가? 생명이 무엇인지, 혹은 어쩌면 더 단순하게 생명이 언제 시작되는지의 문제에 대해 전 세계 페미니스트들의 의견을 구해본다면 여러 다른 관점들이 제시될 것이라고 생각한다. 그리고 그것이 세계적으로 생각해볼 때 왜 모든 여성운동이 이 문제에 대해 합의하지 못하는가에 대한 이유다. 언제 '생명'이 시작되는가라는 질문이 있고, 그다음에 언제 '인간의' 생명이 시작되는가, 언제 '인간'이 시작되는가라는 질문이 있다. 누가 알고 있고, 누가 알 준비가 되었고, 알 자격이 있는가? 누구의 지식이 여기서 지배권을 행사하며, 누구의 지식이 권력으로 작용하는가? 페미니스트는 어머니의 삶도 똑같이 중요하다고 주장한다. 따라서 그것은 하나의 생명 대 다른 생명의 문제이다. 페미니스트들은 모든 아이가 소망되어야 하고, 모든 아이가 살기 좋은 삶을 누릴 기회를 가져야 하며, 우선적으로 충족되어야 할 삶의 조건들이 있다고 주장해왔다. 어머니는 건강해야 한다. 아이에게 양분을 줄 가능성도 충분해야 한다. 어떤 미래의 가능성이, 생존 가능하고 지속 가능한 미래가 있어야 한다. 미래의 가능성이 없는 인간의 삶은 인간성을 잃게 되며, 그 삶 자체를 잃게 될 수도 있기 때문이다.

우리는 '삶'이라는 용어가 페미니즘 안에서, 또 페미니즘과 그 적대 세력 사이에서 경쟁의 장소로, 불안정한 용어로 작용하고 있음을 알 수 있다. 그 용어의 의미는 그 문제에 대한 서로 다른 종교적이고 철학적인 개념 때문에 민족국가의 맥락에서 다른 방식으로 증식되는 중이며 논쟁을 겪고 있다. 사실상 나와 논쟁하는 상대 중 일부는 누군가 '생존 가능한 삶을 지탱하는 규범의 확대'를 중요한 가치로 받아들인다면, 그런 정의에 따라 '태어나지 않은 아이'가 무엇보다 가장 가치 있는 것으로 여겨져야 한다고 주장할 수도 있다. 그것은 내 관점이 아니며 내 결론도 아니다.

나는 이런 결론에 반대하는데, 그런 내 주장은 마치 우리가 생명이 어떤 의미이고 무엇을 필요로 하며 무엇을 요구하는지 알고 있는 것처럼 '생명'을 다루는 것과 관련된다. 무엇이 삶을 살 만하게 만드는지를 물을 때, 우리는 삶이 삶이 되기 위해 충족해야 할 특정한 규범의 조건들에 대해서 묻고 있는 것이다. 그래서 최소한 두 가지 의미의 삶이 있게 되는데, 하나는 최소한의 생물학적 형식을 말하고, 다른 하나는 처음부터 관여하고 있던 것으로, 인간적 삶과 관련해 살 만한 삶의 최소한의 조건을 설정하는 것이다.[9] 그리고 이것은 우리가 '살 만한 삶'을 위해 그저 단순히 산다는 것을 무시할 수 있다는 의미가 아니라, 우리가 젠더 폭력에 대해 질문하듯 인간의 삶의 가능성의 조건을 유지하고 재생산하기 위해 인간이 필요로 하는 것이 무엇인지를 물어야 한다는 뜻이다. 우리가 살 만한 삶의 가능성을 개념화하고 그것의 제도적 지원도 마련하면서 어떤 식으로든 존재한다는 것과 같은 우리의 정치학은 무엇인가? 이것이 무슨 의미인지에 대해서는 늘 이견이 있을 테고, 이런 일을 해내기 위해서 단일한 정치적 방향이 필요하다고 주장하는 사람은 잘못 생각하는 게 될 것이다. 하지만 그건 단지 산다는 게 권력과의 관계 속에, 또 타인과의 관계 속에, 총체적 미래에 대해 책임을 맡는 행위 속에 정치적으로 사는 것이기 때문이다. 그러나 미래에 대해 책임을 진다는 것이 미래의 방향을 미리 완전히 안다는 것은 아니다. 미래는, 특히 타인과 함께하고 타인을 향해 있는 미래는 특정한 개방성과 미지성을 요하기 때문이다. 그것은 또한 특정한 토론과 논쟁이 작용할 것이고 작용해야 한다는 의미이기도 하다. 민주적이 되려면 정치학에는 이런 토론과 논쟁이 작용하고 있어야 한다.

　민주주의는 한목소리로 말하지 않는다. 그 화음은 불협화음이고 또

---

9) Giorgio Agamben, "bare life," *Homo Sacer* 참고.

반드시 그래야 한다. 그것은 예측 가능한 과정이 아니며, 격정적인 일을 겪으며 살 듯 겪어내야 하는 것이다. 공동체로 들어갈 방법, 그래서 문화 번역의 한가운데서 '올바른' 것을 찾아낼 방법을 모색하지 않고 올바른 길이 미리 결정되어 있다거나, 올바른 것을 모두에게 강제할 때는 삶 자체가 배제당할 수도 있다. '올바른' 것과 '좋은' 것은 우리가 필요로 하는 가장 근본적인 범주를 괴롭히는 긴장에 대해 열려 있는 데서 찾을 수도 있다. 우리가 아는 것, 우리에게 필요한 것의 핵심에 있는 미지성에 대해 알기 위해서, 또한 삶의 기호와 그 전망을 인식하기 위해서 말이다.

## 안잘두아, 스피박과 함께 주체 너머로

미국에서는 주체 범주의 근본적 위상을 심문하는 몇 가지 다른 방식이 존재해왔다. 주체 범주의 근본주의를 심문한다는 것이 이 범주를 전면 폐기한다는 것은 아니다. 게다가 그것은 이 범주의 유용성이나 필연성을 부정하려는 것이 아니다. 주체를 심문한다는 것은 우리가 알고 있던 것을 위험에 빠뜨리는 것이며 그것은 위험의 전율 때문이 아니라, 우리가 주체로서 이미 문제 제기를 받았기 때문에 그렇게 하는 것이다. 우리는 이미 여성으로서 진지하게 의심을 받아봤다. 우리가 하는 말이 의미가 있는가? 우리가 합의를 이룰 수 있는가? 우리의 논리는 남성의 논리와 같은 작용을 하는가? 우리는 보편적 인류 공동체의 일원인가?

글로리아 안잘두아Gloria Anzaldúa는 자신의 책 『경계지대들/경계선에서Borderlands/La Frontera』에서 아메리카 원주민의 방언 및 스페인어와 영어로도 글을 써서, 독자들이 그녀의 책을 읽고자 할 때 어쩔 수 없이 이 언어들을 읽게 만든다. 그녀는 경계에서 산다는 것의 가치를 강조하고, 여러 다른 문화 기획과의 관련 속에 경계로서 살아가면서 학제적 글쓰기와 비학제적 글쓰기의 경계를 넘나든다. 그녀는 사회 변화를 이루기 위해서는 '일원화된' 주체를 넘어서야 한다고 말한다. 그녀는 사회적 변화를 옹호하며 그것을 위해 평생을 애써왔고 대학에서 그것을 가르치며 운동을 열심히 전개해왔다. 그녀를 '학제적 페미니스트'라 불리는 집단에 속한다고 말할 수 있을까? 글쎄, 그녀를 그 집단에서 배제시키는 것은 말도 안 될 것이다.[10] 그녀의 저서는 학계에서 읽힌다. 때로 그녀는 캘리포니아 대학에서 가르치기도 한다. 또 그녀는 여러 다른 분야의 운동도 열심히 하는데, 특히 의료 서비스 부족, 노동 시장 내 착취, 때로는 이민 문제로 미국에서 고통받는 라틴아메리카 여성들을 위해 분투하고 있다. 예컨대 그녀가 자신은 일원적 주체가 아니며, 근대성의 이분법적 대립을 수용하지 않는다고 말할 때는, 치카나Chicana[11]의 한 사람으로서 경계를 넘을 바로 그 능력 때문에 자신이 정의되는 것이라고 말하고 있다. 다시 말해 그녀는 멕시코에서 미국으로 국경을 넘어야 했고, 그 경계는 그녀가 쓰는 소설 속의 (혹은 그 소설을 가로지르는) 지정학적 상상계를 형성한다. 그녀는 자신의 정체성을 구성하는 문화적 전통과 문화 형성물이 복합적으로 얽힌 혼합물로 인해 고심한다. 즉 거기에는 치카나, 멕시코인, 레즈비언, 미국인, 학자, 가난한 자, 작가, 활동가가

---

10) 안잘두아의 비평 담론에 대한 뛰어난 논의로는 Norma Alarcon, "Anzaldua's Frontera : Inscribing Gynetics," Gabrielle Arredonda 외(eds.), *Chicana Feminisms: A Critical Reader*, Durham, N.C.: Duke University Press, 2003 참고.

11) (옮긴이) 멕시코계 미국 여성을 일컫는다.

있다. 이 모든 가닥들이 단일한 방식으로 모아지는 것인가, 아니면 그녀가 그 통약 불가능성과 동시다발성을 자기 정체성의 의미로, 그녀의 삶이라는 대단히 복잡한 역사적 상황으로 인해 문화적으로 연출되고 생산된 정체성의 의미로 실현하는 것인가?

안잘두아는 사회 변화를 이룰 능력의 근원이 바로 서로 다른 세계들을 중재하고, 문화 번역에 참여하며, 언어와 공동체의 경험을 통해 우리의 정체성을 만드는 다양한 집합의 문화 연대를 경험할 능력에서 발견된다는 점에 대해 숙고하라고 요청한다. 어떤 사람은 그녀에게 주체는 일원적이기보다는 '다원적'이며 어떤 면에서 그게 요점이라 주장할 수도 있다. 그러나 그녀가 말하려는 요점은 더 근본적인 것이라 생각된다. 그녀는 우리에게 우리가 아는 것의 경계에 서기를, 우리의 인식론적 확실성에 의문을 던질 것을, 또한 그런 위험과 이 세상의 다른 방식의 앎과 삶에 열림을 통해 인간에 대해 생각할 우리의 능력을 확대할 것을 요청한다. 그녀는 더 포괄적인 운동을 만들, 차이를 가로지르는 연합 작업을 할 수 있기를 요청하고 있다. 따라서 안잘두아가 주장하는 것은 여성이나 사실상 사회에 대한 다문화적 이해를 만들 가능성은 오로지 번역의 양식, 지속적 번역의 양식 속에 존재함으로써 만들어진다는 것이다. 일원적 주체는 자신이 무엇인지를 이미 아는 사람이며, 누가 기존 방식 그대로 대화에 개입하고, 누가 타인과의 만남 속에 자신의 인식론적 확실성을 위기로 가져가지 못하고, 그래서 누가 그 자리에 남아 그 자리를 보호하고 재산과 영토를 나타내는 상징이 되는지를 아는 사람이다. **역설적이게도 주체의 이름으로 자기 변화**self-transformation**를 거부하면서 말이다.**

가야트리 스피박Gayatri Chakravorty Spivak도 비슷한 견해를 갖고 있다.

안잘두아는 다원적 주체 개념을 주장하는 반면, 스피박은 스스로 분열된 주체 개념을 갖고 있다고 말했지만 말이다. 사실 스피박의 관점은, 일원적 범주로서의 '여성'은 그 범주가 위기를 겪으면서 공적 담론 속에 자신의 균열을 드러내는 것을 저지할 수도 설명할 수도 없다는 것을 우리가 깨닫지 않고서는 유색인종 여성들이 제1세계 제국주의의 전 지구적 정치경제의 틀 안에서 겪었던 억압도 이해할 수 없다는 것이다. 그녀는 자신의 저작을 통해 몇 번이고 되풀이해 권리를 박탈당한 사람의 목소리에 귀 기울이는 것이 어떤 것인지뿐만 아니라, 누군가의 작품 속에 이런 목소리를 '재현'하는 것이 어떤 것인지도 묻는다. 다른 한편, 권리가 박탈된 자들을 마치 목소리가 없는 사람인 듯 대할 수도 있고, 그 자체를 권리가 박탈된 사람의 목소리로 지정할 수도 있을 것이다. 미국의 페미니스트 캐서린 매키넌이 수년 전 빈에서 열린 인권 포럼에서 자신은 "보스니아 여성을 대표한다"고 선언했을 때 우리는 이것을 꽤 문제적으로 보았다. 아마 그녀는 보스니아 여성에게는 목소리가 없다고 생각한 듯하나, 보스니아 여성들이 자신들의 입장을 전용하여 식민화하려는 매키넌의 시도에 대해 공식적으로 반대를 표명했을 때 그녀도 분명 뭔가 다른 것을 배웠으리라 생각한다.

'문명' '근대성' '진보' '계몽' 그리고 '백인 남성의 과제'라는 이름으로 발생하는 선교의 역사와 식민 팽창의 역사를 본다면, 페미니스트는 또한 빈곤층, 토착민, 그리고 학계에서 근본적으로 권리가 박탈된 사람들을 '대표'한다는 것이 그들을 가르치려 들면서 식민화하는 노력은 아닌지 물어야 한다. 그게 아니라면 그런 것을 가능케 하는 번역의 조건을 공인하려 하는 것은 아닌지 지식인의 권력과 특권을 선언하고, 또 예컨대 가난과 학제적 글쓰기의 만남을 가능하게 만드는 역사와 문화의 연계성을 선언하려 하는 것은 아닌지를 물어야 할 것이다.

스피박은 마하스웨타 데비Mahasweta Devi의 작품을 번역했다. 데비는 소설가이자 정치활동가인데 그녀의 작품은 스피박 덕분에 학계에, 최소한 영어권 학계에 등장했다. 데비는 부족민 여성으로서 부족 여성을 위해 또 부족 여성에 관해 글을 쓰지만 바로 이 '부족'이라는 것이 그녀의 글쓰기 과정에서 규명하기 복잡한 것이 되었다. 그녀의 목소리는 번역을 통해 제1세계에 도달하며, 그것은 스피박의 번역이고, 나는 독자로서 그 번역을 대하도록 요청받는다. 스피박은 이 글쓰기, 데비가 쓰는 남아시아 부족의 글쓰기가 단순히 '부족적'이라 불리거나 '부족적'인 것을 재현하도록 만들어진 것이 아니라고 주장한다. 왜냐하면 이 글쓰기에는 부족적인 것을 경유하여 위기에 놓인 세계성에 대한 해석도 들어 있기 때문이다. 데비의 이야기에서 여성들이 고통받는 이유의 일부는 땅이 착취되고 유린되기 때문이고, 전통적인 노동 수단이 개발업자에 의해 체계적으로 소멸되거나 착취되기 때문이다. 그런 의미에서 그것은 국지적인 이야기이다. 그러나 이 개발업자들은 또한 전 지구적 자본 속의 더 넓은 흐름과도 관련되어 있다. 스피박이 말하듯, "더 강력한 연계성, 사실상 제3세계 유산 계급과 제1세계 이민자들 간의 공모를 무시할 수는 없다."[12]

우리가 데비를 꼼꼼히 읽게 되면 데비가 부족적인 것과 세계적인 것을 연결하고 있으며, 그런 연결 지점을 삶으로 경험하고 있고, 그녀 자신이 한 명의 저자로서 부족적인 것과 세계적인 것을 횡단하는 매개라

---

12) 다음 책의 서문 참고. Mahasweta Devi, *Imaginary Maps: Three Stories by Mahasweta Devi*, Gayatri Chakravorty Spivak(trans.), New York: Routledge, 1995, p. 198.

는 사실을 알 수 있다. 그러나 그것은 재현 자체의 균열을 통해 일어나므로 이 횡단이 매끄럽다고 생각해서는 안 된다. 데비는 스피박을 통해서 오며, 그것은 스피박이 데비에 대해 저술한다는 의미가 아니라, 저자성authorship이라는 것 자체가 균열되었다는 뜻이다. 그러나 장기적인 세계적 생존의 가능성, 장기적인 급진적 환경 정치의 가능성, 그리고 정치적 실천으로서의 비폭력이 보편성의 이름으로 행해지는 탈체현적 '이성'에 달린 것이 아니라, 성스러움의 의미를 정교화하는 데 달려 있다고 주장하는 정치적 해석이 문화 번역에서 등장한다. 따라서 스피박은 이렇게 쓴다. "이성reason에만 근거해서는 커다란 심리 변화가 거의 불가능하다. 예컨대 비폭력을 작동시키기 위해 우리는 아무리 먼 이야기라 할지라도 인간 삶의 '성스러움'에 관한 신념을 구축하는 데 의존한다"(p. 199). 스피박은 또한 데비에게 '철학자'라는 이름을 부여하고, 급진적 사고와 행동주의에 대해 다음과 같이 조언한다. "나는 법, 생산 양식, 교육 시스템과 의료 서비스를 바꾸는 데 필요한 총체적 노력을 보충하기 위해서는 '사랑'이라는 이름을 붙일 자격이 있는 느리고, 주의 깊고, (양쪽 편의) 생각을 바꾸는 윤리적 특이성을 통해, 이 세계에 원래 있던 생태철학자들로부터 배움을 얻는 법을 **배워야** 한다고 확신합니다. 내게는 이것이 활동가이자 언론인, 작가인 마하스웨타가 주는 교훈입니다"(p. 201).

스피박이 보기에, 하위주체 여성 활동가는 서구 주체의 범주와 근대성의 역사적 궤도에서 배제되어왔다. 이 말은 대부분의 경우 이 부족 여성은 역사적 발전에 있어 구경꾼이라는 뜻이다. 이와 유사하게 아프리카 카리브 해 지역의 글쓰기 전통을 생각해보면, 이런 글쓰기가 근대성의 전통 안에 있는지, 아니면 언제나 다른 방식으로 '역사의 바깥에서'

사는 게 무엇인지에 관해 말하고 있는 것인지도 질문할 수 있다. 그래서 나는 근대성에 대한 비판적 관계가 필요하다는 것을 분명히 해야 한다고 생각한다.

미국과 유럽의 대중적 회의주의가 다음과 같은 질문으로 공격당할 때, 우리는 서구의 이름으로 그리고 서구적 가치라는 이름으로 행해지는 폭력을 보았다. 즉 이슬람은 이슬람의 근대성을 가지는가, 또는 아직 근대성에 도달하지 못했는가 같은 질문 말이다. 이런 질문은 어떤 관점에서 가능해지고, 또 어떤 틀에서 사리에 맞는가? 이런 질문을 제기하는 사람은 자신이 한 질문의 조건을 알 수 있는가? 그리스 고전을 아랍어로 번역하지 않았다면 그 책의 일부는 영원히 상실되었을지도 모른다. 전 세계를 통틀어 이슬람 도시에 도서관이 없었다면 서구적 가치의 역사는 전달되지 않았을 것이다. 이는 우리가 아랍인들이 근대성과 어떤 관계가 있는지를 물을 때, 바로 여기서 망각된 것은 문화 번역의 보존 기능이라고 말하고 있다.

단언컨대, 우리 중 누군가 이런 질문을 할 때는 우리 자신의 근대성이나 근대성 자체의 등장과 보존의 조건을 알지 못하는 것이다. 아니 어쩌면 우리가 '근대성'이라 부르는 것이 망각과 문화 소거의 한 형식이라는 것을 입증하고 있다. 가장 중요한 것은 우리가 서구적 가치를 보존한다는 이름으로 행해지는 폭력을 알게 된다는 것이며, 이 폭력이 우리가 보호하려는 가치의 하나, 즉 우리가 문화적으로 더 복잡하고 혼종된 세계에 살기로 합의하면 상실할지도 몰라 두려운 '서구성'의 또 다른 표식이 아닌지를 질문해야 한다는 것이다. 서구가 모든 폭력의 주체인 것은 아니지만, 서구가 그 실제적이고 상상적인 경계를 보존하기 위해 손해를 입고 있거나 손해가 예측되는 것에 대해 폭력을 행사하는 것은 확

실하다.[13]

  미국에 사는 우리가 보기에는, 예컨대 총체성이 어떻게 폭력에 대한 취약성을 해결할 것인지의 문제에 관해서 좌파 언론과 대안 미디어를 빼고는 중요한 공적 담론이 있을 수 있는지 의심스럽다. 여성들은 이 문제를 잘 알고 있고 거의 언제나 알고 있었는데, 무엇보다도 자본주의의 도래에 관한 것이 우리가 폭력에 노출되었음을 더욱 분명하게 만들었다. 불침투성으로 보일 가능성이나, 취약성 자체를 반박할 가능성은 있다. 폭력적이 될 가능성도 있다. 그러나 누군가가 어쩌면 살해될지 모른다는 공포 때문에 사회적으로 죽어가면서 죽음을 두려워하지 않고, 폭력적이 되어 다른 사람을 죽이지도, 다른 사람의 삶을 문자 그대로 죽음의 공포에 기반을 둔 사회적 죽음의 삶으로 살게 만들지도 않는, 그런 방식으로 살아갈 어떤 다른 방법도 있을 것이다. 어쩌면 이처럼 다르게 사는 방식에는 총체적 수단이 몸의 취약성을 딱히 없애지 않고 보호하고 있다는 것을 알게 되는 세계가 필요할 것이다. 확실히 어떤 규범은 그런 세계를 구축하는 데 유용하겠지만, 그것은 누구도 소유하지 못하게 될 규범일 것이고, 이 규범은 규범화나 인종적이고 민족적인 동화를 통해 작동해야 하는 것이 아니라, 지속적인 정치적 노력의 총체적 장이 됨으로써 작동해야 할 것이다.

---

13) 이 주제에 관한 더 풍부한 논의로는 Judith Butler, *Precarious Life: Powers of Violence, and Mourning*, New York: Verso, 2004 참고.

# 11장

# 철학의 '타자'가 말할 수 있는가?

이 글은 한때 철학사를 공부했던 사람으로서 쓰고 있지만, 요새 나는 다학제적인 맥락에서 더 자주 쓰고 있다. 내가 했던 철학사 공부는 다학제적 맥락에서는 말하자면 굴절된 형태로만 나타난다. 그러니 이런 이유에서든 또 다른 이유에서든 여러분이 지금 읽게 되는 글은 '철학 논문'이 아니며, 사실상 철학 분야에 속하는 논문도 아닐 수 있다. 철학에 '관한' 것이지만 철학으로 인정될 수도 있고 인정되지 않을 수도 있는 관점에서 쓴 논문일 수는 있겠지만 말이다. 이 점에 대해 양해를 구하고 싶다. 내가 써야 할 것은 딱히 어떤 주장도 아니고 딱히 엄밀한 것도 아니며, 현재 제도권 철학의 지배적인 통찰의 기준에 맞는지도 말하기 어렵다. 여기에는 내가 의도하지 않았던 어떤 중요성이, 철학적 중요성까지도 있을 것이다. 나는 제도권 철학에서 생활하거나 글을 쓰거나 일하지 않은 지 수년이 되었지만 이런 문제에 대해 자문해온 지도 그만큼 오래되었다. 철학자라면 내가 써야 하는 글에서 무엇을 생각해낼까 하는 질문 말이다.

나는 이 질문이 제도권 철학 안에서 연구하는 사람들에게, 특히 박사학위 후보자나 신진 교수에게 트러블을 일으키는 문제라고 생각한다. 잠시 이것이 아주 합당한 우려라는 데 주목하는 게 좋겠다. 특히 철학과 안에서 직업을 얻고자 하는 사람이나, 자신이 하는 일이 정말 합당하게 철학적임을 확립할 필요가 있는 사람이라면 말이다. 직업이 철학자인 사람들은 사실 이런 판단을 내려야 하고, 철학과 외부에 있는 우리들은 때로 이런 판단에 귀 기울여야 한다. 그 판단은 보통 이런 형식 중 하나를 취한다. "내가 이것을 이해하지 못하는 것이거나 그게 아니라면 여기서는 주장이 보이지 않는데, 이 모두가 아주 흥미롭기는 하지만 〔……〕 분명 철학은 '아닙니다.'" 이 모든 것은 무엇이 합당한 지식으로 간주되고 간주되지 않을지를 판단하는 권위의 목소리로 들린다. 다 아는 것처럼 보이고, 완전한 지식의 확신을 갖고 행동하는 사람의 목소리로 들리는 것이다. 그런 상황에 처해서 무엇이 중요하고 무엇이 중요하지 않은지를 분명히 알 수 있다는 것은 확실히 인상적이다. 사실 이런 결정을 내리고 따르는 것이야말로 철학자의 책무 중 하나라고 말하는 사람도 있을 것이다.

좋다. 하지만 난 이런 제도권에, 즉 피에르 부르디외Pierre Bourdieu가 '관례화된 철학 제도'라 불렀던 것에 특정한 당혹감을 느꼈다고 주장하려 한다. 이런 당혹감은 '철학'이라는 용어가 그 제도의 범위를 규정하고 지키려 하는 사람들의 통제를 더 이상 받지 않는다는 사실로 인해 발생한다. 물론 미국철학협회에 합당한 대가를 지불하고 다양한 권력 층위에서 그 운영 조직에 들어간 사람들은 충격을 받았고 놀랐고 어쩌면 분개하기까지 했다. 그들이 행하는 학문적 실천, 또 그것을 규정하고 지키는 것이 자신들의 의무이자 특권이라고 생각하는 학문적 실천을 결코 인정할 수 없는 방식으로 되울리는 학문 종류를 말하는 데 '철학'이라는 단어를 쓰고 있다는 사실 때문이다. 철학은 언어도단이라 할 정도로 자신을 이중화했다. 헤겔의 용어로 말해 철학은 자신의 바깥에서 자신을 발견했고, '대타자' 안에서 자신을 상실했다. 철학이 철학이라는 이름 아래 방랑하고 있다는 스스로에 대한 언어도단적 사유로부터 자신을 구해낼 수 있을 것인지, 또 어떻게 구해낼 것인지가 궁금하다. 만일 본원적 의미라는 게 있다면, 본원적 의미에서 철학은 대타자와 같은 이 언어도단적 모습으로부터 마침내 자신에게 되돌아갈 수 있을지 궁금하다. 공공연히는 아니지만 매년 연찬회가 열리는 힐튼 호텔의 홀웨이나 바에서는 분명히, 철학 그 자체의 유령 같은 이중성이 출몰하여 철학 본연의 이름을 잘못 사용한 사례에 포위당하고 이용당하고 파괴당하지는 않는지 궁금하다.

　나 자신을 그런 유령 같은 이중성으로 소개할 마음은 없지만, 내 글이 철학에 관한 것이기는 해도 철학적인 것은 아니므로 결과적으로 좀 유령처럼 보일 수는 있겠다. 우선 나는 처음부터 철학 제도와 거리를 두고 글을 썼음을 한 번 더 확인해두겠다. 그다음에 철학은 결국 영원한 시작이라고 주장한 에드문트 후설Edmund Husserl의 정신을 본받아, 나의 시작은 보잘것없고 골치 아픈 것이었음을 말해두겠다. 정말 확실히 그랬으니까. 열두 살 때 나는 교육학 예비 박사학위자와 면담을 하면서 이다음에 크면 무엇이 되고 싶냐는 질문을 받았다. 나는 철학자 아니면 광대가 되고 싶다고 말했다. 그때의 나는 철학화할 만한 가치가 있는 세계를 발견하느냐 마느냐, 그리고 진지함의 대가가 무엇인가에 많은 것이 달려 있다고 생각했던 듯하다. 내가 철학자가 되기를 원하는지는 확신할 수 없었는데, 고백하건대 이런 의혹은 결코 완전히 극복하지 못했다. 지금 철학적 직업의 가치에 관해 의혹을 품는다는 것은 그 사람은 철학자가 **아닐** 거라는 확실한 표시일 수도 있다. 정말로 이 암울한 직업 시장에 대해 심사숙고하는 학생, 철학적 직업의 가치나 달리 말해 철학자가 되는 것의 가치를 확신하지 못하겠다고까지 말하는 학생이 있다면, 아마 당신은 교수의 일원으로서 주저 없이 그 사람이 다른 시장 분야로 가도록 재빨리 방향을 틀어줄 것이다. 철학자가 된다는 것의 가치를 전적으로 확신하지 못한다면, 그 사람은 분명 다른 곳으로 가야 한다. 물론 우리가 철학자가 된다는 것의 가치에 대해 확신하지 않는 데서 어떤 **가치**를 알아내지 못하는 한, 철학의 제도화에 대한 저항이 다른 종류의 가치를 갖지 않는 한은 말이다. 이런 다른 종류의 가치가 항상 시장성이 있는 것은 아니지만 철학의 현재 시장적 가치를 대조해볼 지점으로 등장한다고는 말할 수 있을 것이다. 무엇이 철학으로 인정되고 인정되지 말아야 할지를 확실히 알지 못한다는 것 자체가 어떤 철학적 가치를 가질 수 있을까? 그리고 그것은 철학적인 것이 비철학적인 것과 엄밀히 구분되는 새로운 범주가 되지 않으면서 이름을 정하고 논의도 할 수 있는 가치인가?

다음에서는 어떻게 해서 내가 상당히 비제도적인 방식으로 철학에 입문했는지를 보여주고, 제도화된 철학의 삶과 이렇게 거리를 두는 것이 어떻게 해서 나를 비롯해 철학적 주제에 관한 인문학 연구를 하는 많은 현대 학자들에게 사명이 되었는지를 보여주려 한다. 나는 이런 상황에도 분명한 가치가 있다고 주장하고 싶다. 철학의 외부에서 일어나는 철학적 작업의 상당수가 철학 텍스트의 수사적이거나 문학적인 양상을 자유롭게 검토하며, 특히 어떤 철학적 가치가 이런 수사적이고 언어적인 특징에 의해 전달되고 수행되는지를 자유롭게 질문한다. 철학 텍스트의 수사적 양상에는 다양하게 나타날 수 있는 그것의 장르, 그것이 주장하는 방식이 포함되며, 때로는 함축적으로 주장을 펼치면서, 또 때로는 철학 텍스트가 명시적으로 선언하는 것과 정반대의 주장을 펼치면서 그것의 재현 양식이 어떻게 주장에 영향을 미치는지도 포함된다. 대륙 철학의 전통 속에서 이루어진 상당한 양의 작업은 현재 철학과의 외부에서 행해졌고, 때로는 문학적 해석과 연결해 특히 풍부하고 도발적으로 이루어졌다. 역설적이게도 철학은 현대의 문화학과 문화정치학 연구에서 새로운 활력을 얻는다. 여기서의 철학 개념이 일반적으로 말해 철학적이지는 않지만, 문화 연구의 자리를 인문학 안의 철학적 사유에 핵심적인 것으로 확립하는 사회 및 문학 텍스트에 영향을 미친다. 나는 나 자신이 철학에 관여하게 된 이야기와 내가 헤겔로 향하게 된 이야기를 함으로써 이 점을 분명히 해두고 싶다. 그리고 마지막으로는 근대성의 기획에서 인정 투쟁이라는 문제에 관해서 현대 학문 속 헤겔의 위치를 논의할 것이다.

나는 대단히 비제도적인 방식으로 철학에 입문했고 그것은 독학으로 이루어진 미성숙한 것이었다. 그 장면은 십대 아이가 골치 아픈 가족 관계에서 도망치고자 엄마의 대학 교재가 보관되어 있던 집 안의 지하실에 숨어 있다가 거기서 스피노자의 『에티카』(1934년, R. H. M. 엘웨스 번역판)을 발견하는 그림으로 가장 잘 요약될 것이다. 나의 감정은 확실히 들끓었고, 나는 그 감정이 무엇인지, 그리고 왜 생겼는지 안다면 그 감정을 감당하며 사는 법을 아는 데 도움이 될까 해서 스피노자에게로 향했다. 『에티카』의 2장과 3장에서 내가 발견한 것은 정말 풍부했다. 인간의 **코나투스**conatus의 우선적 지속성으로 감정 상태를 설명한 것이 인간 열정에 대한 가장 근원적이고 순수하고 명확한 설명으로 느껴졌다. 사물은 그 상태로 지속되고자 애쓴다. 이는 절망 속에서도 지속되는 활력론vitalism의 형태라고 내게 신호하는 듯했다.

내가 스피노자에게서 발견한 개념은, 어떤 의식적이고 지속적인 존재가 자신의 반영물에 반응하는데, 그것은 그 반영이 자기 자신의 미래의 지속과 삶의 가능성을 축소시키는지 확대하는지에 따라 감정적인 방식으로 반응한다는 것이다. 이 존재는 자신의 존재 그대로 지속되기를 원할 뿐 아니라 그런 지속 가능성을 반영하는 재현물의 세계에서 살기를 원하며, 마침내 자신의 삶뿐 아니라 다른 사람의 삶의 가치까지도 반영하는 세계에 살기를 원한다. 「인간의 예속, 혹은 정서의 힘에 대하여On human Bondage, or the Strength of the Emotions」라는 장에서 스피노자는 이렇게 쓴다. "그 누구도 존재하면서 행동하고 살기를, 다시 말해 사실상 실존하기를 바라지 않으면서 축복받거나 올바르게 행동하거나 올바르게 살기를 바랄 수는 없다"(Prop., XXI, p. 206). 그리고 다시 한 번 이렇게 쓴다. "욕망은 인간의 본질이다. 즉 인간이 자신만의 존재로 지속되려 하는 바로 그 노력이다."

그 당시 나는 이런 스피노자의 이론이 헤겔에 관한 내 후속 연구의 핵심으로 드러나리라는 것을 알지 못했다. 그러나 이것은 욕망이 언제나 인정을 향한 욕망이고, 그 인정은 지속적이고 생존 가능한 삶의 조건이라는 헤겔의 주장을 나타내는 근대 초기의 선례이다. 삶을 향한 욕망은 절망적 감정 속에 그 씨앗이 보일 수 있다는 스피노자의 주장은 더욱 극적인 헤겔의 주장으로, 즉 '부정성과 함께 머물기'는 부정성을 존재로 변환시킬 수 있으며 뭔가 긍정적인 것은 사실 거스를 수 없는 불가역성 속에서 개인적이고 총체적인 파국의 경험에서 올 수 있다는 주장으로 이어졌다.

나는 키르케고르Søren Kierkegaard의 『이것이냐 저것이냐Either/Or』의 첫 영역본을 우연히 마주하게 된 것과 동시에 스피노자도 우연히 만났고, 대학에 갈 때까지 헤겔을 피했다. 키르케고르에게서는 의미하는 바 그대로 말하지 않는, 글로 쓰인 목소리를 읽어내려고 애썼다. 사실 이 목소리는 자신이 말해야 하는 것이 언어로 소통 가능한 것은 아니라고 계속 말하고 있었다. 따라서 철학 텍스트와 나의 첫 대면 중의 하나는 독해의 문제를 제기했고, 나는 하나의 텍스트로서 그 수사적 구조에 관심을 갖게 되었다. 저자는 익명으로 남아 말을 아꼈고, 말하고 있는 사람이 누구인지 말하지 않았고, 내가 해석의 어려움을 벗어나게 해주지도 않았다. 이같이 독특한 문체의 성과는 『이것이냐 저것이냐』가 두 권으로 된 책이고, 각 권이 상대편의 관점과 겨루고 있는 관점으로 쓰였기 때문에 저자가 누구건 간에 한 명은 아니라는 사실로 인해 복잡해졌다. 반대로 이 두 권의 책은 말 그대로 직접적 담화를 통한 설명을 피하는 것처럼 보이는 심리적 분열의 장을 연출하고 있다. 키르케고르 글의 수사적이고 장르적인 차원을 이해하지 않고는 그의 저작을 이해할 방법이 없었다. 우선 책의 문학적 형식과 수사적 상황을 고려한 뒤 그것에서 철학적 진리를 선별해 모을 것이라는 뜻이 아니다. 그와 반대로, 언어를 통해 그 자체가 비틀거리는 순간에 놓이지 않고서는 철학적 지점을, 즉 신념의 문제에 관해서는 침묵의 극복 불가능성과 관계 있는 지점을 끌어낼 방법이 없었다. 거기서 언어는 자신의 한계를 보여주는데, 이런 '보여주기'는 자신의 한계를 단순히 선언하는 것과는 다르다. 키르케고르는 언어의 한계에 대한 직접적 선언을 신봉하지 않는다. 다름 아닌 선언적 양식 자체를 허무는 것이면 된다.

내게 철학은 키르케고르와 스피노자였으며 흥미롭게도 이것은 내 어머니의 책이었는데, 아마 1950년대 초반 바사르 대학의 학부 과정 때 사서 읽으셨던 책일 것이다. 내가 세번째로 찾은 책은 쇼펜하우어Arthur Schopenhauer의 『의지와 표상으로서의 세계*The World as Will and Representation*』로 아버지의 책이었다. 그 책은 아버지가 한국에 갈 때 지니고 갔던 것으로 보이는데, 그곳에서 아버지는 낯선 데다 잠정 중단된 어떤 전쟁 기간에 군 치과 의료진으로 일하셨다. 그 책은 어머니와 만나기 전에 사귀던 애인한테 받은 것으로 보였고, 그 애인의 이름이 첫 장에 서명되어 있었다. 그분이 어떻게 이 책을 보게 되었고, 왜 아버지에게 선물했는지, 그 책을 소장하거나 읽는다는 게 아버지에게는 어떤 의미였는지는 알 길이 없다. 그러나 아버지의 애인이나 그 친구분이 어떤 수업을 들었을 것이고, 철학 제도 덕분에 이 책을 구할 수 있었으리라고 추측한다. 나는 세상이 나 자신보다 더 큰 구조와 의미를 가지고 있다고 생각하던 시기에 사춘기의 고민을 하다가 그 책을 발견했다. 그것은 욕망과 의지의 문제를 철학적 관점에서 보게 했고, 사유를 하는 데 어떤 뜨거운 명징함의 본보기를 보여줬다.

그러니 이런 책들은 철학 제도의 부산물로 내게 온 것이지만, 비제도적인 형식으로 왔다고 할 수 있다. 누군가 이런 책들이 번역되어 전파되어야 한다고 결심했고, 부모님이나 부모님 친구들이 수강한 교과목 때문에 누군가 그 책들을 주문했고, 그다음에는 책꽂이에 꽂혀 있다가, 내가 살던 교외 주택의 연기 자욱한 지하실을 장식하는 시각적 지평으로 재등장했다. 풀이 죽고 골이 난 나는 지하실 문을 잠가 아무도 들어올 수 없게 한 뒤 음악을 실컷 들으며 앉아 있었다. 어둡고 공기가 통하지 않는 그 방에서 내가 피운 담배 연기를 따라 올려다보다가 읽고 싶은 생각이 드는, 철학을 읽고 싶다는 생각이 드는 제목을 보았다.

철학이 내게 온 두번째 경로는 유대교 회당이었다. 첫번째 경로가 사춘기의 고민에서 왔다면 두번째는 총체적인 유대교의 윤리적 딜레마에서 왔다. 유대교 회당에서 수업을 듣는 일은 고등학교 가기 전에 그만두어야 했지만 어쩌다 보니 나는 계속해서 듣기로 결정했다. 수업에서는 도덕적 딜레마, 인간의 책임 문제, 개인의 결정과 집단의 책임 사이의 긴장, 하느님을 주로 다루었고, 하느님이 존재하는지, 그리고 특히 강제 수용소라는 관점에서 볼 때 '그분'의 효용이 결국 무엇일지에 초점을 두는 경향이 있었다. 나는 말하자면 훈육이 필요한 문젯거리로 취급되어서, 여러 권의 유대철학서를 중심으로 랍비와 개별 지도 시간을 가져야 한다는 과제를 일종의 처벌로 받았다. 그러다가 키르케고르를 떠올리게 하는 글을 몇 편 발견했는데, 거기서는 특정한 침묵이 해당 글에 영향을 미치고 있었고, 그 글은 자신이 전달하려는 바를 딱히 전하거나 뜻하지는 못했지만, 그 글 자체가 비틀대고 있다는 표시가 언어가 곧장 의미가 될 수는 없다는 현실을 일깨워주었다. 그에 따르면 철학은 수사적 문제이기도 했지만, 개인과 집단의 고민에 관한 문제 및 어떤 변화가 가능한가의 문제와 다소 직접적으로 관련되어 있었다.

나는 유대식 교육이라는 맥락에서 제도화된 철학 공부를 시작했다. 그 교육은 보통 말하는 윤리성에 대해 생각해볼 만한 장면을 정하는 데 있어서 윤리적 딜레마를 갖고 있었는데, 그 딜레마는 제2차 세계대전 동안 내 가족 구성원을 포함한 유대인 대량 학살 때문에 생겨났다. 그래서 대학에 와서는 니체를 읽는 데 동의하기가 어려웠고, 예일 대학에서 학부 시절을 보내던 내내 대체로 나는 니체를 경멸했다. 친구를 따라 『선악을 넘어서*Beyond Good and Evil*』에 관한 폴 드 만Paul de Man 강의에 갔을 때 난 즉각적으로 강렬한 충동과 혐오를 느꼈다. 그의 수업에서 나오면서 나는 말 그대로 땅바닥이 꺼지는 느낌을 받았다. 나는 균형감을 되찾으려고 난간에 몸을 기댔다. 그리고 불안에 떨면서 그는 개념을 신봉하지 않는다고, 드 만은 개념을 은유로 풀어내고 철학에서 위안의 힘을 제거해서 철학의 전제 자체를 파괴하고 있다고 선언했다. 가끔 다른 사람을 통해 소식은 전해 들었지만 그 강좌로 돌아가지는 않았다. 그 당시 나는 오만하게도, 드 만의 세미나에 참여하는 사람은 진정한 철학자가 아니라고 판단했고, 그에 따라 그런 제스처를 취하고 있었고 그것의 의미를 지금도 생각하고 있다. 나는 그런 사람들은 물질에 대해 모르며 진지한 질문을 하고 있지도 않다고 결론을 내렸고, 30미터 남짓 떨어진 코네티컷 홀에서 진행되는 좀더 보수적인 진영의 대륙 철학으로 돌아갔다. 그 순간 마치 철학과 비교문학을 가르는 거리가 실제보다 훨씬 큰 것처럼 행동하면서 말이다. 나는 드 만을 거부하고 부인하기는 했지만 때로 그의 강의실 뒷자리에 앉아 있기도 했다. 그때부터 아직까지 해체주의자들은 나를 의심스럽게 보곤 한다. 그때 왜 내가 드 만의 강의실에 없었는가를 묻는 것이다. 그러나 나는 그 강의실에는 없었지만 그리 멀리 있지 않았고, 때로 겉으로는 보이지 않게 그 안에 가 있기도 했다. 그리고 어떤 때는 아주 일찍 나가버리기도 했다.

고등학교에서 베닝턴 대학으로, 또 예일 대학으로 학교를 옮기기는 쉽지 않았고, 어떤 면에서는 철학적인 직업에 익숙했던 적이 없었다. 어린 시절의 나는 어떻게 살 것인가라는 질문을 제기하는 하나의 방식으로 철학을 만났고, 철학 텍스트를 읽는다는 것과 철학적으로 사고한다는 것이 삶의 문제에 꼭 필요한 지침을 줄 것이라는 생각을 진지하게 받아들였다. 어떤 사람이 철학의 가르침에 따라 행동하는 일이 실제로 일어난다면 그 사람은 철학으로 기묘한 코미디를 만들어낼 수 있다는 키르케고르의 비평을 처음 읽었을 때, 나는 분개했다. 어떻게 어떤 것이 진리임을 아는 것과 그 지식에 따라 행동하는 것 사이에 이런 아이러니하면서도 필연적인 간극이 있을 수 있는가? 그다음에는 막스 셸러Max Scheler에 관한 이야기를 듣고 다시 한 번 분개했다. 윤리학 연구를 계속하면서 어떻게 그런 비윤리적 삶을 살 수 있었느냐고 청중에게 압박을 당하자, 셸러는 베를린으로 가는 길을 알려주는 표지판이 올바른 방향을 알려주기 위해 베를린까지 갈 필요는 없다는 말로 응대했다는 이야기였다. 철학은 삶과 분리될 수 있고, 삶은 완전히 철학의 명령을 받지 않을 수도 있다는 것이 어떤 위험한 가능성처럼 다가왔다. 이후 수년이 지나고 나서야 철학적 개념화가 철학적으로 개념화하기 어려운 삶을 완전히 구원할 수는 없다는 것을 이해했고, 이 같은 탈이상주의적 통찰과 타협하게 된 것에 슬픔과 상실감을 느꼈다.

철학이 삶과 맺는 관계에 관한 내 신념이 옳건 그르건, 철학을 실존적이고 정치적인 딜레마와 연관시킨 것은 여전히 어떤 신념이었다. 그리고 이상주의에 대한 환상이 깨져버린 것보다 결국 더 충격적이었던 것은 내가 학제적인 철학의 정의definition로 진입했다는 점이었다. 1977년, 케이스웨스턴리저브 대학에서 철학개론 교과에 참석했던 고등학교 시절 일어난 일이었다. 그때 선생님은 루스 매클린Ruth Macklin이었는데 지금은 알버트 아인슈타인 의과대학의 생명윤리학자로 계신다. 그녀는 플라톤Plato과 존 스튜어트 밀, 정의에 관한 존 롤스John Rawls의 초기 논문을 가르쳤는데, 접근법이 대단히 분석적이어서 그 당시에는 이해도 못했고 어떻게 이름을 붙여야 할지도 몰랐다. 나는 첫 강좌에서 헤맸고, 그다음에는 도덕철학에 관한 그 선생님의 다른 강좌를 수강하기로 결심했는데, 그 강좌에서는 주로 '선'이라는 단어가 윤리적 논쟁과 표현에서 사용될 때 갖는 다양한 의미에 대해 심문하면서 러셀Bertrand Russell과 무어George Edward Moore로부터 시작해 스티븐슨Charles Stevenson, 필리파 풋Philipa Foot을 아우르는 영국 분석철학 사상가들을 주로 읽었다. 결국 고등학교 졸업반이던 그해 말에는 의기양양했으나, 대학에 들어갈 즈음에는 제도적인 양식으로는 내게 맞는 나만의 철학적 해석을 발견하지 못하리라는 것을 알았다.

나는 한스-게오르그 가다머Hans-Georg Gadamer와 함께 연구하며 독일 관념주의 철학을 공부하기 위해 풀브라이트 장학생으로 독일로 갔다가 대학원생으로 예일 대학에 돌아왔고, 대학 내에서 정치적으로 적극적인 사람이 되기 시작했다. 푸코라는 저자의 책을 읽고 철학과 정치의 관계를 캐묻고 다니기 시작했으며, 흥미롭고 중요한 뭔가가 페미니즘 철학에서 만들어질 수 있는지 특히 젠더의 문제에 대한 철학적 접근이 가능한지를 공개적으로 연구하기 시작했다. 동시에 내게는 대륙 철학의 맥락에서 타자성의 문제가 중요해졌다. 그리고 나는 욕망과 인정의 문제에 관심이 있었다. 어떤 조건에서 욕망은 스스로 인정을 구하고 또 발견하는가? 이것은 내가 게이와 레즈비언 연구 분야로 이동하는 동안 지속된 질문이었다. 욕망과 인정의 문제와 '대타자'의 문제는 시몬 드 보부아르에게 그러했듯 내게도 복종과 배제에 관해 정치적으로 생각해볼 출발점으로 보였다. 난 내가 탐구하던 용어에 심취되어 있다고 느꼈고 — 철학의 대타자에 관해 묻고 있는 오늘날도 마찬가지지만 — 그래서 대타자성Otherness을 이해할 근대적 자원으로 되돌아갔다. 헤겔 말이다.

헤겔의 『정신현상학』에 나오는 욕망과 인정에 관한 나의 박사 논문

작업에는 훨씬 이른 시기부터 몰두해왔던 똑같은 문제 몇 개가 들어가 있다. 『정신현상학』에서는 욕망(168문단)이 자기 반영self-reflection에 핵심적이며, 상호 인정의 드라마를 통하지 않고는 자기 반영도 없다. 따라서 인정을 향한 욕망이란, 욕망이 대타자 안에서 자신의 반영물을 구하는 것이다. 이것은 대타자의 타자성을 부정하려는 욕망(결국 나와의 구조적 유사성 덕분에 그것은 내 자리에 있으면서 나의 단일한 존재를 위협한다)인 동시에, 대타자가 되거나 대타자에 사로잡힐까 봐 두려워하는 바로 그 대타자를 요구하는 관계에 자신이 있다는 것을 알게 되는 욕망이다. 그리고 사실상 이 같은 구성상의 열정적 유대 없이는 어떤 인정도 있을 수 없다. 우리의 의식은 자신이 상실되었다는 것을, 대타자 안에서 상실되었다는 것을, 그것이 자신의 외부로 나왔다는 것을 알게 되고, 자신을 타자로, 실은 대타자 안에서 발견한다. 따라서 인정은 우리가 타자 안에서 상실되었으며, 자신이기도 하고 아니기도 한 타자성 안에서 또 타자성에 의해서 충당된다는 통찰로 시작된다. 인정은 거기 반영된 자신을 찾으려는 욕망으로 인해 움직이는데, 여기서 반영은 최종적인 몰수가 아니다. 사실, 의식은 자신을 회복하고 이전 시기로 복원되고자 하지만, 타자성에서 이전 자아로 복귀되는 일은 없을뿐더러 미래의 변화는 예전으로의 복귀가 불가능함을 약속할 뿐임을 알게 된다.

따라서 「주인과 노예Lordship and Bondage」에서 인정은 인정을 향한 욕망으로 인해 자극되며, 인정 자체가 욕망이 발전된 형태이다. 인정은 더 이상 단순한 타자성의 소모나 부정이 아니라, 우리가 대타자 속에서 자신을 발견하고자 하지만 자신의 반영물은 그 사람이 몰수되었고 자기를 상실했다는 기호라는 것만 알게 되는 불안정한 동력이다.

그런 관점에서 말해서는 안 된다는 것을 알기는 하지만, 이 순간 제도화된 철학 자신이 이런 이상한 관계 속에서 발견될지도 모른다. 이전에도 '철학'이라 불리는 것이 있었지만, 그것은 전혀 '철학이 아니며,' 철학 학제의 관례를 따르지도 않고, 논리적 엄밀성과 명확성이라는 완전히 투명한 기준에도 맞지 않는다. '완전히 투명한'이라고 말한 것은 단지 내가 인문학 쪽 장학금 신청을 심사하는 몇몇 위원회의 위원이기 때문이며, 많은 철학자들이 지지하며 실천하는 명확성의 행위가 종종 다른 인문학자들을 꽤 당혹스럽게 만드는 것이기 때문이다. 사실 명확성의 기준이 밀폐된 학제의 일부가 되면 그것은 더 이상 소통할 수가 없게 되고, 그 결과로 얻는 것은 역설적이게도 소통 불가능한 명확성이다.

이런 제도화된 '철학'이 철학 그 자체는 아니며 그것은 다른 역설도 낳는다. 이것이 철학이 자리해온 경계선의 외부에 제2의 철학을 확산시키며, 그래서 철학이 자기도 모르게 자신의 유령 같은 짝패double를 생산한 것처럼 보인다는 역설 말이다. 게다가 이 나라 대부분의 어학과나 문학과에서 철학으로 훈련받은 것이 철학의 의미를 구성하게 되므로, 철학 학제는 자신이 자신의 짝패에게 낯선 방식으로 몰수되었음을 알게 되는 것일 수도 있다. 철학이 자기를 반향시킨 이런 개념과 분리되려 하면 할수록, 그것은 더욱 효과적으로 자신이 포함해야 할 경계선 밖의 다른 철학의 지배를 굳건하게 만든다. 철학은 더 이상 자신에게로 복귀할 수 없다. 그 복귀를 표시해줄 경계선 자체가 바로 철학이 제도적 장의 바깥으로 확산되는 조건이기 때문이다.

물론 철학에 대한 해석은 두 가지가 넘고, 여기서 나는 분명 헤겔의 언어 때문에 내 설명의 특징적 요소를 잘못된 이분법으로 제한할 수밖에 없다. 제도화된 철학은 한동안 철학 자체와 의견이 같지 않았고, 같은 견해라고 해도 철학의 생명은 철학의 경계 밖에서 다양한 형태를 취했다. 그렇지만 분명히 밝힐 수는 없어도 한쪽이 다른 한쪽 때문에 출몰하는 방식이 있다.

내가 예일 대학 철학과에서 페미니즘 철학에 관해 강의를 시작했을 때, 강의실 뒤편에 다소 성가신 인물 몇 명이 눈에 띄었다. 성인들 몇 명이 이리저리 서성대면서 내 강의를 듣다가 갑자기 강의실을 나가고 1~2주 뒤에 되돌아와서는 그 성가신 의례를 똑같이 반복하는 것이었다. 그들은 내가 시험 삼아 드 만의 세미나에 참석했을 때 행동했던 그대로 행동하고 있었다. 알고 보니 이들은 내가 가르치고 있던 게 철학의 분류하에 일어난다는 사실에 분개한 정치 이론가들이었다. 그들은 완전히 들어와 자리 잡지도 못했지만 그렇다고 떠나지도 못했다. 그들은 내가 뭐라고 말하는지 알아야 했지만 그 강의를 들을 만큼 가까이 다가가는 것도 스스로 용납할 수 없었다. 그건 내가 나쁜 철학을 가르치고 있는지 또는 철학을 잘 가르치고 있는지의 문제가 아니라, 내 강의가 철학이기는 한 건지의 문제였다.

나는 오늘날 어떤 철학이 있어야 하는가라는 질문에 답하겠다는 게 아니며, 아주 솔직히 말해 그 문제에 관해 더 이상 분명한 견해도 없다고 생각한다. 그것은 내가 철학을 떠났기 때문이 아니라, 철학이 매우 의미심장한 방식으로 자신에게서 분리되어 자신에 대한 대타자가 되었으며 철학이라는 이름이 공식적 규제를 벗어나 방랑하게 되면서 충격에 빠지게 되었기 때문이라 생각한다. 이것은 내가 실제로 페미니즘 철학을 하자 분명해졌다. 몇 년 전 뉴스쿨 정치사회과학 대학원 학생들이 "페미니즘 철학이 철학인가?"라는 제목의 학술회의를 개최한 것을 알고 나는 매우 놀랐다. 그것은 페미니즘 사상에 대한 회의론에서 비롯된 문제였는데, 이제는 신진 페미니즘 연구자들에게 진지하게 인용되고 있었다. 어떤 사람은 그래, 페미니즘 철학은 철학이다라고 주장하고, 나아가 페미니즘 철학이 철학의 문제 중에서는 가장 전통적인 문제를 제기하는 온갖 방식을 보여주려 할 것이다. 그러나 내 생각에 이런 질문은 거부되어야 한다. 그것은 잘못된 질문이기 때문이다. 올바른 질문은 말하자면 철학이 철학인지를 묻는 이상한 동어반복에 빠져 있다는 것을 스스로 발견하는 것과 같은 '철학'이라는 용어의 반향이 어떻게 가능해졌는가와 관련이 있다. 어쩌면 우리는 이 용어의 제도적이고 담론적인 궤적을 알고 있기에, 철학이 과거에는 그랬는지 몰라도 이제 더 이상 자기 동일적이지 않으며 철학의 증식은 극복할 수 없는 문제로 철학을 괴롭히고 있다고 말해야 할 것이다.

한동안 나는 이런 문제는 다룰 필요가 없다고 생각했다. 일단 나는 젠더 이론에 관한 책을 출간했고, 문학 학부에서 강사로 초청되는 일이 많았으며, 뭔가 '이론'이라고 불리는 것에 관해 말하도록 초청받는 일이 많았기 때문이다. 내가 '이론가'라 불리는 사람이 되었다는 것이 드러났고, 난 내 앞으로 온 친절한 초청을 흔쾌히 수락하기는 했지만 다소 어리둥절했고 '이론'이라 불리는 이 기획이 어떤 종류의 실천이어야 하는지를 이해하려 노력하기 시작했다. 아, 그렇다. 나는 이런 경우 저녁식사 자리에서 샤르도네 포도주를 홀짝이며 '이론의 상황'을 말하곤 했다. 그다음에는 이런 '이론'이 어떤 것이어야 하는지 정확하게 말해줄 친절한 사람이 있나 보려고 열심히 주변을 둘러보곤 했다. 난 문학 이론을 읽었고 내가 쓴 책이 그 분류의 서가에 꽂혀 있는 것을 발견했다. 어렸을 때부터 나는 그와 같은 관례가 있다는 것은 알았으나(웰렉René Wellek, 플레처Angus Fletcher, 프라이Northrop Frye, 블룸Harold Bloom, 드 만, 이저Wolfgang Iser, 펠먼 등이 떠올랐다) 내가 하고 있는 게 '이론'인지 분명치 않았고, 그 용어가 철학의 장소를 차지할 수 있는지 또 차지해야 하는지도 분명치 않았다. 이 지점에 이르자 내가 철학을 하고 있지 않다는 사실이 더는 나를 괴롭히지 않았다. 문학의 세계는 내가 수사적 구조, 생략, 은유적 축약을 읽어내게 해주었고, 문학적 독해와 정치적 난제 간의 가능한 접점에 대해 숙고할 수 있게 해주었기 때문이다. 나는 '이론'이라는 말이 사용될 때마다 여러 차례 계속 불안을 겪었고 아직도 그 말에 대해서 뭔가 불편함을 느낀다. 이제 나는 이론의 일부이며 아마 그 용어와 분리되어서는 내가 존재할 수 없을 것임을 알고 있는데도 말이다.

그러나 난 이런 혼란이 나만의 것은 아니라는 것도 알게 되었다. 놀랍게도 최근 들어서야 여러 출판사의 도서 목록을 들여다보고, 철학과에서 가르치지 않고 있는 몇몇 저자가 '철학'의 이름 아래 있다는 것을 알게 되었다. 여기에는 여러 명의 대륙 철학자들과 평론가들이 포함되어 있을 뿐 아니라 문학 이론가와 예술 및 미디어 연구자, 윤리학자와 여성학자도 포함되어 있다. 나는 존스홉킨스 대학 인문학센터나 코넬 대학 영어학과, 또는 노스웨스턴 대학 독일어학과에서 나온 헤겔과 칸트에 관한 박사학위 논문 편수를 눈여겨보며, 지난 10년간 데리다, 레비나스, 아감벤Giorgio Agamben, 발리바르Etienne Balibar, 코프만Sarah Kofman, 이리가레, 식수와 관련된 연구를 위해 프랑스로 갔거나 독일 관념론 및 프랑크푸르트학파의 전통을 배우려고 독일로 계속 가고 있는 인문학 분야의 신진 학자 수도 눈여겨본다. 지금은 문화 이론가와 문학 이론가가 셸링Friedrich W. S. Schelling과 슐레겔Friedrich Schlegel에 관한 가장 흥미로운 저작을 써내고 있으며, 비교문학과 독일학에서 칸트와 키르케고르에 관한 피터 펜브스Peter Fenves 같은 학자의 뛰어난 저작이 나타난다. 푸코에 관한 철학적으로 가장 중요한 저작 중 일부는 인류학자인 폴 래비나우Paul Rabinow 같은 학자가 써냈다.

발터 벤야민 같은 인물의 엄청나게 다학제적인 삶에 대해서도 생각해보자. 그는 철학이 여러 방식으로 자신의 제한된 문 바깥으로 과도하게 떠돌아다니고 있다는 것을 보여주는 좋은 본보기이다. 벤야민이 바로 그런 철학 교과를 개설한 철학과 안에서 '프랑크푸르트학파'라는 과목으로 교육을 받았을 거라고 기대하는 사람도 있겠지만(그런 교과목을 둔 학과가 지금도 십여 곳 있다고 생각한다), 그의 언어와 미학적 심취로 인한 난해함 때문에 종종 그의 저작은 철학 과정에서 삭제되고 영어학과, 비교문학과, 프랑스어학과, 독일어학과에서 다시 등장했다. 몇 년 전 영국 좌파 저널인 『뉴 포메이션스New Formations』는 벤야민의 저작에 관한 특별호를 발행했고, 그와 동시에 겉보기에는 탈이데올로기적인 『다이아크리틱스Diacritics』도 그러더니, 이제 『크리티컬 인콰이어리Critical Inquiry』지의 최신호도 이 논쟁에 가담한 사실을 나는 흥미롭게 눈여겨보았다. 벤야민의 글은 철학적인 게 아닌가? 철학자 제이 번스타인Jay Bernstein은 열정적으로 이에 반대하는 주장을 폈다. 아니면 철학이 문화 분석을 통해, 유물론적 문화에 대한 고려를 통해, 혹은 실패하거나 역전된 신학 구조의 관점에서, 경구와 같은 것부터 밀도 높은 지칭까지 아우르는 언어 안에서, 혹은 마르크스주의의 궤적 속에서, 문학적 독해와 이론의 형식 안에서 논쟁적이고도 산발적인 형태로 여기 나타난 것인가. 이런 연구의 다학제적 항로는 역사의 의미, 언어의 지칭성, 미학적 형식에 내재적인 시와 신학의 깨진 약속들, 그리고 공동체와 소통의 조건들이라는 문제를 어디서 찾아야 할지에 관한 전제를 만든다.

이것들은 모두 분명 철학적 관점이지만 논쟁적 형식으로 수렴되지 않으며 직선적인 전개 양식을 따르지도 않는 다양한 수단과 분석 양식, 읽기와 쓰기를 통해 추구된다. 어떤 사람들은 벤야민의 글을 직선적인 논의의 전개로 변환해주면 벤야민도 철학적일 수 있다고 말할 것이다. 또 다른 사람들은 직선적인 논의에 대한 도전 자체가 그 자체의 철학적 의미를 지니며, 그것은 권력과 이성의 출현, 시간의 전진 운동에 의문을 제기한다고 주장할 것이다. 불행히도 두번째 주장을 하려는 사람들은 대부분 철학의 장 외부에 있는 인문학부 소속이다.

예컨대 뤼스 이리가레의 저작을 살펴보면 타자성 문제에 대한 페미니즘의 탐문을 읽을 수 있는데, 그것은 헤겔, 보부아르, 프로이트뿐 아니라 메를로-퐁티와 레비나스에게도 기대고 있다. 이런 탐문은 여성적인 것을 배제하는 데 반대하고 가장 기본이 되는 관점을 재표명하라고 촉구할 때조차 철학사에 깊이 침잠해 있다. 이 저작은 철학 텍스트라서 철학 없이는 읽을 수 없지만, 대부분의 철학과에서 이 책을 철학의 정전에 포함시키는 것은 불가능하다.

무엇이 철학에 속하고 무엇이 속하지 않는가의 문제는 철학 텍스트의 수사성이라는 문제에 초점을 둔다. 그 텍스트가 조금이라도 수사성을 가지고 있는지, 이런 수사적 차원이 그 텍스트의 철학적 특성에 본질적인 것으로 읽히거나 읽혀야 하는지의 문제 말이다. 이런 문제들은 자국 언어로 등장하기도 하고 당대의 사회운동이 제도권 철학에서 더 넓은 문화적 대화로 나갈 출로를 준비하기도 하므로, 철학 전통이 당대의 문화정치학 문제와 정치적 정의의 문제까지 건드릴 정도로 확대되는 특정한 방식도 알 수 있다.

예컨대 코넬 웨스트Cornel West의 엄청난 영향력을 가진 철학 저서에서 우리는 무엇을 생각해낼 수 있는가? 그의 이상적 실용주의와 듀보이스William E. B. Du Bois[1]의 비전에 대한 연구 덕분에 이 나라에서의 철학적 관심이 아프리카계 미국인의 정치학 최전방으로 이동했는데 말이다. 코넬 웨스트는 자신의 본원을 신학교와 종교에서 발견한다. 그것이 그가 본원을 더 이상 찾지 못하는 제도권 철학의 한계에 관해 무언가를 말해 주는가? 어떤 면에서 그의 연구는 인종적 평등과 존엄을 위한 현대의 투쟁에 대해 미국 실용주의 전통이 가지는 지속적 타당성을 입증한다. 그것은 그 전통의 전환, 즉 연구의 철학적 차원을 불순하게 만드는 인종 관계 맥락으로의 전환을 말하는가? 만일 그렇다면 철학이 적극적으로 그런 불순함에 개입하지 않아도 철학에 희망이 있을까?

유사한 맥락에서, 내가 아는 거의 모든 페미니즘 철학자들은 더 이상 철학과에서 일하지 않는다. 전에 출판했던 페미니즘 철학에 관한 첫번째 선집(『비평으로서의 페미니즘Feminism as Critique』『페미니즘/포스트모더니즘Feminism/Postmodernism』)의 명단을 보면, 거기에는 드루실라 코넬, 세일라 벤하비브Seyla Benhabib, 낸시 프레이저Nancy Fraser, 린다 니콜슨Linda Nicholson, 아이리스 매리언 영Iris Marion Young 등이 있고, 이들은 모두 알래스데어 매킨타이어Alasdair MacIntyre, 피터 코스Peter Caws, 위르겐 하버마스 같은 학자들의 제자이다. 이들은 지난 10년 동안 이런저런 시점에서 철학과에 우선적으로 정착하지 못했고, 그중 몇몇은 나처럼 다른 곳으로 피신했다. 우리는 모두 다른 학제에서 전망 있는 정착지를 발견했다. 예컨대 법학, 정치학, 교육학, 비교문학, 영어학에서 말이다. 그리고 이제 이것은 엘리자베스 그로츠에게도 해당되는데, 아마 우리 시대

---

1) (옮긴이) 19~20세기 미국 사회학자, 역사가, 인권운동가, 범아프리카주의자. 최초의 박사학위를 받은 아프리카계 미국인으로 미국 내 흑인인권운동에 앞장섰다. NAACP(미국흑인지위향상협회) 창립자로 레닌평화상을 수상했다.

의 가장 중요한 호주 페미니즘 철학자일 그녀 역시 최근 몇 년간 비교문학과와 여성학과를 거쳐왔다. 이것은 또한 철학과 관계없는 여성학이나 과학 연구, 혹은 교육학과에서 일하는 많은 페미니즘 과학철학자에게도 분명한 사실이 되었다. 많지는 않지만 이 분야에서 가장 영향력 있는 사람 중 일부는 더 이상 일차적이거나 유일한 제도적 정착지로서의 철학에 토대를 두지 않는다. 여기서 문제는 단순히 철학이 이런 개개인에 의해 행해지면서, 다시금 '철학 바깥에 있는 철학'이라는 유령을 만들어서 어느 정도 철학 학제 바깥에 있게 된다는 것이 아니다. 쑥스럽기는 해도 이것은 철학이 지속적으로 다른 영역과 접촉하고 다른 인문학 분야로 철학이 학제 간 이동을 할 수 있게 길을 만들어낸 철학적 성과다. 이들은 학제를 가로질러 대화에 참여하는 철학자들이며, 프랑스어학과와 독일어학과에서, 영어학과와 비교문학과에서, 과학 연구 및 여성학 분야에서 철학적 연구에 관심을 갖게 만드는 사람들이다.

물론 철학은 응용윤리학 분야에 핵심적인 의료윤리학, 법학, 공공정책학 분야뿐 아니라 인지과학 및 컴퓨터과학에서도 다학제 간 교류를 추구해왔다. 그러나 인문학과 관련해서 철학은 대부분 더 외롭고 국지적이고 방어적이고 점차 고립된 것이 되었다. 분명 이런 법칙에도 예외는 있어서, 예컨대 로티Richard Rorty, 카벨Stanley Cavell, 네하마스Alexander Nehamas, 누스바움Martha Nussbaum, 아피아Kwame Anthony Appiah, 그리고 브라이도티의 저작에서 우리는 예술, 문학, 그리고 학제를 넘나드는 일단의 공통된 관심사를 형성하는 문화적 문제에 적극적으로 관여하는 방식을 볼 수 있다. 게다가 나는 이런 개개인 중 누구라도 자신의 학제 안에서 모종의 대가를 치르지 않고는, 더 폭넓은 대화를 향해 경계를 가로지를 수 없다고 주장하려 한다.

인문학 학제 안에 철학이 존재한다는 것은 단순히 제도적 교육을 받은 철학자들이, 말하자면 궤도에서 이탈한 결과만은 아니다. 어떤 면에서 문화적으로 가장 중요한 철학 논의는 철학 제도가 만든 장벽 바깥에서 늘 연구해왔던 학자들에 의해 발생하고 있다. 사실 본격 문학 이론의 시대 이후 등장한 것, 존 길로리John Guillory가 문학의 형식주의라 생각한 것은 이론의 해체가 아니라 이론이 구체적 문화학으로 이동한 것이었다. 그래서 지금 우리가 마주하고 있는 것은 더 폭넓은 문화적·사회적 현상 연구 안에서의 이론 텍스트의 등장이다. 이것은 이론의 역사주의적 이동이 아니다. 반대로 그것은 이론 자체의 역사화이며, 이론이 새 삶의 장소가 되는 것이라 할 수 있다. 나는 또 한 번 이런 이론/철학의 융합을 만들었지만, 철학 텍스트가 가장 강력한 여러 문화 분석들에서 중심적 위치를 차지한다는 점도 고려한다. 사실 난 철학이 순수성을 상실했고, 그 결과 인문학 전반에 걸쳐 생명력을 얻었다고 주장하려는 것이다.

영국의 사회학자이자 문화학 실천가인 폴 길로이의 저작을 예로 들어보자. 그의 책 『검은 대서양』은 지난 5년간 아프리카계 미국학과 디아스포라 연구 양쪽에 심대한 영향을 끼쳤다. 이 책의 처음 90쪽은 근대성에 대한 헤겔의 개념과 관련된다. 이 부분에서 길로이는 유럽의 근대성에서 아프리카 민족의 후손을 배제한다고 해서 그것이 근대성을 거부할 충분한 이유는 못 된다고 주장한다. 근대성이라는 용어는 배타적 유럽 중심주의에서 나온 것이며, 여전히 배타적 유럽 중심주의에서 벗어나 더 포괄적인 민주주의를 이루는 작용을 하게 할 수 있기 때문이다. 길로이의 모호한 역사기록학에서 문제가 되는 것은 '인간'이 존재가 되는 상호 인정의 조건이 평등과 상호성 담론이 전제된 지정학적 국면

너머로 확대될 수 있는가이다. 헤겔이 주인과 노예라는 기이한 장면, 농노제와 노예제에 대한 설명 사이에서 흔들리는 장면을 보여주고 있기는 하지만, 상호 인정이라는 헤겔의 기획이 어떻게 노예의 역사 및 그 디아스포라 효과라는 관점에서 재서술될지를 우리가 이해하기 시작한 것은 W. E. B. 듀보이스, 올란도 패터슨Orlando Patterson, 그리고 폴 길로이의 저작이 나오고부터다.

길로이는 노예의 시각은 "별개의 관점이 필요하다"고 주장한다. "대농장 사회에서 상업적 이윤 추구에 기여하는 권력과 복종의 역학에 관해서뿐만 아니라, 보편적 사상, 의미의 고정성, 주체의 일관성, 그리고 물론 이 모두가 대체로 기초하고 있는 근본적 자민족주의 같은 계몽주의 기획의 중심 범주에 관해서도 별개의 관점이 필요하다"(p. 55). 그다음에 길로이는 예상과 달리, 근대성의 기획을 묵살하는 것은 큰 실수가 될 거라고 주장한다. 그는 하버마스를 인용하면서 유럽의 근대성 기획에서 가장 철저히 배제된 사람일지라도, 근대성 과정에 정당하게 포함되기 위한 투쟁을 하기 위해 근대성의 이론적 무기고에서 핵심 개념을 차용할 수 있었다는 데 주목한다. 그는 "제 값어치를 하는 근대성 개념이라면 노예들의 반란을 통해 표명된 특정한 여러 급진주의가 어떻게 서구 혁명의 시대의 이데올로기를 선택적으로 활용한 뒤, 반식민주의 및 확실히 반자본주의적인 유형의 사회운동으로 이어지는지에 대해서 분석하는 데 도움이 될 만한 뭔가가 있어야 한다"(p. 44)라고 쓴다.

길로이는 포스트모던적인 회의주의라고 자신이 명명한 것에 대해 문제를 제기하는데, 이 회의주의는 근대성의 핵심적 시각을 전면 부인해서 그의 생각에는 정치적 의지의 마비를 초래하는 것이다. 그러나 이어서 길로이는 하버마스가 노예제와 근대성의 관계를 설명하는 데 실패했다고 언급하면서 하버마스와도 거리를 취한다. 그는 하버마스의 실패는 헤겔보다는 칸트를 선호한 탓일 수도 있다고 말한다. 길로이는 "하버마스는 노예제 자체가 근대화의 힘이라는 주장에서 헤겔을 따르지 않는다. 근대화의 힘은 주인과 노예를 둘 다 우선 자기의식으로, 그다음에 각성으로 이끌어서, 주인과 노예 둘 다 진리와 선함과 아름다움이 공통의 기원을 갖지 않는다는 불행한 자각을 마주하게 만들기 때문이다"(p. 50)라고 쓴다.

더 나아가 길로이는 예컨대 프레더릭 더글러스Frederick Douglass를 "흑인의 어법으로 된 주인과 노예"로 읽고, 현대 흑인 페미니즘 이론가 퍼트리샤 힐 콜린스Patricia Hill Collins는 헤겔의 기획을 인종 관점을 가진 인식론의 기획으로 확대하려는 노력으로 읽어낸다. 이런 경우나 다른 경우에도 그는 유럽 중심주의 담론이 그 관점에서 전통적으로 배제되었던 사람들에게 유용하게 수용되었고, 그에 따른 담론의 수정은 근대성을 자민족주의가 아닌 관점에서 다시 생각해보는 급진적 결과를 가져온다고 주장한다. 길로이의 흑인 본질주의 형식에 대한 맹렬한 반대, 가장 구체적으로는 아프리카 중심주의에 대한 맹렬한 반대는 다른 관점에서 이것을 주장한다.

길로이의 저작에서 가장 흥미로운 철학적 결론의 하나는 그가 철학 분야의 현재 논쟁에 관한 관점을 바꾸라고 위협하는 현재 철학 분야의 논쟁에 대해 어떤 문화적이고 역사적인 시각을 제공한다는 사실이다. 그는 계몽주의 기획에 관한 하버마스의 설명 중 몇몇 핵심 요소는 유지하면서도 하버마스 기획의 과다-합리주의hyperrationalism는 거부하며, 모든 정치적 입장을 수사적 제스처로 환원시키는 회의주의 형식도 거부한다. 그가 제시하는 문화적 독해 형식은 더 급진적인 민주주의적 근대성의 방패 아래 온갖 종류의 문화 텍스트와 활동의 수사적 차원에 관여한다. 따라서 길로이의 입장은 계몽주의 기획의 옹호자와 비방자 간의 논쟁을 반복하는 것으로, 고려해볼 가치가 있다고 주장하고자 한다.

그러나 우리는 노예제 및 노예제의 여파라는 맥락에서 그리고 그 이후의 맥락에서 근대성의 철학적이고 문화적인 문제에 정통한 사람을 구하고자, 철학과와 사회학과가 합동으로 내는 구직 광고를 얼마나 자주 보는가? 이제 내가 제시하는 예는 대다수 철학자들에게 그리 매력적이지 않을 것이다. 미국 전역의 많은 학과에서 헤겔은 목록화된 교과 과정의 일부로 다뤄지지 않으며 어떤 경우에는 철학사의 순서에서 확실하게 배제된다. 헤겔에 대한 저항은 물론 악명이 높다. 그의 언어는 외양상 불가해하고, 그는 모순 없는 법칙을 부정하며, 그의 추론은 근거가 없고 원칙상 검증도 불가능하다. 그러니 이런 문제들에 관해 듣게 되는 곳은 철학의 장벽 내부가 아니다. 철학의 가독성을 지배하는 어떤 규제에 따라 헤겔의 글은 독해 불가능한 것이 되는가? 사실 그 많은 사람이 헤겔을 읽었고, 헤겔은 계속해서 그 많은 현대 학문에 영향을 미치는데 이것은 어찌된 일인가? 그가 모순 없는 법칙에 대항하여 내놓은 논증은 무엇이며, 이 논증은 어떤 수사적 형식을 취하는가? 일단 논증이 조직되는 수사적 형식을 알게 되면 우리는 이 논증을 어떻게 읽어낼 것인가? 그의 저작 가운데 등장하는 검증 가능성 비판은 무엇인가? 이런 질문이 심문하고자 하는 기준점은, 헤겔을 묵살하기 위해 그런 기준들을 소환해온 철학자들에게 **당연한 것으로 받아들여지기** 때문에, 우리는 이런 질문들이 다른 데서, 즉 인문학에서, 독일어학과와 역사학과와 사회학과에서, 영어학과와 비교문학과에서, 그리고 미국학 및 윤리학 연구에서 추구된다는 것을 알게 된다.

유사한 맥락에서 칸트, 헤겔, 괴테Johann Wolfgang von Goethe, 횔덜린 Friedrich Hölderlin을 포함한 독일 낭만주의 연구자를 찾아 독일어학과와 연계하는 철학과에 대해서 마지막으로 들은 때가 언제였는가? 혹은 20 세기 프랑스 철학 사상 연구자를 채용하기 위해 프랑스어학과와 연계하는 철학과에 대해 언제 들어봤던가? 아마 아프리카계 미국학이나 민족학 연구와 연계하는 철학과 사례를 몇 가지 봤겠지만, 그것은 종종 있는 일은 아니었고, 종종이라고 말하기에는 확실히 부족하다.

이것은 철학이 인문학 속에서 스스로를 반향하고 철학 개념 자체를 스스로에게 낯선 것으로 만들면서 인문학으로 들어가는 한 방법일 뿐이다. 내 생각에 우리는 제도권 철학의 배제가 생산해낸 이런 풍요의 지역에 살고 있다는 사실에 매우 감사해야 한다. 좋은 회사, 더 좋은 와인, 그리고 더 많게는 학제를 가로지르는 기대치 못했던 대화들, 뒤에 남은 사람들에게 중대한 문제를 제기하면서 학과 제도의 장벽을 넘는 아주 놀라운 사유의 움직임에 감사해야 하는 것이다. 여러분도 기억하다시피, 노예는 주인을 뒤돌아보고 자신이 가지면 안 되는 의식을 명확히 나타내고, 그래서 자신이 주인에게 대타자가 되었음을 주인에게 보여주면서 주인을 분개하게 만든다. 주인은 어쩌면 평정심을 잃을 수도 있지만, 헤겔에게 이런 자기-상실은 공동체의 시작이다. 그리고 우리가 지금 겪는 곤경은 이 문화라는 직물 안에 있는 많은 가닥들 중에 한 가닥으로서의 자신의 자리로 단지 철학이 좀더 가까이 가기 위해 해야 할 일을 하라고 위협하는 것일지도 모른다.

# 나를 허물고 우리로

젠더가 허물어진다. 내가 우리 앞에 무너진다. 개별 주체의 수행적 젠더 구성을 논의하던 버틀러가 젠더는 사회적 규범성으로 허물어진다고 말한다. 『젠더 허물기』는 『젠더 트러블』로 대표되는 버틀러의 초기 젠더 이론에 변화가 생겼음을 알려주는 신호탄이다. 1990년 출간된 『젠더 트러블』이 비결정적이고 불확정적인 개인의 젠더가 구성되는 이론적 양식을 논의했다면, 그로부터 14년 후인 2004년에 출간된 『젠더 허물기』는 성적 비결정성이나 불확정성으로 고통받는 사회의 인터섹스와 퀴어의 삶의 문제들을 논의한다.

개인의 삶은 개개인의 것이 아니라 사회적 관계 안에 그 의미를 구성하며 그 사회 속의 개인은 상호 의존성과 상호 관계성 안으로 무너져내린다. 과거 개별 '젠더'의 계보학적 구성을 이론적으로 고찰하던 버틀러는 이제 하나의 젠더가 혼자서는 설 수 없다는 현실의 상호성에 주목한다. 현실의 젠더는 이처럼 상호 의존과 상호 관계에 열려 있어서 자율적이거나 독립적이지 못하다. 그래서 개별적이고 단독적인 '나'는 언제나 '우리' 앞에 허물어질 수밖에 없다.

젠더의 의미는 관계성으로 더욱 열린 반면 저자의 논점은 보다 명확히 구체화되었다. 십여 년 전 모든 정체성의 범주적 의미화에 저항하던 버틀러는 이제 유대인, 여성, 철학자, 퀴어로 스스로를 전면화하고 개인의 역사를 드러낸다. 그녀가 말하는 현재의 '나'는 체계적 교육 학제에 평온하게 적응한 철학자가 아니라, 소수자의 삶을 살면서 제도교육의 문제점을 비판적으로 지목하고 문제를 제기하는 철학의 이단아이자 문제아다. 과거 청소년기의 '나' 역시 타고난 젠더 정체성에 순응한 규범적 아이가 아니라 안정된 젠더 규범에 반항하며 술집과 골방을 전전하던 문제아이기도 했다. 제도로서의 철학에 저항하고, 젠더 규범을 문제 삼던 버틀러의 문제의식은 비제도적 페미니즘 철학자로서의 인생, 비규범적 젠더인 레즈비언 여성으로서의 삶에만 국한된 것이 아니라 더욱 확장된 인간의 존재론에 대한 사유로 열린다.

'나'는 구체적이고 역사적인 맥락에서 제시되고, 이제 '나'는 그런 맥락 속에서 공동체인 '우리'를 전략적 범주로 재소환한다. 『젠더 허물기』에서 '우리'는 상당 부분 남성과 다른 대우를 받아왔고, 공적인 발언의 중요성에 있어 의심을 받았고, 합의를 이뤄낼 가능성이 미약하다고 간주되어온 여성들이며, 더 나아가 비제도적 방식으로 철학을 공부한 철학자, 비규범적 방식으로 젠더를 수행한 퀴어들이기도 하다.

『젠더 허물기』는 14년 전의 『젠더 트러블』과 달라졌다. 여기서는 세 가지 정도만 주목해보고자 한다. 첫째, '나'에서 '우리'로 존재의 인식론이 확대되었고, 둘째, 이론적 정교함에서 현실적 정치성으로 선회해 사회적 소수자에 대한 '정치윤리적 성찰'을 전개했으며, 마지막으로 다문화 시대에 차이를 수용하는 올바른 방식으로서 '문화 번역'의 가능성을 강조했다. 다시 말해 과거의 『젠더 트러블』이 '나'의 불안정하고 비결정적인 젠더 모호성을 옹호하면서 하나의 범주로 고정되지 않는 비정체성의 젠더 이론을 형성하고자 했다면, 『젠더 허물기』는 여성이면서 사회적 소수자로, 또 성적 소수자로 살아가는 현실의 사회, 문화, 역사, 지역적 관계 속에서 소통하고 말하고 행동하는 정체성을 논의한다. 이것이 바로 문화 번역이라는 현실적 삶의 정치성이 주창되는 지점이다.

무엇보다도 나는 우리로 허물어진다. 나를 나라고 말할 수 있는 인식, 우리를 우리라고 말할 수 있는 기준은 이미 나와 우리의 외부에 있다. 다시 말해 우리의 존재론적 의미는 우리 안에 있는 것이 아니라 우리를 둘러싼 관계, 우리가 사는 사회와 문화의 배경과 맥락, 그리고 우리가 다른 사람에게 보이는 호감이나 성적 경향과 관련되어 있고, 그런 의미에서 이미 우리는 우리의 외부에 있다. 그것이 나를 벗어난 내 옆, 내 밖에서 비롯된 나의 정체성이고 나를 벗어난 '탈아적ec-static' 존재론이기도 하다. 우리가 스스로 선택하거나 결정한 적 없는 세상에 던져져 그 세상의 인식론과 판단 기준으로 이해되는 존재라면 우리 존재의 근원은 우리의 내부가 아닌 외부에 있다고 할 수 있다.

차이에서 오는 도전을 배제하지 않으면서 어떻게 인식 가능성의 척도 자체를 문제 삼는 차이를 윤리적으로 대면할 수 있을까? 그것은 나와 다르다는 것, 그 차이가 내 존재에 위기와 문제를 가져온다고 하더라도 그 차이를 받아들일 수 있는 윤리적 방식이 무엇일까에 대한 고민이기도 하다. 또한 최근 미국의 신젠더정치학이 인터섹스인 사람들을 제도 의학의 관점에 따라 강제로 교정 시술하려는 상황을 비판하는 것과 같은 맥락이기도 하다. 3장에 나오는 브렌다/데이비드의 실제 사례에서 그 비판적 관점이 심층적으로 조망된다.

차이의 윤리적 대면이라는 주제는 자연스럽게 사회적 소수자에 대한 정치윤리의 문제로 나아갈 계기를 마련한다. 강대국의 제도권 학자, 즉 버클리 대학 백인 교수로만 알려졌던 버틀러는 스스로를 유대인, 비학제적 교육을 받은 철학자, 젠더 동일시의 문제를 겪는 사람이라고 설명한다. 자기 집 다락방에서 어머니의 옛 철학책을 독학하거나, 학교가 아닌 유대인 회당에서 랍비의 강의를 받는 방식으로 철학교육에 입문한 버틀러는 자연스럽게 비정통적 방식, 비제도적 교육, 비주류 젠더 문제에 관심을 갖게 되었다. 비규범적 젠더로서 비제도적 철학을 한다는 그녀의 '타자적 위상'이 사회적 소수자의 문제를 깊이 돌아보게 만든 것이다. 그리고 이런 문제의식은 인터섹스나 트랜스섹스의 문제, 즉 젠더 트러블의 영역에 놓인 퀴어에게로 확장된다.

버틀러는 철학이 나아갈 길은 철학 학제에서 인정하는 교과 목록에 도열된 철학자들의 주저를 해석하는 일만이 아니라, 이론이라는 이름으로 행해지는 여러 인접 학문과의 교류이자 실천적 행동양식은 아닌지를 고민한다. 같은 맥락에서 버틀러는 젠더 규범에 순응하는 전형적 여성만 페미니즘 논의를 할 수 있는 것이 아니라, 젠더 교차적 동일시를 하는 여성 젠더도 페미니즘을 주장할 수 있다고 말한다. 제도권 철학이나 규범적 젠더라는 안정된 제도나 확정된 의미가 기존의 고정된 규제에서 자유로울 때 새로운 해석과 의미가 열릴 수 있다. 정통 철학, 규범적 젠더만을 고집하는 것은 억압과 폭력을 생산할 수 있는 반면, 그로부터의 자유와 타자성과의 소통은 비억압적이고 비폭력적인 미래로 향할 가능성을 연다. 그런 의미에서 철학의 이단아, 젠더의 문제아가 철학의 타자로서, 또 젠더의 타자로서 철학과 젠더 내부의 이질성과 차이를 드러내고 동일시의 폭력을 막을 윤리적 방식을 제시할 수 있다.

마지막으로 버틀러는 다문화 시대에 차이를 마주할 윤리적 방법으로서 문화 번역의 가능성을 제기한다. 문화 번역은『우연성, 헤게모니, 보편성』(2000) 이후 버틀러가 문화 상대주의의 대안으로 제시하는 개념이다. 글로벌 사회, 지구촌 네트워크 속에서 현대인의 삶은 그야말로 상호 의존성과 상호 관계성을 체현하고 있다. 복잡한 글로벌 사회에서 문화 번역은 한 언어에서 다른 언어로의 변환 속에 일어나는 '타자와의 대화적 관계'의 가능성이다. 또한 문화적 동요 속에 유동하는 공간과 교차하는 '다양한 경계 사이의 교류'를 의미하기도 한다. 문화 번역의 변환 과정은 기존의 재현 체계를 위협하고 새로운 경계 넘기와 교섭의 가능성을 모색한다.

문화 번역은 보편성 개념에서 배제된 것으로부터 역사적이고 우연적인 자기 정의를 발견하는 언어도단이나 수행 모순으로 나타난다. 그리고 서로 경쟁하는 열린 보편성으로 재소환되어 자기 안의 유령인 타자를 포함할 가능성, 반토대주의적인 의미에서의 '구성적 외부'가 될 잠재성으로 제시된다. '경쟁하는 열린 보편성'으로 재소환된 문화 번역은 기존의 보편성 개념을 파괴하면서 보편성의 구성적 외부이자 보편성의 우연적 경계를 구성할 수 있다. 보편성에서 배제되면서도 보편성의 관점으로 주장을 한다는 것은 특정한 종류의 수행적 모순을 실행하는 것이다. 언어적으로 발생하는 수행적 모순으로 보편성을 표명할 수 있다면, 이것은 미래의 민주적 기획에 알맞은 보편성의 역사적 기준을 재편하는 작업으로 이어질 수 있다. 보편성이 아직 분명히 표명되지 않았다는 주장은 '아직'이라는 말이 보편성 자체를 이해하는 데 타당하다는 주장을 하는 것과도 같다. 즉 보편성으로 '구현되지 않고' 남아 있는 것이 보편성의 가장 핵심적인 부분을 구성한다는 뜻이다. 보편성에 포함되지 않는 사람들이 보편성의 기존 공식에 도전할 때, 그동안 아무 의심 없이 당연하게 받아들이던 보편적인 것이 과연 어떤 의미였는지, 무엇을 포함하고 무엇을 배제했는지가 드러나기 시작한다. 그것은 현 체계 안에서 '누구'라고 명명될 언어적 위치나 인식적 위치가 없으면서도 보편성 개념에 포함되기를 요구하는 사람들의 도전이기도 하다.

다시 한 번 정리하자면 이 책은 '나'에서 '우리'로, '젠더 계보학'에서 '정치윤리학'으로의 전환을 보여주며, 또한 개별적이고 특수한 '젠더 수행 주체'에서 우연적이고 경쟁하는 열린 보편성으로 전환하는 '문화 번역'의 중요성을 강조한다. 『젠더 허물기』는 1999년부터 2004년까지 버틀러가 이런저런 잡지에 기고했거나 발표했던 논문과 글을 모은 선집이라서 얼핏 보기에 각 글들 간의 상호 관련성이 적어 보일 수도 있다. 그러나 사실 이 저작에는 말 걸기와 정체성 형성, 윤리적 폭력 비판, 경합하는 보편성, 인간의 삶의 가능성 등 후기 버틀러를 이해하는 데 핵심적인 아이디어들이 들어 있다. 그리고 이런 아이디어들이 이후 『윤리적 폭력 비판Giving an Account of Oneself』(2005), 『전쟁의 틀Frames of War』(2009), 『갈림길Parting Ways』(2012) 등의 밑거름을 제공한다.

'합주 행위'[1]라는 서문으로 시작해 '나를 잃는다는 것의 의미'라는 주제로, 또 다음 문제의식으로 자연스레 이어지는 12편의 글은 각각의 독립된 글로도 손색이 없다. 그런 한편 12편의 글을 관통하는 공통 화두는 아마도 서문의 제목에 해당하는 합주 행위일 것이다. 핵심은 서로

---

1) 버틀러의 합주 행위는 한나 아렌트의 '콘서트 행위'를 염두에 두고 붙인 제목으로 보인다. 아렌트에게 행위 능력은 인간을 정치적 존재로 만드는 것이며, 콘서트 행위는 같은 생각을 가진 사람들이 서로를 이해하는 가운데 옳음을 향해 함께 나서는 행위를 의미한다.

다른 차이를 대면하면서도 아름다운 선율 속에 공존할 가능성을 모색하는 데 있다고 여겨진다. '나'라는 개인적 정체성이 '우리'라는 맥락적인 것으로 변화하는 과정에서 단일하고 공고한 개인의 젠더는 허물어진다는 것이 이 책『젠더 허물기』의 중심 악장일 것이다.

'젠더 허물기'는 젠더 수행성으로 유명한 버틀러를 떠올리면 얼핏 행하기/허물기, 행위/와해, 만들기/부수기라는 대립구조의 한쪽 항을 지칭하는 것처럼 보이지만, 초기의 젠더 수행성에서 말했던 젠더 논의의 사회적, 역사적 맥락이 더욱 부각된 국면이라고 이해하는 것이 더 합당하다. 원래 1987년『젠더와 사회*Gender & Society*』에 실렸던 캔디스 웨스트와 돈 H. 짐머만의「젠더 행하기Doing Gender」는 사회적 상호작용의 중요성을 강조했고 그에 따라 사회화와 구조주의적 접근의 약점을 드러냈다. 그러나 '젠더 행하기'는 젠더 체계를 붕괴할 혁명적 잠재력에도 불구하고 젠더 지속과 불평등의 필연성을 설명하는 이론으로 작용하기도 했다.

따라서 이제 문제는 우리가 어떻게 그런 젠더를 허물 수 있는가가 된다. 사회적 상호작용의 관점에서 젠더 허물기에 접근하면 젠더화된 상호작용이 늘 젠더 불평등을 수반하는 것인지, 또 제도와 상호작용의 층위가 어떻게 변화를 가져오는지, 어떤 변화의 장이 될 수 있는지를 살펴야 하는 것이다. 버틀러의『젠더 허물기』는 이런 젠더화된 상호작용과 제도의 사회적, 법률적 의미화의 층위가 구성되는 방식, 그리고 제도 담론의 모태적 틀이 되는 인식 가능성에 비평적 시선을 가질 것을 주장한다. 엄격히 규범적인 섹스, 젠더, 섹슈얼리티의 삶을 허물자는 의미에서 본다면 기존 젠더 계보학의 연장선에 있다고도 할 수 있지만 더 중요하게는 사회적이고 문화적인 맥락과 지형에 대한 비평적 독해를 강조한다.

비평적 시각을 갖는다거나 비평적이 된다는 말은 근본적으로 장소를 갖지 않는 어떤 자유로운 '비장소'를 갖자는 뜻이 아니다. 그보다는 기존에 당연히 받아들이던 조건에 대해 질문을 던질 수 있는 '열린 사고'를 갖자는 것이다. '비평성'이란 사유 실험, 에포케, 의지 행위를 통해 도달할 수는 없지만 토대 자체의 열개와 파열을 거쳐 도달할 수 있는 가능성이다. 이런 비평성은 지칭의 순간 어쩔 수 없이 잘못된 비유어로밖에는 지칭될 수가 없지만 그것은 미리 정해둔 영역 안에 있는 장소나 의미가 아니다. 오히려 그런 장소나 비장소의 경계 설정 행위를 꼼꼼히 살피는 행위이고 그런 행위가 바로 비평적 활동이라 할 수 있다. 비경계나 무경계라는 다른 대안적 장소를 지칭하는 것 자체도 분명 또 다른 기준과 규범을 필요로 하기 때문이다. 중요한 것은 너무나 의심 없이 당연시되던 규범적 기준을 형성하는 권력관계와 담론 조건에 대해 끊임없이 정치적, 윤리적으로 심문하는 일이다.

『젠더 트러블』 때와 달리 『젠더 허물기』를 번역하면서 달라진 점이 좀 있다. 첫번째는 『젠더 허물기』가 철학적 논의이기는 해도 정치한 철학적 개념어와 문어적 정형 어법을 구사하기보다는 강연에서처럼 좀더 읽기 쉬운 형태를 취하고 있기 때문에 가능하면 어법이나 구문이 약간 불완전해도 구어의 분위기를 살리려 애썼다는 점이다. 직역과 의역은 늘 갈등의 요소지만, 가독성을 높이는 데는 의역이 낫다는 것을 염두에 둔 선택이었는데 이 역시 쉽지는 않았다. 두번째로 최근 '문화 번역'의 가능성을 추구하는 버틀러의 논의를 수용해 정치적으로 올바른 번역을 하려고 노력했다. 예컨대 '근친상간'이라 흔히 번역되는 'incest'는 '근친애'로 바꾸어 옮겼다. 근친애는 주로 아버지와 딸, 어머니와 아들의 사랑에 해당하므로, 오이디푸스 도식하의 상호 간통이라는 근친 상간보다는 가까운 친척이나 가족 사이에서의 심리적·육체적 애정이라는 의미로 전하기 위해서다. 'gender inversion'은 자신의 젠더에 만족하지 못하는 젠더 위화감gender dysphoria을 가진 사람의 성전환을 의미하지만 병리적, 도착적 의미를 빼고 젠더 역전으로 옮겼다. 다른 책에서 'transvestite'를 복장도착자 대신 복장전환자로 옮긴 것도 이성의 복장을 입는 것 자체가 일종의 도착적 질환이라는 병리적 인상을 피하고 싶어서였다. 그 외에 용어를 정리해두자면 'livability' 'livable life'는 살기 좋음이나 살 만한 삶, 살기 좋고 살 만한 가치가 있는 삶으로, 'viability' 'viable life'는 생존력이나 살 수 있는 삶, 생존이나 존속 가능한 삶으로 옮겼다. 또 'personhood' 'humanness'는 인간됨 혹은 인간성 등으로 옮겼다. 'intelligibility'는 인식 가능성으로 옮겼다.

그럼에도 피할 수 없는 오역은 전적으로 옮긴이의 몫이다. 번역은 할수록 두렵고 무거운 일이라고 생각된다. 하지만 다른 한편, 버틀러가 주장하는 문화 번역의 관점에서 보면 불안정하고 불확실해도 계속되어야할 미래와의 대화라서 의미 있고 중요한 과제라는 책임감도 분명 있다. 갈수록 어깨는 무겁고 고개는 더 숙여진다. 정말 여러 번 고치고 오래 걸렸다. 그러다 보니 수정본끼리 엉켜 혼선도 빚었다. 부족한 옮긴이를 성원해주고 기다려준 문지 편집부와 마지막까지 꼼꼼히 읽어준 최대연 편집자에게 깊이 감사드린다.

경희대 후마니타스칼리지 중핵교과 연구실에서
조현준

Abelove, Henry, Michele Aina Barale & David Halperin(eds.), *The Lesbian and Gay Studies Reader*, New York: Routledge, 1993.

Agacinski, Sylviane, "Contre l'effacement des sexes," *Le Monde*, February 6, 1999.

———, "Questions autour de la filiation," Interview with Eric Lamien & Michel Feher, *Ex æquo*, July 1998, pp. 22~24.

Agamben, Giorgio, *Homo Sacer: Sovereign Power and Bare Life*, Daniel Heller-Roazen(trans.), Stanford: Stanford University Press, 1998.

Alarcon, Norma, "Anzaldua's Frontera: Inscribing Gynetics," Gabrielle Arredonda, Aida Hurtada, Norman Kahn, Olga Najera-Ramirez & Patricia Zavella(eds.), *Chicana Feminisms: A Critical Reader*, Durham, N.C.: Duke University Press, 2003.

Alexander, Jacqui, "Redrafting Morality: The Postcolonial State and the

Sexual Offences Bill of Trinidad and Tobago," Russo Mohanty & Torres Mohanty(eds.), *Third World Women and the Politics of Feminism*, Bloomington: Indiana University Press, 1991.

American Psychiatric Association, *Diagnostic and Statistical Manual of Mental Disorders DSM-IV*, Rev. ed., Washington D.C.: American Psychiatric Association, 2000.

Angier, Natalie, "Sexual Identity Not Pliable After All, Report Says," *New York Times*, May 3, 2000, section C.

Anzaldúa, Gloria, *Borderlands/La Frontera: The New Mestiza*, San Francisco: Spinsters/Aunt Lute, 1967.

Barnes, Whitney, "The Medicalization of Transgenderism"(http://trans-health.com), Serialized in five parts beginning issue 1, vol. 1, Summer 2001.

Bell, Vikki, *Interrogating Incest: Feminism, Foucault, and the Law*, London: Routledge, 1993.

Benhabib, Seyla & Drucilla Cornell(eds.), *Feminism as Critique: Essays on the Politics of Gender in Late-Capitalist Societies*, Minneapolis: University of Minnesota Press, 1987.

Benhabib, Seyla, Judith Butler, Drucilla Cornell & Nancy Fraser, *Feminist Contentions: A Philosophical Exchange*, New York: Routledge, 1997.

Benjamin, Jessica, Afterword to "Recognition and Destruction: An Outline of Intersubjectivity," *Relational Psychoanalysis: The Emergence of a Tradition*, Hillsdale, N. J.: Analytic Press, 1999.

————, *The Shadow of the Other*: *Intersubjectivity and Gender in Psychoanalysis*, New York: Routledge, 1998.

————, "'How Was It For You?' How Intersubjective is Sex?," Division 39 Keynote Address, American Psychological Association, Boston, April 1998, On file with author.

————, *Like Subjects, Love Objects*: *Essays on Recognition and Sexual Difference*, New Haven: Yale University Press, 1995.

————, *Bonds of Love*, New York: Random House, 1988.

Berlant, Lauren, *The Queen of America Goes to Washington City*: *Essays on Sex and Citizenship*, Durham, N.C.: Duke University Press, 1997.

Bersani, Leo, *Homos*, Cambridge: Harvard University Press, 1995.

Bockting, Walter O., "From Construction to Context: Gender through the Eyes of the Transgendered," *Siecus Report*, October/November 1999.

————, "The Assessment and Treatment of Gender Dysphoria," *Direction in Clinical and Counseling Psychology*, 7, lesson 11, 1997, 11. 3~11. 22.

Bockting, Walter O. & Charles Cesaretti, "Spirituality, Transgender Identity, and Coming Out," *Journal of Sex Education and Therapy*, 26, no. 4, 2001, pp. 291~300.

Borneman, John, "Until Death Do Us Part: Marriage/Death in Anthropological Discourse," *American Ethnologist* 23, no. 2, May 1996, pp. 215~35.

Bornstein, Kate, *Gender Outlaw*, New York: Routledge, 1994.

Borsch-Jacobsen, Mikkel, *The Freudian Subject*, Stanford: Stanford University Press, 1988.

Bowie, Malcolm, *Lacan*, Cambridge, MA: Harvard University Press, 1991.

Braidotti, Rosi, *Metamorphoses: Towards an Materialist Theory of Becoming*, Cambridge, England: Polity Press, 2002.

————, "Feminism By Any Other Name," Interview with Judith Butler, *differences*, Special issue on "More Gender Trouble: Feminism Meets Queer Theory," Winter 1995.

————, *Nomadic Subjects*, New York: Columbia University Press, 1994.

————, *Patterns of Dissonance*, Cambridge, England: Polity Press, 1991.

Brooks, Peter, *Troubling Confessions: Speaking Guilt in Law and Literature*, Chicago: University of Chicago Press, 2000.

Butler, Judith, *Precarious Life: Powers of Violence, and Mourning*, New York: Verso, 2004.

————, "Critique as Virtue," David Ingram(ed.), *The Political*, Oxford: Basil Blackwell, 2002.

————, *Antigone's Claim: Kinship Between Life and Death*, The Wellek Library Lectures, New York: Columbia University Press, 2000.

————, *Bodies That Matter: On the Discursive Limits of "Sex,"* New York: Routledge, 1998.

————, *Excitable Speech: A Politics of the Performative*, New York: Routledge, 1997.

————, *Gender Trouble: Feminism and the Subversion of Identity*, New York: Routledge, 1990.

Butler, Judith, Ernesto Laclau & Slavoj Žižek(eds.), *Contingency, Hegemony, and Universality: Contemporary Dialogues on the Left*, London: Verso, 2000.

Canguilhem, Georges, *The Normal and the Pathological*, Carolyn Fawcett & Robert S. Cohen(trans.), New York: Zone Books, 1989.

Caruth, Cathy(ed.), *Unclaimed Experience: Trauma, Narrative, and History*, Baltimore: Johns Hopkins University Press, 1996.

————, *Trauma: Explorations in Memory*, Baltimore: Johns Hopkins University Press, 1995.

Carsten, Janet & Stephen Hugh-Jones(eds.), *About the House: Lévi-Strauss and Beyond*, Cambridge, England: Cambridge University Press, 1995.

Cavarero, Adriana, *Relating Narratives: Storytelling and Selfhood*, Paul A. Kottman(trans.), London: Routledge, 2000.

Chase, Cheryl, "Hermaphrodites with Attitude: Mapping the Emergence of Intersex Political Activism," *GLQ: A Journal of Gay and Lesbian Studies* 4, no. 2, Spring, 1998, pp. 189~211.

Clastres, Pierre, *Archeology of Violence*, Jeanine Herman(trans.), New York: Semiotext(e), 1994.

————, *Society Against the State: Essays in Political Anthropology*, Robert Hurley(trans.), New York: Zone Books, 1987.

Cohen-Kettenis, P. T. & L. J. G. Gooren, "Transsexualism: A Review of Etiology, Diagnosis, and Treatment," *Journal of Psychosomatic Research* 46, no. 4, April 1999, pp. 315~33.

Colapinto, John, *As Nature Made Him: The Boy Who Was Raised as a Girl*, New York: Harper-Collins, 2000.

——, "The True Story of John/Joan," *Rolling Stone*, December 11, 1999, pp. 55 이하.

Corbett, Ken, "Nontraditional Family Romance: Normative Logic, Family Reverie, and the Primal Scene," *Psychoanalytic Quarterly* 70, no. 3, 2001, pp. 599~624.

Cornell, Drucilla, *The Philosophy of the Limit*, New York: Routledge, 1992.

Devi, Mahasweta, *Imaginary Maps: Three Stories by Mahasweta Devi*, Gayatri Chakravorty Spivak(trans.), New York: Routledge, 1995.

Diamond, Milton & Keith Sigmundsen, "Sex Reassignment at Birth: A Long-Term Review and Clinical Implications," *Archives of Pediatrics and Adolescent Medicine* 151, March 1997, pp. 298~304.

Duden, Barbara, *The Woman Beneath the Skin: A Doctor's Patients in Eighteenth-Century Germany*, Thomas Dunlap(trans.), Cambridge, MA: Harvard University Press, 1991.

Evans, Dylan, *An Introductory Dictionary of Lacanian Psychoanalysis*, London: Routledge, 1996.

Ewald, François, "A Power Without an Exterior," Timothy Armstrong(ed.), *Michel Foucault, Philosopher*, New York: Routledge, 1992.

——, "Norms, Discipline, and the Law," Robert Post(ed.), *Law and the Order of Culture*, Berkeley: University of California Press, 1991.

——, "A Concept of Social Law," Gunter Teubner(ed.), *Dilemmas of Law in the Welfare State*, Berlin: Walter de Gruyter, 1986.

Fanon, Frantz, *Black Skin, White Masks*, New York: Grove, 1967.

Fassin, Eric, "'Good Cop, Bad Cop': The American Model and Counter-model in French Liberal Rhetoric since the 1980s"(미출간).

———, "Same Sex, Different Politics: Comparing and Contrasting 'Gay Marriage' Debates in France and the United States"(미출간).

———, "'Good to Think': The American Reference in French Discourses of Immigration and Ethnicity," Christian Joppke & Steven Lukes(eds.), *Multicultural Questions*, London: Oxford University Press, 1999.

———, "The Purloined Gender: American Feminism in a French Mirror," *French Historical Studies* 22, no. 1, winter 1999, pp. 113~39.

———, "Le savant, l'expert et le politique: la famille des sociologues," *Genèses* 32, October 1998, pp. 156~69.

Fausto-Sterling, Anne, "The Five Sexes: Why Male and Female are Not Enough," *The Sciences* 33, no. 2, July 2000, pp. 20~25.

———, *Sexing the Body: Gender Politics and the Construction of Sexuality*, New York: Basic, 2000.

Feher, Michel, "Quelques Réflexions sur 'Politiques des Sexes'," *Ex æquo*, July 1998, pp. 24~25.

Felman, Shoshana, *The Scandal of the Speaking Body*, Stanford: Stanford University Press, 2002.

Felman, Shoshana & Dori Laub, *Testimony: Crisis of Witnessing in Literature, Psychoanalysis and History*, New York: Routledge, 1992.

Foucault, Michel, *Religion and Culture*, Jeremy Carrette(ed.), New York: Routledge, 1999.

———, "What is Critique?," Sylvère Lotringer & Lysa Hochroth(eds.), *The Politics of Truth*, New York: Semiotext(e), 1997. (Originally a lecture given at the French Society of Philosophy on May 27, 1978, subsequently published in *Bulletin de la Société française de la philosophie* 84, no. 2, 1990).

———, "The Subject and Power," Hubert Dreyfus & Paul Rabinow(eds.), *Michel Foucault: Beyond Structuralism and Hermeneutics*, Chicago: University of Chicago Press, 1982.

———, *The History of Sexuality*, vol. 1, Robert Hurley(trans.), New York: Pantheon, 1978.

Franke, Katherine, "What's Wrong with Sexual Harrassment?," *Stanford Law Review* 49, 1997, pp. 691~772.

Franklin, Sarah & Susan McKinnon, "New Directions in Kinship Study: A Core Concept Revisited," *Current Anthropology* 41, no. 2, April 2000, pp. 275~79.

———(eds.), *Relative Values: Reconfiguring Kinship Studies*, Durham, N.C.: Duke University Press, 2002.

Freud, Sigmund, "Certain Neurotic Mechanisms in Jealousy, Paranoia, and Homosexuality," James Strachey 외(eds.), *The Standard Edition of the Complete Works of Sigmund Freud*, vol. 18, London: The Hogarth Press & the Institute of Psychoanalysis, 1953~1974.

———, "The Ego and the Id," *Standard Edition*, vol. 19.

———, "Criminals from a Sense of Guilt," *Standard Edition*, vol. 14.

———, "Instincts and their Vicissitudes," *Standard Edition*, vol. 14.

————, "The Three Essays on the Theory of Sexuality," *Standard Edition*, vol. 7.

Friedman, Richard, "Gender Identity," *Psychiatric News*, January 1, 1998.

Geertz, Clifford, *The Interpretation of Cultures*, New York: Basic Books, 1973.

Gilroy, Paul, *The Black Atlantic: Modernity and Double-Consciousness*, Cambridge, MA: Harvard University Press, 1993.

Green, Richard, "Transsexualism and Sex Reassignment, 1966~1999," Presidential Address to the Harry Benjamin International Gender Dysphoria Association. http://www.symposion.com/ijt/greenpresidential/green00.htm/.

Habermas, Jürgen, *Between Facts and Norms: Contributions to a Discourse Theory of Law and Democracy*, William Rehg(trans.), Cambridge, MA: MIT Press, 1996.

————, *The Theory of Communicative Action*, 2 vols., Thomas McCarthy (trans.), Boston: Beacon Press, 1982.

Halberstam, Judith, *Female Masculinities*, Durham, N.C.: Duke University Press, 1998.

Hale, Jacob, "Medical Ethics and Transsexuality," Paper presented at the 2001 Harry Benjamin International Symposium on Gender Dysphoria.

Harry Benjamin International Gender Dysphoria Association, *The Standards of Care for Gender Identity Disorders*, 6th ed., Düsseldorf: Symposion Publishing, 2001.

Hegel, G. W. F., *The Phenomenology of Spirit*, A. V. Miller(trans.), Oxford: Oxford University Press, 1977.

Héritier, Françoise, "Entretien," *La Croix*, November 1998.

————, *Masculin/Féminin: La pensée de la difference*, Paris: Odile Jacob, 1996.

————, *L'Exercice de la parenté*, Paris: Gallimard, 1981.

Honneth, Axel, *The Struggle for Recognition: The Moral Grammar of Social Conflicts*, Joel Anderson(trans.), Cambridge, MA: Polity Press, 1995.

Hua, Cai, *A Society without Fathers or Husbands: The Na of China*, Asti Hustvedt(trans.), New York: Zone Books, 2001.

Hyppolite, Jean, *Genesis and Structure of Hegel's "Phenomenology of Spirit,"* Samuel Cherniaak & John Heckman(trans.), Evanston, IL: Northwestern University Press, 1974.

Irigaray, Luce, *An Ethics of Sexual Difference*, Carolyn Burke & Gillian C. Gill(trans.), Ithaca, N.Y.: Cornell University Press, 1993.

————, *This Sex Which is Not One*, Catherine Porter & Carolyn Burke(trans.), Ithaca, N.Y.: Cornell University Press, 1985.

Isay, Richard, "Remove Gender Identity Disorder from DSM," *Psychiatric News*, November 21, 1997.

Kessler, Suzanne, *Lessons from the Intersexed*, New Brunswick, N.J.: Rutgers University Press, 2000.

Kierkegaard, Søren, *Either/Or*, Walter Lowrie(trans.), Princeton, N.J.: Princeton University Press, 1971.

Lacan, Jacques, *Écrits: A Selection*, Alan Sheridan(trans.), New York:

Norton, 1977.

Laplanche, Jean, *Essays On Otherness*, John Fletcher(trans.), London: Routledge, 1999.

Laplanche, Jean & J.-B. Pontalis, *The Vocabulary of Psycho-analysis*, Donald Nicholson-Smith(trans.), New York: Norton, 1973.

Levi, Primo, *Moments of Reprieve*, New York: Penguin, 1995.

Levinas, Emmanuel, *Otherwise Than Being*, Alphonso Lingis(trans.), Boston: M. Nijhoff, 1981.

Lévi-Strauss, Claude, "Postface," *L'Homme*, 154~55, Special issue on "Question de Parenté," April-September 2000, pp. 713~20.

──, *Race et histoire*, Paris: Denoël, 1987.

──, "Ethnocentrism," *Race et histoire*, Paris: Denoël, 1987.

──, *The Elementary Structures of Kinship*, Rev. ed., Rodney Needham (ed.), James Harle Bell, John Richard von Sturmer & Rodney Needham(trans.), Boston: Beacon, 1969.

Macheray, Pierre, "Towards a Natural History of Norms," Timothy Armstrong(ed.), *Michel Foucault, Philosopher*, New York: Routledge, 1992.

MacKinnon, Catharine, *Feminism Unmodified: Discourses on Life and Law*, New York: Routledge, 1987.

Martin, Biddy, "Extraordinary Homosexuals and the Fear of Being Ordinary," *differences 6*, no. 2~3, 1994, pp. 100~25.

Merleau-Ponty, Maurice, "The Body in its Sexual Being," *The Phenomenology of Perception*, Colin Smith(trans.), New York: Routledge,

1967.

Mitchell, Juliet, *Psychoanalysis and Feminism*: *A Radical Reassessment of Freudian Psychoanalysis*, New York: Vintage, 1975.

Mitscherlich, Alexander & Margarete Mitscherlich, *The Inability to Mourn*, Beverley Placzek(trans.), New York: Grove Press, 1975.

Money, John & Richard Green, *Transsexualism and Sex Reassignment*, Baltimore: Johns Hopkins University Press, 1969.

Moraga, Hollibaugh, "What We're Rolling Around in Bed With," Carole S. Vance(ed.), *Pleasure and Danger*: *Exploring Female Sexuality*, Boston: Routledge & Kegan Paul, 1984.

Nicholson, Linda(ed.), *Feminism/Postmodernism*, New York: Routledge, 1990.

Pela, Robert, "Boys in the Dollhouse, Girls with Toy Trucks," *The Advocate*, November 11, 1997.

Poovey, Mary, *Making a Social Body*: *British Cultural Formation, 1830~ 1964*, Chicago: University of Chicago Press, 1995.

Rachlin, Katherine, "Transgender Individuals' Experience of Psychotherapy," Paper presented at the American Psychological Association meeting, August 2001(http://www.symposion.com/ijt/ ijtvo06no01_03.htm/).

Raissiguier, Catherine, "Bodily Metaphors, Material Exclusions: The Sexual and Racial Politics of Domestic Partnerships in France," Arturo Aldama(ed.), *Violence and the Body*, New York: New York University Press, 2002.

Rekers, George A., "Gender Identity Disorder," *The Journal of Family and Culture* 2, no. 3, 1986. Revised for the *Journal of Human Sexuality* 1, no. 1, a Christian Leadership Ministries Publication, 1996, pp. 11~20.

————, *Handbook of Child and Adolescent Sexual Problems*, Lexington: Simon and Schuster, 1995.

Riley, Denise, *"Am I That Name?," Feminism and the Category of "Women" in History*, Minneapolis: University of Minnesota Press, 1998.

Rose, Jacqueline, *States of Fantasy*, Oxford: Clarendon Press, 1996.

Rubin, Gayle, "Thinking Sex: Towards a Political Economy of 'Sex'," Carol Vance(ed.), *Pleasure and Danger*, New York: Routledge, 1984.

Schneider, David, *A Critique of the Study of Kinship*, Ann Arbor: University of Michigan Press, 1984.

————, *American Kinship: A Cultural Account*, 2nd ed., Chicago: University of Chicago Press, 1980.

Schopenhauer, Arthur, *The World as Will and Representation*, E. F. J. Payne(trans.), 2 vols, New York: Dover, 1969.

Sedgwick, Eve Kosofsky, *Epistemology of the Closet*, Berkeley: University of California Press, 1991.

————, *Between Men: English Literature and Male Homosocial Desire*, New York: Columbia University Press, 1985.

Segal, Hanna, "Hanna Segal interviewed by Jacqueline Rose," *Women: A Cultural Review* 1, no. 2, November 1990, pp. 198~214.

Smart, Carol(ed.), *Regulating Womanhood: Historical Essays on Marriage,*

*Motherhood and Sexuality*, London: Routledge, 1992.

Sophocles, *Antigone*, Loeb Library Series, Cambridge, MA: Harvard University Press, 1994.

Spinoza, Benedict de, *On the Improvement of Understanding, The Ethics, Correspondence*, R. H. M. Elwes(trans.), New York: Dover, 1955.

Stacey, Judith, *Brave New Families: Stories of Domestic Upheaval in Late 20th Century America*, Berkeley: University of California Press, 1998.

――――, *In the Name of the Family: Rethinking Family Values in the Postmodern Age*, Boston: Beacon Press, 1996.

Stack, Carol, *All Our Kin: Strategies for Survival in a Black Community*, New York: Harper and Row, 1974.

Strathern, Marilyn, *Reproducing the Future: Anthropology, Kinship, and the New Reproductive Technologies*, New York: Routledge, 1992.

――――, *The Gender of the Gift: Problems with Women and Problems with Society in Melanesia*, Berkeley: University of California Press, 1988.

Taylor, Charles, "To Follow a Rule...," Craig Calhoun 외(eds.), *Bourdieu: Critical Perspectives*, Chicago: University of Chicago Press, 1993.

Tort, Michel, "Artifices du père," *Dialogue-recherches cliniques et sociologiques sur le couple et la famille*, no. 104, 1989, pp. 46~59.

――――, *Le nom du père incertain: la question de la transmission du nom et la psychanalyse*, Work carried out at the request of the Service of Coordination of Research, Ministry of Justice, Paris, 1983.

Vitale, Anne, "The Therapist Versus the Client: How the Conflict

Started and Some Thoughts on How to Resolve It," G. Israel & E. Tarver(eds.), *Transgender Care*, Philadelphia: Temple University Press, 1997.

Warner, Michael, "Beyond Gay Marriage," Wendy Brown & Janet Halley(eds.), *Left Legalism/Left Critique*, Durham, N.C., Duke University Press, 2002.

————, *The Trouble with Normal: Sex, Politics, and the Ethics of Queer Life*, New York: Free Press, 1999.

Weston, Kath, *Families We Choose: Lesbians, Gays, Kinship*, New York: Columbia University Press, 1991.

Wright, Elizabeth(ed.), *Feminism and Psychoanalysis: A Critical Dictionary*, Oxford: Blackwell, 1992.

Wynter, Sylvia, "Disenchanting Discourse: 'Minority' Literary Criticism and Beyond," Abdul JanMohammed & David Lloyd(eds.), *The Nature and Context of Minority Discourse*, Oxford: Oxford University Press, 1997.

Yanagisako, Sylvia, *Gender and Kinship: Essays Toward a United Analysis*, Stanford: Stanford University Press, 1987.

# 찾아보기

## 1. 인명

ㄱ

가다머, 한스-게오르그Gadamer, Hans-Georg 375
그로츠, 엘리자베스Grosz, Elizabeth 293, 383
그린, 리처드Green, Richard 138, 146, 163
기어츠, 클리퍼드Geertz, Clifford 195
길로리, 존Guillory, John 385
길로이, 폴Gilroy, Paul 284, 385~88

ㄴ

네하마스, 알렉산더Nehamas, Alexander 384
누스바움, 마사Nussbaum, Martha 384
니체, 프리드리히Nietzsche, Friedrich 269, 307, 372
니콜슨, 린다Nicholson, Linda 383

ㄷ

다이아몬드, 밀턴Diamond, Milton 98~99, 101, 104~11

더글러스, 프레더릭Douglass, Frederick 387
데리다, 자크Derrida, Jacques 319, 380
데비, 마하스웨타Devi, Mahasweta 360~61
두덴, 바르바라Duden, Barbara 332
듀보이스DuBois, W. E. B. 382, 386
드 만, 폴de Man, Paul 372~73, 378~79
들뢰즈, 질Deleuze, Gilles 304~305, 307, 313~14

ㄹ

라미앵, 에릭Lamien, Eric 177
라이머, 데이비드Reimer, David 98, 123
라일리, 데니즈Riley, Denise 6, 329
라캉, 자크Lacan, Jacques 74~78, 80~82, 88, 184, 191, 193, 208, 215, 218~19,
　221~23, 225, 251, 281, 305, 315, 327, 331, 334
라플랑슈, 장Laplanche, Jean 81~82, 239
래비나우, 폴Rabinow, Paul 381
러셀, 버트런드Russell, Bertrand 375
레비나스, 엠마뉘엘Levinas, Emmanuel 217, 239, 380, 382
레비-스트로스, 클로드Lévi-Strauss, Claude 75, 77~79, 81~82, 168, 191~93,
　196~99, 204, 222, 254, 327~28
레커스, 조지Rekers, George 146~48
로드리게스, 오스카Rodriguez, Oscar 297~98
로사리오, 버넌Rosario, Vernon 6, 96
로즈, 재클린Rose, Jacqueline 189, 208
로티, 리처드Rorty, Richard 384
롤스, 존Rawls, John 374
롭, 도리Laub, Dori 245
루빈, 게일Rubin, Gayle 77, 92

ㅁ

마르크스, 카를Marx, Karl 222, 293, 308, 381
마슈레, 피에르Macheray, Pierre 88~89
마틴, 비디Martin, Biddy 93, 291
매클린, 루스Macklin, Ruth 374

매키, 너새니얼Mackey, Nathaniel 167

매키넌, 수전McKinnon, Susan 202~204

매키넌, 캐서린MacKinnon, Catharine 91~93, 296, 359

매킨타이어, 알래스데어MacIntyre, Alasdair 383

머니, 존Money, John 98~104, 106~107, 109~11, 119, 131

메를로-퐁티, 모리스Merleau-Ponty, Maurice 59, 382

모라가, 체리Moraga, Cherríe 329

모튼, 프레드Moten, Fred 167

무어, 조지Moore, George Edward 375

미처리히, 마가레테Mitscherlich, Margarete 211

미처리히, 알렉산더Mitscherlich, Alexander 211

미첼, 줄리엣Mitchell, Juliet 77, 333

밀, 존 스튜어트Mill, John Stuart 146, 374

밀렛, 케이트Millett, Kate 102


ㅂ

바바, 호미Bhabha, Homi 286, 294

발리바르, 에티엔Balibar, Etienne 380

번스타인, 제이Bernstein, Jay 381

베르사니, 레오Bersani, Leo 283

베이커, 러셀Baker, Russell 289

벤야민, 발터Benjamin, Walter 319, 381~82

벤저민, 제시카Benjamin, Jessica 211~17, 219~20, 224~26, 231~40, 242

벤저민, 해리Benjamin, Harry 134, 145

벤하비브, 세일라Benhabib, Seyla 383

보부아르, 시몬 드Beauvoir, Simone de 109, 279, 375, 382

보위, 맬컴Bowie, Malcolm 82

복팅, 월터Bockting, Walter O. 151

본스타인, 케이트Bornstein, Kate 21, 108~109, 134

부르디외, 피에르Bourdieu, Pierre 365

브라이도티, 로지Braidotti, Rosi 293~94, 304~14, 316~20, 331, 333, 384

블룸, 해럴드Bloom, Harold 379

비트루비우스Vitruvius 85

ㅅ

세네카Seneca 258

세지윅, 이브 코소프스키Sedgwick, Eve Kosofsky 7, 92, 222, 316

셰퍼드, 매슈Shephard, Mathew 18

셰퍼드슨, 찰스Shepherdson, Charles 331

셸러, 막스Scheler, Max 374

소쉬르, 페르디낭 드Saussure, Ferdinand de 81, 308, 327

소포클레스Sophocles 264~65

쇼어, 나오미Schor, Naomi 293

쇼펜하우어, 아르투어Schopenhauer, Arthur 371

숄렘, 게르숌Scholem, Gershom 319

슈나이더, 데이비드Schneider, David 166, 195, 199

스택, 캐럴Stack, Carol 166, 196

스테이시, 주디스Stacey, Judith 196

스트래던, 메릴린Strathern, Marilyn 195

스피노자Spinoza 56, 88, 221, 307, 314, 368~71

스피박, 가야트리Spivak, Gayatri Chakravorty 356, 358~61

시걸, 한나Segal, Hanna 208

시그먼드슨, 키스Sigmundsen, Keith 110~11

식수, 헬레네Cixous, Hélène 328, 380


ㅇ

아가친스키, 실비안Agacinski, Sylviane 177, 182~84, 191~95, 202~203, 207,
  209

아감벤, 조르주Agamben, Giorgio 380

아라우조, 그웬Araujo, Gwen 18, 161

아이세이, 리처드Isay, Richard 136, 139

아피아, 콰메Appiah, Kwame Anthony 384

안잘두아, 글로리아Anzaldúa, Gloria 356~59

안티고네Antigone 264~71

알코프, 린다Alcoff, Linda 250

앤지어, 내털리Angier, Natalie 104~105, 107

야나기사코, 실비아Yanagisako, Sylvia 195

에리티에, 프랑수아즈Héritier, Françoise 191

에발드, 프랑수아Ewald, François 84~87, 347

영, 아이리스 매리언Young, Iris Marion 383

와인터, 실비아Wynter, Sylvia 28

울스턴크래프트, 메리Wollstonecraft, Mary 279

워너, 마이클Warner, Michael 186

웨스턴, 캐스Weston, Kath 167, 196

웨스트, 코넬West, Cornel 382~83

웰렉, 르네Welleck, René 379

위티그, 모니크Wittig, Monique 327

윌친스, 리키Wilchins, Riki 108

이리가레, 뤼스Irigaray, Luce 74~75, 280~83, 305, 317~18, 328, 380, 382

이저, 볼프강Iser, Wolfgang 379

이폴리트, 장Hyppolite, Jean 221


ㅈ

지젝, 슬라보예Žižek, Slavoj 331


ㅊ

체이스, 셰릴Chase, Cheryl 6, 96, 105, 107~108

초우, 레이Chow, Rey 294


ㅋ

카바레로, 애드리아나Cavarero, Adriana 62

카벨, 스탠리Cavell, Stanley 384

카시안, 존Cassian, John 259, 275

칸트, 이마누엘Kant, Immanuel 380, 387, 389

캐루스, 캐시Caruth, Cathy 245

케슬러, 수잔Kessler, Suzanne 98, 102

코넬, 드루실라Cornell, Drucilla 217, 239, 281, 383

코벳, 켄Corbett, Ken 205

코스, 피터Caws, Peter 383

코프만, 사라Kofman, Sarah 380

콜라핀토, 존Colapinto, John 98, 104, 111

콜린스, 퍼트리샤 힐Collins, Patricia Hill 387

콥젝, 조앤Copjec, Joan 331
크리스테바, 줄리아Kristeva, Julia 328
클라스트르, 피에르Clastres, Pierre 199
클라인, 멜라니Klein, Melanie 208, 213
키르케고르, 쇠렌kierkegaard, Søren 370~72, 380
키케로Cicero, Marcus Tullius 85

**ㅌ**

타일러, 캐럴 앤Tyler, Carol Anne 332
티나, 브랜든Teena, Brandon 18, 228

**ㅍ**

파농, 프란츠Fanon, Frantz 28, 294
파생, 에릭Fassin, Eric 169, 182, 202
파우스토-스털링, 앤Fausto-Sterling, Anne 74, 98, 105, 290
패터슨, 올란도Patterson, Orlando 386
펜브스, 피터Fenves, Peter 380
펠먼, 쇼샤나Felman, Shoshana 245, 256, 315, 379
퐁탈리스, 장-베르트랑Pontalis, J.-B. 81~82
푸비, 메리Poovey, Mary 86
푸코, 미셸Foucault, Michel 49~50, 56, 63, 71~72, 84~88, 94, 97, 122, 149, 256~62, 271, 275, 338~40, 347~48, 375, 380
프라이, 노스럽Frye, Northrop 379
프랑케, 캐서린Franke, Katherine 93
프랭클린, 새라Franklin, Sarah 195, 202~204
프레이저, 낸시Fraser, Nancy 383
프로이트, 지그문트Freud, Sigmund 7, 193, 195, 213, 244, 268~69, 316, 382

**ㅎ**

하버마스, 위르겐Habermas, Jürgen 211~12, 319, 346~48, 383, 386~87
하이데거, 마르틴Heidegger, Martin 220
하트먼, 사이디야Hartman, Saidiya 167
헤겔, 게오르그Hegel, G. W. F. 11, 56, 178, 211~13, 216, 221, 233, 236~40, 242, 305, 308~309, 336, 366, 368~70, 375, 377, 380, 382, 385~89

헤일, 제이컵Hale, Jacob 137~40
호네트, 악셀Honneth, Axel 211
후설, 에드문트Husserl, Edmund 366
후아, 카이Hua, Cai 167~68


## 2. 개념


ㄱ

가부장제 329, 333
결혼 15~17, 29~30, 48~49, 82, 103, 118~19, 147~48, 165~73, 176~84,
    186~87, 196~98, 202, 205, 209~10, 300
    ─규범 16, 47
고백 101, 256~66, 268, 270~71, 273, 275, 289
공격(성) 40, 44, 59, 102, 111, 197, 208, 215, 235~36, 362
구조주의 75~77, 79, 81, 192, 195~96, 201, 244, 251~52, 254, 330, 333, 396
    후기─ 77, 307~308, 330, 332
국제 게이 레즈비언 인권위원회 60, 66, 300
규범 10~17, 19, 21, 23, 26~27, 29, 31~32, 38, 40~41, 45~47, 50~61,
    63~64, 67, 70~76, 78~79, 81, 83~91, 94~98, 105, 108, 110, 112, 114~16,
    118~20, 122~24, 127, 134~35, 142, 152, 155~63, 168~70, 172~73, 176~77,
    179, 183~84, 186~90, 195, 201, 203~206, 210~12, 214, 230~32, 236, 238,
    243~44, 250~55, 258, 266, 296~97, 302, 306, 311, 315~16, 320, 324~26,
    329~30, 342~48, 352~55, 363, 390~91, 393, 396~97
규제 10, 14~15, 21, 24, 29, 31~32, 48~49, 52, 63, 66, 70~74, 76~77, 81~88,
    90~96, 99, 111, 127, 145, 149, 162, 170, 173, 188~89, 197~98, 252, 258,
    289, 297, 317, 324, 328, 334, 338, 342, 345~48, 378, 388, 393
    ─ 권력 32, 71~72, 90, 96
근대성 84, 282~85, 357, 359, 361~62, 368, 385~88
근친애 76~77, 243~48, 250, 252~54, 264, 269, 398
    ─금기 48, 77, 195~98, 243, 247, 251~55
기억 38, 244~46, 248

**ㄴ**

나이트 발의안 171
낙태 298, 353
　―권 26, 298~99, 353
남근 로고스 중심(주의) 26, 306, 310~13
노예 167, 236, 239, 376, 386~89


**ㄷ**

다이크 219
대상관계 213~14, 235
동성 사회적 유대 223
동성애 16, 53, 128~33, 147, 171, 182~83, 191, 203, 207~209, 216, 223~28,
　232, 253~54, 287~88, 290~91, 294, 298~99, 303, 316~17
　―공포증 16, 20, 22, 25, 128, 130, 132, 176, 178, 208, 294, 296, 340
동일시 17~18, 39, 129, 181, 195, 197~98, 203, 212, 217~20, 223~25, 228~29,
　231, 240~41, 244, 334, 336, 393~94
드랙 52, 154, 335~38, 340~42, 344


**ㄹ**

레즈비언 15~16, 35, 40, 45, 51, 53~54, 56, 58, 65~66, 70, 95, 132, 141, 144,
　167~68, 176, 184, 186, 194, 203, 208~209, 219, 227, 230~31, 252~53, 283,
　287, 290, 296~300, 302~303, 336, 357, 375, 391


**ㅁ**

몸 14~15, 18~19, 22~23, 25~26, 31, 35, 40~45, 47~48, 51~53, 60~62,
　90~91, 94, 98, 105~107, 111~12, 115~17, 119, 138, 143~44, 146, 150~51,
　159, 163, 229, 246, 248, 256, 259, 263, 271, 273~74, 280, 304~309, 311,
　313~15, 320~21, 335~36, 338, 341~42, 363
문화 7, 16~17, 22~24, 30~32, 40, 45~46, 52, 54~56, 58, 61, 65, 71, 76~79,
　82, 86, 90, 102, 129, 134, 142, 144, 147, 153~55, 167, 169~70, 178~79,
　181~82, 186~87, 190~204, 206~208, 228, 230~31, 251, 253~56, 270,
　282, 287~88, 292, 294~96, 298~99, 301, 304~305, 308, 319~20, 327~33,
　336~37, 340~41, 343, 348, 350~51, 353, 357~59, 362, 368, 380~82,
　384~85, 387~89, 392, 394, 396

　―번역 66~68, 348, 351, 356, 358, 361~62, 392, 394~95, 397~98
미국의학협회 150
미국정신의학회 128~30, 150
미국철학협회 365
미메시스 317
민주주의 63, 65, 68, 187, 303, 350~53, 355, 385, 387

ㅂ

바이섹슈얼 40, 45, 65, 145, 252~53, 290
바이오젠더 154
바티칸 288
범죄 61, 94, 265, 269, 270~71, 344
베이징 66, 288, 298
부인 13, 102, 150, 183, 190, 215, 229~30, 234, 238~39, 247, 249, 252, 254,
　265, 267, 288, 297, 312, 334, 373, 386
부정 41, 49, 61, 85, 94, 97, 111, 168, 182~83, 190, 213, 225, 232~36, 238~39,
　245, 271, 311~12, 356, 376, 388
　―성 181, 233~34, 305, 309, 314, 369
부치 51~52, 132, 141, 143, 312~13, 329~30
　―(의) 욕망 143, 312~13
북아메리카 인터섹스 협회 15, 99, 105
브렌다/데이비드 104, 108, 111, 117, 392
비판적 인종 연구 293
비평성 174, 397
비폭력 62~63, 325, 348, 361, 393
비현실 46, 49~50, 54, 61, 184, 296

ㅅ

사목 권력 256~58, 260
사회 구성론 102, 104, 110~11, 320
사회 변화 7, 8, 19, 64~65, 322~24, 334~35, 349, 357~58
살 만한 삶 10, 21, 28, 54, 67~68, 255, 326~27, 351~53, 355, 398
살 수 없는 삶 12
상실 35~36, 43, 45~47, 49, 67, 147, 185, 194, 203, 210, 255, 285~86, 310, 320,

　　362, 366, 374, 376, 385
상징계　75~78, 80~82, 207, 223, 225, 308, 311, 327, 333~35
상징질서　81, 182~83, 191, 202, 205, 207, 218, 333
상호주관적　81~82, 211, 225, 234, 264
상호주관성　213
성(의) 재배치　99, 101, 138~39, 163
성적 교환　82, 250
성적 연대　187, 190
성전환　16~17, 25, 96, 103, 108~10, 117~18, 124~26, 132, 135, 137~38, 140,
　　142, 144~45, 148, 151, 228, 398
성차　22, 24~26, 30, 81, 104, 121, 191~92, 196, 201, 218, 225~26, 246, 251,
　　276, 279~83, 288, 293~98, 304~306, 308, 311~13, 320~21, 327~36
성희롱　91~95, 277
섹슈얼리티　10, 14, 17, 20, 31, 32~33, 38, 40, 47~49, 58~60, 66, 76, 83,
　　91~95, 131, 165, 169~70, 172~73, 175, 177~78, 180~81, 200, 205, 209~10,
　　228, 230~32, 242, 244, 247, 253, 262, 279, 282, 287, 290~92, 294, 296~97,
　　300, 304, 309, 338, 396
수행적 구조　24, 55, 73, 80, 200, 260, 330, 334, 343, 352, 390
수행적 모순　303, 394
수행성　314, 330, 343~44, 396
슬픔　36~39, 42~43, 48, 374
시민연대협약(PACS)　178, 181
신젠더정치학　14, 25, 51, 392
신체　15, 18~19, 22~23, 35, 40~46, 83, 118, 289, 295, 306, 337


ㅇ
아파르트헤이트　353
애도　35~36, 42, 46, 57, 180, 185, 210, 254, 309
억압　45, 47, 50, 54, 88, 145, 235, 249, 254, 257~58, 285, 316, 339, 343, 347,
　　359, 393
　─가설　259~60
언어　27, 29, 39~40, 54, 66~67, 75, 78~79, 81~82, 111, 113~14, 117, 127,
　　134, 136, 149~50, 152, 156, 159, 173, 193, 195, 212, 244, 248, 251, 253, 256,
　　259~63, 265~67, 274~75, 278, 280~81, 286, 288~89, 292, 294, 298~301,

303, 308, 313~15, 317, 319, 328, 330, 332~33, 343, 346~47, 350, 357~58, 370, 372, 377, 381~82, 388, 394~95

에이즈 35, 47, 60, 185~86

엑스터시 38, 220, 242

여성 교환 196, 206, 222, 225, 328

예정수술 18, 125, 141

오이디푸스 78, 193, 195, 206, 216, 218~20, 222, 269, 398

　—드라마 193, 195, 244

　—시나리오 30

　—콤플렉스 76, 193, 268~69

　—화 194~95, 206~207, 216, 220, 316~17. 332~33

외상 18, 245~50, 253

욕망 11~13, 16, 20~21, 23, 30~32, 35, 37, 47, 56~57, 59~61, 76, 80~81, 90, 98, 100, 103, 116, 119, 129~32, 134~35, 139, 143, 151, 153~55, 158, 160, 162, 170~71, 179~81, 189, 195, 197, 202, 206, 213~14, 216~29, 231, 234~35, 242, 244~46, 248, 254, 258~62, 269~71, 278, 280, 285~86, 305, 312~13, 316~17, 327, 332~33, 337, 345, 369, 371, 375~76

우울증 254~55, 309, 316

유목적 주체 321

유목학 306

유방암 141~42

윤리학 34, 56, 64, 281, 318, 348~49, 374, 380, 384, 388, 395

의사소통 212~14, 310

이민 179, 190, 197, 309, 319~20, 357, 360

이주 202, 309~10, 318

이성애주의 92

이슬람 319, 362

2001년 9월 11일 42

'인간'(의) 범주 28~29, 64, 349

인간 게놈 프로젝트 203

인간됨 10~11, 25~26, 58~59, 66, 95, 98, 111, 118, 120, 163, 398

인간성 62, 67, 98, 112, 354, 398

인간적(인) 삶 27, 34, 54, 65, 67, 350, 355

인권 53, 56, 58, 64~66, 288~89, 299~300, 302, 349, 359, 383

인권 캠페인 15, 47, 168

인본주의 28, 121, 304~305, 327

인식 가능성 12~13, 62, 72~73, 79, 82, 90, 96~97, 111, 120~22, 169, 173, 184, 189~91, 193, 195, 199, 252, 254~55, 327, 339, 347, 392, 396, 398

인정 11~14, 17, 22, 29, 39, 52, 54~57, 59, 61~62, 67, 69~70, 81, 97~98, 113, 120, 123, 134, 140, 142, 150, 162~63, 165, 168, 170, 172, 174~75, 178~80, 182~83, 185~88, 190~91, 194~96, 211~17, 220, 231~33, 235~36, 238~39, 242, 253, 257, 263, 266, 279, 289, 302, 317, 327, 340, 343~44, 347, 364, 366~69, 375~76, 385~86, 393

　―가능성 14, 98, 183, 186, 189, 225

　―규범 29, 56~57, 59, 185~88, 232

인종 12, 17~18, 22, 24~25, 28, 40, 46, 66, 167, 179, 188, 197~98, 202, 277, 282, 284, 293~94, 296, 318, 320, 340~41, 352~53, 359, 363, 383, 387

　―차별 22, 28, 40, 46, 63, 294, 340, 351~53

인터섹스 14~15, 18~20, 22~23, 25~26, 40, 45, 51, 60, 65, 90, 94, 99, 102, 105, 129, 390, 392~93

입양 25, 29, 48, 95, 168~69, 178, 181~82, 188, 194, 204, 209, 219


**ㅈ**

자기-상실 236~37, 389

자율권 27, 40

자율성 19, 25~27, 34, 38, 40~42, 44, 47, 57, 126~27, 138~40, 142, 144, 150, 163~64, 266~67, 288, 292, 299~300, 304, 306

장애인 운동 26

재의미화 67, 88, 218~19, 252, 340, 350~53

전미 동성애 연구 및 치료 학회 130~31

전이 272, 274, 315

정신분석학 7, 30~32, 76~77, 80, 189, 191, 193, 195, 205~208, 211, 228, 232, 234, 241~47, 249, 251~56, 260~63, 275, 280, 293, 305, 307, 314, 317, 332

젠더 7, 10~12, 14, 16~20, 22~25, 27, 31~33, 38, 40, 45, 47, 51, 53, 55, 60~62, 66~67, 70~77, 79~83, 89~94, 97~98, 100, 102~106, 108~11, 113, 116~17, 123, 125~27, 129~38, 141, 143, 145~46, 149~50, 152~56, 158~60, 163~64, 169, 183, 194~95, 202, 207, 216, 218~20, 225, 228, 230~32, 242, 244, 246, 279, 282, 287~300, 303, 309, 312, 320~22, 324~27, 330~31,

333~34, 336~37, 339~40, 343~47, 355, 375, 379, 390~93, 395~96

—교차적 동일시 129, 152~53, 158~59, 393

—규범 16, 21, 56, 60~61, 89~90, 94, 112, 119, 127, 134, 138, 142~43, 145, 147, 155~56, 160, 162~63, 297, 316, 327, 330, 332, 336~37, 391, 393

—규제 70~72, 75, 93, 138, 164

—디스토피아 116

—불평등 17, 22, 396

—역전 130~31, 398

—위반 94

—위화감 16, 94, 129, 133, 337, 398

—이분법 83, 92

—이형성 108

—정치학 42, 321

—주체 55, 71, 344

—트러블 74, 94, 327, 329~30, 332, 336, 393

—표현물 55~56

젠더 정체성 17, 23, 101~103, 107, 116, 130~32, 151, 158, 163, 195, 391

—연구소 100

—장애(GID) 15, 27, 124~31, 133~35, 137, 139, 143~44, 146~47, 152, 155, 159, 161

—클리닉 102, 116, 151

존재론 33, 39, 49, 62, 67, 175, 199, 237, 240~41, 254, 295, 305, 316, 337~38, 391~92

죄 264, 270~71

죄의식 181, 262, 264, 268~71, 273, 309, 319

주권 266~67

통치권 43, 264, 320

주체 30, 38~39, 51, 54~55, 63, 68, 71, 82~83, 86, 88, 96~97, 121~22, 145, 164, 172, 175, 179, 193, 195, 205, 212~13, 216, 221~22, 229, 238~42, 248, 259, 270, 283, 287, 294, 304~305, 307~309, 313, 315~16, 328, 343~44, 351~52, 356~59, 361~62, 386, 390, 395

지식 49~50, 97, 111~12, 237, 257~58, 338~39, 354, 365, 374

질투 223~24, 227

ㅊ

차별 12, 15, 22~23, 39, 45, 93~94, 138, 168, 300

철학 11, 56, 81, 128, 146, 155, 173, 211, 242, 304~306, 308~309, 314, 317~19, 323~24, 345, 354, 364~68, 370~75, 377~85, 387~89, 391, 393, 397

철학자 34, 182, 191, 207, 238, 323, 361, 364~67, 373, 377, 380~81, 383~85, 388, 391, 393

취약성 35, 41, 43~46, 50, 239, 340, 363

친족 16~17, 30, 48, 77~79, 165~70, 176, 178, 183~84, 188~89, 191, 195~207, 209~10, 219, 222, 243, 250~51, 254~55
　─관계 48, 76, 78~79, 166~67, 169~70, 188, 196, 200, 202~203, 205, 254
　─규칙 48, 199
　─유대 17, 48, 204


ㅋ

코나투스 56, 314, 368

퀴어 14~16, 20, 76~77, 92, 127, 172, 183, 185~87, 222, 225~26, 228, 230~32, 287, 290~93, 296, 330, 332, 351, 390~91, 393
　─크로싱 132

크로스젠더 74, 132, 156, 161


ㅌ

탈아적 57, 59, 220, 233, 237, 239, 392

테크놀로지 178, 305~306, 309, 321

트랜스 15, 18, 22~23, 26, 65, 127~28, 133, 143~44, 148, 154, 162~63
　─공포증 340
　─불평등 17, 22, 91, 94, 277, 396
　─섹슈얼 17, 21, 23, 40, 52, 61, 96, 108~109, 129, 134, 144, 146~48, 151, 163, 228, 290, 298
　─섹슈얼리티 14, 16~17, 23, 107~109, 117, 125~26, 135, 137, 145~46
　─섹스 18~20, 51, 99, 107, 109, 140, 142, 145, 393
　─자율성 126
　─젠더 14, 17~19, 23, 25~26, 40, 45, 51~52, 55, 60, 74~75, 93, 129, 138, 140, 151, 154, 161, 163, 216, 228, 230, 341, 344

**ㅍ**

판타지 138, 158

팔루스 80, 218~19, 221, 223, 225

페미니스트 15, 22, 25~26, 196, 219, 225, 276~77, 288, 297, 300, 319, 328, 332, 353~54, 357, 359

페미니즘 14, 22, 24~25, 51, 65, 70, 76, 104, 166, 178, 232, 238, 276~79, 282, 286~88, 290~93, 296~99, 304~305, 308, 318~20, 322~24, 326~32, 334, 349, 354, 375, 378~79, 382~84, 387, 391, 393

페티시 244

페티시즘 229, 252~53

펨 51~52, 329~30

평등 60, 276~77, 324, 383, 385

폭력 18, 22~23, 35, 41~46, 51, 55, 57, 59~62, 67, 84, 91, 94, 105, 112, 138, 161~62, 175~76, 191~92, 250, 298, 300, 309, 324~26, 336~37, 340~42, 344~47, 352~53, 355, 362~63, 393~95

프랑크푸르트학파 211, 380~81


**ㅎ**

하위주체 320, 361

합법성 48, 171~72, 175, 185~86, 188

합법화 170~71, 175, 177, 180, 185~90, 194, 243, 253, 353

해리 벤저민 국제 젠더 위화감 학회 145

행위 10, 13, 18~19, 21, 44, 59~61, 63, 68, 72~73, 84, 88~89, 91, 95, 111, 122, 150, 153, 156~59, 164, 170, 174~76, 182, 185, 199~200, 203, 212~14, 217, 220, 223, 225, 227, 230, 241, 245~48, 250, 252~53, 256~57, 260~68, 270~71, 273~74, 280, 307, 309~10, 314~15, 323, 334, 340, 343, 346~48, 395~97

─주체 19, 38, 307

─주체성 13, 27, 57, 160, 267, 307, 310~11

현대미국정치학협회 85

현실 30, 49~50, 52~55, 62, 81, 89, 97, 133, 161, 191, 210, 215, 217, 261, 273, 279~80, 289, 331, 342~43, 353, 372, 390~92

호모섹슈얼 290

화행 111, 272~73, 314

환상 13, 31, 52, 58~59, 127, 153, 180~83, 188~90, 197, 200, 202, 207, 213, 224, 228~30, 236, 244, 246~49, 270~71, 337, 340~41, 374

## 3. 책/논문/영화

ㄱ

『검은 대서양』 284, 385
『경계지대들/경계선에서』 356
「경쟁하는 보편성」 184
「규범의 자연사를 향하여」 88


ㄴ

『나는 내 이름인가?』 329
『남자들 사이에서』 222
『뉴 포메이션스』 381
『뉴욕 타임스』 104, 123, 289


ㄷ

『다른 여성의 반사경』 317
「다른 주체의 그림자」 238
『다이아크리틱스』 381
「덕목으로서의 비평」 49, 339


ㄹ

『라 레푸블리카』 290
『레즈비언과 게이 연구자』 292
『롤링 스톤』 98
『르몽드』 183~84


ㅁ

『말하는 몸의 스캔들』 256, 315

ㅂ

『벽장의 인식론』 92
『변신』 304
『불일치의 유형』 304
『비평으로서의 페미니즘』 383


ㅅ

『사랑의 유대』 233
『사실과 규범 사이』 346
『사회적 몸 만들기』 86
『선악을 넘어서』 372
『성욕에 관한 세 편의 에세이』 195, 316
「성을 생각하며」 92
『성의 역사』 84, 256~58
『성차의 윤리학』 281
「소년은 울지 않는다」 228


ㅇ

『아동과 청소년 성 문제 안내서』 146
『아동 청소년 의료 기록』 113
『아버지도 남편도 없는 사회』 168
『안티고네』 264~65
『안티고네의 주장』 184, 265, 334
『애도의 불가능성』 211
『에고와 이드』 195
『에티카』 368
『욕망의 주체』 313
『우리의 모든 친족』 166
『유목적 주체』 304
『의미를 체현하는 육체』 238, 314~15
『의지와 표상으로서의 세계』 371
『이것이냐 저것이냐』 370
「인간의 예속, 혹은 정서의 힘에 대하여」 369
『인종과 역사』 197

『인터섹스에게서 얻은 교훈』 102
『일반언어학 강의』 81


ㅈ

「자기 해석학의 발생에 관해」 258
『자연이 그를 만든 대로』 98
『정상적인 것과 병적인 것』 85
『정신분석과 페미니즘』 333
『정신분석 사전』 81
『정신분석학과 페미니즘』 295
『정신질환 편람』(『DSM 4』) 15, 124, 129, 137, 139, 144, 147, 150~53, 158~61
『정신현상학』 211, 221, 236~37, 375~76
『젠더 트러블』 326, 330, 332, 335, 390~92
「죄의식으로 인한 범죄자」 268
「주인과 노예」 376


ㅊ

『친족의 기본 구조』 77~78, 81, 192, 328


ㅋ

『크리티컬 인콰이어리』 381


ㅌ

『타인의 그림자』 217, 220
『타임』 104


ㅍ

「파리가 불타고 있다」 340
『페미니즘/포스트모더니즘』 383
『페미니즘의 논쟁』 238


ㅎ

「하지만 나는 치어리더예요」 101
『호모스』 283